鎌倉と京

鎌倉と京

武家政権と庶民世界

五味文彦

講談社学術文庫

鎌倉と京

武家政権と庶民世界

中世への案内——はじめに

日蓮のみた中世日本

中世を代表する人物というと、さまざまな人の名が浮かんでくるが、もっともそれにふさわしいのは日蓮《にちれん》であろう。本書の書名『鎌倉と京』あるいは副題の「武家政権と庶民世界」も、日蓮の生涯によくみあうものである。

日蓮といえば、鎌倉の武家政治につよい批判を加え、鎌倉の新・旧仏教に悪口雑言《あっこうぞうごん》をあびせかけたことでよく知られているが、じつはそれを行なうために猛勉強を重ねたことを忘れてはならない。日蓮の書状をよむと、そのことがわかる。とくに日本の歴史を学び、日本の現状をよく調べた。たとえば、

> 日本国と申すは、十の名あり、扶桑《ふそう》・邪馬台《やまと》・水穂《みずほ》・秋津洲《あきつしま》等也。別しては六十六箇国、島二、長さ三千五百八十七里、広さは不定なるが、或《あるい》は百里とも、或は五百里等とも……。

と記されている。今これに若干《じゃっかん》の注釈を加えると、扶桑とは、中国で太陽のでる東海上に育つ神木をいい、そこから日本の別名として使われた。『扶桑略記《ふそうりゃっき》』という歴史書がある。島

の二とは、壱岐《いき》・対馬《つしま》の二島のことで、佐渡《さど》・隠岐《おき》・淡路《あわじ》の諸島は「六十六箇国」にいれられており、現在の北海道・沖縄は含まれていない。

列島の長さであるが、一里は六町（約六五四メートル）が中世東国の換算率なので、計算すると、約二三四五キロ、JRの時刻表で青森―東京―門司―鹿児島間の距離は約二二四〇キロ。かなり正確といえよう。広さとは日本列島の幅で、不定というのもよくわかる。そこで少しく日蓮に中世日本の国勢を紹介してもらうこととしよう。

五畿《き》七道《どう》、郡五百八十六、郷三千七百二十九、田代《たしろ》は上田《じょうでん》一万一千一百二十町乃至《ないし》八十八万五千五百六十七町。

奈良時代の史料では郡は五五六、郷は四〇一二、平安時代中期の史料で郡五九二、郷四〇四一の数値が知られているので、その増減を考えると、いい数値といえよう。田数のうち上田については比較すべき史料が得られないが、総田数については、一二世紀前半に成立した『掌中歴《しょうちゅうれき》』その他から、八八万と四四四一町の数値が得られるので、千町程度の誤差しかない。どうも日蓮のよった資料は、かなり確実なもののようである。

総じて日蓮の書状をみると、こうした数字がつぎつぎにあげられ、まことに具体性と説得力をもって迫ってくる。仏教に数字はつきものとはいえ、これほどに具体的な数字を駆使した僧はいない。

人数四十九億八万九千六百五十八人也。神社三千一百三十二社、寺一万一千三十七所、男十九億九万四千八百二十八人、女二十九億九万四千八百三十人也。

人口四十九億ときいてびっくりしてはいけない。この億は万の万倍の億ではなく、万の一〇倍の億である。したがって現在ふうに直すと、人口は四九八万と九六五八人となり、男一九九万四八二八人、女二九九万四八三〇人の合計にぴたりとあう。日本の中世は約五百万人の人口ということになる。数値もなるほどといった数である。

女の時代

だが男女比が二対三という点は問題となろう。約百万人も女のほうが多いのは、人口学上からみてやや異常といえよう。このことから、日蓮のいう数値はあやしいとして退けることは簡単である。しかしそれは、けっして歴史の史料の正しい扱いかたではない。まずはその数値の根拠を探ってみる必要がある。

古代の律令《りつりよう》社会では公民《こうみん》に戸籍をつくったため、人口を相当程度に把握できたはずであるが、中世ではどうであろうか。もはや編戸《へんこ》はなされなかったので、人口の調査などできなかったと考えられがちである。だが必ずしもそうではない。中世には、寺院の造営や道・橋・仏像などの築造のために、一人一人に銭《ぜに》や米の喜捨《きしや》を請う勧進《かんじん》が行なわれた。これは貴賤上下、老若男女の別なく対象となったし、勧進聖人《しょうにん》の熱意も相当なものであったから、けっして無視できるようなものではない。

鎌倉の新大仏の勧進にあたった浄光上人《じょうこうしょうにん》は、奈良時代の行基《ぎょうき》が大仏建立のため勧進したといわれる数値「男女四十五億八万九千六百五十九人、男十九億九万四千八百二十八口、女二十五億九万四千八百三十一口」を引用して、人別一文の勧進の許可をもとめている。これによれば男約二百万、女約二百六十万である。やはり女が多いが、そうした勧進の結果、すでにあげたような実数がでてきたといえよう。

また勧進によりできあがった仏像には、しばしばそれに結縁《けちえん》した人びとの名前が胎内《たいない》に納められているが、そこに記されているのも女が多い。これを女の信心がつよかった結果であるという解釈だけですましてはならない。おそらく女のほうが男よりも圧倒的に多かったことは、まちがいないと考える。

その原因については、古代から女が多かったうえに、戦争や飢饉《ききん》の影響があったことなどいろいろ考えられるが、それは今後の課題としておくとして、この事実は、中世という時代の性格を解く一つの鍵《かぎ》ともなろう。まずなによりも、中世が仏教の時代であることとつよく関係しているとみられる。

たとえば女人往生《にょにんおうじょう》を説く法華経《ほけきょう》の至上主義を唱《とな》えた日蓮の教説や、悪人正機説《あくにんしょうきせつ》を唱えた親鸞《しんらん》の教説は、圧倒的に多い女の信仰をかちえて、ひろまったに相違なかろう。

男女よりも僧尼は半分に及べり、仏法の繁昌《はんじょう》は、漢土《かんど》にも天竺《てんじく》にもまされり。と、日蓮は自負して仏教の盛行を語っている。あるいは女の多さが、日本の歴史上まれにみる仏教の時代を生んだといえなくもない。

本書の試み

日蓮を探り、その書状をみるうちに、中世という時代の一面に触れるにいたったが、本書が扱うのは、中世といってもその前期、一二世紀後半から一四世紀前半の約一八〇年間である。これまでの日本の歴史の通史シリーズでは約三冊分に相当するが、それを一冊分にまとめようというのである。

そのため、触れるべきところではあっても、落とさざるをえない部分が相当でてこよう。また依拠した先学の研究については、その名をあげて具体的に述べねばならないのにもかかわらず、本書ではいっさいそのことをしない方針をとった。それらは巻末の参考文献をよまれたい。

こうしたことはまことに心苦しいことであるが、やむをえないこととて、あらかじめ了解していただきたいと思う。ではいったい、三分の一の分量で従来の内容に匹敵することが書けるのか、と問われれば、一口でいうならば無理である。だが一冊分が長期にわたるだけに、時代を長期的視野でながめることができるという利点があろうし、また、これまでにはない新しい学問の成果も盛りこめるという長所もある。しかしこの利点・長所だけではとても補いきれるものではない。そこでいくつかの試みを行なうこととした。

一つは、通常は源頼朝《みなもとのよりとも》の挙兵からはじまる叙述を、保元《ほうげん》の乱からはじめることで、従来の鎌倉時代史の固定した枠《わく》から離れてみたい。もう一つは、歴史を身分や階層の展開の中でとらえる見方をさらにすすめて、人と場との関係で具体的にながめてみたい。

前者の試みは、これまでの通史において占めていた、頼朝の存在と頼朝によって推進された地頭《じとう》制の比重を弱める結果につながってくるが、そのぶん、頼朝とその前後の政治史をきっちりとみることが可能となる。また従来では鎌倉前期と後期ではまったく分断されていたのが、本書では有機的につながることになり、中世前期史は一つの流れとして一貫してみることができよう。

後者の試みは、身分・階層を、さらに人と場との有機的関係でとらえなおすことによって、その歴史的な個性を、より深く探ることができるであろう。また人の生活する場――都市・農村・家など――の種々相や、場での人びとの営為――芸能・文学・宗教・政治など――の種々相を具体的に示すことができよう。

どうもおしゃべりが過ぎたようである。前口上はもうやめよう。すでに開幕のベルは鳴っている。中世の序幕はひらかれつつある。

第一章　中世の序幕

1　武士の実力

保元の乱

保元《ほうげん》元年（一一五六）七月一〇日。京都。後白河《ごしらかわ》天皇の高松殿御所《たかまつどのごしょ》に集まりはじめた武士は、深夜におよぶと雲霞《うんか》のごとき軍勢となり、一番鶏《いちばんどり》の鳴くころ、まず六百余騎がくりだしたのである。

紺《こん》の水干小袴《すいかんこばかま》をつけた平清盛《たいらのきよもり》以下の三百余騎は二条大路《にじょうおおじ》を、赤地錦《あかじにしき》の水干小袴の源義《みなもとのよし》朝《とも》以下の二百余騎は大炊御門《おおいのみかど》大路を、また源義康《よしやす》は百余騎にて近衛《このえ》大路を、そろって東へとすすみ鴨川《かもがわ》の河原《かわら》を渡るや、一気に崇徳上皇《すとくじょうこう》・左大臣藤原頼長《ふじわらのよりなが》のこもる白河御所に襲いかかった。

つづいて源頼政《よりまさ》・重成《しげなり》や平信兼《のぶかね》らの軍勢も送りだされ、天皇はちかくの東三条殿《ひがしさんじょうどの》に移り戦況を見守ったが、すぐに雌雄《しゆう》は決せられ、天皇方の大勝利に終わった。これが保元の乱の経過である。

わずか数時間の、あっけないほどの戦闘であった。しかしこの乱は社会にきわめて多くのことを告げ、多くの影響を与えたのである。

なによりもまず挙げなければならないのは、武士の威力をまざまざとみせつけたことである。天皇家や摂関家《せっかんけ》の家督《かとく》争いを軸にして、十数年にわたってつづいてきた朝廷政治の暗闘が、たった数時間の戦闘で清算されてしまった。これを目《ま》のあたりにした人びとの驚きと衝撃は、いかばかりであったろうか。

これまでに白河院《しらかわいん》や鳥羽院《とばいん》は武士を登用して身辺を固め、その武力を基礎に専制君主として君臨してきたが、武力そのものを直接使って政敵を葬ることはなかったし、必要もなかった。しかし鳥羽院の死の直後、武力は行使され、それの有効なことがたしかめられたのである。ここに人びとは、武力を握らねば政治の主役たりえぬことを思い知らされ、時代は一挙に武力の時代へと転換していった。

都大路での戦い

武力の時代の主役である武士が、京都ではじめて脚光をあびたのもこの乱である。勇躍して白河御所の門前に到着した清盛一行を待ちかまえていたのは、「あなおそろしの鎮西《ちんぜい》の八《はち》郎殿《ろうどの》」であった。源為義《ためよし》の子八郎為朝《ためとも》は、肥後《ひご》の阿蘇《あそ》社の神主阿蘇氏や薩摩《さつま》の阿多《あた》氏と結んで鎮西（九州）に勢威をふるっていたが、九州をあげての訴えにあい、都によびもどされ上皇方についていた。

保元の乱関係図

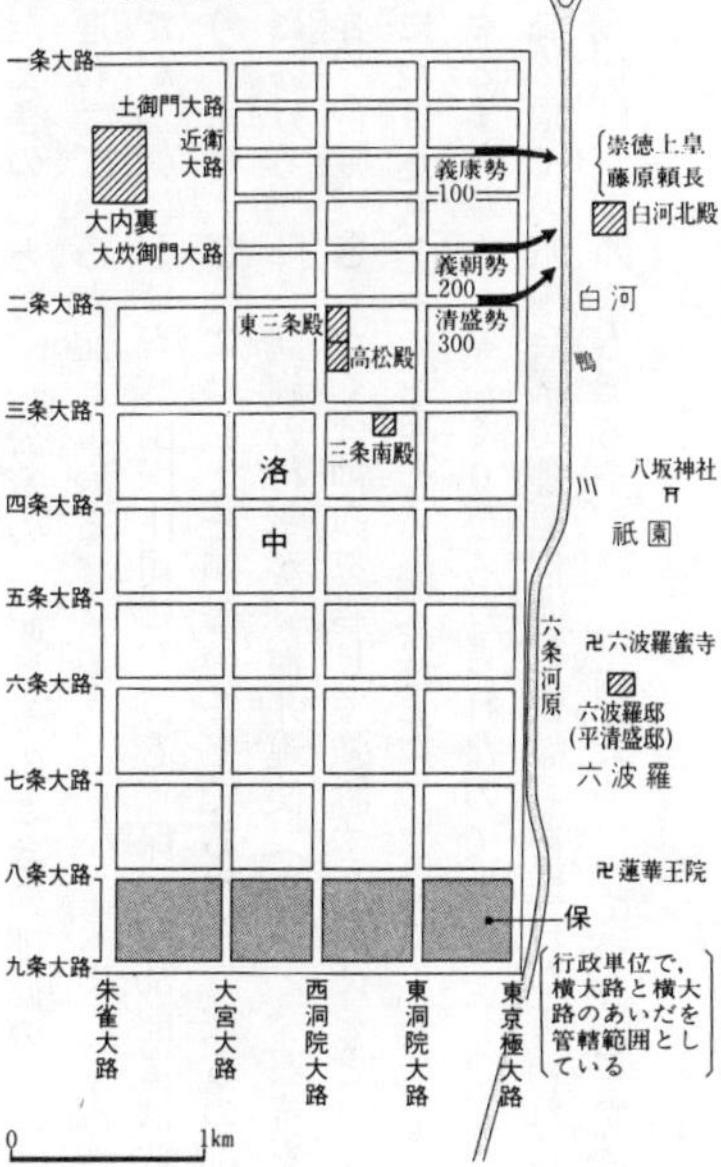

「敵《てき》の強《こわ》く候《そうら》はん所をば、何度も為朝に任《まかせ》て御覧候へ」と、手ぐすね引いて待つ為朝の弓勢《ゆんぜい》に、あわれ清盛の軍勢はつぎつぎと射落とされ、退却を余儀なくされた。そのとき清盛の陣から、みなの止めるのを振りきって一騎駆《か》けでた「片皮破《かたかわやぶ》りの猪《いのしし》武者《むしゃ》」がいた。伊賀《いが》国の住人山田《やまだ》伊行《これゆき》である。その名のりをきいてみよう。

堀河院の御宇《ぎょう》、嘉承《かしょう》三年正月二十六日、対馬守義親《つしまのかみよしちか》追討の時、故備前守殿《びぜんのかみどの》（平正盛《まさもり》）真《まっ》前懸《さきがけ》て、公家《くげ》にもしられ奉《たてまつ》ったりし山田《やまだ》の庄司《しょうじ》行末《ゆきすえ》が孫《そん》なり。山賊・強盗をからめとる事は数をしらず、合戦の場にも度《ど》度《ど》に及んで、高名《こうみょう》仕《つかまっ》ったる者ぞかし。

ここにみえる「義親追討の時」とは、平正盛（清盛の祖父）が源義親（為義の父）の首を捧げて都に凱旋《がいせん》したときのことで、一公家の日記はそのときの郎従《ろうじゅう》の姿を、「剣戟《けんげき》を日に輝かし、弓馬《きゅうば》を道に連ね」ていると記している。

だが為朝にしても、山田庄司にしても、保元の乱前には武士の高名《こうみょう》の場は都を遠く離れており、京の人びとにはおよそ無縁のことであった。彼らの都での姿といえば、海賊や強盗追《つい》捕《ぶ》における出陣や凱旋の行軍か、検非違使《けびいし》（軍事・警察権をつかさどった職）の追捕をうける私合戦《わたくしかっせん》、さもなくば神輿《しんよ》を奉じて強訴《ごうそ》する衆徒《しゅうと》をとりまき警固したときのものであり、身につけた武芸を施すような機会はそこにはなかった。ところが保元の戦闘は、都大路で堂々とまた華々《はなばな》しく、くりひろげられたのである。

高松殿での戦術会議で藤原信西《ふじわらのしんぜい》に夜討ちを進言していれられ、朝敵追討の宣旨《せんじ》を与えられた義朝は、本陣にもどるや、紅《くれない》の扇《おうぎ》をひらいてつぎのような出陣の命令を下したという。

> 義朝、いやしくも武備《ぶび》の家に生まれ、この事にあうのは身の幸せである。日ごろ私の軍の合戦のときは、朝威《ちょうい》に恐れ思うようにふるまえなかった。今度《こたび》においては宣旨をたまわっているので憚《はばか》るところはない。身にならいおぼえた武芸を思う存分発揮して、名を後代にあげよ。

こうして都大路は、武士の合戦の晴《はれ》の舞台となった。

東夷と京童

天皇方は宣旨《せんじ》、院方は院宣《いんぜん》と、それぞれのよってきたる権威・命令のちがいはあれ、両軍の武士は名をもとめ、武芸の限りをつくしたのである。軍記物として名高い『保元物語《ほうげんものがたり》』は、この武士たちの姿を躍動的に描いた合戦記である。

その時、大庭《おおば》の平太《へいだ》・同《おなじく》三郎懸出《かけいで》て名乗《なのり》けるは、御先祖八幡殿《はちまんどの》（源義家《よしいえ》）の後三年《ごさんねん》の合戦に鳥海《ちょうかい》の城落《おと》されし時、生年《しょうねん》十六歳にて、右の眼《まなこ》を射《い》させて、その矢を抜かずして、答《とう》の矢を射て敵をうち、名を後代にあげ、今は神と祝《いわ》はれたる鎌倉の権五郎景正《ごんごろうかげまさ》が四代の末《ばち》葉《よう》、大庭の庄司景房《かげふさ》が子、相模《さがみ》国住人、大庭平太景義《かげよし》・同三郎景親《かげちか》とは我が事にて候。

こちらは清盛退却のあと、為朝《ためとも》勢にむかった義朝の陣営から駆《か》けでた大庭景義・景親の名のりである。景義はこのときの合戦を長く誇りとしておぼえていた。鎌倉幕府の基盤が安定した建久《けんきゅう》二年（一一九一）八月の一日、新造なった幕府御所において、酒・肴《さかな》を手に居並ぶ御家人《ごけにん》たちを前にして、景義はつぎのような保元の手柄話を語っている。

大炊御門《おおいのみかど》河原での合戦のことじゃが、最初わしは為朝の弓手《ゆんで》（左手の側）に位置していた。為朝といえば我《わ》が朝無双《ちょうむそう》の弓矢の達者である。そこで考えたのじゃ。為朝は鎮西《ちんぜい》育ちで騎馬の弓にうとかろうと。それにひきかえわしは東国育ちで馬に馴《な》れている。すぐに馬を為朝の妻手《めて》（右手の側）にめぐらした。どうじゃ、そのため為朝の矢は我が身にあたるべきものが、膝《ひざ》にあたって命をおとすのをまぬがれたのよ。勇士は騎馬をきわむべきである。壮士らもよくこのことを耳にとどめよ。

この話に当座の人びとはみな感嘆し、頼朝からも賞賛のことばがあったと『吾妻鏡《あずまかがみ》』は記している。東国の野に育った武士（東夷《あずまえびす》）が、保元の合戦を契機に、武士としての自覚と誇りをあらたにしていったようすがよくうかがえよう。

かつて東国から京にのぼってきた武士たちの行動や所作《しょさ》は、「東人《あずまびと》の初京上り《ういきょうのぼ》」といわれ、野鄙《やひ》で滑稽《こっけい》なものの代名詞であった。京童《きょうわらべ》はそれを戯《たわむ》れに演じて、馬鹿にしてきたものである。

だが保元の合戦でみせた東国武士の活躍の姿は、京童の目をくぎづけにした。いでたちから一挙手一投足にいたるまで、京童をとらえて離さなかったが、武士らもその視線によくこたえて、大音声《だいおんじょう》の名のりに派手なかっこうでふるまった。

日ごろは音にもききつらん、いまは目にも見給へ、これこそ京童《きょうわらんべ》のよぶなる上総《かずさ》の悪七兵衛景清《あくしちびょうえかげきよ》よ。

これは『平家物語《へいけものがたり》』にみえる名のりであるが、『保元物語』以下の軍記物や『平治物語絵《へいじものがたりえ》巻《まき》』などの絵巻物に描かれた武士の姿は、京童の目にうつったものにほかならない。

武者の世

武士の実力がものをいった時代、武士がその力を自覚し成長していった時代、これは当時のことばでいえば「武者《むしゃ》の世」であるが、この有名なことばは、天台座主《てんだいざす》であった慈円《じえん》が歴史書『愚管抄《ぐかんしょう》』のなかで使ったものである。

この書は神代《じんだい》以来の歴史をたどったもので、道理史観といわれるように、すべての歴史は道理のあらわれであるとみる考えにそって叙述されており、したがって慈円にとっては、保元の乱後の武者の世も道理のあらわれとしてとらえられている。摂関家《せっかんけ》出身で、国家《こっか》鎮護《ちんご》の仏教をになう慈円さえ、保元の乱後の社会を武者の世と認めざるをえなかったところに、新しい社会の衝撃的出現がうかがえる。

慈円がこれを書き記したのは、承久《じょうきゅう》の乱（一二二一）前夜、一触即発の危機にさいしてであったが、彼が武者の世とよんだ保元の乱から承久の乱までの六十余年間には、平治《へいじ》の乱（一一五九）や源平の争乱もおき、まさに内乱の時代であった。その約百年後には南北朝の動乱がはじまり、さらに応仁《おうにん》の乱（一四六七）を契機に戦国争乱へと、第二・第三の内乱の時代がつづく。武者の世はまた内乱の時代のはじまりでもあったが、これらの内乱は共通して京都を争奪の対象としていた。

保元の乱についてはすでにみた。平治の乱は藤原信頼《のぶより》・源義朝《よしとも》が上皇と天皇をおさえることにはじまり、平清盛《きよもり》がこれを奪って合戦となる。源平の争乱は諸国に蜂起《ほうき》した源氏が入洛《じゅらく》して大勢が決し、承久の乱も京都に攻めいった幕府軍の勝利に帰している。南北朝の動乱は反乱軍鎮圧にむかった足利高氏《あしかがたかうじ》(尊氏)が寝返って六波羅探題《ろくはらたんだい》に攻めいったことにはじまり、その後の数々の合戦もつねに京都の争奪を軸にしておきている。応仁の乱も京都が主戦場であったし、戦国の争乱は上洛《じょうらく》をめざした諸大名のなかで、織田信長《おだのぶなが》がそれをはたして大勢は決するのである。

こうみてくると、保元の乱は中世の内乱の発端であったばかりか、その内乱のありかたをも決定づけた合戦であったといえる。『愚管抄』も、「まさしく王臣みやこの内にて、かかる乱は鳥羽院の御時まではなし」と、はじめての都での合戦に注目している。では都での合戦にはどんな意味があったのだろうか。これより前に地方では私合戦が日常茶飯事のごとくおきていた状況を前提として考えれば、ついにそれが都にまでおよんだことから、この合戦を契機に京を含めて全国が武者の世となった、と人びとに痛感させたのではないか。また聖域であった都が汚《けが》されたことにより、そこに象徴され維持されていた古代国家の権威と価値とが、音をたてて崩れ去ったとも感じさせたにちがいない。

新生京都

2　京都の都市民

保元の乱でもっとも変貌したのは京都であった。古代人の考えかたからすれば、この汚れた王城は捨てられねばならない。しかし、遷都《せんと》は行なわれなかった。

遷都するだけの経済的実力がなかったからかというと、けっしてそうではない。乱の翌年には大規模な内裏《だいり》再建をはたすだけの経済力は十分にあった。では遷都を行なう気力を失っていたのかというと、その後の京都の復興・再建のありさまをみるに、そうともいえない。京都は変わったのである。古代の都城から中世都市へと。

それをよく物語るのが大内裏《だいだいり》の再建事業である。乱の直後にはじまって、翌年二月事始《ことはじめ》、三月上棟《じょうとう》、一〇月八日遷幸《せんこう》と順調にすすんだ。「めでたくめでたく沙汰《さた》して、諸国七道少しの患《わずら》ひもなく、さはさはと只《ただ》二年がほどに造り出してけり」と『愚管抄』は記して、この再建の中心人物であった藤原信西《しんぜい》の苦心と活躍を讃《たた》えている。内裏再建とともに朝廷の年中行事はつぎつぎと復興し、一三〇年ものあいだとだえていた内宴《ないえん》や、久しくなかった相撲《すまい》の節会《せちえ》も行なわれるようになった。

これらはすべて復興の形をとっていて、表面的にみれば古い政策や考えによるものという評価もあろう。しかし当時の社会においては、復興はけっして古いのではない。新しい力、新しい政策は、復興の装いで登場する。新生の力は、まず再生の力としてあらわれるのが普通だったからである。

内裏の再建、年中行事の復興と並んで、京都の都市整備も行なわれた。まず乱直後の一二月に、京中での「兵仗制止《ひょうじょうせいし》」（武装解除）がなされている。「弓矢などいふもの、あらはに持ちたるものやはありし、物に入れかくしなどしてぞ、大路《おおじ》をば歩《あり》きける」と『今鏡《いまかがみ》』が記しているように、京中での武装を禁じたこの法令は京中を平和領域とするもので、その効果は平治の乱がおこるまでの三年のあいだつづいたという。

さらに翌年には三五か条におよぶ新制の法令がだされたが、これは内裏を中心とした公《く》事《じ》・行事にかんする法と、京都の市中法とから成っている。

その市中法の一条に、京中に寄宿し「奸濫《かんらん》」（よこしまなこと）をなすものの取り締まりを命ずる法令があり、それを実行するため保検非違使《ほうけびいし》が寄宿人の調査をするよう定められている。この保検非違使とは、保官人《ほうかんじん》ともいわれる検非違使庁《けびいしのちょう》の官人のことで、保《ほう》を管轄単位として、保内の治安・警察からひろく行政全般の職務を担当した。保は律令制下のような四町一保の保ではなく、二五ページの図で示したように横大路《よこおおじ》と横大路とのあいだを管轄範囲としている。

ここに設けられた保と保官人の制度は、以後長く京都の都市制度として定着したばかりでなく、鎌倉や諸国の「府中《ふちゅう》」にも導入され、中世都市の特徴的な行政制度として機能することになる。

こうして京都は中世都市として再編、整備されていったが、それをになったのは武士、とりわけ平氏の武者であった。平氏は王朝国家の権力基盤である西国に勢力を固め、また貴族層との親交が深かった関係もあって、乱後の政治を推進した藤原信西《しんぜい》と結び、京都とその周辺の治安維持にあたった。

たとえば、すでにみた京中の武装解除を実施するには強力な軍事力が必要とされたが、平氏では清盛の次男基盛《もともり》が検非違使となって、その一翼をになっていたし、さらに諸国の「凶悪の輩《ともがら》」の追捕《ついぶ》については清盛が命ぜられており、平氏の私的武力は国家的軍制として機能したのである。

祇園御霊会

だが京都を根底から支えたという点からいえば、都市住人の活動をこそ、まずあげねばならない。それをよく物語るのが祇園御霊会《ぎおんごりようえ》（祇園祭）の費用負担のありかたで、乱を境に、京中の富裕な住人が負担する方式が導入されている。すなわち保元《ほうげん》二年（一一五七）六月一四日の祇園会《ぎおんえ》から、朝廷は馬頭《ばとう》（馬上）の役を洛中《らくちゅう》の裕福な住人にあてるように改めた。

このことは二つの点で重要な意味をもっている。一つは、朝廷が富裕な都市住人の経済力に注目し、これに課役《かやく》をあてた点、もう一つは、住人が主体的にになない、経済的負担もする祭りとして祇園祭が定着した点である。あわせて都市住人の主体的活動と、それを朝廷も無視しえなくなった点がみてとれよう。そこで今、祇園会を中心とする京都の都市民のになった祭礼が、どのような歴史的変遷をたどってきたのか、ながめておこう。

祇園御霊会のはじまりは詳《つまび》らかでないが、一〇世紀ごろには形を整えていたようである。六月初旬、鴨川《かもがわ》での神輿《みこし》洗いを終えた三基の神輿は、六月七日に八坂《やさか》にある本社を出発し、洛中の御旅所《おたびしょ》に遷幸する。一基は少将井社《しょうしょういしゃ》へ、他の二基は四条の大政所《おおまんどころ》に七日間あって、六月一四日に還幸するが、この還幸の日が御霊会にあたり、朝廷からは騎馬の童《わらべ》とその行列（馬長《うまおさ》）がよせられ、都市民も多く参加して田楽《でんがく》・風流《ふりゅう》などの芸能を奉仕した。

そもそも御霊会とは、洛中で疫病《えきびょう》が流行すると、これを「御霊《ごりょう》」の祟《たた》りとみなし、郊外の八坂・深草《ふかくさ》・紫野《むらさきの》などの地でその怒りをしずめるために行なわれた法会《ほうえ》のことで、そこに鎮座された御霊の神を都市民が洛中の御旅所にむかえることにより、祭りとしての発展をみたのである。八坂の御霊会が祇園祭、深草・紫野のそれが稲荷祭《いなりまつり》・今宮祭《いまみやまつり》であり、もともとから都市民の祭りとしての性格が濃かったといえよう。

院政期にはいると、白河院《しらかわいん》は祇園会に積極的にかかわりはじめ、祭りを盛大・豪華なものにしていった。院の殿上人《てんじょうびと》をはじめ、内（天皇）や女院《にょいん》の殿上人が馬長《うまおさ》を調進し、院北面《いんのほくめん》（院の御所の北面に詰めて、御所の警固などにあたった人々）は田楽を、受領《ずりょう》（諸国の長官、国司）は植女《うえめ》（田植女《たうえめ》）を調進するなど、朝廷から御霊会にむけて種々の奉仕があり、そのさまは「金銀錦繡風流《きんぎんきんしゅうふりゅう》の美麗、記しつくすべからず」といわれたほどである。

しかしそのかたわらで、都市民の芸能奉仕はしだいに片隅においやられて影がうすくなり、祭りの騒乱や猥雑《わいざつ》もきびしく取り締まられるようになった。

仁平《にんぴょう》四年（一一五四）におきた夜須礼《やすらい》の宗教運動は、こうして逼塞《ひっそく》させられていた都市民の不満の爆発を物語っている。三月、京中の児童に射的《しゃてき》が流行したのにつづいて、児女が紫野の今宮社《いまみやしゃ》にむかって、風流の花笠をさし、笛・太鼓・擦鉦《すりがね》を鳴らし、「はなやさきたる、やすらいはなや」と拍子にあわせ、唱和、乱舞したという。

ことは疫病の流行によって、疫神《えきじん》をしずめようとしてはじまったのだが、京中の貴賤がこぞって市女笠《いちめがさ》をかぶって祭りに参加、見物するにおよんで、突然、勅《ちょく》によって禁止されてしまった。都市民につよい不満がつのった。折から飢饉《ききん》がはじまり、都には多くの人びとが流入して、社会不安の雰囲気につつまれた。そのさなかに近衛《このえ》天皇・鳥羽院があいついで亡くなり、そして保元の乱が勃発したのである。

乱後の新政権がいちはやく諸社の祭りの興行をうたったのは、これら一連の経過をふまえてのもので、祇園祭も成長してきた都市民の手にもどされることになり、今宮社の夜須礼も鎮花祭《ちんかさい》として定着をみた。ここに京都の都市共同体の祭りが本格的に成立したといえるであろう。祇園祭はこののち長く都市の祭りとして発展をみて、都市民に共同体意識をはぐくんだ。応仁の乱でいったんつぶれたものの、その後、都市民（町衆《ちょうしゅう》）の手によって再興されることになる。

このように祇園祭の歴史的変遷は、それをになった都市民の動きをよく物語っており、中世都市を支える庶民が、保元の乱とともに歴史の表舞台に登場してきたと評価しても、けっして誤りではない。

庶民の登場

そうした庶民の姿を描いた作品に、絵巻物がある。なかでも注目されるのは、都市民の祭りである稲荷祭や今宮祭を描いた『年中行事絵巻《ねんちゅうぎょうじえまき》』である。

これの中心には、保元の乱後に復活をみた内宴《ないえん》をはじめとする朝廷の年中行事が描かれてはいるものの、そこに登場する貴族や官人の無表情な顔とは対照的に、見物する庶民の表情は生き生きとしていて屈託《くったく》がない。

まして庶民の姿を中心に描いている闘鶏《とうけい》や飛礫《つぶて》、祭りなどでの表情は、豊かでかつ生彩に富んでいる。

保元の乱後の後白河《ごしらかわ》院政期は、絵巻物がたくさん描かれた時代である。『年中行事絵巻』は後白河院の命により描かれたといわれており、ほかに『伴大納言絵詞《ばんだいなごんえことば》』や『信貴山縁起《しぎさんえんぎ》絵巻』など多数が現存する。後白河院の藤原信頼《のぶより》への寵愛《ちょうあい》を諫《いさ》めるために信西《しんぜい》が描かせたという唐《とう》の玄宗《げんそう》皇帝と楊貴妃《ようきひ》の絵巻、あるいは後白河院が信西の子静賢《じょうけん》に命じて描かせた、後《ご》三《さん》年《ねん》の役《えき》についての合戦絵などもあったという。

そうしたなかで印象的なのは、『伴大納言絵詞』にみえる庶民の顔や、後世のものだが『平治物語絵巻』にみえる信西の晒首《さらしくび》（四八ページ図版参照）であり、さらに両絵巻にみえる応天門《おうてんもん》・三条殿の炎上の場面であろう。保元物語の絵巻は現存しないが、「保元絵」なるものがあったという記録がみえるので、それにも同様な描写は存在したことであろう。

このうち信西の晒首は、古代以来の価値観が一変したことをよく物語っている。貴族の肖像画である似絵《にせえ》の描かれるようになったのは、やっと院政期になってからである。それまで人びとは呪術《じゅじゅつ》の世界にしばられていた。死者は怨霊《おんりょう》となり祟《たた》りをなすと考えられ、死刑も行なわれていなかったが、保元の乱後、信西によって死刑が復活され、源為義《ためよし》や平忠正《ただまさ》らが斬《ざん》罪《ざい》に処せられた。しかもその当の信西の首がはねられ、晒《さら》され、描かれたわけであるから、価値観の転換にはいちじるしいものがあったといえよう。

つぎに火事こそは富と権威とを燃やしつくすゆえに、権威の崩壊を意味するが、同時にそこに描かれた庶民は、生命力・再生を象徴している。江戸時代、「火事と喧嘩《けんか》は江戸のはな」といわれ、火事が江戸の町人社会を象徴したように、絵巻物にみえる庶民と火事も中世京都の都市社会をよく示していよう。何度となく火事や飢饉《ききん》・戦争にみまわれながらも、都市社会を再建していったのは、まことに庶民の力であった。

絵巻とともに庶民の姿を伝えてくれるものに、今様《いまよう》といわれる民間の歌謡がある。夜須礼《やすらい》の「はなやさきたる、やすらいはなや」のくりかえしは、今様の影響をつようくうけたものであったが、今様をことに愛好した後白河院は、『梁塵秘抄《りようじんひしよう》』という今様集を編《あ》んでおり、その『口伝集《くでんしゆう》』ではつぎのように語っている。

そのかみ十余歳の時より今にいたるまで、今様を好みて怠ることなし。（中略）四季につけて折を嫌《きら》はず、昼は終日《ひねもす》に謡《うた》ひくらし、夜は終夜《よもすがら》謡ひ明かさぬ夜はなかりき。

ここから今様にのめりこんだ耽溺《たんでき》のさまをおしはかることができよう。院は美濃《みの》の青墓《あおはか》（岐阜県大垣市）や摂津《せつつ》の江口《えぐち》（大阪市東淀川区）・神崎《かんざき》（兵庫県尼崎市）などの遊女からすすんで今様を習っており、今様は遊女をつうじてさまざまな階層に享受されたのであった。

その今様の庶民性とは、庶民の日常的世界がうたわれていることもさることながら、だれでもが口ずさみ、その世界にはいりこみやすいことに、もとめられる。

遊びをせんとや生れけむ
戯《たわむ》れせんとや生れけむ
遊ぶ子供の声聞けば
我が身さへこそゆるがるれ

よく知られているこの歌を、後白河院自身がうたっているようすを想像されたい。こうした今様が院をとらえて離さなかったところに、新しい時代の到来が告げられているのである。

徳政要求

さて、これまで保元の乱後の新時代の様相を、武者の世や都市住民の登場にみてきた。それにしてもわずか数時間の戦闘で、しかも天皇家や摂関家《せっかんけ》の内紛に武士が動員されただけの内乱に、大きな評価は与えられないというのが、通常の理解である。

しかし数時間とはいえ、戦乱がほかならぬ都でおこされたことの象徴的意味や、内乱の時代全体に占める保元の乱の歴史的位置を考えれば、むしろ通説のような理解のほうがむずかしい。また貴族の内紛に武士が利用されたという評価についても、事実認識は正しいのであろうか。その評価はあくまでも貴族の側からの理解であって、武士の側にも主体的動きはあった。

たとえば内紛は、源氏や平氏にもあった。源氏では為義《ためよし》の後継者をめぐって長子義朝《よしとも》とその弟頼賢《よりかた》とのあいだに存在し、平氏の場合には、忠盛《ただもり》の後継者をめぐる清盛《きよもり》とその弟家盛《いえもり》との対立の芽《め》は、家盛の早世により摘《つ》みとられたものの、それでも清盛と叔父忠正《ただまさ》とのあいだにあった。武者ばかりでなくひろく貴族層のあいだにも、一門一家の家督《かとく》をめぐる争いは存在していたのである。

武士を動かした力ということでいえば、乱の直前に鳥羽院《とばいん》が亡くなっており、その一年前に近衛《このえ》天皇が亡くなっている事実にも注目したい。乱は代替わりにおきたのであり、保元の年号は代初めの慣例により久寿《きゅうじゅ》が改元されたものであった。古代から中世にかけて見渡しても、代替わりには国政が一新されるべきであるという考えが根づよく存在していた。後冷泉《ごれいぜい》天皇の寛徳《かんとく》の荘園整理令（一〇四五）や後三条《ごさんじょう》天皇の延久《えんきゅう》の国政改革（一〇六九）がそうであり、中世には徳政令《とくせいれい》が天皇の代初めや将軍の代替わりにだされることが多かった。すなわち代替わりにはひろい意味での徳政がもとめられたのである。武士はその徳政を要求して動いたとはいえないであろうか。

代替わり以外にも徳政は飢饉《ききん》や戦乱、彗星《すいせい》の出現とともにもとめられることが多かったが、保元の乱前には保延《ほうえん》（一一三五〜四一）のころに同じ、と評された久寿の飢饉がおきている。この保延の飢饉とは、鳥羽院政初期に京を中心に全国におよんだ「天下の飢饉」で、多数の餓死者や流亡《るぼう》の民を生んだため、朝廷に徳政の実施をもとめた文章博士《もんじようはかせ》藤原敦光《あつみつ》の勘文《かんもん》（答申状）が作成され、貧民の救済がなされている。久寿の飢饉もこれと比較されるほどの飢饉であったとすれば、徳政がつよくもとめられたことは疑いない。

保元の乱はこうした飢饉と代替わりにつづいておきており、乱直後にはつぎのような法令がだされている。①荘園整理令、②記録所興行令、③諸社興行令、④兵仗《ひようじよう》停止令。

このうち①は寛徳・延久の代替わりにもだされた法令であり、②③は鎌倉時代の延応《えんおう》二年（一二四〇）の彗星出現のときにもだされている。④は僧徒に限ってではあるが、源頼朝《よりとも》が朝廷に徳政をもとめた内容と同じである。すなわち①〜④は徳政の法令であったとみてよい。そうすると保元の乱は、徳政へのつよい要求のなかでひきおこされた内乱ともいえるにちがいない。

もはやこの乱に武士たちが積極的にかかわっていたことは明らかであろう。乱直前には徳政をもとめる武士や流亡の民がぞくぞくと京に流入していたのである。五月、内大臣藤原実能《さねよし》の徳大寺堂に「勇士乱入、放火」という事件がおき、鳥羽院は実能のすすめにより御所の警固を義朝や清盛に命じている。乱は、京にあふれかえる武士の動きに押されてひきおこされた、というのが真相であろう。

ともすれば上皇方の軍議で源為義や為朝《ためとも》の提案が左大臣頼長《よりなが》によってしりぞけられた点を根拠に、武士の存在を低く評価する傾向があるが、乱はけっして上皇方からひきおこされたのではない。義朝の夜討ちの提案を積極的に採用した天皇方によってこそおこされたものである。このことを考えると、乱における武士の主体性はもっと強調されねばならない。

武士と庶民の時代、中世社会は、かくて保元の乱とともにはじまったのである。

第二章　武家政権への道

1　平治の乱

信西政権

保元《ほうげん》の乱前から乱後にかけて、一連の動きを天皇方にあって主導したのは藤原信西《ふじわらのしんぜい》である。信西は鳥羽院《とばいん》に仕《つか》え、「院の後見《こうけん》」といわれた藤原公教《きみのり》とともに、法皇の葬儀を執《と》り行なって政治の表面に浮上し、ついで後白河《ごしらかわ》天皇の乳母紀伊局《めのときいのつぼね》の夫（乳父《めのと》という）として、天皇に絶大なる影響力をもって天皇親政をおしすすめたのであった。京中にあふれる武士を使って政敵を倒すことを考えついたのも、源義朝《よしとも》の夜討ちの提案をいれたのも信西である。

信西は藤原実兼《さねかね》の子として学者の家に生まれたが、諸国の受領《ずりょう》を歴任した高階経敏《たかしなつねとし》の養子となって高階通憲《みちのり》と称し、待賢門院《たいけんもんいん》・鳥羽院の院司《いんじ》として世にでた。「学生抜群《がくしょうばつぐん》の者」といわれたように学問によくはげみ、学才はひろく知れわたった。

『法曹類林《ほうそうるいりん》』や『本朝世紀《ほんちょうせいき》』を編《あ》むなど、その学問は法律や歴史を中心に天文・地理・政治・制度・文学・医学におよび、実践のための学問という色彩がきわめて濃い。鳥羽法皇の供をしてあるところにおもむいた折のこと、彼が唐人《とうじん》と通事《つうじ》（通訳）もなく会話しているのをきいた法皇が「あやし」んで、「いかにしてかかる」と尋ねると、もしも中国へ使いとして派遣されたときの用意のため中国語を習っておいた、と答えたという。信西の学問の性格がよくあらわれている話である。

天養《てんよう》元年（一一四四）、少納言《しょうなごん》の官を辞して出家したが、その出家は信心によるというよりも、官位の秩序から自由に行動するためのもので、出家後も以前と変わることなく鳥羽法皇に親しく近仕《きんじ》している。やがて頭角をあらわすきっかけとなったのは、久寿《きゅうじゅ》二年（一一五五）七月の近衛《このえ》天皇の死であった。つぎの天皇に後白河をおす信西は、八条女院《はちじょうにょいん》（美福門院《びふくもんいん》の娘）か守仁《もりひと》親王（後白河の子、のちの二条）を天皇にしたいと考える美福門院（鳥羽法皇の皇后で、近衛の母）を説きふせ、後白河即位を実現させたのである。

そして保元元年（一一五六）七月の法皇の死によって天皇が「治天《ちてん》の君《きみ》」となるにおよび、実権をふるうことになった。「当今《とうぎん》（後白河の

天皇家系図

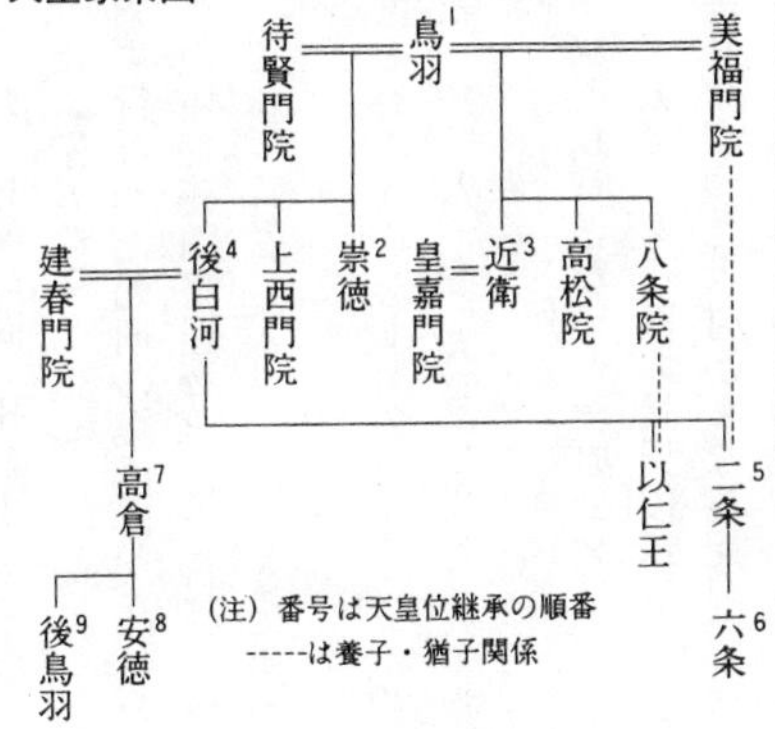

(注) 番号は天皇位継承の順番
-----は養子・猶子関係

こと）は、和漢の間、比類少なきの暗主《あんしゅ》なり」と喝破して憚《はばか》らず、思うがごとくに政治を牛耳った（『玉葉《ぎょくよう》』）。

まず行なった死刑の復活は、乱後の政治へのつよい意志と決断を内外に示したものである。ついで荘園整理令を含む新制七か条を定め、その政策を推進するための記録所をおいた。『今鏡《いまかがみ》』はそれをつぎのように語っている。

世を治めさせたまふ事、昔に恥《は》ぢず、記録所とて、後三条院の例にて、長官《かみ》は左大将公教《きみのり》、弁《べん》三人、寄人《よりゅうど》等いふ者、数多《あまた》置かれ侍《はべ》りて、世の中を認《したた》めさせたまふ。

記録所長官となった藤原公教は、清廉《せいれん》で公事《くじ》をよく務めることで知られた人物、次官である弁三人のうち信西の長男俊憲《としのり》は、才智文章が「誠に人にすぐれて」といわれた人物、その他選《え》りすぐった人材からなる記録所は、官中《かんちゅう》の裁判や行政から独立して運営され、まさしく新政権にふさわしい統治機構であった。

翌年には京中の整備や内裏の復興もなり、「信西がふるまひ、子息の昇進、天下の執権、この充満のありさま」と『愚管抄《ぐかんしょう》』に評された。その目をみはらせる活動から、乱後の新政権を信西政権の名でよんでもけっしておかしくはない。

信西をめぐる勢力

信西政権の統治理念は、新制第一条に示された「九州の地は一人の有《たも》つところなり」という王土思想にある。九州とは中国風の表現で全国を意味し、日本全国は天皇が統治するところであると表明している。

この統治理念により荘園を整理したが、それは後白河天皇即位後の荘園・公領の秩序を天皇高権のもとに位置づけるとともに、白河・鳥羽院の時代に宣旨《せんじ》や院庁下文《いんのちょうくだしぶみ》によってたてられた荘園を保護、認可して、動揺する荘園の秩序を安定させることをねらいとしている。このねらいは、記録所の活動や内裏《だいり》造営への荘園・公領の奉仕をつうじてはたされ、中世の土地制度としての荘園公領制はここに確立をみたといえよう。

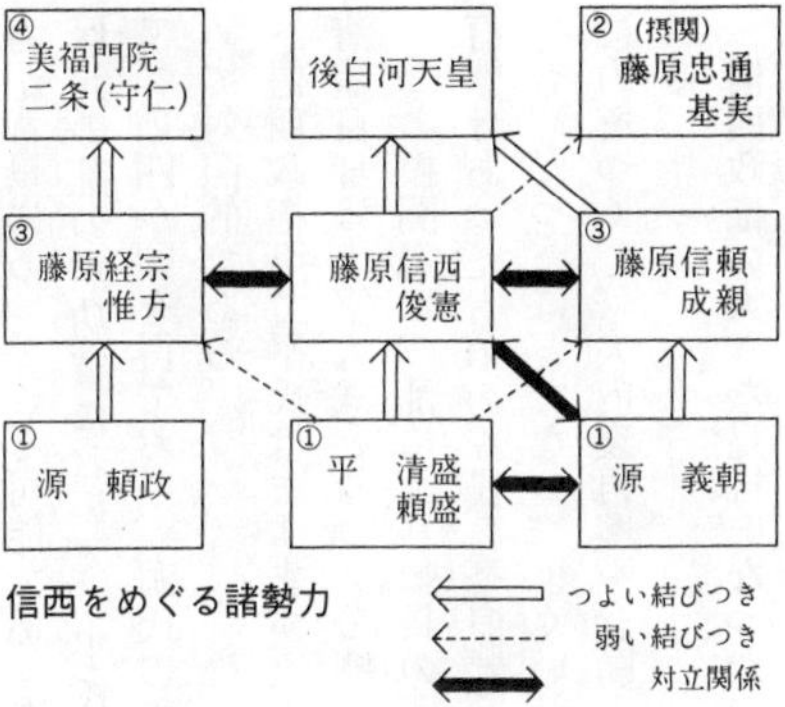

信西をめぐる諸勢力

信西政権をめぐっては、おおよそつぎのような勢力がとりまいていた。①武士勢力、②摂関《せっかん》勢力、③天皇近臣勢力、④美福門院《びふくもんいん》周辺勢力、といった四つである。

このうち①は乱の主役であったばかりでなく、信西政権を武力で支えた。政権の政策行使も彼らの存在なくしては不可能であった。たとえば京中武装停止の平和令も、その内実は戒厳令《かいげんれい》にほかならず、武力が背景にあってこそ可能であった。武士のなかでも信西がとくに頼りとしたのは平氏で、保元の乱の勲功賞において、平氏は播磨《はりま》（清盛）・安芸《あき》（経盛《つねもり》）・常陸《ひたち》（頼盛《よりもり》）・淡路《あわじ》（教盛《のりもり》）の四か国を得ており、源氏の義朝《よしとも》が下野守《しもつけのかみ》のまま左馬頭《さまのかみ》となったにすぎないのとはきわめて対照的である。

信西政権下で平氏はますます実力をたくわえてゆき、知行国《ちぎょうこく》も五か国にふえたばかりか、清盛自身は大宰大弐《だざいのだいに》となって公卿《くぎょう》昇進が目前となった。

②の摂関家は、乱により頼長《よりなが》の所領が天皇の直轄領（後院領《ごいんりょう》）にいれられてしまうという打撃はあったものの、氏長者職《うじのちょうじゃ》と氏長者領は宣旨で関白《かんぱく》藤原忠通《ただみち》にかえされ、知行国の減少もめだったほどでない。よくいわれるほどには打撃は大きくなかった。忠通は後白河即位に力をつくし、大内裏《だいだいり》再興を念願としていたから、むしろ乱前から信西と結んでいたとみられる。

信西政権の大きな足枷《あしかせ》となったのは、③④である。③のなかでもことに、天皇の寵愛《ちょうあい》する藤原信頼《のぶより》が急速に勢力を拡大し、やがて信西に対抗してきたのであった。信頼は鳥羽院の近臣忠隆《ただたか》の子で、後白河天皇の寵《ちょう》を得て、わずか数年にしてみるみるうちに官位が上昇し、二七歳で中納言《ちゅうなごん》・右衛門督《うえもんのかみ》となった。『平治物語』は「文にあらず武にあらず、能もなく芸もなく、ただ朝恩《ちょうおん》にのみ誇り」と評しているが、信西と権力基盤を同じくするだけに、容易ならざる人物であった。

信西は後白河についてつぎのように語っていたと、『玉葉《ぎょくよう》』は伝えている。

> 謀反《むほん》の臣、傍《かたわら》にあるも、一切《いっさい》覚悟の御心なし。人これを悟《さと》らしたてまつると雖《いえど》も、猶《なお》もって覚《おぼ》えず。かくの如《ごと》き愚昧《ぐまい》、古今いまだ見ず、いまだ聞かざるものなり。

こうした「愚昧」といわれた後白河に、信頼を除くように信西がいくら進言してもむだであった。「もし叡心《えいしん》果たし遂げんと欲することあらば、敢《あ》へて制法《せいほう》にかかはらず」と、天皇には専制君主の血が流れていたのである。

平治の乱

そのころ④の勢力は美福門院《びふくもんいん》の養子となっていた守仁《もりひと》親王の即位をもとめており、保元三年（一一五八）八月、とつぜん後白河は譲位《じょうい》し、その即位が実現した。二条《にじょう》天皇である。この記事をのせる『兵範記《へいはんき》』は、「仏と仏との評定《ひょうじょう》」によるものだと書きそえている。一人の「仏」はいうまでもなく入道信西《しんぜい》であり、もう一人の「仏」とは出家した女院《にょいん》美福門院である。

かつて忠通《ただみち》・信西が推す後白河の即位をのんだ女院は、この時期にいたって二条への譲位をつよくもとめたのである。即位のときに約束がかわされていたものとみえ、信西はやむなくこれを認め、後白河は譲位し、忠通も関白を退いた。④の勢力はかくして二条天皇派として勢力を築くことになる。

信西の首　学問と野心とで中世を切り開いた信西の首は獄門に。『平治物語絵巻』

後白河院政が開始されると、信西は権力基盤を記録所から院中に移したが、しだいに反信西勢力が形成されていった。院近臣《いんのきんしん》信頼《のぶより》、二条天皇の側近藤原経宗《つねむね》・惟方《これかた》、平氏に対立する源義《よし》朝《とも》らである。彼らはそれぞれ意図するところは別にしても、反信西という一点でのみ結びつき、ついに平治《へいじ》元年（一一五九）一二月、清盛が熊野詣《くまのもう》でにでかけた留守をついて兵をあげた。

院の御所三条殿《さんじょうどの》を急襲した義朝・信頼は、上皇を大内裏《だいだいり》の一本御書所《いっぽんごしょどころ》に閉じこめるとともに、信西の宿所に攻めいって焼き払った。急を知って山城《やましろ》宇治田原《うじたわら》（京都府綴喜《つづき》郡宇治田原町）にのがれた信西は、源光保《みつやす》の追撃にあい、観念し入定《にゅうじょう》したところを掘りだされ、首をはねられてしまった。あっけないまでの信西の没落である。

クーデターはこうしていったんは成功したかにみえたが、反信西でのみ一致していたクーデター勢力は、その後の展望をまったく欠き、無為無策のうちに清盛の帰京を許してしまう。

京の六波羅《ろくはら》にもどった清盛のやり口は巧妙で、名簿《みようぶ》（従属することを証明する名札）を信頼に捧げて従者となることをよそおい、油断する信頼を尻目に、天皇の側近経宗・惟方をかたらって天皇の奪回に成功し、六波羅にむかえた。さらに上皇さえも仁和寺《にんなじ》にのがれたことを知ったときには、信頼・義朝は、もはや打つ手をもたなかった。追討宣旨を得た清盛に大内裏を攻められ、一度は追い返したものの、義朝の長男「悪源太《あくげんた》」義平《よしひら》の奮戦もむなしく、六条河原の戦いで敗れ去ったのである。

東国に落ちゆく義朝は、同道を乞う信頼に「日本一の不覚仁《ふかくのじん》、かかる大事を思ひ立《たち》て、我《わが》身《み》も損じ、人をも失はんとするに、にくひ男かな」と罵倒《ばとう》をあびせ、鞭《むち》でうちすえたうえ置き去りにしたという。

不覚の主人をもった義朝を待ちうけていたのは、またしても不覚の家人《けにん》である。東国にむかう途中、尾張《おわり》国の内海《うつみ》荘（愛知県知多郡南知多町）の長田忠致《おさだただむね》の手にかかって殺されてしまう。残された信頼は上皇への哀訴もかなわず、六条河原に連れだされて斬られ、ここに平治の乱は終わりを告げた。

あなたこなた

清盛の権力は乱により不動のものとなった。対立していた源氏の棟梁《とうりよう》義朝をしりぞけて、その嫡子頼朝《ちやくしよりとも》を伊豆《いず》に流し、軍事的覇権を握ったばかりか、院の近臣らの勢力を排除したのである。

乱前の平氏は、信西政権下で厚遇され、その武力的基盤となっていたのだが、同時につねに信西におさえられており、清盛がさらに権力の拡大を欲するならば、信西は大きな障害であった。

そうであれば、乱の発端が清盛の熊野詣にあったことから考えると、清盛は義朝と信頼の挙兵を誘ったのであり、信西の没落を謀《はか》ったという推論にも捨てがたいものがある。『平治物語』は、清盛の家人《けにん》平家貞《いえさだ》が鎧《よろい》や弓矢を隠しもって熊野詣でに行ったと伝え、『古事談《こじだん》』は信頼と清盛の主従関係を示す説話をのせている。信西が宇治にのがれたのち、清盛との合流をまったく考えず入定《にゅうじょう》をはかったのも気にかかるところで、信西は清盛の裏切りをさとっていたのかもしれない。

だがそうした推論はさておき、確固たるものとなった清盛の権力についてみると、乱前の平氏知行国の五か国は乱後に八か国とふえ、他の貴族を圧倒したばかりか、清盛の家人が受《ず》領《りょう》となった三か国をも含めて、平氏関係の知行国は全国の六分の一を占めた。清盛自身も永《えい》暦《りゃく》元年（一一六〇）六月に公卿となり、翌年には検非違使別当《けびいしのべっとう》となって、京の軍事・警察権を掌握している。

乱後の政治の流れは、後白河院と二条天皇との対立が激化し、きわめて流動的な様相を示していた。「世をば院に知らせまいらせじ、内の御沙汰《さた》にてあるべし」と天皇親政を策動する天皇側近にたいし、上皇に近仕してさまざまな画策をこうじる院近習《きんじゅう》。それぞれの配流《はいる》・解官《げかん》がくりかえされていた。

しかし清盛のみは二君に仕《つか》えて権力に揺るぎはなかった。上皇の命令により天皇側近の経《つね》宗《むね》・惟方《これかた》を追捕《ついぶ》したり、上皇の願《がん》になる蓮華王院《れんげおういん》（三十三間堂）を造進したりするなど、上皇に奉仕するかたわらで、天皇の押小路《おしのこうじ》東洞院《ひがしのとういん》の皇居に宿直所《とのいどころ》を設け、「清盛が一家の者」が朝夕伺候《しこう》して警固にあたっている。こうした清盛の行動を、「よくよく慎《つつし》みて、いみじく計《はから》ひて、あなたこなたしける」と『愚管抄《ぐかんしょう》』は評している。

清盛の慎重さは摂関家にたいしてもみられる。乱中、清盛の陣営にかけつけた関白基実《もとざね》（忠通の子）を、「摂籙《せつろく》の臣（摂関家）の御事などは議に及ぶべくも候はず」と一顧だにしなかった清盛であるが、平時ともなればちがう。おのずと摂関家が政治の中枢に位置してくるからである。長寛《ちょうかん》二年（一一六四）四月、娘盛子《せいし》を基実に入れて、「聟《むこ》にて世をばいかにも行ひてん」としたのであった。

その二年後、基実が早世すると、今度は摂関家の家司《けいし》藤原邦綱《くにつな》と謀《はか》って、基実の所領の相当部分を妻の盛子（白河殿）に継承させ、平氏の管領下に置いている。

このように後白河・二条の対立のなかでもつねに権力の中枢にあり、軍事・警察権を握って諸勢力をおさえていた清盛の存在からみれば、あるいは平治の乱後の政権は清盛政権といえるかもしれない。ただ信西政権の場合もそうであるが、なにをもって政権とよぶのかという問題がのこる。

とりあえず政治上の主導権を握った人物による政治権力と権力行使のありかたを、その人物の名を冠して某政権とよぶならば、清盛政権の呼称もけっして不適切ではなかろう。

とはいえ、このときの清盛政権を武家政権とよべるかどうかとなると、首をかしげざるをえない。武家政権とよぶためには地方の武士団をひろく結集している必要があるが、平氏の武力の基盤はあまりに狭いものであったし、武士団をひろく組織するための政策も、まだ当時はなかった。

清盛政権のつぎの課題は、地方における権力基盤の拡大であり、それはまず京から西へとすすめられた。

六波羅・福原・厳島

平氏の固有の基盤は伊勢《いせ》から伊賀《いが》国にかけての地域にあったが、伊勢平氏といわれた正盛《まさもり》(清盛の祖父)が白河院北面《ほくめん》となって京都に進出して地盤を築いたのが一二世紀前半、つぎの忠盛《ただもり》の代には、京都六波羅《ろくはら》を拠点に受領《ずりよう》や海賊追捕使《ついぶし》となって、畿内近国から西国にかけて勢力を伸ばした。

清盛の代になると、六波羅は清盛邸の泉殿《いずみどの》を中心に、弟頼盛《よりもり》の池殿、教盛《のりもり》の門脇殿、嫡男重盛《しげもり》の小松殿以下、一門・家人《けにん》の殿舎がつぎつぎとたてられ偉容《ようさい》を誇った。平治の乱で六波羅のはたした役割は大きく、義朝はけっきょく、六波羅の要塞に手だしができなかったため敗れ去ったともいえる。

清盛の京でのもう一つの拠点は、西八条《にしはちじよう》の別邸である。京から西国への出入口にあり、清盛が西国に下向《げこう》するとき、あるいは西国から上洛《じようらく》したときの居所として使われ、日常は妻時《とき》子《こ》の居所であった。したがって、貴族としての平氏の生活の場であり、諸貴族および子女の交流の場であったから、ひとたび西国から平氏の大軍が上洛してここにはいっただけで、政界に大きな影響を与えた。

清盛の西国支配の拠点として整備されたのは、摂津福原《ふくはら》（神戸市兵庫区）の別荘である。その整備の時期は、永暦《えいりやく》・応保《おうほう》年間のころ（一一六〇〜六三）で、福原荘と周辺の地を買得《ばいとく》や交換・寄進によって獲得すると、福原を含む八部《やたべ》郡の一郡検注《けんちゆう》（土地調査）を家司《けいし》藤原能《よし》盛《もり》に命じて実施した。

これにより周辺の公領は、福原荘をはじめ兵庫荘《ひようごのしよう》や輪田《わだ》荘などの平家領に組みこまれ、さらにちかくの大輪田泊《おおわだのとまり》の修築が、家人粟田《あわた》（阿波《あわ》）成良《しげよし》の努力で完成すると、瀬戸内海の海路はまったく平氏の支配下にはいることになった。

安芸《あき》国厳島《いつくしま》神社に清盛がはじめて参詣《さんけい》したのは、永暦元年（一一六〇）といわれる。ただ保元の乱前から清盛は安芸守《あきのかみ》となっていたのであるから、そのころより厳島との関係は生じていたと考えられるが、神主佐伯景弘《さえきかげひろ》の積極的働きかけもあって、平氏の氏神として祀《まつ》られるようになった。

長寛《ちようかん》二年（一一六四）に清盛が平氏一門の繁栄を祈願して法華経《ほけきよう》三二巻を納めると（平家《へいけ》納経《のうきよう》）、これにより厳島への傾倒はいちじるしくなり、社は六波羅にも分祀《ぶんし》された。六波羅と厳島とを結ぶ交通路も整備されてゆき、備前牛窓《びぜんうしまど》（岡山県瀬戸内市）、備後鞆《びんごとも》（広島県福山市）・尾道《おのみち》などの良港が平家領に占定、整備されたばかりか、安芸の音戸《おんど》（広島県呉市）

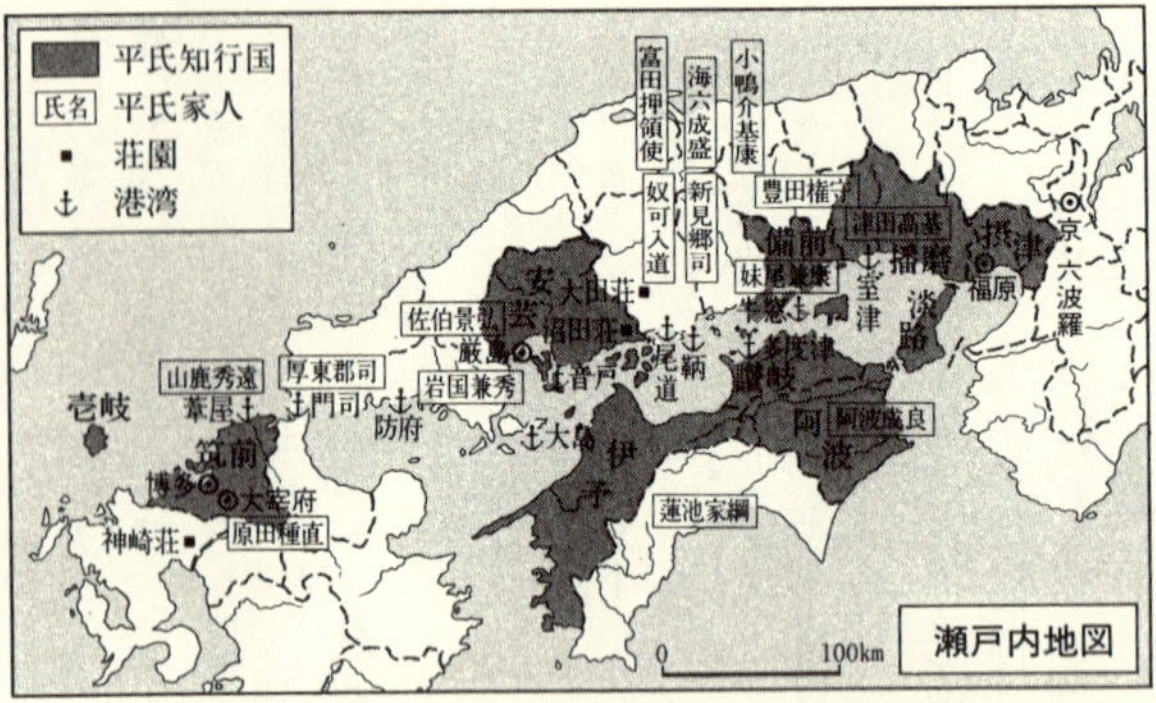

の瀬戸《せと》のような難所も開削された。

瀬戸内海周辺の諸国、淡路《あわじ》・阿波《あわ》・讃岐《さぬき》・備前《びぜん》・伊《い》予《よ》などが平氏知行国として経営されたのもこのころであり、瀬戸内海地域は平家の富の源泉となっていった。

その富をよく物語るのが、院の御所法住寺殿《ほうじゅうじどの》の一角にたてられた蓮華王院《れんげおういん》である。これは清盛が備前国を知行して造進したもので、御堂に納められた一千一体の千手観音《せんじゅかんのん》の荘厳で華麗な姿は、平家納経とともに平家文化の粋を示している。

瀬戸内海航路の終点にあたる博多・大宰府《だざいふ》では、清盛は平治の乱前後に大宰大弐《だざいのだいに》となり、家人の平家貞《いえさだ》や家司の藤原能盛を送って鎮西《ちんぜい》統治を行ない、さらに永《えい》万《まん》元年（一一六五）に大弐となった弟頼盛が慣例を破り現地に赴任したことで、平氏の鎮西支配は確固となった。

博多と大宰府は日宋《にっそう》貿易の拠点でもあって、すでに忠盛が鳥羽院政の初期に院領肥前《ひぜん》国神崎《かんざき》荘（佐賀県神崎市）を知行して日宋貿易に関与しており、平氏の日宋貿易への関心はすこぶるつよかった。

瀬戸内海航路を支配し、大宰府をも掌握した清盛が、日宋貿易に大々的にのりだし、福原に唐船と宋人を迎えいれたのも当然のことといえよう。貿易によって宋から輸入された書籍・宝物の一部は、院によせられて蓮華王院の宝蔵のコレクションとなり、綾錦・香料・薬品などの奢侈《しゃし》品《ひん》は宮廷の生活に用いられ、宋銭は流通交換にまわされ、商業経済の発展に寄与した。

東国の武士団

平氏の支配権が瀬戸内海を中心に西国におよんでいったのにたいし、東国についてはいささか心もとない状態であった。平治の乱に加わらなかった独立的な武士団がひろく分布しており、そこに支配権を伸ばすのは容易なことではなかったからである。

今、ここで東国武士団の分布状況をながめると、東海・東山道には義光《よしみつ》流の源氏が帯状にひろがっていた。山本《やまもと》・柏木《かしわぎ》・甲賀《こうが》・錦織《にしごり》などの近江源氏《おうみげんじ》、武田《たけだ》・一条《いちじょう》・安田《やすだ》・加賀見《かがみ》・板《いた》垣《がき》などの甲斐《かい》源氏、平賀《ひらが》の信濃《しなの》源氏、佐竹《さたけ》の常陸《ひたち》源氏である。このうち佐竹氏を例にとってみると、常陸国の北半分を領有し、「権威境外に及び、郎従《ろうじゅう》国中に満つ」といわれたほどの豪族的武士団であって、佐竹冠者秀義《かじゃひでよし》・佐竹四郎隆義《たかよし》など、いずれも官途を有さず、その独立性はきわだっていた。

独立性という点では、「俘囚《ふしゅう》の長《おさ》」と称され陸奥《むつ》・出羽《でわ》に独立した領域を築いた奥州《おうしゅう》藤原氏こそ、特筆されねばならない。「奥六郡《おくろくぐん》の主」といわれたごとく、奥六郡（南から胆沢《いさわ》・江刺《えさし》・和賀《わが》・稗貫《ひえぬき》・斯波《しば》・岩手《いわて》）を中心に、白河関《しらかわのせき》から津軽《つがる》の外ケ《そとが》浜《はま》にいたるまでの東北地方の広大な領域を境域とし、その間に一町おきに笠卒塔婆《かさそとば》をたてて、この面には金色の阿弥《あみ》陀《だ》像を描いたという。

初代清衡《きよひら》が平泉《ひらいずみ》にたてた中尊寺《ちゅうそんじ》はその中心に位置づけられ、平泉には他に二代基衡《もとひら》が毛越《もうつ》寺《じ》、三代秀衡《ひでひら》が無量光院《むりょうこういん》をたて、奥州産の金による黄金文化が花とひらいた。無位無官で一生をとおした基衡は、陸奥守藤原師綱《もろつな》により実施された公田《こうでん》の検注《けんちゅう》を拒否し、合戦にまでおよぼうとしたことがあり、また三代にわたって京都からの政治的亡命者もうけいれるなど、独立王国的色彩をおびていた。

越後北部を中心に出羽南部や陸奥の会津《あいづ》にまで勢力をひろげていた城《じょう》氏も、二郎永基《ながもと》、その孫太郎助長《すけなが》（資永）などやはり独立した領域をつくりあげており、永基は流罪《るざい》になった源義親《よしちか》（義家《よしいえ》の子）の追捕《ついぶ》を検非違使庁《けびいしのちょう》から要請されたことがあり、助長は国司によって「濫《らん》行《ぎょう》」を訴えられている。同じ平氏ではあっても、伊勢平氏とは結ばず、城氏は独自の勢力を築いていたのである。

さらに関東の平氏になると、伊勢平氏と結ぶどころかむしろ義家流源氏とのあいだに主従関係をつくりあげていた。上総《かずさ》の上総介広常《かずさのすけひろつね》、下総《しもうさ》の千葉介常胤《ちばのすけつねたね》、相模《さがみ》の三浦介義明《みうらのすけよしあき》、武蔵《むさし》の秩父《ちちぶ》氏流（畠山・河越《かわごえ》・江戸・小山田《おやまだ》諸氏）などで、いずれも保元の乱では義朝に属し参陣している。彼らはそれぞれの国の有力な在庁官人（国衙《こくが》の役人）であり、国司と対抗するうえで、東国育ちの「貴種《きしゅ》」義朝をたよったのである。

平治の乱後には義朝の影響力も消えて、相互に合戦と提携をくりかえしながらも、いくつかの社会圏を形づくっていた。その一つのあり方をよく物語っているのが『曾我《そが》物語《ものがたり》』の世界である。

そこに描かれたのは、武蔵・相模・伊豆・駿河《するが》四か国にまたがる武士団の交流の世界であり、さらに伊豆・箱根《はこね》権現《ごんげん》の信仰の世界や東海道の宿々の遊女の世界など、保元の合戦で高名《こうみょう》をあげた武士たちの日常生活の場であった。

北関東では利根川本流とその支流にそって幾多の個性的武士団が分布していた。常陸国有力在庁で当国の「猛者《もさ》」といわれた多気権守致幹《たけごんのかみむねもと》の大掾《だいじょう》氏は、一族が国の南半分にひろく分散、定住し、下《しも》野《つけ》国では有力在庁小山政光《おやままさみつ》の勢力が国府近傍から東側にひろがり、一族は常陸・下総にまで分派した。

この小山氏と「一国の両虎」と並び称されたのは藤姓足利《とうせいあしかが》氏の俊綱《としつな》で、彼は利根川をはさんで武蔵の秩父氏とも合戦をくりかえしていた。下野一宮宇都宮《うつのみや》社の宇都宮朝綱《ともつな》、八条院領足利荘の足利義兼《よしかね》、上野《こうずけ》国新田《にった》荘の新田義重《よししげ》などは京都との結びつきのつよい武士団ではあったが、それぞれ京都とは独自のチャンネルで結ばれていた。

京都とのつながりでいうと、義家流の源氏もみのがせない。常陸国志太《しだ》荘には為義の子志《し》太《だ》先生義広《せんじょうよしひろ》が、信濃国木曾には為義の子義賢《よしかた》の遺児義仲《よしなか》が、そして伊豆国には源頼朝《よりとも》がおり、「貴種」の立場から、周辺の武士団の社会圏の核的存在となりつつあった。

北陸道の武士団に目をやると、かの利仁将軍《りじんしょうぐん》流の藤原氏が有力在庁として加賀《かが》・越前《えちぜん》両国に勢力をひろげており、林介《はやしのすけ》・富樫介《とがしのすけ》・板津介などは加賀の在庁として、河合新介・稲津新介などは越前の在庁として蟠踞《ばんきょ》していた。一族からはそれぞれ白山《はくさん》の末社の長吏《ちょうり》をだしており、白山社との結びつきがつよかった。総じてみると、加賀以北の北陸道の武士は能登の土田、越中の宮崎・石黒などの諸氏をふくめて官位を帯するものが少ないのにたいし、越前の武士には、都にでて、検非違使《けびいし》や院武者所《いんのむしゃどころ》に仕える者が多かった。

2　後白河院政

諸国守護権

平氏による東国の武士団の組織化は容易ではなく、王朝国家に要職を占めながら、その公権によりつつ、平氏は組織化にとりくむことになる。

二条天皇が病気のため二歳の六条天皇に譲位した永万《えいまん》元年（一一六五）、清盛の義妹で後白河院の女御《にょうご》滋子《じし》の子憲仁《のりひと》が親王となり、ついで翌年東宮《とうぐう》となって天皇位が約束された。清盛も内大臣となり、その翌仁安《にんあん》二年（一一六七）には従一位《じゅいちい》太政大臣《だいじょうだいじん》となって位人臣《くらいじんしん》をきわめた。父忠盛が内《うち》の昇殿《しょうでん》をゆるされ、貴族に仲間入りしてから約四〇年後のことである。

平氏一門をみると、家督《かとく》重盛《しげもり》が権大納言《ごんだいなごん》、子の宗盛《むねもり》・義弟時忠《ときただ》が参議《さんぎ》、弟頼盛《よりもり》が三位の大《だ》宰大弐《ざいのだいに》と、四人の公卿を輩出し、この他にも弟教盛《のりもり》・経盛《つねもり》が内蔵頭《くらのかみ》・大宮亮《おおみやのすけ》、子の知盛《とももり》が中《なか》務権大輔《つかさごんのだいふ》と要職を占めている。平氏権力はここにあきらかに一つの頂点にたっしたといえよう。

その五月一〇日、平重盛にたいし海賊追捕《ついぶ》の宣旨《せんじ》がだされた。海賊追捕の宣旨そのものはとくに目新しいものではない。正盛や忠盛は、しばしばこの宣旨を得て西国に遠征し、それを契機に西国に勢力を伸長させてきた。

しかしこのたびの宣旨は海賊追捕とはいいながら、山陽・南海道の「白波《はくは》」（海賊）のみならず、東海・東山道の「緑林《りょくりん》」（山賊）をも対象として、ひろく全国におよぶ盗賊一般の取り締まりである。また追捕使に任ぜられた重盛は権大納言の地位にあり、正盛や忠盛のような受領《ずりょう》や検非違使とは異なって、みずから京をでて追捕活動を行なうわけではない。重盛はこれにより全国的な盗賊一般の取り締まりの権限を与えられ、郎従《ろうじゅう》を宣旨《せんじ》の使いとして諸国に派遣することが可能となったわけである。

これと類似の宣旨を探すと、鎌倉幕府成立後の建久《けんきゅう》二年（一一九一）にだされた新制の宣旨の一条がみいだされる。それは源頼朝《よりとも》に諸国の海陸盗賊・放火の輩《ともがら》の取り締まりを命じたもので、これにより頼朝の郎従が諸国守護人としてその任務を遂行することになった。両者を比較すれば、きわめてちかい内容であることが知られよう。建久二年に頼朝の得た権限は、すでに仁安二年の重盛の権限にみいだされることになり、重盛の得た権限はその後の鎌倉幕府に継承されていった、と評価できる。

重盛が国制上で占めた位置は、おそらく「武家」という語で表現されるものであろう。国家は武家に諸国守護を託し、武家は郎従を引率してその守護権を行使する、といった国制上の関係が、重盛のときに確立したわけである。それは清盛が保元・平治の乱をつうじて築きあげてきた関係の制度化にほかならない。

重盛にこの宣旨がだされた直後、清盛は太政大臣を辞しており、清盛の地位が重盛に継承されることによって、制度化は達成されたとみられる。

平家はこの権限を得ると、勢力を東国に伸ばしていった。「平家世を知りて久しくなりければ、東国にも郎等《ろうどう》多かりける」と記したのは『愚管抄《ぐかんしょう》』であり、さらに『平家物語』は、平家の家人《けにん》藤原忠清《ただきよ》が坂東《ばんどう》八か国の侍の「別当《べっとう》」「奉行《ぶぎょう》」になったと記している。無位無官をとおした奥州藤原氏の秀衡《ひでひら》が、ついに嘉応《かおう》二年（一一七〇）に鎮守府《ちんじゅふ》将軍となったのもこれと無関係ではない。

平家による東国武士の組織化は、こうした諸国守護権や皇居警護の大番役《おおばんやく》などを利用しての上からのものであったり、あるいは官職や位階への推挙など個別的なものであったり、おのずから限界はあったが、支配権をひろく東国に伸長させたことはまちがいない。

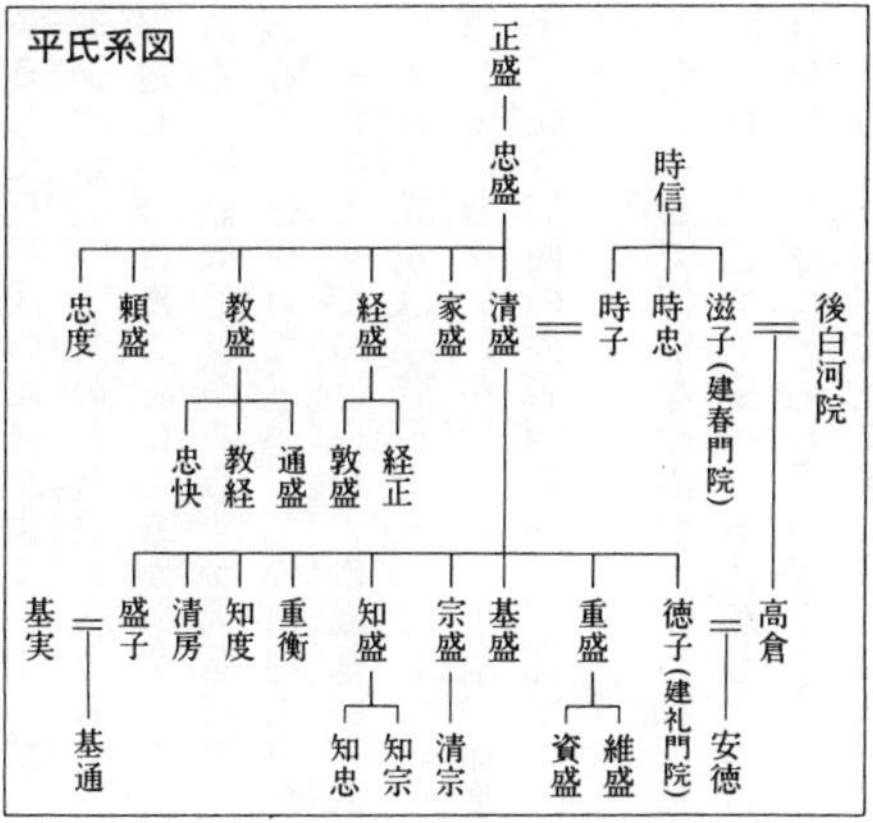

悪僧の所行

仁安《にんあん》三年（一一六八）二月、平清盛は病により出家し、その直後、後白河院の女御《にょうご》滋子《じし》の子が皇位についた。高倉《たかくら》天皇がこれである。二条院の亡きあと、束縛から解き放たれた後白河にとっても、高倉の即位は望ましいことであった。

これにより平氏は外戚《がいせき》の地位を得て、権勢がいちじるしく高まったことはいうまでもないが、同時に反平氏勢力も生まれていた。承安《じょうあん》元年（一一七一）に清盛の娘徳子《とくし》が女御として入《じゅ》内《だい》するにおよんで、その反平氏勢力が不満をつのらせた。

仁安三年一一月におきた大弐頼盛《よりもり》の解官《げかん》は、

そうした反平氏の風潮をよく物語っている。直接の原因は、頼盛が知行国尾張《おわり》に課せられた五節《ごせち》の童《わらわ》（一一月の新嘗会《しんじょうえ》に行なわれた五節の舞の行事で、舞姫につき従う童女）の奉仕を辞退しつづけたことにあるが、大宰府での頼盛の非法も重なって、上皇の逆鱗《げきりん》に触れたのである。清盛はそれかあらずか福原に退いて、旧勢力との協調を考え、自身が政治に直接かかわることをやめた。かくて後白河上皇の執政が実現した。

それを支えたのは摂政《せっしょう》の松殿基房《まつどのもとふさ》、武家の重盛、院近臣《いんのきんしん》藤原成親《なりちか》らの、いずれも院の寵臣《ちょうしん》である。成親は「若殿上人《てんじょうびと》」としての美貌をうたわれ、平治の乱では信頼と結んだために連座して一命を失いかけたが、上皇の保護によって助かった人物である。このほかにも信西の子成憲《なりのり》や信西の従者西光《さいこう》など、乱でいったん没落した人物が復権し、院権力の一翼をになっていた。

ただそこで特別な政治が行なわれたわけではない。院政の特徴として院近臣に知行国が分配され、朝廷や上皇への奉仕がもとめられたが、そのことから、知行国の経営をめぐって紛争がしばしばおこった。嘉応《かおう》元年（一一六九）には、成親の知行国尾張《おわり》の目代《もくだい》（国守の代官）の乱暴が、安元《あんげん》二年（一一七六）には西光の知行国加賀《かが》国の目代の乱暴が、ともに比叡《ひえい》山《ざん》の大衆《だいしゅ》に訴えられている。

南都《なんと》北嶺《ほくれい》（奈良の興福寺《こうふくじ》と比叡山延暦寺《えんりゃくじ》）の大衆と院近臣とのトラブルも多く、興福寺の大衆は承安元年に前下野守《しもつけのかみ》大江信遠《おおえののぶとお》を訴え、翌年には重盛の家人が春日社の神人《じにん》を殺害したと、訴えている。

このころ寺院大衆の活動は一つのピークにたっしていた。保元から平治にかけては大衆の動きも封ぜられていたが、乱後はその反動もあって活発化した。たとえば長寛《ちようかん》元年（一一六三）の、延暦寺と興福寺とのあいだの争いは、永万《えいまん》元年（一一六五）、二条天皇の墓所での額打《がくうち》で再燃した。興福寺の「きこえたる大悪僧二人」が、延暦寺がかけた額を切っておとしたのである。

『平家物語』は、こうした悪僧の姿を生き生きと描く。彼らのいでたちは「黒糸威《くろいとおどし》の腹巻に、しら柄《え》の長刀《なぎなた》くきみじかに」「萌黄威《もえぎおどし》の腹巻に、黒漆《こくしつ》の大太刀《おおだち》」と、まさに僧兵のそれであった。行動様式も武士団と変わることなく、以仁王《もちひとおう》の乱（一一八〇）ではついに平家と戦うことになり、「自余《じよ》はしらず、慶秀《けいしゆう》が門徒においては、今夜六波羅《ろくはら》におしよせて、打死《うちじに》せよや」と園城寺《おんじようじ》の僧徒はいった。

いったいそのよってきたる考えはなにか。延暦寺の法師「伯耆竪者乗円《ほうきのりつしやじようえん》」という学生《がくしよう》・大悪僧のいうところを聞こう。

罪業本《ざいごうもと》より所有なし。妄想顚倒《てんとう》より起こる。心性源清ければ衆生即ち仏なり。ただ本堂に火を懸《かけ》て焼《やけ》や者《もの》ども。

戒律は本質的なものではなく、「心情の清さ」こそが仏道であると説く。この考えがバネとなって、世俗や寺院にたいする批判的、破壊的行動が生まれたといえよう。

女院の文化

この時期を象徴するのは、悪僧とともに女院《にょいん》があげられる。女御滋子《じし》が院号を得て建春門《けんしゅんもん》院《いん》となったほか、美福門院《びふくもんいん》の娘八条院《はちじょういん》と高松院《たかまついん》、近衛天皇の皇后だった九条院《くじょういん》、崇徳天皇の皇后であった皇嘉門院《こうかもんいん》、後白河院の姉の上西門院《じょうさいもんいん》などの多数の女院が乱立した。

女院は荘園・知行国などによって豊かな経済力を誇り、貴族とその子女を院司《いんじ》・女房としてかかえ、地方の武士団も蔵人《くろうど》・判官代などの役職や官位を与えてかかえた。なかでも八条院は、安元《あんげん》二年（一一七六）の所領目録によれば、日向《ひゅうが》の中心部をしめる大荘園の国富《くにとみ》荘以下、荘園数は一〇二にのぼる。これは鳥羽院・美福門院最愛の娘として所領を譲られた結果であるが、その荘園は鳥羽院の「いとほしみの者」の子や孫が知行し、「なりきよげ」であると、八条院に仕えた健御前《けんごぜん》は日記で述べている。

平家の「公達《きんだち》」も多く女院に仕えており、八条院に仕えた平頼盛《よりもり》は、八条院の乳母宰相《さいしょうの》局《つぼね》の娘大納言局と結婚し、国富荘をはじめ多くの荘園を知行した。東国の武士団でも足利義《あしかがよし》兼《かね》が八条院領足利荘（栃木県足利市）を知行して八条院蔵人となり、佐竹《さたけ》氏では義宗《よしむね》が八条院の判官代となっている。

女院はその富によってこの時代の文化をリードし、かつその独立性において地方の武士団の独立・割拠《かっきょ》的性格と結び合っていた。まさに当時の政治権力のありかたをよく象徴している。やがてこの女院に関係した地方の武士団を中心に、内乱はひきおこされてくることになる。

保元の乱から数えて二〇年、東大寺で受戒《じゆかい》出家して六年をへた後白河《ごしらかわ》法皇が五〇歳となった安元二年三月、五十の賀の行事が盛大に催された。しかしこれを花の盛りとして、ふたたびはげしい争乱の時代をむかえようとは、このときいったいだれが予想したであろうか。

やがて、その年の七月、花の散るやうなりし夢のはかなさに、桜ばかり、昔も今もうらめしく、さすが、かたみなる、いろもにほひもなかりけり。

建春門院の死をこう記したのは、健御前である。彼女は歌人藤原俊成《としなり》の娘で、はじめ建春門院に中納言局《ちゆうなごんのつぼね》として仕えたのであった。

この女院をあいだにはさみ六月に高松院、九月には九条院とあいついで世を去っている。はなやかな女院のつづけざまの死は、一転して暗い予感を人びとに与えたが、とりわけ建春門院の死は、大きな影響を政治の世界におよぼした。

建春門院、御心《みこころ》いとうるはしく、かしこくおはしましければ、後白河院なのめならずおぼしめされけるうへ、何事も申し合はさせ給ひて、世の中も女院おはしましける程めでたかりけるを、隠れさせ給ひては、なべて天《あめ》の下《した》歎かぬ人なかりけるを、誠にその後よりぞ、世も乱れあさましかりける。

『平家公達草紙《へいけきんだちぞうし》』がこう記したのは、女院が法皇と平氏とのあいだをとり結ぶ絆《きずな》の役割をはたしていたからである。その死によって、いまだに清盛の娘徳子《とくし》とのあいだに皇子をもうけていなかった高倉《たかくら》天皇の立場はいちじるしく不安定になり、すぐに院近臣藤原光能《みつよし》が、当時清盛の「最愛の子息」といわれた知盛《とももり》の官位をこえる人事がみられたり、法皇の二人の若宮が天皇の猶子《ゆうし》として入内《じゅだい》したり、政界はにわかにあわただしい動きをみせはじめてきた。他の女院の死にさいしても、そこに仕えていた人びとに大きな影響があった。

ゆく河の流れは絶えずして、しかももとの水にあらず。よどみに浮かぶうたかたは、かつ消え、かつ結びて、久しくとどまりたるためしなし。世の中にある人と栖《すみか》と、またかくのごとし。

有名なこの一節ではじまる『方丈記《ほうじょうき》』の著者鴨長明《かものちょうめい》もその一人で、京都賀茂御祖《かもみおや》神社の神主の子として生まれた彼は、父の早世により出世がおくれ、高松院に仕えることにより出世を望んでいたが、その望みも女院の死で潰《つい》えてしまった。

京の大火

『方丈記』の記述が、つぎに記すような翌年の大火（太郎焼亡）にはじまっているのも偶然ではなく、みずからの無常が社会の無常に投影されているのである。

去《いにし》安元《あんげん》三年四月《うづき》二十八日かとよ、風烈《はげ》しく吹きて、静かならざりし夜、戌《いぬ》の時（午後八時ごろ）ばかり、都の東南《たつみ》より火出で来て、西北《いぬい》に至る。はてには朱雀門《すざくもん》・大極殿《だいごくでん》・大学寮・民部省などまで移りて、一夜のうちに塵灰《ちりはい》となりにき。

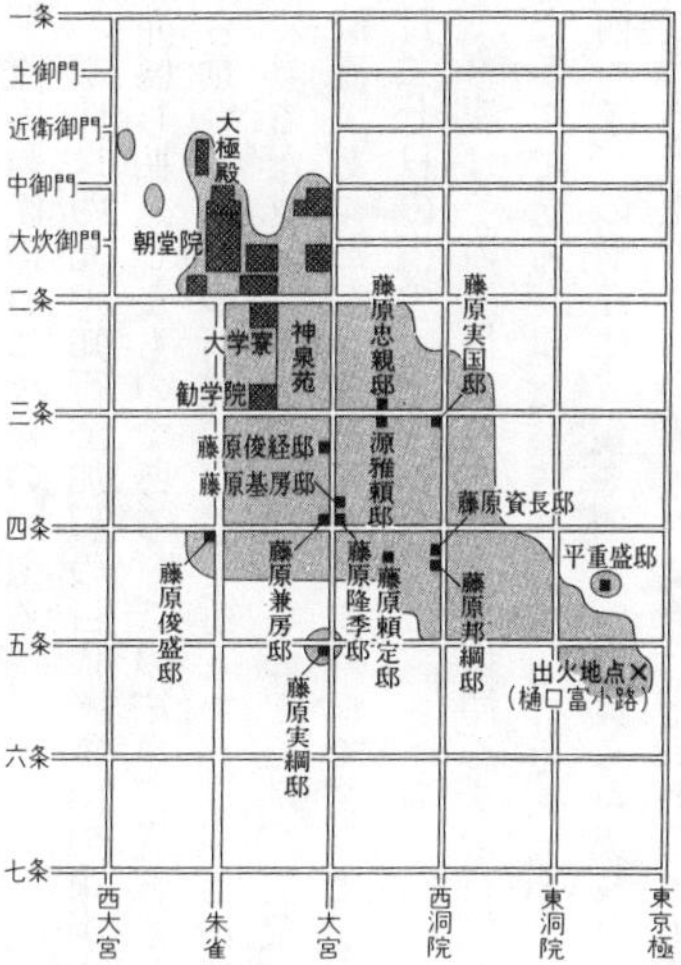

太郎焼亡

この大火に衝撃をうけた右大臣九条兼実《くじょうかねざね》は、「火災・盗賊、大衆兵乱、上下騒動、緇素《しそ》（僧俗）奔走、誠にこれ乱世の至《いた》りなり」と日記『玉葉《ぎょくよう》』に記しているが、信西《しんぜい》により再興された大内裏《だいだいり》が焼けおちるのを目《ま》のあたりにした法皇の衝撃は、それ以上のものがあった。この数日前、叡山延暦寺《えんりゃくじ》の大衆の訴えに押されてきめた二つの処置、加賀守藤原師高《もろたか》の流罪《るざい》と、大衆の強訴《ごうそ》を防いで日吉《ひえ》社《しゃ》の神輿《しんよ》に矢を射た平重盛《しげもり》の郎従の断罪、これらを翻《ひるがえ》して逆に天台座主《てんだいざす》明雲《めいうん》の解官《げかん》・

配流《はいる》の強硬措置にでたのである。

事件は西光《さいこう》の知行国加賀の目代《もくだい》と叡山の末寺鵜河寺《うがわでら》・白山《はくさん》の争いがもとで、それが強訴に発展し拡大したものである。この法皇の逆転処分に怒った大衆は、配流途中の明雲を官使から奪い、福原《ふくはら》の清盛に事態を訴えた。法皇も清盛をよびよせ、叡山の追捕《ついぶ》をもとめてきた。できるだけ政界の表面にでることを避け、大衆の闘乱にも極力かかわらないようにしていた清盛であったが、法皇の懇請に折れてついに叡山攻めを決心した。安元三年（一一七七）五月二七日の夜のことである。

事態はその直後に急変した。摂津源氏の行綱《ゆきつな》が、平氏討滅の陰謀があることを密告してきたからである。世にいう鹿ケ谷《ししがたに》事件であるが、『愚管抄』によれば、東山鹿ケ谷の静賢《じょうけん》（信西の子）の別荘に成親《なりちか》や西光《さいこう》・俊寛《しゅんかん》らが集まり、謀議をこらしたという。大納言成親は院近臣中の近臣で「院の男のおぼえ」といわれた人物、西光は「院の御倉あづかり」で院の財産の元締め、俊寛は御願寺六勝寺の第一法勝寺《ほっしょうじ》の執行《しぎょう》である。

六月一日、清盛は西八条邸に西光をよびよせ、矢竹で拷問《ごうもん》してすべてを白状させると、すぐに成親を召して縛ったうえ、部屋におしこめた。三日、西光の白状にそって院近臣が追捕されたが、それには俊寛をはじめ、「猿楽狂《さるがく》い」といわれた検非違使《けびいし》の平康頼《やすより》、「法皇の凶臣」といわれた中原基兼《もとかね》らの院北面《ほくめん》が含まれており、わずかに寵臣平業房《なりふさ》のみが、法皇の乞いにより追捕をまぬがれた。

武家政権の成立

西光が朱雀大路《すざくおおじ》で首をはねられた以外はみな流罪《るざい》となって事件関係者の処分は終わった。後白河法皇に累《るい》はおよばなかったものの、その執政は一時停止された。

ここに思わぬ形で武家政権は成立することになった。だがしかし清盛自身がそれをかならずしも望んでいたのではなかったから、翌治承《じしょう》二年（一一七八）、娘の高倉中宮徳子《とくし》に皇子が誕生し、平氏の外戚《がいせき》の地位が確保されると、執政は法皇にふたたびもどされた。事件の関係者をみても有力な政治家はおらず、また清盛が法皇の執政を支えた勢力を除けなかったことも、再開の理由としてみのがせない。

こうして再開された法皇の執政は、以前のとおり関白基房《もとふさ》や蔵人頭《くろうどのとう》藤原光能《みつよし》などの院近臣《いんのきんしん》が支えていた。このうち松殿《まつどの》基房は兄基実《もとざね》の死後、長期にわたって院の執政をになってきており、嘉応《かおう》二年（一一七〇）には、重盛の息資盛《すけもり》の車に出あって、家人《けにん》がそれに乱暴をはたらいたことから、重盛の報復を蒙《こうむ》ったことがある。『平家物語』で有名な殿下乗合《てんがののりあい》事件である。

そのときのもう一人の当事者であった重盛のほうは、法皇の執政再開後、病の床につき、治承三年七月二九日に亡くなってしまう。かつては院政を支えた重盛も、鹿ケ谷《ししがたに》事件で妻の兄成親が追捕され、平氏のなかでの力を失ってきていた。その死をみて法皇は重盛の知行国の越前《えちぜん》を没収し、また六月一七日に亡くなった基実後家の白河殿（清盛娘盛子《せいし》）の所領を没収して、基房に与えることをはかった。

怒ったのは清盛である。折しもおきていた叡山内の学生《がくしょう》と堂衆《どうしゅ》（下級僧侶）の合戦では、堂衆の追捕が平氏に命ぜられており、危機感を深めていた矢先でのこの処置である。さらに一〇月、基房の子師家《もろいえ》が八歳で中納言となり、基実の子基通《もとみち》（清盛の娘聟）の官位をこえると、ついに清盛は意を決した。

一一月一五日、福原から大軍を率いて上洛したときの清盛は「武者だち」で「腹巻もはずさず」という姿だったという。法皇の執政をとどめると、すぐに鳥羽殿におしこめ、基房・師家以下四〇人ちかくの院近臣を解官《げかん》に処し、基房や太政大臣師長《もろなが》（頼長の子）など、おもだった人びとを配流《はいる》や京外追放とした。関白には近衛《このえ》基通《もとみち》をすえ、平氏一門は諸国の受領《ずりょう》となって他を圧した。

日本《ひのもと》秋津島《あきつしま》はわずかに六十六箇国、平家知行の国三十余箇国、すでに半国にこえたり、そのほか荘園田畠《しょうえんでんぱた》いくらという数を知らず、綺羅《きら》充満して、堂上花の如《ごと》し。

『平家物語』がこう語るように、クーデターによって平家の知行国は倍増し、全国の過半におよんだ。しかしこの政権掌握と知行国の増加とは、同時に中央・地方に反平氏勢力を結集させる結果ともなった。

流人《るにん》や、受領の交替をつうじて中央の情勢が地方に伝わり、平氏の横暴が知らされることになったばかりか、それまでに王朝国家のかかえていたさまざまな支配の矛盾《むじゅん》を、平氏が一

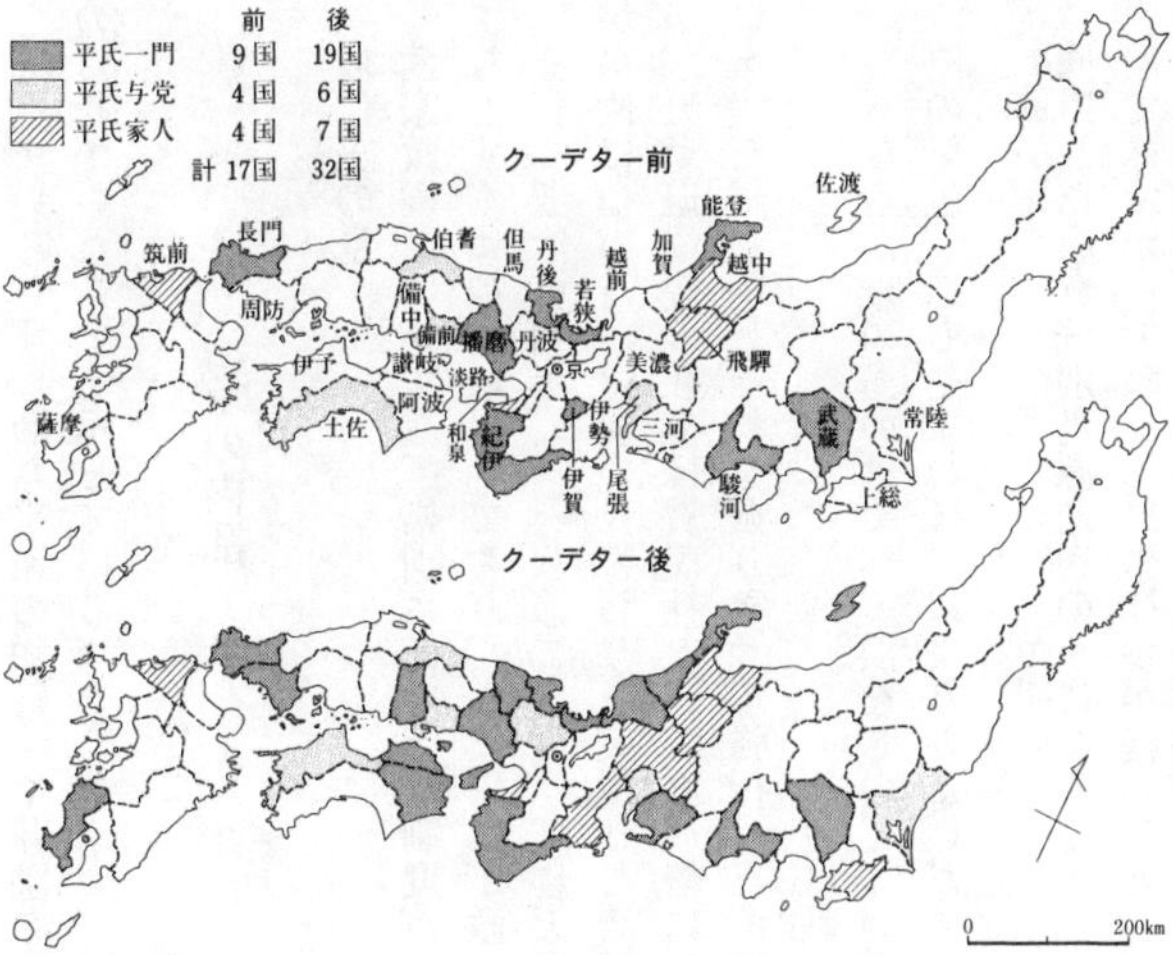

平家知行国

身に負うことになったからである。

翌年、法皇の皇子以仁王《もちひとおう》に反乱をうながした源頼政《よりまさ》のことばとして、『平家物語』が伝えるのは、この点をよく示している。

頼政は諸国の源氏の武士の名を一つ一つあげた上で、

国には国司にしたがひ、荘には預所《あずかりどころ》につかはれ、公事《くじ》・雑事《ぞうじ》にかりたてられて、やすい思ひも候はず、いかばかり心うく候らん。君もしおぼしめしたたせ給ひて、令旨《りようじ》をたうづるものならば、夜を日についで馳《は》せのぼり、平家をほろぼさん事、時日《じじつ》をめぐらすべからず。

と述べている。すなわち平家の知行国や荘園の増加は、その下で使われる武士団の不満をつのらせていたことを示している。

3　治承の内乱

以仁王の乱

武家政権といっても、格別にあらたな制度が生まれたわけではない。清盛《きよもり》は一応の処置がすむとすぐに福原《ふくはら》に退いており、ただ平氏が政治体制をになったにすぎない。

そして翌治承《じしょう》四年（一一八〇）二月、高倉天皇が譲位し、安徳《あんとく》天皇（母は清盛の娘徳子）が皇位についた。念願の代替わりを実現した清盛は、高倉上皇の安芸《あき》厳島《いつくしま》社参詣《しゃさんけい》を計画したが、天皇退位後の社参は賀茂社と石清水《いわしみず》八幡《はちまん》に決まっていたから、諸大寺大衆のつよい反発にあった。しかしそれを振りきって強行した清盛には、あるもくろみがあったのである。

　おもひもかけぬ海のはてへ、浪《なみ》をしのぎていかなるべき御幸《みゆき》ぞと嘆きおもへども、あらき波の気色《けしき》、風もやまねば、口より外にいだす人なし。

同道した高倉院別当源通親《みちちか》の手になるという『高倉院厳島御幸記《たかくらいんいつくしまごこうき》』の一節である。清盛は唐船で途中から加わり、無事社参が終わると、四月五日、福原にたどりつく。さらに『御幸記』はつぎのように記す。

　申《さる》の時（午後四時ごろ）に福原につかせ給ひ、いま一日も都へ疾《と》くと、上下心のうちには
　おもひける、福原の中御覧ぜんとて、御輿《みこし》にてここかしこ御幸あり。

　あとから思いおこせば、この社参後の福原遊覧が、じつは福原遷都の布石であったと知ることになろうとは。しかし、みながみなそれをさとらぬまま帰京したころ、源三位入道頼政《げんざんみにゅうどうよりまさ》が、安徳の即位により皇位継承の望みを絶たれていた以仁王《もちひとおう》の三条高倉御所を訪れていた。頼政は平治の乱で清盛方に加わったこともあって、源氏ではただ一人厚遇され、治承二年には清盛の推挙で三位に叙され、公卿となっていた。父仲政《なかまさ》のころより内裏守護の役に任じ、『平家物語』では二条天皇を悩ます怪鳥鵺《ぬえ》を退治した人物として描かれており、父や娘の讃岐《さぬき》とともに和歌によってもひろく知られた武士である。

　その頼政が謀反をおこすにいたったのはなぜか。彼は清盛のクーデターの直後に出家しているので、ひとつにクーデター後の人事で頼政一門がなんの恩恵にもあずからなかったことへの不満があったと考えられる。だが基本的には、鳥羽院の直系の皇統である近衛《このえ》・二条の両天皇や美福門院《びふくもんいん》・八条院の両女院《にょいん》に仕えていたことからみて、その流れに位置する以仁王を皇位につけようとはかったのであろう。

　かくして八条院の猶子《ゆうし》となっていた以仁王は、護国の経典「金光明《こんこうみょう》最勝王経」にちなんで

最勝王《さいしょうおう》と自称し、東国の源氏・武士は「仏敵」である清盛を討《う》て、との親王宣旨（以仁王令旨《りょう》）を東国諸国に下したのである。

宣旨の使いには、熊野にあった源為義《ためよし》の子行家《ゆきいえ》が八条院蔵人《くろうど》に任ぜられて東国に出発したが、すぐに熊野で平家方・反平家方の合戦がおこり、以仁王の謀反は露見してしまった。五月一五日、宮配流の宣旨がだされ、検非違使《けびいし》が三条高倉御所にむかったが、それより先に、宮は脱出して園城寺《おんじょうじ》（三井寺《みいでら》）にはいった。二一日、宗盛《むねもり》以下平氏一門と、このときまで離反をさとられていなかった頼政とが、園城寺衆徒の攻略に派遣されるところとなる。


しかし翌日、頼政が子息郎従を引率して宮方に加わったことが判明して、ここに「天下の大事」はあきらかとなった。すぐ、園城寺・延暦寺の大衆《だいしゅ》が連携したとか、南都の大衆が上洛するなどのうわさが流れるいっぽう、官軍は福原に退去するのではないかという憶測さえささやかれた。だが結局、園城寺・延暦寺の大衆が連携に失敗したことがひびき、二五日に宮と頼政とは南都の大衆をたよってのがれるが、その途中、宇治川《うじがわ》で官軍に追撃されて討ち死にし、以仁王の乱はあえなくも失敗に終わった。

二つの都

乱の失敗は、ひとえに準備不足のうちに挙兵の企《くわだ》てが洩《も》れたことに帰せられるとはいえ、平氏の膝下《ひざもと》でおきたこの反乱は大きな波紋をのこした。

福原遷都が清盛によって強行されたのは、なによりもその最大の波紋である。五月三〇日、乱の恩賞がでると、翌六月一日に福原遷都と定められ、二日には天皇・上皇・法皇の遷幸がなされている。清盛にしてみれば、じっくり時間をかけて福原に遷都したかったにちがいない。しかし攻められるのに弱い京都から一刻も早くのがれたいというのが、そのときの心境であったろう。

もともと平氏権力の方向には、二つの大きな流れがあった。一つは伊勢平氏といわれたときからの伝統的な考えにそうもので、地方に確固とした権力の基盤をすえようとする流れ、もう一つは京にあって王朝国家の軍事貴族となり、王朝の権力を支えようとする流れである。

前者は、平治の乱後になって、西国に地域権力の基盤をすえる方向へと展開し、福原・厳《いつく》島《しま》・大宰府《だざいふ》を拠点とする西国政権の構想へと成長していった。福原遷都はまさにこの流れにそうものであった。清盛はつねにその方向をもとめてきたが、治承年間の混乱によって王朝国家の体制を否応《いやおう》なしになわされ、国家をひきずっての遷都であった。

興味深いのは異母弟の頼盛が清盛の考えにちかい点で、清盛についで安芸守《あきのかみ》となったことにはじまり、平家納経《へいけのうきょう》には清盛とならんで署名を加え、大宰大弐《だざいのだいに》としては自身赴任している。福原には早くから邸宅を構え、遷都にさいしては頼盛邸が天皇の内裏となっている。そうした西国政権の構想を支える地方の有力武士団もひろく組織されていた（五四ページの地図参照）。

これにたいして後者の流れは、重盛《しげもり》や宗盛《むねもり》などの次世代の平氏一門にうかがえる。彼らは根っからの都育ちで、貴族社会の環境と教養によって成長していたから、京都にあって王朝国家に仕え、そこで権力を握ろうという要求のほうがつよかった。重盛・宗盛が左大将《さだいしょう》・右大将《だいしょう》という朝廷の侍大将に任ぜられたのはそのあらわれであり、宗盛がやがて還都を主張して清盛と対立するのも、それによる。

またこの方向にそって平氏の中枢の権力機構が京都を中心に整備されつつあった。たとえば有力な家司《けいし》・家人《けにん》はみなしかるべき官職をおび、王朝国家に奉仕していた。安芸守藤原能盛《よしもり》・紀伊《きい》守源為長《ためなが》らの実務をみる家司、越中《えっちゅう》守平盛俊《もりとし》・筑前《ちくぜん》守平貞能《さだよし》・上総介《かずさのすけ》藤原忠清《ただきよ》・飛驒《ひだ》守藤原景家《かげいえ》・美濃《みの》守源則清《のりきよ》・伊勢《いせ》守藤原清綱《きよつな》らの武力をになう家人は、みな東西諸国の受領《ずりょう》となっている。その他の家人も平盛国《もりくに》・源季貞《すえさだ》・藤原景高《かげたか》・同忠綱《ただつな》らは検非違使となって京中の警固の任にあった。

こうした平氏の一門・家人でさえ京につよい執着をもっていたのであるから、まして旧勢力がよせる遷都後の古都（京都）への思いはつよかった。『平家物語』は、左大将藤原実定《さねさだ》を主人公に、叙情の趣の濃い「月見」の章をもうけ、古都を訪れた貴族の懐旧の情を描いている。そこにのせられた今様《いまよう》は、

ふるき都をきてみれば
あさぢが原とぞ荒れにける
月の光はくまなくて

秋風のみぞ身にはしむ

のごときものである。貴族らはきっと、海・山が南北にせまり、海鳴りで眠れぬ日々をすごす新都の生活に、やりきれぬ思いをしたことであろう。それは貴族化した平家の公達《きんだち》にもあてはまるであろう。

他方で、仏法による国家鎮護を標榜《ひょうぼう》する南都《なんと》北嶺《ほくれい》の大衆は、鎮護すべき玉体《ぎょくたい》を失って、つよい反発を示した。こうして京都を捨てた平氏から人心が離反していったのに相応ずるがごとく、諸国では激動の時代がはじまっていた。

坂東騒動

「伝へ聞く、謀反《むほん》の賊義朝《よしとも》の子、年来《としごろ》、配所伊豆《いず》国にあり。しかるに近日《このごろ》、凶悪を事とし、伊豆・駿河《するが》両国を押領《おうりょう》し了《おわん》ぬ」（『玉葉』九月三日条）、「ある者云《いわ》く、故義朝の男兵衛佐《ひょうえのすけ》頼朝、義兵を起すと云々《うんぬん》。伊豆国を虜掠《りょりゃく》し、坂東《ばんどう》騒動す」（『山槐記《さんかいき》』九月四日条）。

一般の公卿にはこのように、治承《じしょう》四年（一一八〇）九月の初旬に東国での騒動の一報が伝わり、五日に頼朝追討の宣旨《せんじ》がだされた。やがてくわしい情報がさまざまなルートをへてはいってきた。

『山槐記』の記主中納言藤原忠親《ただちか》の場合は、七日に東山の観音寺で母の忌日の供養をしていたさい、導師《どうし》の僧源実《げんじつ》から天台座主明雲《めいうん》の房《ぼう》で聞いた話として、頼朝は伊豆を奪ったものの、坂東の武士が追討してその舅《しゅうと》を討ちとり、頼朝は箱根山に逃げ入った、ときかされている。

ついで兄の前太政大臣忠雅《ただまさ》からは、その所領上野《こうずけ》国新田《にった》荘の下司《げし》新田義重《よししげ》よりの書状として、頼朝が伊豆国を、武田太郎信義《のぶよし》が甲斐《かい》国を占領したことを告げられた。忠親はさらに八月二八日に国を出た脚力《かくりき》が伝えるところとして、相模《さがみ》国小早川での相模の大庭景親《おおばかげちか》、伊豆の伊東祐親《いとうすけちか》らと頼朝との合戦のようすを日記につけている。

平氏は以仁王《もちひとおう》の乱後、東国の源氏の動きに注意を払い、反乱がおきたらすぐに追討するように家人に指令していた。清盛は大庭景親に、宗盛は新田義重に命じていた。その効果もあって、ひとまず景親が頼朝を討ったとの報がはいり、喜んだのもつかの間のこと、一〇日夜に福原についた飛脚《ひきゃく》は、箱根をでた頼朝が、上総《かずさ》国の住人上総広常《ひろつね》ら隣国の「有勢《ゆうせい》」のものと結び、かえって景親を殺そうとしていると伝えてきた。

平氏を驚かせたのはそればかりではない。信濃では源義仲《よしなか》の挙兵が伝えられ、熊野では別当湛増《たんぞう》が、鎮西《ちんぜい》では肥後《ひご》の菊池隆直《たかなお》がそれぞれ謀反をおこしたとの報がつぎつぎともたらされた。全国いっせいに反乱がおきたのである。

こうした反乱が、前年よりの平氏の執政に反発するものであることはいうまでもない。しかしそれは平氏にのみむけられたのではなく、王朝国家そのものへむけられていたことを見おとしてはならない。安房《あわ》に渡った頼朝は、諸郡を家人らに分かち与え、官物を奪いとったが、その安房は平氏の知行国ではなく、蔵人頭藤原経房《つねふさ》の知行国であった。そこでは「京下りの官人」を搦《から》めよとの命令もだされていたという。反乱がすべて頼朝のような方針をもっていたとは考えにくいにしても、いっせいの反乱は王朝国家にたいしてつきつけられたとみるべきである。

そういえば、この年は安徳《あんとく》天皇の代初めであり、『山槐記』の八月六日条が、「去《さんぬる》六月より天旱《てんかん》、天下皆損亡《ぞんもう》し了《おわん》ぬ」と記すような飢饉《ききん》もおきはじめていた。そう、あの保元《ほうげん》の乱をも突き動かした力、代替わりと飢饉における徳政要求の行動がここにもうかがえよう。

一一月三〇日、高倉上皇の殿上において「東国謀反」についての議定《ぎじょう》があったとき、左大弁藤原長方《ながかた》は「徳政」の行なわれるべきことをつよく主張したうえ、さらに、

> 四か月のうちに、十余国皆反す、当時の政《まつりごと》天意に叶《かな》はざるがごときか。これをもつて思ふに、法皇は四代の帝王の父祖なり。天下を知ろしめされざるに故《ゆえ》なし。元のごとく政務を聞こしめすべきか。

と清盛を批判し、後白河法皇の執政再開をもとめたことを、『古今著聞集《ここんちょもんじゅう》』は記している。

富士川の合戦

頼朝追討の宣旨は、挙兵から一七日後の九月五日にだされたが、追討使の出発はそれからさらに二四日ものちのことで、挙兵からまるまる四〇日を要している。頼朝が一度敗れたこ

とにより、追討使の官符請印《かんぷしょういん》の儀式が遅れ、それから福原の出発日、六波羅の出発日と、吉日が二度選ばれて、ここまで遅れてしまった。これがつまずきのはじめである。

追討使には少将維盛《これもり》（重盛子）、薩摩守忠度《さつまのかみただのり》（清盛末弟）、三河守知度《みかわのかみとものり》（清盛子）らの、いずれも実戦の経験に乏しい平氏一門が任ぜられ、その下に上総介忠清《かずさのすけただきよ》以下の家人と、東海・東山両道からかり集められた武士（駆武者《かりむしゃ》）が編制されたが、早くも近江《おうみ》国で軍勢の催促を拒否する武士とのあいだに合戦がおき、一〇月一六日にやっと駿河《するが》国高橋宿（静岡県静岡市清水区）にたっするまでには、軍勢は疲弊してしまった。これが第二のつまずきである。

駿河は宗盛の知行国で、その目代《もくだい》橘遠茂《たちばなのとおしげ》は、官軍（平氏軍）の到着するより前に、遠《とお》江《とうみ》・駿河の軍勢を率いて甲斐源氏の南下をくいとめるべく出兵していたが、途中で討たれ、駿河東部は占領されてしまった。その結果、相模の大庭《おおば》と伊豆の伊東の平家方の二豪族は逃げ場を失って壊滅し、東国における平氏の前衛部隊はほとんど失われていた。これが第三のつまずきである。

敵は数万、味方は千余騎と知らされた官軍が高橋宿についた翌一七日、敵方の武田信義よりの使者が書状をもたらしてきた。信義の長子有義《ありよし》は平宗盛に仕え、兵衛尉《ひょうえのじょう》の官にもついていたからである。

年来《としごろ》、見参《けんざん》の志《こころざし》ありと雖《いえど》も、今に未だその思ひを遂げず、幸ひにも宣旨の使ひとして、御下《おんげ》向《こう》あり、すべからく参上すべしと雖も、程遠く、路嶮《みちけわ》し、たやすく参《まい》り難《がた》し、又渡《と》御《ぎょ》煩《わずら》ひあるべし、よつて浮島原に於《おい》て、相互に行向《ゆきむか》ひ、見参を遂げんと欲す。

　この見参を求める書状をみるや、平氏の副将忠清は大いに怒り、二人の使者を斬ってしまった。「兵法、使者を斬らず」という合戦のルールにそむくこの行為は、そうでなくても不安におののく官軍に動揺を与えたにちがいない。一八日に富士川のほとりに陣をしくと、官兵数百騎がたちまち敵方に投降した。こうなると背後を襲われる恐れさえ生じた。
　二〇日、軍兵の気力の衰えをみた忠清は、やむなくいったんの退却を維盛に進言し、一人戦う意欲をみせる維盛を説得している折から、陣ちかくの富士沼《ふじぬま》の水鳥数万羽が、羽音を雷のごとく響かせて飛びたったからたまらない。すわ敵の奇襲とばかりに官兵は大混乱におちいり、後陣の忠度・知度らの軍をたちまちのうちに巻きこんで、立て直しもならぬまま、一目散に京都へさして逃げもどってしまった。
　一一月五日、近江勢多《せた》にたどりついた維盛は、おそるおそる使者をやって清盛に合戦の報告をしたところ、清盛はたいへんな怒りようで、つぎのようにいったという。

追討使を承《うけたまわ》るの日、命を君に奉り了《おわん》ぬ。縦《たと》ひ骸《むくろ》を敵軍に曝《さら》すと雖《いえど》も、豈《あ》に恥たらんや。未だ追討使を承るの勇士、徒《いたず》らに帰路に赴《おもむ》くの事を聞かず。若《も》し京洛に入らば、誰人《だれひと》と眼《め》を合はすべけんや。不覚の恥、家に貽《のこ》し、尾籠《びろう》の名、世に留むるか。早く路より跡を暗《くら》すべきなり。

この日は宗盛が還都を主張して清盛と口論し大喧嘩《おおげんか》におよんだというから、不覚の子をもつ清盛にとっては最悪の日であったにちがいない。還都《かんと》については、前月中旬に叡山の大衆《だいしゅ》が奏状をもって、「還都がならないならば、山城《やましろ》・近江《おうみ》両国を占領する」と脅迫してきており、近江・美濃源氏の反逆のうわさもとびだして、このままでは東国一帯をまったく捨てることになると観念した清盛は、やむなく数日後、還都を決断したのであった。

地域軍事権力

一一月二四日、福原から京に還都してからの二か月間というもの、平氏の軍勢は東に南にと出陣をくりかえした。畿内《きない》近国におこった反乱をしずめるためである。

反乱軍の動きをみると、まず近江源氏の甲賀入道義兼《よしかね》や山本兵衛尉《ひょうえのじょう》義経《よしつね》が兵をおこし、これに園城寺《おんじょうじ》の大衆や延暦寺《えんりゃくじ》の堂衆が同意して蜂起《ほうき》していた。延暦寺はこのとき三つに分かれ、座主《ざす》方の大衆は官軍についたが、堂衆は近江源氏に加わり、残りは中立であったという。

平氏は近江道に知盛《とももり》、伊賀道に少将資盛《すけもり》、伊勢道に伊勢守清綱《きよつな》と、三方からこれを攻めることとし、一二月二日から二四日ごろにかけて数次にわたり、園城寺や甲賀山本城などを攻めた結果、これらをほぼ平定した。しかしそのころには南都奈良の衆徒が蜂起し、京に攻め入るとの報が流れた。そこで今度は蔵人頭重衡《しげひら》が大将軍となり、宇治路と河内路の二方から南都に打ちいった。

一二月二八日、官兵と大衆との攻防のさなか、在家《ざいけ》に放たれた火はみるみるうちに南都をなめつくしてしまった。東大寺は大仏殿《だいぶつでん》・講堂以下、興福寺は金堂《こんどう》・講堂以下の諸堂舎が焼けおち、わずかな堂舎と春日社とが焼けのこったにすぎなかったという。南都焼き打ちである。だが「仏法王法滅尽《ぶつぼうおうぼうめつじん》」とのおおかたの嘆きもものかは、清盛は宣旨によって、東大・興福両寺の寺領を没収している。

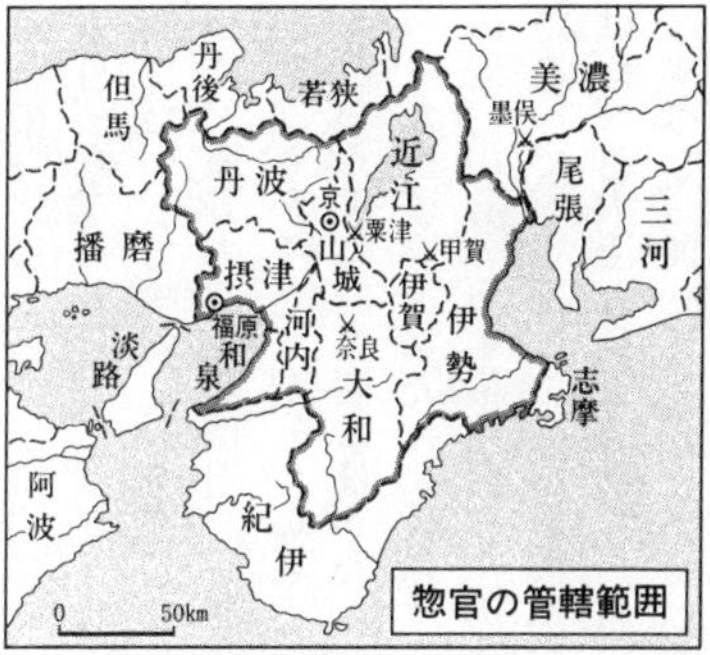

惣官の管轄範囲

翌年正月になっても、官兵は美濃《みの》国にはいって美濃源氏光長《みつなが》の城を攻めて落とし、さらに熊野の勢が伊勢国にはいるとこれを討つなど、畿内近国の反平氏勢力の掃蕩《そうとう》作戦が展開された。そしてこれを背景に正月一九日、五畿内と伊賀・伊勢・近江・丹《たん》波《ば》のあわせて九か国を管轄地域とする惣官《そうかん》職がおかれて、宗盛《むねもり》が惣官となった。

この官職は、奈良時代におかれたことのある畿内鎮《ちん》撫《ぶ》の総官に先例がもとめられているが、いうまでもなくそれとはまったく別ものである。独自の軍政機関をもたなかった平氏がはじめておいた軍政機関であり、畿内近国の反乱軍を追捕《ついぶ》した結果のうえにつくりだしたところの地域的軍事組織でもある。

その性格については、同じころにだされた頼朝追討の宣旨との関連で考える必要がある。正月一六、一七日と二度だされたこの宣旨は、それぞれ越後国の住人城助長《じょうすけなが》と奥州の藤原秀《ひで》衡《ひら》にたいして頼朝追討を命じている。それまで軍事警察権を一元的に掌握してきた平氏にとって、地方の武士団に追討を託すことは大きな方向転換であった。それは、関東で頼朝が一〇か国ちかくを支配しているという事実認識のうえにたち、畿内周辺を固めてこれに対処するという現実的処置にほかならない。

また王朝国家にたんに依拠するだけでは、事態はもはや解決できない。そうした反省からの畿内中心の軍事権力の創出の試みでもある。時あたかも病弱であった高倉上皇の死の直後であって、平氏はこの軍事機関を上皇の「遺詔《いしょう》」として設けることにより、周囲の反対を退けた。右大臣九条兼実《かねざね》は「近日《このごろ》の事、善悪左右あたはず、ただ計《はから》ひ行はるるをもつて、是《ぜ》となすべし。敢《あ》へて異議を出《いだ》すべからず」と『玉葉《ぎょくよう》』に記している。

病弱の上皇をかかえ、後白河法皇の執政をもとめる声にさらされていた清盛は、人心を掌握するために前年末から法皇の執政再開の準備をしていた。備前《びぜん》国に流していた松殿基房《もとふさ》を都にもどすとともに、他方で「近日、法皇第一の近習《きんじゅう》」といわれた平知康《ともやす》や大江公朝《おおえのきんとも》を除いている。こうして法皇の執政再開によってもそれに左右されずに機能しうる軍事機関が高倉の死後に設けられたのであった。

それは清盛が早くから意図していた西国政権の構想とはちがって、畿内近国政権の路線にそうものであるが、その歴史的意義は大きい。こののち数年にわたる平氏政権を支え、さらに平氏滅亡のあとは、王朝国家の軍事的基礎としての畿内近国の地域組織につながってゆくことになるからである。

さらに、宗盛が惣官に任ぜられたのと同時にその家人平盛俊《もりとし》が丹波《たんば》国総下司《そうげし》職に任ぜられた。惣官・総下司職は一体となって管国内の武士を恒常的に組織するもので、のちの鎌倉幕府の一国惣追捕使《そうついぶし》や惣地頭《そうじとう》の直接の前提となる制度である。鎌倉幕府においても、こと畿内近国については、平氏の惣官や総下司職以上のものは久しく生みだせなかった。

こうして平家の権力が反乱に対抗し、一つの到達点にたどりついたころ、東国で反乱をおこした源頼朝《よりとも》の権力はどうなっていたのであろうか。少しさかのぼってみることにしよう。

第三章　源平の争乱

1　頼朝挙兵

流人生活

源頼朝《よりとも》は、平治の乱により伊豆《いず》国に流されていた。伊豆は遠流《おんる》の国のうちでは、京から七七〇里（令制の一里は約五四〇メートル）ともっともちかく、しかも父の義朝《よしとも》が根拠地としていた南関東に隣接している。それがいかに恵まれていたかは、京から一二二五里の西国土《と》佐《さ》に流された弟希義《まれよし》とくらべてみれば明らかで、彼は内乱の初期に在庁蓮池権守《はすいけごんのかみ》に討たれている。

頼朝のこうした待遇は、平頼盛《よりもり》の母池禅尼《いけのぜんに》が、亡き子家盛《いえもり》の面影に似ているところから、頼朝の助命を清盛《きよもり》に嘆願したという『平治物語』にみえる逸話と無関係でない。それとともに、頼朝の母方が尾張《おわり》の熱田大宮司家《あつただいぐうじけ》であって、後白河院《ごしらかわいん》や上西門院《じょうさいもんいん》に近習《きんじゅう》や女房《にょうぼう》として仕えていたこともみのがせない。頼朝自身、上西門院の蔵人《くろうど》から兵衛佐《ひょうえのすけ》の官職につくという異例の出世をしたのであった。さらにもう一つ、平治の乱の恩賞で、源頼政《よりまさ》が子の仲綱《なかつな》を伊豆守となして伊豆を知行国《ちぎようこく》としているので、頼政の申請により伊豆に流された可能性も考えられる。

頼朝の流人《るにん》生活を伝える史料はきわめて乏しいが、『曾我物語《そがものがたり》』は、伊豆・相模《さがみ》両国の武士団の交流を描き、そのなかで一目おかれていた頼朝の存在に触れている。

いざや、佐殿《すけどの》（頼朝）の、いつしか流人として、徒然《つれづれ》にましますらん、一夜《いちや》宿直《とのい》申して、なぐさめたてまつり、後日《ごにち》の奉公に申さん。

これは、両国の武士が伊豆の伊東《いとう》に集まり、宿直したいと申し出て、頼朝に奉仕している一場面である。やがて彼らは伊豆の奥野の狩りにくりだしていった。頼朝の「徒然」を慰めたのは、武士ばかりではない。頼朝の監視役、伊豆の在庁伊東祐親《いとうすけちか》の娘とのあいだには男子までなしている。祐親の在京中のことであったが、祐親は所領伊東荘・河津《かわづ》荘の荘園領主として平重盛《しげもり》を仰いでいた。

帰郷した祐親に追われた頼朝は、伊豆中央の同じ在庁の北条時政《ときまさ》のもとにのがれ、今度はそこで時政の娘政子《まさこ》と結ばれている。これも三年間の皇居大番役《こうきよおおばんやく》で時政が在京中のことであったという。平氏によって大番役が整備されたのは、この少し前ごろからである。

京からの来訪者

頼朝とは同じ境遇の流人との語らいも、徒然の慰めとなった。承安《じょうあん》三年（一一七三）には、京都高雄《たかお》の神護寺《じんごじ》再興を企てた文覚《もんがく》が、勧進《かんじん》のために院の法住寺御所《ほうじゅうじごしょ》におもむいて悪口《あっこう》狼藉《ろうぜき》をはたらいたことで、伊豆奈古屋《なごや》（静岡県伊豆の国市）に流されてきた。

文覚は、もとはといえば頼朝と同じく上西門院に仕えた摂津渡辺党《わたなべとう》の遠藤武者盛遠《もりとお》という武士だっただけに、都の話はつきなかったにちがいない。文覚はしきりに頼朝に挙兵をすすめたという。

そうこうして平氏の力が徐々に伊豆にも伸びてくるなかで、安元《あんげん》二年（一一七六）、祐親の嫡子《ちゃくし》河津祐通《かわづすけみち》（祐泰）が、所領争いのもつれから、一族の工藤祐経《くどうすけつね》に暗殺されるという、のちの曾我兄弟の仇討《あだうち》の原因となる事件がおき、京ではその翌年、鹿ケ谷《ししがたに》事件がおきている。京の情勢は、頼朝の乳母《めのと》の妹の子三善康信《みよしやすのぶ》がときどき伝えてきており、この事件も当然康信が伝えてきたものと思われる。

やがてとんでもない人物が都から伊豆に下ってきた。平氏の一族和泉《いずみ》守平信兼《のぶかね》の子で、都では検非違使《けびいし》としてならした平兼隆《かねたか》である。彼は父との不和により解官《げかん》され、新天地をもとめて伊豆国に流れてきたもので、『平家物語』によれば大番役のあけた時政に同道してきたという。

それから約一年間、狩野川《かのがわ》をはさんで西側に位置する北条《ほうじょう》では時政を後見として頼朝が、東側の山木《やまき》には同じく伊豆国在庁堤 権守信遠《つつみごんのかみのぶとお》を後見とする兼隆が、それぞれ勢威をふるっていたが、そこに源行家《ゆきいえ》が以仁王《もちひとおう》の令旨《りょうじ》を北条の館にもたらした。『吾妻鏡《あずまかがみ》』はそれを治承《じしょう》四年（一一八〇）四月二七日のこととしている。ところがすぐに京の康信からは乱の失敗が伝えられ、にわかに頼朝の身辺はあわただしくなった。伊豆の知行国主が、頼政から、兼隆の仕えていた検非違使別当平時忠《ときただ》に代わり、尻に火がついた。もはや一刻の躊躇《ちゅうちょ》も許されなかった。

六月二四日、頼朝は日ごろから心をよせる伊豆・相模の家人《けにん》に書状を送って、挙兵の準備をうながした。二七日、三浦義澄《みうらよしずみ》・千葉胤頼《ちばたねより》の二人が京の大番役の年期があけて、頼朝のもとに立ちよると、彼らにも挙兵の意を告げた。

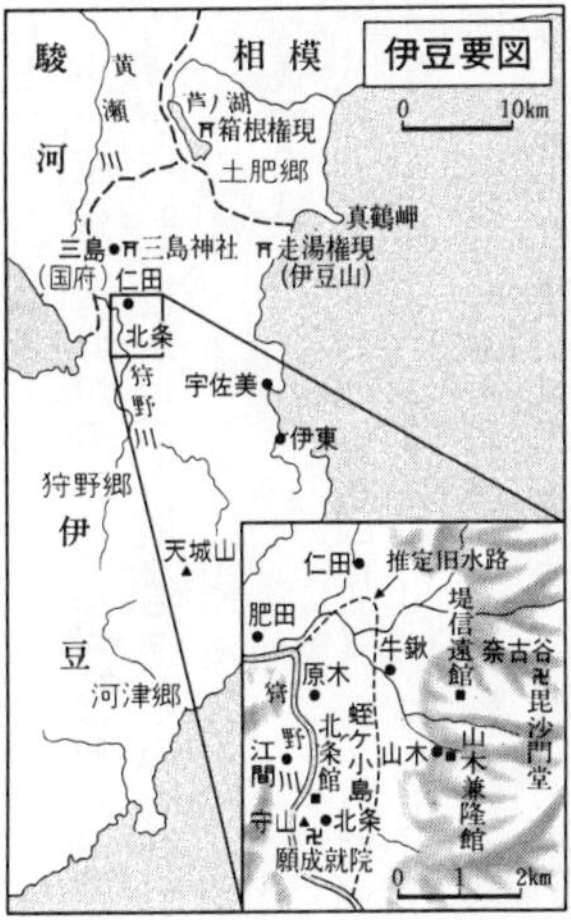

八月二日、大庭景親《おおばかげちか》が清盛《きよもり》の密命をうけて頼朝追捕のために下ってくると、つぎつぎと源家の家人は北条に集まりはじめ、一七日、数日来の雨で遅れていた佐々木定綱《さだつな》の到着をえて、ついに頼朝は兵を挙げた。

めざすは山木館であるが、時政以下の主力は北条館を北行、肥田原《ひだはら》で牛鍬大路《うしくわおおじ》を東行して、まず堤館を襲った。遅れてもう一手の加藤次景廉《かとうじかげかど》らは、東に山木館めざして直行し、兼隆を襲い、ついに討ちとったのである。

東の空に燃えあがる炎に、頼朝は初陣《ういじん》の平治の乱での三条殿《さんじょうどの》焼き討ちを思いおこしたであろうが、感慨にふける余裕など、そのときの頼朝にはなかったかもしれない。

長面の進士

八月一九日、頼朝は東国におけるあらたな支配者の第一歩として、伊豆国蒲屋御厨《かまやのみくりや》の住民にたいし、「史大夫知親《しのだゆうともちか》」の知行を否定する文書をだした。それには、「東国に至《いた》りては、諸国一同荘公は皆御沙汰《おんさた》たるべきの旨《むね》、親王宣旨《せんじ》の状、明鏡《めいきょう》なり」とみえる。このように頼朝は、「親王宣旨」(以仁王令旨)を根拠に東国の支配権を主張した。またその翌日、相模《さがみ》の三浦一族と合流するため、伊豆・相模両国の家人を率いて北条を出発したさいにも、陣の旗に令旨を結びつけ、支配の正当性を令旨にもとめたのである。

すでにこの世にいない以仁王の令旨を利用しながら権力の正当性を主張してゆくとは、さすがに頼朝の政治力には他とちがうものがあった。だがそれにしても頼朝のはじめての文書において、令旨によって知行を否定された「史大夫知親」とはいかなる人物であろうか。『吾妻鏡』は兼隆の「親戚」と記すのみであるが、はたしてそれだけのことであろうか。

史大夫の史とは弁官局《べんかんきょく》に属する下級の事務官のことで、弁官局は太政官《だいじょうかん》において諸省を統轄し、諸国や諸寺社の訴訟を処理する役目をもつ。大夫とは五位の位のことである。右少史《うしょうし》をふりだしに左少史・右大史・左大史と昇進し、五位に叙されて史の官職を退いた人物、これが史大夫である。京都から頼朝に情報を伝えてきた三善康信も、じつは史大夫であった。史大夫知親の存在を他の記録で追うと、藤原信西《しんぜい》の編纂した『本朝世紀《ほんちょうせいき》』の久安《きゅうあん》二年（一一四六）の記事にみえる「右少史中原知親文章生」がこれに該当する。彼はその翌年に史を退いているので、以後約三十年間、史大夫のまま過ごしたことになる。さらに『十訓抄《じっきんしょう》』につぎのような話がみえる。

史大夫知親といふものありけり。学匠《がくしょう》なりければ、ここかしこに文の師してありきけり。若くては文章《もんじょう》の生《しょう》にてありける。ことの外《ほか》に顔の長かりければ、世人、長面《ながづら》の進士《しんし》とぞいひける。

ここに「長面の進士」とあだ名されている中原知親こそ、伊豆の知親であった。「文の師」として権門の家々に仕えて、三〇年を過ごしていたのである。藤原宗忠《むねただ》の日記『中右記《ちゅうゆうき》』は、ちかごろの史は五位になったのち、多くは受領《ずりょう》の目代《もくだい》となって遠国《おんごく》に赴くのが常だと述べている。このことばを参考にすれば、知親は長年にわたって伊豆国の目代であったと考えられる。

これまで伊豆の目代といえば兼隆《かねたか》と、『平家物語』の指摘のままに考えられてきているが、それ以外にはっきりした史料的根拠はない。しかも目代を中心に営まれる伊豆一宮三島《いちのみやみしま》社《しゃ》の祭日である一七日に兼隆がその場にいないのは、兼隆を目代とみるのにややためらいをおぼえる。それにひきかえ知親を伊豆目代とみるならば、令旨によりながらその知行を否定しようとする頼朝の意図を、はっきりととらえることができよう。

増える援軍

兼隆を討ちとった頼朝がすぐに伊豆をでて相模にむかったのは、三浦一族の到着が遅れ、このままでは孤立する恐れがあったからである。しかしその恐れは現実となった。頼朝率いる「三百余騎」が石橋山《いしばしやま》までやってきたところを、挙兵を知った相模の大庭景親《おおばかげちか》率いる「三千余騎」と、伊豆の伊東祐親《いとうすけちか》率いる「三百余騎」とに挟撃《きょうげき》され、惨敗を喫した。

僥倖《ぎょうこう》は敗戦の場が土肥実平《どいさねひら》・小早川遠平《こばやかわとおひら》らの所領のうちにあったことで、彼らの案内により箱根山にのがれた頼朝は、八月二八日、土肥の真鶴岬《まなづるみさき》から舟にのって父義朝の故地房総《ぼうそう》半島にむかうことができた。

その後の頼朝はまったくの順風満帆。海上で三浦氏と合流すると、房総半島に上陸し、安《あ》房《わ》の安西景益《あんざいかげます》、上総《かずさ》の上総広常《ひろつね》、下総《しもうさ》の千葉常胤《ちばつねたね》らを誘った。ここでも以仁王《もちひとおう》の令旨《りょうじ》は十分に活用され、安房国では京下りの官人を討つように命じ、諸郡の官物《かんもつ》（貢納物）を軍士に分かち与えている。

大きな難関といえば上総広常であったが、頼朝の動静をみまもっていた広常も、国内の周《す》東《どう》・周西《すせい》・伊南《いなみ》・伊北《いほう》・房南《ぼうなん》・房北《ぼうほく》の輩以下の「二万騎」をもって遅れて合流した。上総氏は頼朝の父義朝《よしとも》が東国に育ったときの保護者であった関係から、すぐに頼朝につくのをいさぎよしとせず、もし頼朝に主人の器がなかったならば殺害しようと考えていたという。
一〇月二日、武蔵《むさし》に到着したとき、その勢は三万余騎にふくれあがっていた。

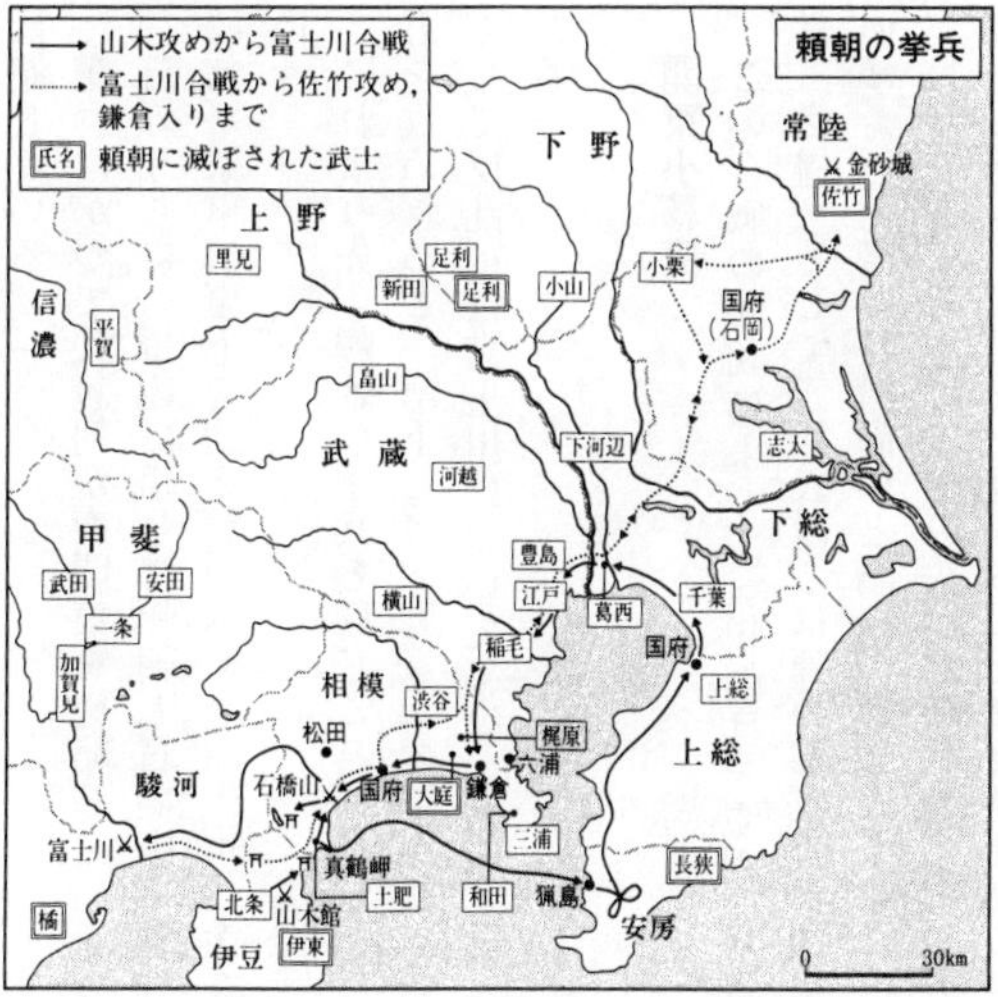

三浦氏の宿敵である秩父党の河越重《かわごえしげ》頼《より》・江戸《えど》重長《しげなが》・畠山重忠《はたけやましげただ》らが待ちかまえていた。

三浦氏は、頼朝が石橋山の合戦で敗れたのを聞いて引き返す途中、鎌倉由比《ゆい》でたまたま重忠と交戦し、それが引き金となって秩父党に本拠の衣笠城《きぬがさじょう》を攻められ、大介義明《おおすけよしあき》が討ち死にしている。合戦は必至の情勢であった。

しかしここで頼朝が「忠直《ちゅうちょく》を存ずるならば、更に憤《いきどおり》をのこすべからず」と三浦をなだめたことで、秩父党を味方に引きいれ、一〇月七日、鎌倉にはいった。「扈従《こしょう》の軍士、幾千万を知らず」と『吾妻鏡』

は記している。

鎌倉はかつて父義朝が南関東を経略していたときの拠点である。そこにあることわずか一〇日のうちに、景親に組して頼朝と石橋山で戦った相模の武士団がつぎつぎと投降、一六日には平家軍の東下を迎え討つべく駿河《するが》に軍勢をくりだした。その数は「二十万騎の精兵」という。

これより先、頼朝の挙兵と同じころに兵を挙げた甲斐《かい》源氏の武田信義《たけだのぶよし》らは、信濃の諏訪《すわ》地方を攻めたあと、南下して大庭景親の弟俣野景久《またのかげひさ》、駿河目代橘遠茂《たちばなのとおしげ》らをやぶっており、かくして反乱軍は富士川において平家の本軍とのはじめての合戦にのぞむこととなったのである。

関東小幕府

この合戦の勝利によって、頼朝は、すぐに上洛《じょうらく》すべしと全軍に指令したのにたいし、広常・常胤、そして三浦義澄《よしずみ》らは諫《いさ》めて、まだ関東には常陸《ひたち》の佐竹《さたけ》をはじめ帰伏しない者が多いゆえ、上洛は時機尚早と語り、ひきとどめた。

じつのところ、ここでの決断が頼朝の権力の分岐点となった。そのまま上洛すれば、令旨《りようじ》の線にそって、平家を退けあらたな天皇を位につけるという道を歩むことになったろう。頼朝自身はそれを考えていたのであるが、広常らの言にしたがって関東に踏みとどまった。ひとまず東国に自立的権力を築くみちを歩むことにしたのである。たしかにその後の義仲《よしなか》の例をみても、東国に踏みとどまったのは賢明であったといえよう。また頼朝には義仲とちがって、位につけるべき皇子を擁《よう》していないという弱点があった。

しかし自立的権力といっても、それの構築は容易なことではない。とりあえず前線にあたる遠江《とおとうみ》・駿河両国を甲斐源氏の安田義定《よしさだ》・武田信義に託し、相模にもどった。甲斐源氏は頼朝とは独自に挙兵していただけに、これを取りこんだのは大きな成果である。つづいて相模国府において本領安堵《ほんりょうあんど》（所領支配権の承認）や新恩給与《しんおんきゅうよ》（所領の授与）などの勲功賞を、ひろく南関東の武士にあてがった。これは、下河辺行平《しもこうべゆきひら》を下河辺荘司《しょうじ》に安堵《あんど》したり、三浦義澄を三浦介に任じるなど、本来ならば荘園領主や国司が行なうべき権限を、頼朝がとってかわって行使したものである。

ここに頼朝の軍事権力は成立したといえるであろう。ただし勲功賞は、平氏与党からの没収地が少なかったせいもあり、本領の安堵が中心であって、将士の勲功に報いるためには、新恩給与の地（没収地）を獲得する必要があった。そしてまた関東における真の支配者の位置を明示するためにも、常陸の佐竹攻めはどうしても行なわれねばならなかった。

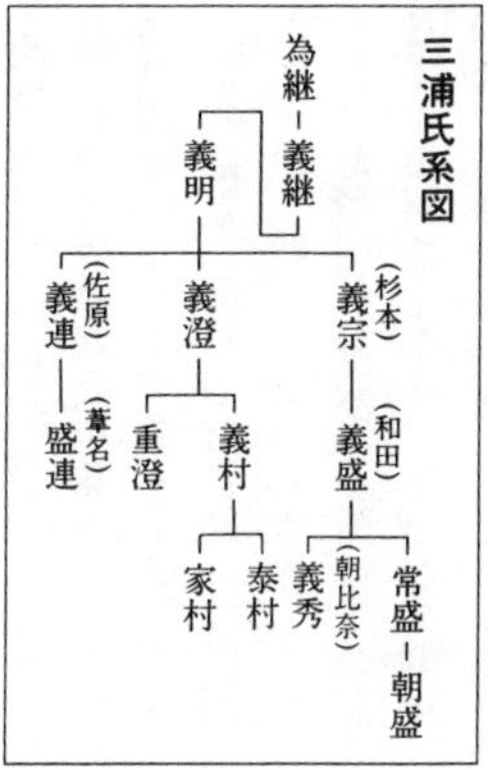

鎌倉にももどらず、すぐに常陸の佐竹秀義《ひでよし》を攻めるべく進発《しんぱつ》した頼朝は、一一月四日、常陸府中

（茨城県石岡市）に到着した。この戦いでは上総広常が佐竹一族の義政を誘い出して誅《ちゅう》したり、ついで佐竹蔵人《くろうど》を味方にひきいれたりしての活躍で、また武蔵の熊谷直実《なおざね》などの小武士団の活躍によって、要害金砂城《かねさじょう》も落ち、秀義は奥州にのがれた。

この結果、奥七郡など佐竹の旧領は軍士に分け与えられ、ちかくでなりゆきを見守っていた源氏の一門、叔父の志太義広《しだよしひろ》や新宮行家《しんぐうゆきいえ》も頼朝の傘下《さんか》にはいった。一一月一七日、鎌倉にもどった頼朝は御家人《ごけにん》を指揮・統制する侍所《さむらいどころ》の別当《べっとう》（長官）に三浦義明の孫和田義盛《わだよしもり》を任じて軍事組織を整え、かくして関東に小幕府が出現したのである。それは挙兵から三か月後のことであった。

巨星墜つ

翌治承《じしょう》五年（一一八一）の二月、頼朝が三河《みかわ》に派遣していた行家の軍勢は尾張《おわり》まできて、美濃《みの》の官兵と相対峙《あいたいじ》していた。そのころ鎮西《ちんぜい》では肥後《ひご》の菊池隆直《きくちたかなお》の謀反《むほん》が拡大して、大宰府《だざいふ》が焼き払われたといううわさが京に流れた。「東西謀反」のこの形勢のうえに、前年来の「天下の飢饉《ききん》」がしだいに深刻さを増していた。やがて美濃の官兵が兵糧《ひょうろう》もなく餓死寸前であるとの報が京にはいってきた。暗雲たれこめる京に、清盛と平家の与党五条大納言邦綱《くにつな》の病気のうわさが流れたのは二月二七日である。そして邦綱が死を覚悟して出家した閏《うるう》二月四日、清盛がこの世を去っている。

清盛静海《法名》は、累葉《るいよう》武士の家に生まれ、勇名世におよぶ。平治の乱逆以後、天下の権、偏《ひと》へに彼の私門にあり。（中略）去々年《おととし》よりこのかた、強大の威勢、海内《かいだい》に満ち、苛酷の刑罰、天下に普《あま》ねし。遂に衆庶《しゅうしょ》の怨気、天に答へ、四方の匈奴《きょうど》、変を成す。

九条兼実《くじょうかねざね》は『玉葉《ぎょくよう》』にこう記したあと、かような逆罪の人物は敵軍のために身をほろぼされ、骸《むくろ》を戦場にさらすことになるのが因果の理であるが、病床で命を終えるとは、人意のおよぶところではないと述べている。かつて清盛が重病により出家したとき、天下の乱れをおもんぱかった兼実も、ここでは「神罰・冥罰《みょうばつ》」のなせるところと喜んでいる。

巨星は墜《お》ちた。その目覚ましい出世のゆえに、白河院の落胤《らくいん》ではないかといううわさもでたほどである。たしかに実母がだれか明らかでないため、その可能性はなきにしもあらずであるが、清盛の出世は、けっして院の落胤にもとめられるような性格のものではない。正盛・忠盛につづく平氏三代の総決算とみるべきである。

すぐ問題となるのは清盛以後の政治であろう。だがすでに重盛《しげもり》の死後に清盛の後継者は宗《むね》盛《もり》と定められており、正月には宗盛が惣官《そうかん》となってあらたな軍政機関も設けられていたから、相続上で大きな問題は生じなかった。しかもその軍政機関は後白河《ごしらかわ》法皇の執政再開を前提としていたので、清盛の死後も大きな影響をうけなかったようである。

清盛の死と法皇の執政のこの二つによって大きな打撃を蒙ったのは、むしろ頼朝かもしれない。なぜなら、以仁王《もちひとおう》の令旨《りょうじ》が討つべしともとめたその清盛がこの世にいなくなってしまったうえに、追討使が院の命令をもって下ってくるとなれば、これと正面から対決すべき大義名分が、いちじるしく動揺をきたすことになったからである。頼朝はつぎのようなことを、ひそかに朝廷に申し送ったという。

我れ君において反逆の心なし。君の御敵を伐《う》ちたてまつるを以て、望みとなす。

こうした頼朝の考えでは追討軍に真《ま》っ向《こう》から対決できない。東国独立を志向する広常はつねづね頼朝に「なんでう朝家《ちょうけ》の事をのみ、みぐるしく思ふぞ。ただ坂東《ばんどう》にかくてあらんに」と述べたというが、それは頼朝のあせりをよく示している。また清盛の死による危機感が平氏一門・家人の結集をつよめたこともみのがせない。

流人頼朝が首をみざりつる事こそ口惜《くちお》しけれ。死出山安く越ゆべしとも覚《おぼ》えず。入道死にて後、報恩追善の営《いとなみ》、ゆめゆめあるべからず。相構えて頼朝が首を切りて、我が墓の上に懸《か》けよ。それをぞ草の影にても悦《よろこ》ばしくは思はむずる。子息・侍は深くこの旨《むね》を存じて、頼朝追討の志を先とすべし。

頼朝の首を墓前にそなえよ、という遺言のあったことを『平家物語』は伝えている。その内容の真偽はともかく、一〇日後に兵一万三千余騎を率《ひき》いて美濃・尾張の境にむかった平重《しげ》衡《ひら》は、三月一〇日の墨俣《すのまた》（岐阜県南西部、木曾・長良《ながら》・揖斐川《いびがわ》の合流点付近）の合戦で源行家率いる東国軍に大勝したのである。

2　天下三分の形勢

養和の飢饉

力を蓄えながらも身動きのとれない頼朝《よりとも》を東にみて、平氏は、鎮西《ちんぜい》での謀反や四国の伊予《いよ》の在庁河野氏の反乱に対処する必要にせまられていた。西国は長年にわたって築いてきた平氏の権力基盤であり、むろん放置はできないのであるが、追捕《ついぶ》は容易にすすまなかった。それは前年からはじまった飢饉《ききん》のためである。

養和《ようわ》のころとか、久しくなりて覚《おぼ》えず。二年《ふたとせ》があひだ、世の中飢渇《けかつ》して、あさましき事侍《はべ》りき。或《あるい》は春夏ひでり、或は秋大風洪水《おおみず》など、よからぬ事どもうちつづきて、五穀《ごこく》ことごとくならず。

『方丈記《ほうじようき》』は、この養和の飢饉のようすをくわしく記している。「国々の民、或は地をすてて境をいで、或は家を忘れて山にすむ」といった人びとが飢えに追われてさすらうさまから、「乞食《こつじき》、路《みち》のほとりに多く、憂《うれ》へ悲しむ声耳に満てり」と、京に流れついて物乞う人びとの声まで。養和二年（一一八二）になるとさらに疫病までが流行して、これに追いうちをかけた。

仁和寺《にんなじ》の隆暁《りゅうぎょう》法印は京中を歩きまわり、餓死・病死したものの額《ひたい》に「阿」の字を書きまわったところ、その数は「四万二千三百あまり」にのぼったと、これも『方丈記』の記すところである。

蔵人頭《くろうどのとう》藤原経房《つねふさ》も『吉記《きっき》』に、「近日《ちかごろ》、死骸殆《ほとん》ど道路に満ちたり」と記し、さらには五条河原辺で童《わらわ》が人肉を食したという話をのせ、「人、人を食ふ、飢饉の至極か」とつよい衝撃をうけている。『方丈記』は、食べ物を相手に分け与えるため、夫婦のなかでは愛情の深い者が先に亡くなり、親子のなかでは親が先に亡くなると述べて、痛ましい世相を語り、「母の命尽きたるを知らずして、いとけなき子のなほ乳《ち》を吸ひつつ臥《ふ》せるなどもありけり」と、哀れなようすを印象づけている。

ここに興味深いデータが報告されている。それは、数年後に重源《ちょうげん》が周防《すおう》国で東大寺大仏殿再建《さいこん》のため伐採した材木が、たまたま川に埋まっていたのが近年みつかって、年輪の幅を計測したデータである。それによると、一一五四（久寿元）～六五（永万元）、一一六六（仁安元）～七六（安元二）、一一七七（治承元）～八六（文治二）年の三つの部分について、成長幅の年平均をみると、それぞれ〇・八九ミリ、一・七六ミリ、一・〇三ミリとなっている。すなわち保元の乱前の久寿の飢饉のころと、この養和の飢饉のころがともに年輪の成長幅が短く、気候の不順であったことが裏づけられたのである。

飢饉ともなれば、たのみのつなは地方からあがってくる食料である。「京のならひ、なにわざにつけても、みなもとは田舎《いなか》をこそ頼める」と、「田舎」からの食料補給がたのみの京は、食料源を西国と北陸道に依存していた。鎮西の反乱はその意味からも重大であった。平氏は、鎮西の菊池隆直《きくちたかなお》の謀反に対処するため、四月に大宰府の府官原田種直《はらだたねなお》を少弐《しように》に任じ、つづいて隆直追討の宣旨を下した。その宣旨は「院庁《いんのちよう》」からの命令であることを強調して、院への帰伏をうながしている点に特徴がある。追討使は宗盛《むねもり》であるが、実際は前年にも鎮西に下って事情に明るい平貞能《さだよし》が派遣された。ところが途中の備中《びつちゆう》国におもむいたところで、兵糧米の不足により立ち往生するしまつで、やっとたどりついた鎮西でも、菊池の追討はいっこうにすすまず、逆に肥後《ひご》国内の「公私物」を押さえとった、と知行国主の経房に訴えられている。

北国の雄者たち

平家のもう一つの穀倉地帯は北陸道である。若狭《わかさ》は応保《おうほう》元年（一一六一）からの平経盛《つねもり》の知行国《ちぎようこく》であり、越前《えちぜん》は重盛死後の一時期をのぞき約二〇年間にわたっての平氏知行国、加賀《か》《が》・佐渡《さど》は清盛のクーデター後に頼盛《よりもり》の知行国となり、能登《のと》は仁安《にんあん》三年（一一六八）以来の教盛《のりもり》の知行国、越中《えつちゆう》は約一〇年間におよぶ平氏家人《けにん》知行国。わずかな例外は越後《えちご》で、これだけが平家の知行国ではなかった。

いわば平家の金城湯池《きんじようとうち》ともいえるこの北陸道の反乱軍に迎えられたのが、木曾の源義仲《よしなか》であった。

　治承四年（一一八〇）九月、信濃《しなの》の平氏家人笠原頼直《かさはらよりなお》が、義仲に心をよせる村山義直《むらやまよしなお》を襲ったことにより、義直に救援をとあおがれた義仲が挙兵、頼直をやぶって越後に追いやり自立した。そもそも義仲の父義賢《よしかた》は、保元の乱前に京から上野《こうずけ》国多胡《たこ》郡（群馬県高崎市）に移り住み、武蔵の秩父氏を後見に上野・武蔵両国に威勢をふるったが、久寿《きゆうじゆ》二年（一一五五）に義朝の長男義平《よしひら》に襲われ武蔵大蔵《おおくら》で討ち死にした。そのとき三歳の義仲は乳父中原兼遠《めのとなかはらかねとお》にいだかれて、信濃木曽《きそ》にのがれて育ったのである。

　挙兵した義仲は、父の遺跡をたずねて上野に侵入し、やがて頼朝とのあいだで勢力圏がほぼ定まった一二月、信濃にもどった。越後の城《じよう》氏が平氏と結び、信濃・甲斐の源氏を攻めるとの報が流れたためでもある。年があけた正月、城助長《すけなが》は頼朝の追討宣旨を得たものの病死し、かわって弟の四郎助職《すけもと》（資職）があとをつぐと、六月には大軍を率いて信濃に討ち入ってきた。

　軍勢「万余騎」といわれた助職勢は笠原頼直を先陣に、破竹の勢いで城を落とし、勝ちに乗じて侵入してきた。これをむかえ討つ信濃の源氏は、無勢ながらも木曽党・佐久党・甲斐武田党の三手からなり、千曲川《ちくまがわ》の横田河原（長野市）に陣をしく助職勢に襲いかかった。山河を越えてきた助職の旅軍は疲れのために敗れ去り、越後にもどったところをさらに在庁官人に襲われ、ついに助職は会津《あいづ》に、頼直は出羽《でわ》に逃走している。

　これを境に、北陸道の武士は一挙に反乱をおこすにいたったが、すでにみたように北陸道

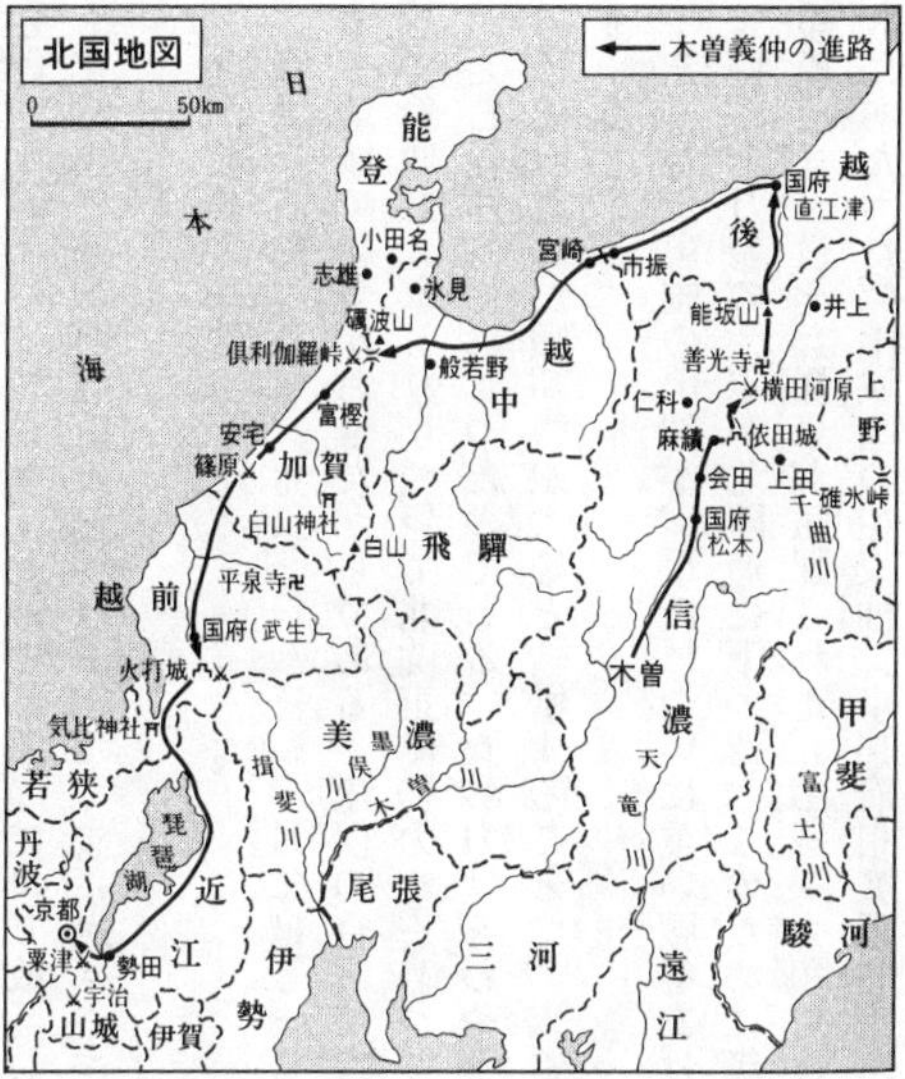

諸国はほとんどが平家の知行国で穀倉地帯だっただけに、平氏のうけた打撃は大きかった。もちろん放っておくわけにはいかず、平通盛《みちもり》を追討使として派遣するとともに、八月に越後守に城助職を、陸奥《むつ》守に藤原秀衡《ひでひら》を任じてこれに対処させた。

だが通盛は加賀・越前の在庁林《はやし》・富樫《とがし》・稲津《いなづ》氏を中心とする軍勢に敗れ、越前敦賀《つるが》城に引きこもり救援を待つしまつであった。結局、北陸道の追討は容易にすすまず、雪が降りはじめると、雪は戦況をそのまま凍結してしまった。

かくてあけた養和二年（一一八二）も、

> 北国謀反の輩《ともがら》、寒路をたつの間、京中貴賤、衣食を欠くものなり。東国と云ひ、北国と云ひ、一切《いっさい》、人幷《なら》びに消息通ぜず。

といった飢えにはじまり、五月には飢饉により改元して寿永《じゅえい》と改めたが、その効果もないまま、飢饉と兵革と病事の一年はまたたくまに過ぎさった。

北国攻めの失敗

戦局の流動は寿永《じゅえい》二年（一一八三）二月にはじまる。義仲《よしなか》と頼朝《よりとも》の両勢力圏の境界に位置する地域で紛争がおきたからである。墨俣《すのまた》の合戦で惨敗した源行家《ゆきいえ》が、頼朝の待遇を不満として義仲方にはしり、ついで北関東で勢力を占めつつあった志太義広《しだよしひろ》が、頼朝に反旗をひるがえし義仲方にはしったのである。両勢力はあわや衝突の段階にまでいたったのだが、義仲の子清水義高《しみずよしたか》が頼朝の娘大姫《おおひめ》と結婚することで、人質として鎌倉入りし、事はようやくおさまった。

そうした東国の亀裂が、平氏についに重い腰をあげさせたのであろう。四月、平維盛《これもり》を総大将に十万騎の大軍が北陸道に下った。このために畿内近国の惣官《そうかん》の管轄地域にたいし、大規模な兵士役《へいしやく》と兵糧米《ひょうろうまい》が賦課《ふか》された。山城《やましろ》・大和《やまと》では宗盛の近習《きんじゅう》の検非違使《けびいし》源季貞《すえさだ》がこの徴収にあたった。山城国の和束杣《わつかのそま》（京都府相楽郡和束町）では武器ももたぬ杣工《そまく》（きこり）にまで兵士役が課されたと、杣の沙汰人《さたにん》が窮状を訴えていることから知られるように、総力戦を期したのである。出発直前の京では、人馬・穀物を武士らが奪いとるなどの騒動のすえ、四月一七日、平氏軍は北国にむかった。

四月二六日に越前国にはいった平氏は、火打城《ひうちじょう》（福井県南条郡南越前町）の北国軍を平泉《へいせん》寺長吏斎明《じのちょうりさいめい》の裏切りによって落とし、五月三日加賀国に、さらに一一日には勝ちに乗じて一気に越中国にはいった。だがそこに満を持して待ちかまえていた義仲・行家の軍により、礪《と》波山《なみやま》・志雄《しお》坂《ざか》で大敗を喫し、ついで加賀篠原《しのはら》(石川県加賀市)でも敗れて六月初旬、命からがら都にまいもどった。平盛俊《もりとし》、藤原景家《かげいえ》・忠綱《ただつな》らの「平家第一の勇士」も、

おのおの小帷《こかたびら》に前を結びて、本鳥《もとどり》を引《ひき》くだして逃れ去る。希有《けう》にして存命すると雖《いえど》も、僕従《ぼくじゅう》一人を伴はず。

という、ひどいありさまだったという。

こうなると平家のたのむところは、もはや鎮西《ちんぜい》に下っていた平貞能《さだよし》のみとなる。六月一八日、数万の軍勢とうわさされたその貞能が入洛《じゅらく》したが、しかし実の勢はわずかに千余騎にすぎなかった。

畿内近国の勢力を結集した北国攻めが失敗し、たのむ鎮西からの上洛の武力が無勢となれば、後白河法皇をはじめとする諸勢力が平氏から離反するのは自然の勢いといえよう。

七月八日、平氏は京都防衛の要となる叡山の大衆《だいしゅ》勢力に援助を期待して、宗盛以下一〇人の公卿が連署して起請文《きしょうもん》をおくり、叡山延暦寺《えんりゃくじ》を氏寺《うじでら》に、日吉社《ひえしゃ》を氏社にまつることを告げた。

まさに困ったときの神頼み。しかしこれ以前、すでに義仲と叡山との連携はなっており、

二三日に源氏の軍兵が叡山にのぼったとの報が流れると、二四日夜半、法皇は法住寺御所《ほうじゅうじごしょ》をひそかにでて、叡山にのぼったのである。

ここに大勢は決した。摂津源氏の行綱《ゆきつな》が謀反をおこしたとの報もはいって四面楚歌《しめんそか》となり、二五日、平氏は安徳《あんとく》天皇とその母建礼門院《けんれいもんいん》を伴ってあわただしく都を落ちた。六波羅《ろくはら》館・西八条邸は焼かれて一所ものこさず灰燼《かいじん》に帰したという。

都落ち

「きのうは官軍と称して、源氏等を追い、今は辺土をさして、逃れ去る。盛衰の理《ことわり》、眼に満ち、耳に満つ。悲しきかな」との兼実《かねざね》の感想にきくように、都落ちは、長年にわたって貴族の生活を営んできた平氏とその周辺に、多くの悲劇をもたらした。

『平家物語』は、平維盛《これもり》とその妻子との別離をはじめ、薩摩守忠度《さつまのかみただのり》・左馬頭行盛《さまのかみゆきもり》がそれぞれ俊成《としなり》・定家《さだいえ》父子に和歌を託して落ちゆくようす、仁和寺《にんなじ》の守覚法親王《しゅかくほっしんのう》に仕えた経正《つねまさ》が琵琶《びわ》の名器青山《せいざん》を返しにきた話などを、哀切な調子で描いている。

『建礼門院右京大夫集《けんれいもんいんうきょうのだいぶしゅう》』の著者右京大夫の思い人資盛《すけもり》も、都を落ちたなかにいた。後年になって彼女はその書を資盛の思い出にささげて書いたのであるが、資盛のほうは法皇との別れに悲痛の思いをいだき、いったんは京の法住寺御所にもどったり、西海からは「再び竜顔《りようがん》を拝せんと欲す」という書状を法皇によせてきたのであった。

だが都落ちといっても落胆することはない。その行く先の西国は、清盛が長年にわたって築いてきた固有の権力基盤である。再起は十分に可能であったはずである。

ところが驚いたことに、都落ちの人びとのなかには、清盛の意にそって西国の勢力拡大につくしてきた平頼盛《よりもり》の姿がない。頼盛は頼朝との縁故をたよって東国にむかった。畿内近国惣官宗盛《むねもり》以下、京中心に勢力を築いてきた一門ばかりが都落ちしたのである。

平氏一門のあいだの対立は、抜きさしならぬところまでいっていたものとみえる。これでは西国に行ってもうまくゆくはずもなく、福原に落ち、さらに大宰府にいったん落ちついたものの、そこを追われ、波の上に漂うことになった。しかしそれでも滅亡するまでに一年半の余命を保ったのをみれば、西国がいかに平氏の重要な権力基盤であったかがわかるであろう。

さて空白となった京では、ふたたび平氏の家人《けにん》がもどってくるなどのうわさが流れて動揺のはしるなか、平氏の都落ちをみとどけて、いちはやく主導権を握ったのは後白河《ごしらかわ》法皇である。七月二七日に叡山から法住寺御所にもどると、翌日、北と南から入京の義仲・行家を御所に召し入れ、宗盛以下の追討を命じている。

彼《か》の両人《りょうにん》地に跪《ひざまず》きてこれを承《うけたまわ》る。御所たるによりてなり。彼の両人相並んで、敢《あえ》て前後せず、権を争ふの意趣、これをもつて知るべし。

これは兼実が左少弁《さしょうべん》藤原光長《みつなが》からきいた話であるが、地面に跪いた義仲・行家両人がともに先を争う姿をみて、すぐに貴族の評価は、ともにとるに足らずときまった。執政の自信を深めた法皇は、両人に京中の軍士の乱暴をやめさせるように命じるとともに、そのかたわらで、院庁の庁官中原康貞《なかはらやすさだ》を関東の頼朝のもとに下し、連絡をとったのである。

今度《このたび》の義兵、造意は頼朝にありと雖《いえど》も、当時の成功の事、義仲・行家なり。

数日前まで謀反人《むほんにん》として、彼らの追討を命じた法皇は、その舌《した》の根もかわかぬさきに「義兵」とよび、これを操《あやつ》ろうとしている。その無責任さ、したたかさに、この後、北国の雄者義仲も、また頼朝も義経《よしつね》も右往左往させられることになるのである。

義仲の入京

平氏の都落ち後、頼朝《よりとも》・義仲《よしなか》・行家《ゆきいえ》の恩賞問題を処理した法皇のつぎの課題は、三種の神器をいだいて西走した安徳《あんとく》天皇のあとをどうするかにあった。

八月六日、平家の党類二百余人を解官《げかん》したときも、安徳のもどることを考えて、交渉のため、平時忠《ときただ》のみは官を解いていない。時忠は建春門院《けんしゅんもんいん》の兄で、かつては院近臣《いんのきんしん》であった。これを窓口としての交渉が失敗し、高倉院の宮二人のなかから天皇を選ぶ段になって、そこに義仲が以仁王《もちひとおう》の子北陸宮を推挙してきた。

もはや急がねばならない。寵姫丹後局《たんごのつぼね》の夢想により、四宮《しのみや》で四歳の後鳥羽《ごとば》を選んだ法皇は、摂政《せっしょう》には、九条兼実《くじょうかねざね》や松殿基房《まつどのもとふさ》の子師家《もろいえ》の望みを退け、近衛基通《このえもとみち》をそのままつけた。基通は平氏の推挙によって摂関となっただけに、都落ちするのではないかとうわさされていたが、春ごろから法皇に寵愛され、都にとどまったという。「君臣合体の儀、これをもって至極となすべきか」と、兼実の憤りはひととおりではなかった。

義仲にとってはまことに不本意な入京となってしまった。京は数年来の飢饉《ききん》で目をおおうばかりに荒れていたうえ、勝ちに乗じて上洛した軍勢には兵糧米《ひょうろうまい》の備えがなかった。京近辺の田畠は刈りとられ、京中の人屋在家《じんおくざいけ》は追捕《ついぶ》され、田舎からの運上物《うんじょうもの》は押しとられるという略奪がつづいた。その責任はあげて京中の守護を命ぜられた義仲にもとめられたのだが、義仲の軍隊は寄せ集めで、まったく指揮・統制がとれていなかった。

八月一日に京中守護の警固にわりふられた武士をみても、頼政《よりまさ》の子有綱《ありつな》（摂津源氏）、美濃源氏光長《みつなが》、美濃・尾張源氏の高田重家《たかだしげいえ》・泉重忠《いずみしげただ》・葦敷重隆《あしきしげたか》、甲斐源氏安田義定《やすだよしさだ》、信濃源氏村上信国《むらかみのぶくに》、信濃平氏仁科盛家《にしなもりいえ》、近江源氏の山本義経《やまもとよしつね》・甲賀入道、それに行家・義仲とバラバラである。少ない手勢でのゲリラ戦を得意とする義仲には、ひどく勝手のちがった仕事であったろう。

十月宣旨

九月二〇日、京を追い払われるように西国の平氏追討にむかった義仲の留守に、頼朝のもとから多大の引出物とともに庁官中原康貞がもどってきた。その伝えるところは、①神社仏寺・諸院宮人領などは今までのごとく本所《ほんじょ》に返付しましょう、②もし不服の者がいるならば頼朝が追討するので、そう宣下《せんげ》してほしい、という二点であった。

これを聞いた貴族は、

頼朝のていたらくは、威勢厳粛、その性強烈、成敗《せいばい》分明、理非断決なり。

と、手ばなしの喜びようであった。内心ではどんな要求がだされるかと恐れていたからであるが、しかしこれ以前から頼朝の態度は一貫しており、二年ほど前にひそかにつぎのような内容の奏状を法皇にもたらしていたと伝える。

まつたく謀反《むほん》の心なし。偏《ひと》へに君の御敵を伐《う》たんがためなり。しかるにもしなほ平家を滅亡せられるべからざれば、むかしのごとく、源氏・平氏相並びて召《め》し仕《つかまつ》るべきなり。関東は源氏の進止《しんし》(支配)となし、海西《かいせい》は平氏の任意となし、ともに国宰《こくさい》においては、上より補せらるべし。

頼朝の申請はまさにこの密奏の延長上にあり、王朝国家の荘園・公領にたいする支配権は容認しつつも、頼朝が東国に築いてきた支配権を公認させることにあった。これに応じてだされたのが十月宣旨である。

①東海・東山・北陸三道の荘園・国領は本《もと》のごとく領知すべし。
②もしこの宣旨に随《したが》はざるの 輩《ともがら》は、頼朝の命に従ひ追討すべし。

ここに頼朝は東海・東山・北陸道の東国一帯の支配権を王朝国家に認めさせたわけであるが、それは頼朝が実力で獲得した関東よりもはるかにひろく、東国全域にわたるものであった。

この宣旨を伝えきいて怒ったのは義仲である。これでは苦労して東国に築いてきた自己の支配権がまったく否定されることになる。義仲の怒りを恐れて、朝廷は宣旨から北陸道を削ったが、義仲は納得しなかった。それというのも西国遠征中に、頼朝の使者と称して弟の九郎義経《よしつね》が伊勢・伊賀にやってきていたからである。義仲はすぐにこれを討とうとしたが、十月宣旨を知らすために派遣された使いであるとしてなだめられ、身動きがとれなくなってしまった。

あせる義仲に、それまで行動をともにしてきた武士の離反があいついだ。なかでも入洛《じゆらく》時から義仲と功を争った行家は、義仲が左馬頭《さまのかみ》と越後守《えちごのかみ》に任じられたのにたいし、備後守《びんごのかみ》と恩賞の少なかったのを怨み、ことあるごとに対立した。頼朝追討のため東下を誘う義仲を見限って、行家は平氏追討の宣旨を得て播磨《はりま》に下ってしまった。

孤立した義仲の行動に恐れを抱いた法皇は、法住寺御所《ほうじゆうじごしよ》を固めるとともに、京をでて西国なり東国なりにむかうようにと、鼓判官《つづみほうがん》といわれた平知康《ともやす》を使者にたてて義仲に命じた。これが義仲の堪忍袋《かんにんぶくろ》の緒《お》を切らせてしまった。怒った義仲の攻撃に、御所方では知康らの院近習《いんのきんじゅう》を中心に、かつて義仲方に加わった美濃源氏の光長や摂津源氏の行綱をもって防いだものの、その効なく義仲に蹴散らされた。

翌一一月二〇日、五条河原には天台座主明雲《めいうん》・園城寺宮円恵《おんじょうじのみやえんえ》や、源光長をはじめとする院中に参じて討たれた者の首一一がかけられたが、それは義仲の積もりに積もった怒りのすさまじさをよく物語っている。首実検《くびじっけん》にのぞんだ義仲の「軍呼《ぐんこ》は三度《みたび》」におよび、京中に鳴り響いたという。

鎌倉殿の誕生

この結果、義仲は平家の没官領《もっかんりょう》をすべて領有すべしとの院庁下文《いんのちょうくだしぶみ》、頼朝を追討すべしという院庁下文、さらに翌寿永《じゅえい》三年（一一八四）正月一一日には征夷大将軍《せいいたいしょうぐん》の宣旨を得ることになった。しかしすでにすぐ近くまでやってきていた鎌倉殿御使の義経・範頼《のりより》の圧倒的軍勢に攻められ、それらの文書はなんの役にもたたなくなってしまった。二〇日、宇治川《うじがわ》の戦陣を突破された義仲は、粟津《あわづ》に敗走して討ち死にしている。

歌人西行《さいぎょう》はそれをきいて、

木曾人は　海のいかりを　しづめかねて　死出の山にも　入りにけるかな

とよんでいる。たしかに義仲は「怒り」をしずめかねて亡くなったといえるであろう。

ところで十月宣旨に怒ったのは義仲だけではなかった。頼朝にしたがいながら東国独立の夢を抱いていた武士らも、おそらくそうだったにちがいない。それまで自立のシンボルとして掲げてきた治承《じしょう》の年号を引っこめて、王朝国家に従属することをあきらかにした頼朝の態度につよい不満を抱いたとみられる。

義仲の上洛を知ってすぐに京上《きょうじょう》をと考えた頼朝がふたたび鎌倉に居座った理由は、京に伝えられたところでは飢饉《ききん》による荒廃や奥州藤原氏の脅威にあったというが、それだけではなく、そうした武士の不満を感じとったからであろう。

そのことは頼朝の支配権にたいする大いなる脅威にほかならない。この年の末、上総広常《かずさひろつね》が謀反を理由に暗殺されたのはその点を物語っている。血祭りに広常が選ばれたのは、頼朝にたいして「公私とも三代の間、下馬《げば》の礼をとらず」と称し、日ごろから不遜《ふそん》な態度をとっていたことで傍輩《ほうばい》の御家人《ごけにん》からも反発をかっていたからであろう。しかし動揺を防ぐため、広常との縁座《えんざ》により囚人となった弟直胤《なおたね》や相馬《そうま》常清《つねきよ》をすぐに復権させるとともに、広常の郎従の私領本宅を安堵《あんど》して、御家人にとりたてることも忘れてはいなかった。

十月宣旨・上洛断念・広常誅殺のこの一連の経過のなかで、頼朝は鎌倉に腰をすえる決断を下したものといえよう。まさにこれぞ「鎌倉殿」の誕生である。そして京・西国にはこの鎌倉殿の「御使」「代官」「鎌倉殿御家人」が派遣され、頼朝の命によって活動する体制がとられた。

義仲を滅ぼした頼朝は、義仲の権限を接収し、その支配領域を吸収していった。寿永《じゅえい》三年（一一八四）正月二六日には、義仲にかわって、宗盛《むねもり》以下平家党類の追討宣旨を得るいっぽうで、二九日には義仲の党類の追捕の宣旨を得た。これにより、かつて義仲と行をともにした畿内近国の武士らの、頼朝への従属は決定的となった。

さらに二月の一《いち》ノ谷《たに》（神戸市須磨区）の合戦の直後には、頼朝の申請によって、諸国の武士が「自由の下文」をもって神社仏寺や院宮諸司ならびに人領にはいって乱暴することをやめさせる宣旨がだされたが、そのさい頼朝には、事情を調べて朝廷に報告するなり、処罰するなりの権限が与えられている。

3　平氏滅亡

関東御領の成立

朝廷からえた権限を背景に、頼朝《よりとも》が北陸道に派遣したのは、「鎌倉殿勧農使《かんのうし》」比企《ひき》藤内《とうない》朝《とも》宗《むね》であった。勧農使とは、その字のごとく農業を勧める使いであり、種子《しゅし》や食糧を与えたり、耕作の割り当てや年貢《ねんぐ》率の引き下げを行なったりして、農業をするための環境・条件をつくるのを役目としている。

東国・北国の両道国々、謀反を追討の間、土民無きがごとし。今春より、浪人等を旧里に帰住し、安堵《あんど》せしむべく候。然れば、来秋のころ、国司を任ぜられ、吏務《りむ》を行はるるがよろしかるべく候。

頼朝は二月の奏状で朝廷にこう述べており、北陸道では勧農使が国司にかわって勧農を行なう方針であったことがわかる。同じ奏状で頼朝は、「徳政」が行なわれねばならぬことを強調し、諸寺諸山の僧が武装するのを禁じるようにもとめている。早くも戦後にむけて復興のプランがだされている点は注目すべきであろう。また畿内近国の武勇の住人は、義経の命令で平家追討にむかうように宣旨《せんじ》をだして欲しいと述べていて、京をとりまく畿内近国では、義経が「鎌倉殿御使」として武士の統率権を託されることになった。

すでにみたように、畿内近国は、かつて宗盛《むねもり》が惣官《そうかん》として支配した地域であり、そのあとには義仲がはいっていた。そうした地であるから、武士の乱暴をとどめるため、さらに平家追討にむけて軍兵を組織するためには、強力な軍政統治が必要とされたのである。これにこたえて義経は、兵士役の賦課、兵糧米《ひょうろうまい》の免除、本所《ほんじょ》の訴えによる武士の乱暴の停止など、ひろい活動を行なっている。七月には伊勢・伊賀にとどまっていた平貞能《さだよし》の兄平田入道や山木《やまき》兼隆《かねたか》の父信兼《のぶかね》の反乱をしずめている。

頼朝のもう一つの関心事は、平家没官領《もっかんりょう》にあった。平家の都落ちで没収された所領は五〇〇か所といわれ、このうち一四〇か所が義仲に、九〇か所が行家に与えられたが、さらにその後すべてを義仲が領知すべきむねの院庁下文がだされていた。頼朝はそのすべてを朝廷に要求したのだが、朝廷からよせられた平家没官領の注文《ちゅうもん》（帳簿）はとてもこれにはおよばず、京都を抜け出て鎌倉に下ってきた平頼盛《よりもり》にたずねても、注文の倍ほどの所領があることがわかった。

そこで朝廷に釈明をもとめると、うわさの所領のなかには、①本所が平氏に一時的に預けたりあてがったりした所領があり、②都落ち後に平氏知行以前の本主に返却したもの、③平氏が諸国を知行しているときに公領を一時的に所領としたものもあると述べ、これらは本主に返却するか国衙《こくが》に帰《き》すべきもので、注文には含まれていないとこたえ、いっこうに譲らなかった。

この交渉の結果ははっきりしないが、頼朝は朝廷に押しきられたとみられ、うわさされた没官領すべてを知行することはなかった。しかし没官領の総括的支配権を確保し、また東国領については、すでに十月宣旨によって支配権を認められており、かりに平家の知行の所領でなくとも、頼朝の求めに応じて頼朝の知行とされることになったから、頼朝の財源は東国領を中心にいちじるしく充実をみた。関東御領《かんとうごりょう》の成立である。

ついで五月二一日には、三河《みかわ》・駿河《するが》・武蔵《むさし》三国について、源氏一門の範頼《のりより》・広綱《ひろつな》・義信《よしのぶ》を受領《ずりょう》に推挙してこれらを知行国とした。関東知行国の成立である。

これら関東御領・関東知行国の経営のため公文所《くもんじょ》が整えられたのは一〇月、その別当《べっとう》（長官）には京から下ってきた中原（大江）広元《ひろもと》が任ぜられた。

義経と頼朝

いっぽう都落ちした平氏は、大宰府《だざいふ》を追われたものの四国の讃岐屋島《さぬきやしま》に内裏《だいり》をつくり、勢力を盛り返していた。その原動力は「阿波民部大夫《あわのみんぶだゆう》」粟田成良《あわたしげよし》を中心とする阿波水軍の勢力である。

成良はかつて清盛の命で大輪田泊《おおわだのとまり》を修築しており、重衡《しげひら》のもとで南都焼き打ちや墨俣合戦《すのまたかっせん》に活躍し、四国では伊予の河野氏の反乱をも討ち、当時、瀬戸内海の制海権を握っていたのである。

平氏が二月四日の清盛の三周忌をめざし摂津福原《せっつふくはら》にやってくると、都はふたたび不安と緊張につつまれた。これをむかえ討つべく追討軍の大手は範頼が浜側から、搦手《からめて》の義経《よしつね》は丹波《たんば》の山側より一ノ谷にむかった。だが、数万の敵にたいする追討軍は、一手をみてもせいぜい二、三千騎にすぎず、劣勢が予想された。

清盛の法事も終了した六日、平氏のもとに院宣《いんぜん》が届き、和平のため使者を派遣するので武装を解くようにもとめてきた。それを信じた平氏が院の使いを待っていたところに、浜と山とから怒濤《どとう》のごとく関東の武士が押しよせた。

この不意討ちに総崩れの平家は、重衡を生けどられたほか、通盛《みちもり》・忠度《ただのり》ら一門を討たれ、有力家人盛俊《もりとし》も失ってほうほうのていで屋島《やしま》にのがれた。この戦いで勇名をはせたのが、一ノ谷の鵯越《ひよどりごえ》の逆落《さかお》としで、平氏のうしろを突いた源義経の軍勢である。

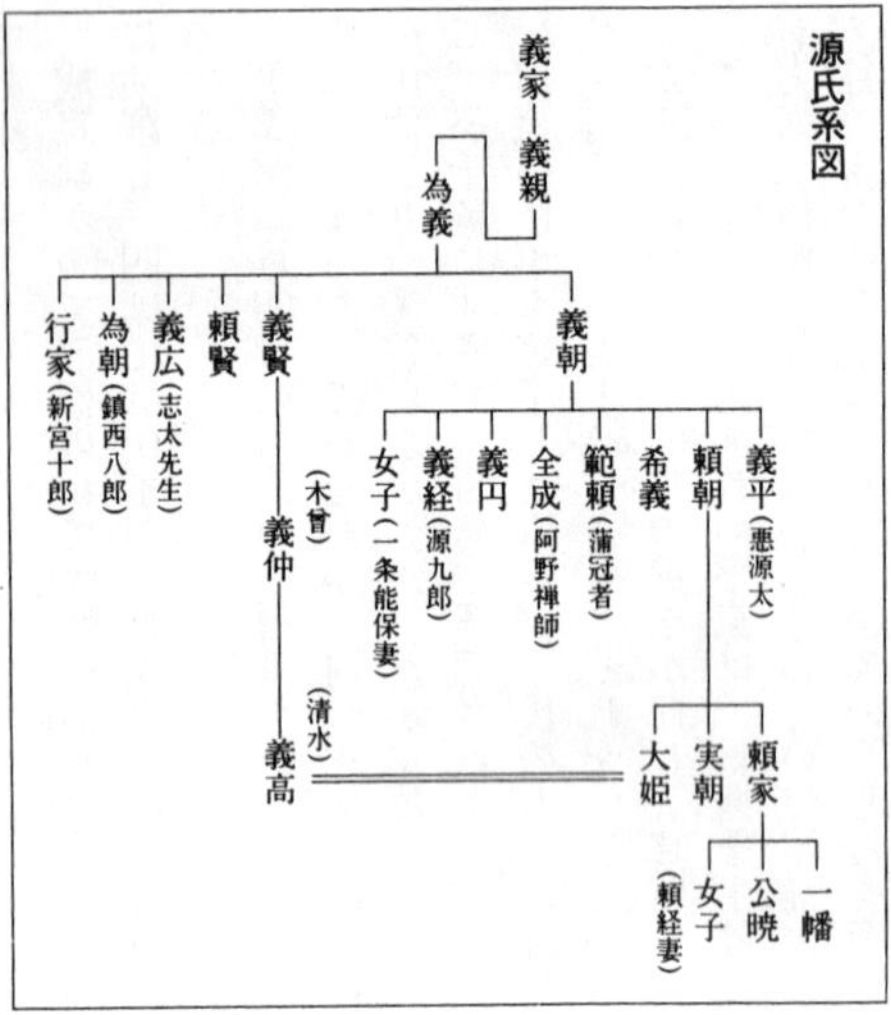

これより先、頼朝の挙兵を聞きつけて、奥州藤原氏のもとからかけつけてきた義経は、富士川の合戦直後に頼朝の傘下《さんか》にはいっていたが、その前もそれ以後の数年も、どのような生活を送っていたかあきらかでない。「九郎曹司《くろうのそうし》」と苗字《みょうじ》のないところから考えると、「蒲冠者《かばのかじゃ》範頼」などの兄弟とはちがって一か所に長く定住することのない生活をしてきたのであろう。奥州にも長くいたわけではなく、稚児《ちご》として預けられていた鞍馬《くらま》山《やま》を抜けだしてから、各地を放浪して過ごしていたらしい。それは一般の武士とはまったくちがった生い立ちであり、これが奇襲を得意とする戦法をつくりあげ、悪僧や水軍との交わりをもたらしたのであろう。

頼朝もそうした義経の特性をみぬいて平家追討に派遣し、畿内近国の統治にあたらせたが、その活動はあくまでも「鎌倉殿御使」の範囲内でなくてはならなかった。朝廷への奏請のなかにも、「義経の平家追討派遣を述べたところで、「勲功賞においては、その後頼朝計《はから》ひ申し上ぐべく候」と明記し、頼朝の傘下からの逸脱をきびしく制限していた。

朝廷と独自に結び、頼朝に並びたつような存在があってはならない。これが王朝国家に従属するにさいしてたてた頼朝の大方針である。しかしそうした頼朝と義経との関係を、勢力回復をめざしていた後白河法皇がみのがすはずはなかった。

東国の武士と戦法のことでつねにいさかいをおこす義経に、頼朝が恩賞の申請をためらっているところをみて、すかさず法皇は義経を検非違使《けびいし》に任じ、つづいて五位に叙している。五位の検非違使、これを大夫尉《たいふのじよう》というが、それはかつて頼朝が伊豆で張りあった山木兼隆《やまきかねたか》と同じ官位である。

頼朝にいまわしい記憶がよみがえっても不思議ではない。「自然の朝恩」であるとして辞退しない義経に怒った頼朝は、平家追討使からはずして、範頼のほうに期待をかけたのである。

坂東《ばんどう》の勢をば宗《むね》として、筑紫《つくし》の者共《ども》をもて、屋島をば責めさせて、急がざるやうに閑《しずか》に沙汰《さた》候べし。敵は弱くなりたりと人の申さむについて、敵あなづらせたまふ事、かへすがへすあるべからず。かまへてかまへて敵をもらさぬ支度《したく》をして、よくよくしたためて、事を切《きら》せたまふべし。

これは兵船と兵糧米で悩む範頼の訴えに、東国から兵糧米を送ることを約束しつつ、追討をどうすべきかをこまごま書いた頼朝の手紙の一節である。いかに範頼に大きな期待をかけていたかがわかるが、にもかかわらず範頼の追討活動は、門司関を固め彦島《ひこしま》に陣営をおく新中納言知盛《とももり》の軍に歯がたたず、いっこうにかんばしくなかった。長期遠征の軍士の脱落があいつぎ、侍所別当《さむらいどころべっとう》の和田義盛《わだよしもり》さえひそかに鎌倉にもどろうとしたほどである。かくてふたたび義経の登場となった。

平氏滅亡

元暦《げんりやく》二年（一一八五）二月一八日、摂津渡辺（渡部とも。大阪市中央区京橋あたり）から暴風のなかをくりだした義経率いる五艘《そう》一五〇騎は阿波《あわ》にむかった。

義経の計画はこうである。屋島に城郭を築く宗盛《むねもり》以下の平氏の主力は阿波水軍であるから、これの根拠地をついて落とせば、瀬戸内海の制海権を平氏が失う。それに乗じて熊野《くまの》の水軍や伊予の水軍をも味方につけ、平家を討とう。

一刻も早くとばかり丑刻《うしのこく》（午前二時ごろ）に出た舟は、卯刻《う》（午前六時ごろ）阿波につき、そこで成良《しげよし》の弟桜庭介良遠《さくらばのすけよしとお》を襲って水軍の根拠地を落とした。

判官《ほうがん》（義経）いくさに打ち勝ちて、悦《よろこび》のときをつくりて「そもそもこの浦をいずくと云《い》ふぞ」と問はれければ、浦の長《おさ》次郎大夫と云ふ者申しけるは、「勝浦と申し候」（中略）。

「判官義経がいくさの門出に勝浦と云ふ処に着きて、まずいくさに勝ちたるうれしさよ、末もたのもしな殿原《とのばら》」とのたまひける。

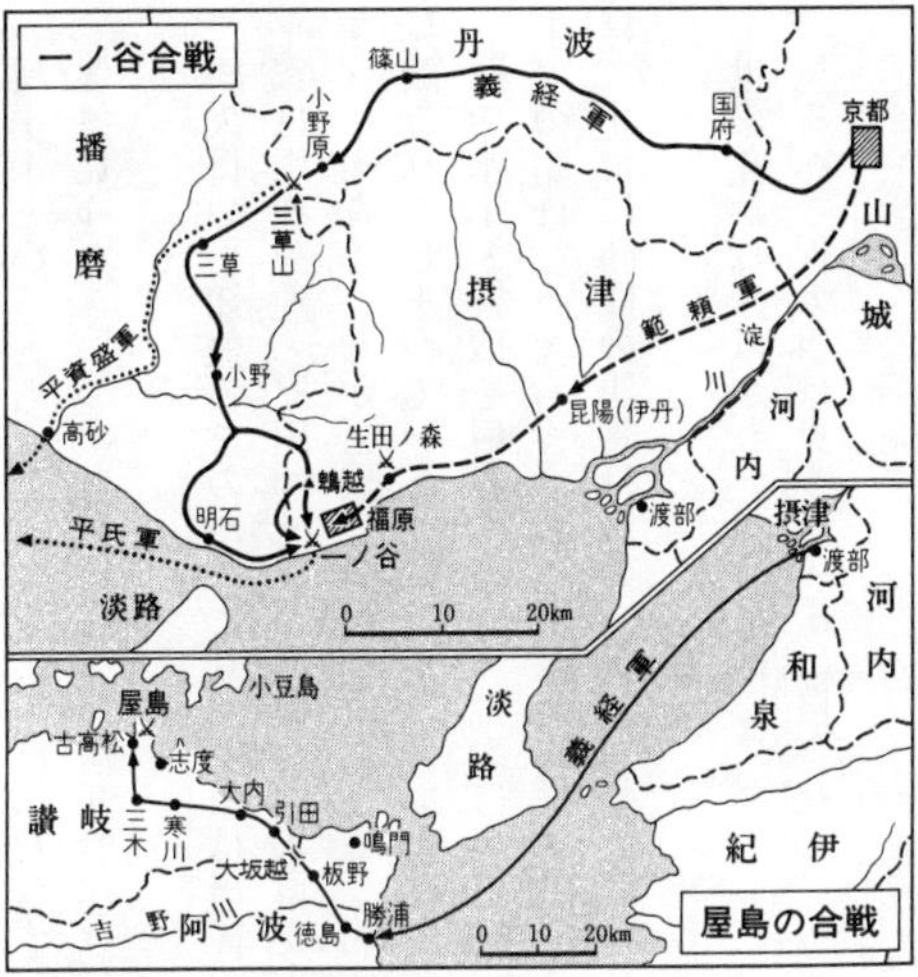

『平家物語』がこう記すように、義経の初戦の勝利は、その後の戦いを決定づけた。さらに夜を徹して北上した義経は、屋島の内裏の対岸の高松の浦の民家を焼いて、内裏から平氏を追いだし、その二日後、志度《しど》浦に逃げこんだところを追撃した。伊予・熊野の水軍を味方につけた義経が伊勢三郎義盛《いせのさぶろうよしもり》の策略で成良の子を生けどると、平氏の行きつくところは、もはや知盛《とももり》の守る彦島《ひこしま》以外になかった。こうして平氏は三月二四日の長門《ながと》壇《だん》の浦《うら》の最後の合戦にのぞんだ。

いくさは今日ぞかぎり、者ども、少しも退く心あるべからず。ならびなき名将勇士といへども、運命つきぬれば力及ばず。されども名こそ惜しけれ、東国の者どもに弱気《よわげ》見ゆな。いつのために命をば惜しむべき。これのみぞ思ふ事。

総大将の平知盛のこの檄《げき》により、平家は最後の力をふりしぼって源氏にむかった。しかし平家は山鹿《やまが》秀遠《ひでとお》・原田《はらだ》種直《たねなお》などの鎮西《ちんぜい》の水軍が主力では、圧倒的な源氏側の瀬戸内水軍に抗すすべもなく、しかも成良の裏切りにより、唐船《からぶね》に雑兵《ぞうひょう》が、兵船《ひょうせん》に将兵が乗るという戦術が見破られてしまっていた。

船の水手《かこ》・梶取《かんどり》を射殺すという荒っぽい義経の戦法で、西から東へと潮流にのってすすむ平家の船は、つぎつぎと源氏軍の餌食《えじき》となっていく。潮が東から西へと変わる正午ごろには、すでに勝敗の決着はついていた。

世のなかは今はかうと見えて候。
見るべき程の事は見つ、いまは自害せん。

知盛のこのことばのなかには、平家の盛衰への万感の思いがこめられていよう。まだ敗戦を信じかねていた平家の公達《きんだち》・女房《にょうぼう》も、「浪の下にも都のさぶらふぞ」と、二位尼《にいのあま》に抱かれて安徳《あんとく》天皇が入水《じゅすい》したのを皮切りに、つぎからつぎへと海に身を投じていった。

平家滅亡の知らせが義経の使者により京に伝えられたのは四月四日、鎌倉に伝えられたのは、その七日後である。折しも鎌倉は、義朝《よしとも》の霊をまつる勝長寿院《しょうちょうじゅいん》（南御堂）の柱立《はしらだて》の日であり、頼朝の感慨もひとしおであったろう。

一、先帝、海底に没したまふ。
一、入海の人々。
　二位の尼上　門脇中納言教盛
　新中納言知盛　平宰相経盛先出家歟
　新三位中将資盛　小松少将有盛
　左馬頭行盛。
一、若宮幷びに建礼門院、
　無為《ぶい》に取り奉る。
一、生虜《いけどり》の人々。
　前内大臣（宗盛）　平大納言時忠　右衛門督清宗　前内蔵頭信基被疵　左中将時実。

『吾妻鏡《あずまかがみ》』は義経注進の合戦記をこうのせているが、その最後には「内侍所《ないしどころ》・神璽《しんじ》はおはすと雖《いえど》も、宝剣は紛失す。愚慮《ぐりょ》のおよぶところ捜し求め奉る」と記されている。三種の神器のうち神鏡・神璽（八坂瓊曲玉《やさかにのまがたま》）はもどったが、二位尼の腰にさされたまま海中に没した宝剣はついにもどることはなかった。

義経包囲網

平氏滅亡後の頼朝の処置は迅速であった。すぐに義経に上洛を命じ、範頼には鎮西統治を命じて平家没官領《もっかんりょう》のことなどにあたらせ、戦乱地の四国・鎮西に急速に勢力を浸透させていった。そして義経が意気ようようと京に凱旋《がいせん》してきたとき、それを待っていたのは、頼朝からだされた一通の文書と、義経の西国遠征中に畿内近国の成敗（裁断）を行なうため頼朝によって派遣された「鎌倉殿御使」近藤七国平《こんどうしちくにひら》と中原久経《なかはらひさつね》の二人である。

文書は、平氏追討の最中に京において「朝恩」により任官した「東国の侍」にあてた下文《くだしぶみ》で、頼朝の許しなく「自由に拝任」したとして彼らの東国への帰郷を認めず、本領を召し放つことが記されている。そこには頼朝の怒りといらだちがよくあらわれている。任官した侍の名が一つ一つあげられ、悪口が記されていたのである。

たとえば八田《はった》右《う》衛門尉《えもんのじょう》知家《ともいえ》と小山兵衛尉朝政《おやまひょうえのじょうともまさ》の二人は「駘馬《たいば》の道草ぐらひ」、豊田《とよだ》兵衛尉義幹《よしもと》は「色は白らかにして、顔は不覚気《ふかくげ》なる」、中村右《う》馬允《まのじょう》時経《ときつね》は「大虚言《おおそらごと》ばかりを能として、えしらぬ官好み」、後藤兵衛尉基清《もときよ》は「目は鼠眼《ねずみめ》にてただ候ずべきのところ、任官希有《けう》なり」といった調子である。あわせて二四人、そのなかに義経の名こそないが、この下文が暗に義経を非難していることはあきらかで、奥州の秀衡《ひでひら》の郎等で義経につけられていた佐藤兵衛尉忠信《ただのぶ》についても、「猫《ねこ》におつる」ともう散々である。

あわてて義経は使者を鎌倉に送り、異心なきことを頼朝に伝え、さらに壇の浦で生けどった宗盛らをともなってみずからも東国に下り、鎌倉の入口腰越《こしごえ》から大江広元《おおえのひろもと》をつうじてめんめんと懇情を訴えたのである。これが有名な腰越状であるが、その訴えも叶わず、義経は傷心のまま帰洛することになる。

他方、義経の権限を吸収して畿内近国で活動していた二人の「御使」は、寺社・本所・武士らの訴訟をひろく取り扱っており、義経が追討使の任を終えて京にもどったのちも、その権限は義経にかえされなかった。さらに追いうちをかけたのは、六月一三日、義経に与えられた平家没官領二四か所がとりあげられたことである。その二日後には前年の伊勢平氏信兼《のぶかね》の反乱の跡地の伊賀・伊勢両国一帯に地頭《じとう》がおかれ、島津《しまづ》忠久《ただひさ》らの御家人が補任《ぶにん》されている。義経が畿内近国によって立つ経済的基盤も急速に失われてしまった。

ところで、平家の滅亡とともに、頼朝は西国で得た諸権限の停止を朝廷からもとめられると、六月に平家追討を名目に西国諸国においた惣追捕使《そうついぶし》を停止している。九州・四国のみは、平氏が滅亡直前まで根拠地にしていたことがあって、荘園・公領の回復のためと称して権限を確保したものの、その他の西国諸国では東国の武士による乱暴行為停止の訴えが院をつうじてしきりによせられ、それへの対策をせまられていた。

こうした頼朝にとって法皇と結びついている義経の存在は大きな脅威である。日ならずして頼朝に対抗すべき存在として義経が成長するであろうことは、火をみるよりあきらかであった。

鎌倉幕府

一〇月一七日、ついに義経は法皇にせまって頼朝追討の宣旨《せんじ》を得た。その夜、六条堀川の義経邸を、頼朝から差しむけられた刺客土佐房昌俊《とさのぼうしょうしゅん》が襲っており、義経挙兵はまたたく間に京から鎌倉に伝えられた。しかし二二日にその報を得ても、頼朝は完成した勝長寿院の供養のことに没頭するのみであったという。義経包囲網はすでに完成していたのである。

義経は、挙兵するとすぐに畿内近国に軍勢を催促したが、それに応じる武士はなく、逆に摂津源氏が城郭を構えて義経を討つといううわささえ流れた。一〇月二九日に頼朝が大軍を率いて鎌倉を進発したとの報が京にはいると、義経は進退きわまり、やむなく一一月六日、摂津大物浜《だいもつはま》（尼崎市南部）から西海をめざした。平家追討で培《つちか》った武士たちを頼ろうとしたもので、胸には法皇から与えられた九国地頭補任《ぶにん》の院庁下文《いんのちょうくだしぶみ》を抱いての西下であった。だが折からの疾風によって船は転覆し、義経一行は摂津天王寺《てんのうじ》から姿をくらました。

義経の没落をきくと、駿河国黄瀬川宿《きせがわしゅく》（沼津市大岡）までやってきていた頼朝は上洛を中止し、かわりに北条時政《ほうじょうときまさ》を京に派遣した。大軍を率いた時政が入洛《じゅらく》した一一月二五日に、法皇はあわてて頼朝に義経追討を命ずる宣旨をだしたが、時政のだした要求はそれではすまなかった。

二八日に伝奏《でんそう》の中納言藤原経房《つねふさ》に会った時政は、これまで頼朝が獲得した権限の確認をもとめるとともに、さらにひろく全国におよぶ権限を要求したのである。いわゆる「守護地頭」の設置であるが、そのとき頼朝が得た権限の内容をめぐっては、守護地頭論争といわれる長い研究史があり、諸説紛々の状態である。いちおう、頼朝が確認、獲得した権限の総体をあげると、つぎの四つにまとめられよう。

①日本国惣追捕使《そうついぶし》
②日本国惣地頭
③諸国在庁・荘園下司《げし》支配権
④兵糧米反別《たんべつ》五升徴収権

①は義経などの謀反人の追捕権であり、④はそれに付随した兵糧米の徴収権、②は荘園・公領の土地にたいする支配権で、③はそれらを知行《ちぎょう》する下司・在庁官人らにたいする支配権である。

このうち①は王朝国家の一分肢として軍事力をになう権門（武家）としての権限を示すものであって、平氏政権の性格をそのまま継承している。②③は頼朝が挙兵以来、実力でかちとってきて、寿永《じゅえい》二年（一一八三）の十月宣旨で大枠を認められた支配権の具体的な表現である。

両者相俟《あいま》って、頼朝の統治権を物語っており、ここにおいて鎌倉幕府は確立したといえるであろう。そしてこれらの権限にそって、頼朝は、諸国・荘園に地頭・惣追捕使をおいたのである。

第四章　鎌倉幕府と武士団

1　東と西の武士団

場を選ぶか、時を選ぶか

保元《ほうげん》の乱から治承《じしょう》・寿永《じゅえい》の内乱までの三〇年間、諸国の武士団は、みずからの力によって、やっと政権をかちとることができた。それが可能となるまでには、もちろん源頼朝《よりとも》の卓抜な政治力も評価されなければならないが、なんといっても東国武士団の成長をこそ、まずあげなければならない。

保元の乱後の「武者《むさ》の世」のなかで蓄積した力が、ここに発揮された。国では目代《もくだい》により、荘園《しょうえん》では預所《あずかりどころ》により駆使されつづけたなか、自立をもとめる闘いの結果、生まれたのが鎌倉幕府である。

鎌倉幕府をになった東国武士団、平氏政権をになった西国武士団、この二つの比較を『平家物語』は、富士川の合戦の大将平維盛《これもり》と東国出身の長井（埼玉県熊谷市）の斎藤別当実盛《さねもり》の問答のなかで行なっている。

やや実盛、なんぢ程の強弓勢兵《つよゆみせいびょう》、八ケ国にいかほどあるぞ。さ候へば、君は実盛を大矢《おおや》とおぼしめし候か、わづかに十三束《ぞく》こそ仕《つかまつ》り候へ。実盛ほど射《い》候者は、八ケ国にいくらも候。

これにつづけて実盛は、東国の大名といえば五百騎は下らない多勢の主であること、「馬に乗ッつれば落つる道を知らず、悪所を馳《は》すれども馬を倒さず」という馬の達人であること、親が討たれ子が討たれても死をのりこえて合戦をすること、などを力説している。それにひきかえ西国では、親が討たれればその供養をし、子が討たれれば悲嘆にくれて、いくさを中止する。兵糧米《ひょうろうまい》がつきると田作りに励み、夏は暑い、冬は寒いと合戦を避ける、口実ばかりが多い、とまことに手きびしい。

実盛の語るなかで注目されるのは、合戦における両武士団の心構え、気風のちがいであろう。一口でそのちがいをいえば、東国の武士団は合戦においては場を選び、西国の武士団は時を選ぶということである。

東国武士の合戦場をあげてみると、富士川の合戦をはじめとして、源義仲《よしなか》が城《じょう》氏をやぶった横田河原、利根川をはさむ秩父《ちちぶ》・足利《あしかが》の合戦など、河原がまず多く、つづいて頼朝挙兵直後の石橋山《いしばしやま》や、三浦氏が秩父党の畠山らに攻められた衣笠城《きぬがさじょう》、頼朝が常陸《ひたち》の佐竹氏を攻めた金砂城《かねさじょう》などの、山・山城が多い。「馬に乗ッつれば落つる道を知らず」の東国武士は、そうした悪所に馬を入れて戦ったのであるが、同時に西国の海戦に引きこまれたときには、弱点をさらけだしている。

いっぽう、合戦の時については、四季を問わず、夜・昼の別もない。一年じゅう行なわれるべきもので、日ごろからその備えを怠らなかった。それは戦闘をもっぱらにする高度に訓練された戦士の生活にほかならない。この東国武士に比較すると、時を選ぶ西国の武士にとっては、合戦は季節の訪れとともに行なわれるもので、一種の年中行事であったといえる。以仁王《もちひとおう》の乱がおきたのは五月、義仲の反乱追討が四月、くだって承久《じようきゆう》の乱における幕府追討が五月と、用意した合戦はほとんどが四〜五月ごろに集中している。

おもしろいことにこの時期は平氏が西国の海賊追捕《ついぶ》に派遣された時とも合致する。平忠盛《ただもり》が保延《ほうえん》元年（一一三五）に追捕のため派遣されたのが四月、永暦《えいりやく》元年（一一六〇）に鎮西《ちんぜい》の日向通良《ひゆうがみちよし》が清盛の家人《けにん》平家貞《いえさだ》に追捕されたのが五月、仁安《にんあん》二年（一一六七）に平重盛《しげもり》にたいし海賊追討が命ぜられたのが五月である。

それは海賊がこの時期に多発するからでもあるが、詮《せん》じつめれば、西国の武士団そのものが海賊的な武士団の性格をつよくもっていたためであろう。それは季節的武人であり、東国の年中の武人に敗れ去ったのが源平の争乱であったといえなくもない。

大と中と小の武士団

実盛の語るところでは、つぎに武士団の大小が問題になる。実盛の表現には誇張があるにせよ、東国の武士団は、たとえば上総広常《かずさひろつね》が「二万余騎」を引率して頼朝の勢に加わったように、独立した大勢力を誇っていた。
それは一つに将門《まさかど》の乱の時代からつづいた東国社会の「兵《つわもの》」の伝統によるものであり、彼らは広大な関東平野を背景に、弓と馬を携えて戦闘をくりかえしてきたのである。頼朝が下野《しもつけ》の那《な》須《す》野や上野《こうずけ》の浅間《あさま》、富士の裾野《すその》で行なった大規模な巻狩《まきがり》には、そうした東国武士団の日常生活がよく示されている。しかし東国武士が大武士団ばかりであったかというと、けっしてそうではない。

佐竹攻めや一ノ谷の合戦で勇名をはせた熊谷次郎直実《くまがいじろうなおざね》や平山武者所季重《ひらやまむしゃどころすえしげ》などの群小の武士団も広範にいた。文治《ぶんじ》五年（一一八九）の奥州合戦《おうしゅうかっせん》の折、頼朝がちかくに仕える熊谷小次郎直家《なおいえ》をさして、「本朝無双《ほんちょうむそう》の勇士」と賞賛し、その理由を「平氏追討の間、一の谷已下《いか》の戦場に於《おい》て、父子相並びて命を棄《す》てんと欲すこと、度々《どど》に及ぶの故《ゆえ》なり」とかたったところ、きいていた下野の小山政光《おやままさみつ》は、すこぶる笑いながら、「君のため命を棄てるのは勇士の志すところ、どうして直家に限ることがありましょうか、こうした連中はつき従う郎従《ろうじゅう》がいないので、みずからが戦い勲功をあげるしかないのであって、自分などはただ郎従を遣わして忠を抽《ぬき》んずるばかりである」と応じたという。ここには大武士団と小武士団の対照があざやかにあらわれていよう。

だがじつは、わずかな郎従しかもたない小武士団の成長こそが、あの東国の内乱の根底にあり、内乱をつき動かしていたのである。一二世紀初頭ごろより、彼らは荒野を切りひら

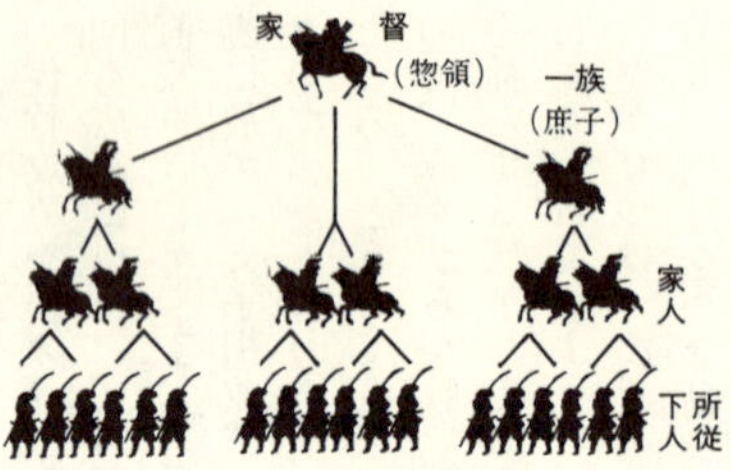

武士団の構成

き、小河川の流域でみはらしのよい地に館をたて、周辺に堀《ほり》や垣《かき》をめぐらすなどして、いわば開発農場をところどころにつくっていった。これを「開発《かいほつ》領主」とよぶ。今でも関東の小河川の流域には「堀《ほり》の内《うち》」とか「竹《たけ》の内《うち》」などの地名がみえるが、それこそ開発領主の館《たち》（屋敷）の名ごりである。

彼らの存在は、小山氏のような大武士団の目には、一郎従程度にしかうつらなかったのであり、実際、その一部を構成して郎従となっている場合も多かった。あるいはその一門の庶子《しょし》の流れをひき、惣領《そうりょう》―庶子の関係により従属していた。そうしたなかでしだいに開発領主として成長してきた小武士団がつぎにもとめたものが、大武士団からの自立であり、国《こく》衙《が》や荘園領主からの圧力の排除であった。

たとえば熊谷直実は武蔵国熊谷郷を開発の地として成長してきたが、隣接する久下《くげ》郷の久下権守直光《ごんのかみなおみつ》の一門に包摂されており、京都大番役《おおばんやく》にも直光の代官として上洛《じょうらく》した。しかし代官であるとの理由で武蔵国の傍輩《ほうばい》からあなどられたのを悔しく思い、彼らと離れて平知盛《とももり》に属し、多年をすごすうちに頼朝の挙兵にあったという。

最初は平家方に属して石橋山の合戦にのぞんだが、やがて頼朝方に加わると、みずから戦場をかけめぐり、勇名をはせたのである。そして戦乱がおさまると、ここぞと久下直光とのあいだに年来の境争論《さかいそうろん》をおこし、頼朝の御前での対決にまで持ちこんだのであった。しかし弁舌に長じないために、たび重なる尋問に疲れきって敗訴を覚悟し、突然に出家してしまった。

この直実の例にもうかがえるように、小武士団は自立の名誉をもとめ、「一所懸命《いっしょけんめい》の地」といわれる所領の安堵《あんど》を願って、源平の争乱を生きぬいてきた。頼朝はこうした小武士団の動きを重視し、大武士団と同列の御家人《ごけにん》として処遇した。自立を象徴する館や堀の内（宅）を安堵する本宅安堵《ほんたくあんど》政策を実施し、さらに彼らを地頭《じとう》にとりたて、所領の保護と拡大をはかったわけである。

その結果、本宅の地は、国衙《こくが》や荘園領主が実施する検注《けんちゅう》から除かれて、年貢《ねんぐ》・公事《くじ》を免除され、また苗字《みょうじ》の地として長く維持された。「御家人とは開発領主として武家の御下文《おんくだしぶみ》を賜わる人のことなり」とのちにいわれたのは、こうした開発領主のありかたによるものであった。

点と線による支配

西国には東国とちがって大武士団は存在しないが、かといって中小の武士団でも東国のような典型的な開発領主の姿はとっていない。ここではもっと複雑で多様な武士団が成長していた。その一例が河内《かわち》国大江御厨《おおえのみくりや》（東大阪市から大阪市を含む地域）に成長した水走《みずはや》氏である。

源義経《よしつね》が畿内近国で活動していたころ、水走氏の源康忠《やすただ》は「河内郡有福名《ありふくみよう》水走開発田」の「本宅」の安堵を義経にもとめた結果、開発地の「相伝《そうでん》」が認められて本宅を安堵され、御家人として兵士役をつとめることになった。これだけをみるならば、水走氏も東国の小武士団と同様な開発領主といえよう。だがそれは水走氏の一つの顔にすぎない。

水走氏は内蔵寮《くらりよう》や蔵人所《くろうどどころ》の管轄下にある大江御厨の山本・河俣《かわまた》の執当職《しつとうしき》（庶務の職）をもっていて、朝廷に奉仕する供御人《くごにん》であり、また河内国一宮《いちのみや》の枚岡《ひらおか》神社（東大阪市出雲井《いずもい》町）の社務・公文《くもん》職を有する神主でもあり、周辺の諸寺の俗別当《ぞくべっとう》や下司《げし》となっている。さらに河内国衙《こくが》においては図師《ずし》（検地担当者）であり、豊浦《とゆら》郷の公文（年貢徴収役）をはじめ四か郷の郷務を兼ね、松武荘という荘園の下司でもあった。水走氏の所領の処分状には、これらと並んで田畠や河・池・林などが記されていて、まことに多彩である。

水走氏に限らず、和泉《いずみ》の和田氏や摂津《せつつ》の真上《まかみ》氏、播磨《はりま》の寺田氏などの西国武士は、開発所領のほかにいくつもの諸職をおび、田畠や河・池・林を所有している。東国の開発領主が郷や村などを包括して領しているのとはちがい、多様な財産を所有し、くみあわせて領有しているのである。東国武士の面の支配にたいして、点と線の支配とでもいえよう。のちに幕府の法令は、つぎのように記している。

西国御家人は、右大将家御時より、守護人ら交名《きようみよう》（名前を列記したもの）を注し、大番《おおばん》以下課役《かやく》を催し勤めしむと雖《いえど》も、関東の御下文を給わり、所職を領知せしむるの輩《ともがら》は、

> 幾《いく》ばくならず。

このように、幕府は西国武士にたいしては直接的な組織化をはからなかった。守護人をつうじて皇居大番役をつとめる武士を御家人となしたものの、その本領を安堵するにはいたらなかった。それは平氏政権とほとんど変わることのない政策である。それほどに点と線により複雑な関係のなかにある西国武士は組織しにくかったともいえよう。

同じ武士団でも、東国と西国とでは、このようなちがいはあったが、内乱を契機に彼らの行動の領域は拡大し、「武勇」「武威」による領主支配の動きがひろくみられるようになっていた。

備後《びんご》国大田荘《おおたのしょう》（広島県世羅郡）は、永万《えいまん》二年（一一六六）に、院御厩料《いんのみうまやりょう》として平清盛が子の重衡《しげひら》の名によって寄進して生まれた荘園であるが、内乱とともに在地領主の下司橘兼《たちばなのかね》隆《たか》・同光家《みついえ》の二人が、「武威」をもって百余町にのぼる田畠、数百余の在家《ざいけ》を押領《おうりょう》したうえに、「平民の百姓」を朝に夕に祗候《しこう》させ所従《しょじゅう》・下人《げにん》のごとく駆使したため、百姓の逃散《ちょうさん》や損《そん》亡《もう》がつづいたという。彼らの行動は、東国から備後に派遣された惣追捕使《そうついぶし》の土肥《どい》実平《さねひら》・遠平《とおひら》らと結託してのものだったともいわれている。

> 近年以降《このかた》、武士ら皇憲《こうけん》（従うべき法律）を憚《はばか》らず、恣《ほしい》ままに私威を耀《かがや》かす。自由の下文を成し、諸国七道を廻《めぐ》りて、或《ある》いは神社の神税を押贖《おうとく》し、或いは仏寺の仏聖を奪い取る。況《いわ》

んや諸司及び人領においてをや。

この内乱期にだされた宣旨《せんじ》の一文のように、武士らは「自由（自分勝手）の下文」を携えて神社仏寺諸司人領を押領していった。

義経とともに頼朝の命をうけて京に進駐した藤原親能《ちかよし》は、京周辺で平家領の「点定《てんじょう》」（差し押さえ、没収）にあたっていたが、東寺《とうじ》ちかくの田畠を点定したときには、作人《さくにん》らの「妻子を召《め》し籠《こ》め」るなどの実力行動をとっていたという。「武威」といい、「私威」といい、内乱期の東西の武士団には荒々しい「武」の一面がみいだされよう。

武の領主制

彼らの行動の背景を探ってゆくと、けっして戦乱という特殊な事態には帰せられない、武士団の荒々しい日常の行動や生活が浮かびあがってくる。多くの郎従をかかえて、下人を駆使し、召籠《めしごめ》などの私刑により、所領の経営を行なっていたのである。

のちに安芸《あき》国の田所《たどころ》氏は財産目録の中に、五〇人以上もの所従・下人の名を書きつらねているが、その多くは年貢の未進や売買によって召し使うようになったものという。仏教説話集『閑居友《かんきよのとも》』は、播磨国のある僧が田をつくったものの、年貢が納められなくなり、「所の長《おさ》なりけるもの」に未進を理由にとらえられて「籠《ろう》」にこめられたという話をのせている。

のちに紀伊《きい》国阿氏河《あてがわ》荘（和歌山県有田《ありだ》郡）の地頭が、百姓の「妻子どもを追いこめ」「耳をそぎ鼻をそぐ」などの非法を働いて訴えられたのと同様な、武士団の暴力的な側面がそこにはうかがえる。

だがそれらがはたして武士団だけに固有の属性であったかというと疑問ものこる。所従・下人を抱えた経営は武士団ならずともひろくみいだされ、召籠その他の刑罰もひろく主人の従者への成敗《せいばい》の一つとしてみいだされる。東国の武士自身が年貢未進を理由に、しばしば受《ず》領《りょう》や目代《もくだい》の召籠にあってもいたのである。下人・所従経営や主人成敗権は、けっして武士団にのみ特有なものではなかった。

では武士団の武勇や武威が、なぜとくに内乱期に問題になったかというと、それは武士団が占領地にはいって、下人・所従経営や主人成敗権を強力に行使しようとしたところにある。武士が平民の百姓を所従のように駆使したといわれたのは、そのことをよく示している。また、

武勇の輩、あるいは面々荘務を張行《ちょうぎょう》し、あるいは私に地頭《じとう》に任ずると称し、自由の威を施す。

といわれたように、彼らは「地頭」と称して「荘務」を「張行」していった。それはまさに武の領主制ともいうべきものである。しかしその武威をもって「荘園の習《ならい》」を否定し、あらたな領主制を築こうとする行動は、荘園領主や農民からみれば新儀《しんぎ》と非法以外のなにもので

もなかった。

地頭の語源は地の頭《ほとり》ほどの意であり、多くは境争論などの紛争の現場のことをさした。さらにその現場に武をもってのぞみ、年貢・公事の収納にあたるものを地頭の輩と称した。早くは国衙《こくが》や荘園領主が平氏の家人《けにん》を地頭に補任《ぶにん》して、年貢・公事を確保している例がみられるが、頼朝は内乱期にいたると、占領地にこの地頭を置いていったのである。占領地の秩序の安定と復興、年貢や兵糧米《ひょうろうまい》の確保などの職務を託したもので、源義仲《よしなか》も北陸道において地頭を補任している。ここに地頭の武の領主制としての側面が顕著にみいだされる。

やがて地頭の支配がすすむと、その非法を訴える声が各地にあがったが、頼朝は地頭の配置をやめるどころか、占領地を中心に地頭をつぎつぎと配していった。その到達点が、文治《ぶんじ》元年（一一八五）末の守護地頭補任の勅許であり、これによって地頭は国制として明確に位置づけられたことになる。

そこでの地頭は、領内の農業生産の振興（勧農《かんのう》）にあたって年貢を徴収する権利を有し、また領内の治安の維持にあたって警察・裁判上の権利（検断権《けんだんけん》）を有する領主と位置づけられた。その任免権は幕府が有するものであり、幕府の保護によって荘園領主からは自立した地歩を占めるにいたったのである。

2　地頭と御家人

地頭制の定着

　こうして鎌倉幕府の地頭制は国制として位置づけられたが、それが定着をみるまでには紆《う》余曲折《よきょくせつ》があった。荘園領主側からの反撃があったからである。まず武の領主制のまきおこす「武威」による新儀・非法の停止の訴えが、これまで以上に幕府につぎつぎともたらされた。文治《ぶんじ》元年（一一八五）の廟堂《びょうどう》改革をもとめた書状の中で「天下草創之時」と記したが、その「天下草創」の自負をもつ頼朝であれば、地頭非法の訴えを無視しつづけるわけにはいかない。

　文治二年六月、西国でひきおこされた武士の濫行《らんぎょう》については、後白河院の院宣《いんぜん》によって停止されるべきことが頼朝から院に奏せられ、一〇月には、地頭の非法を訴える荘園領主・国司にたいし、頼朝は一挙に二五二枚の下文《くだしぶみ》を発給して、武士の押領を停止している。この機に乗じた朝廷が、太政官符《だいじょうかんぷ》を発し、謀反人の没収地以外の地への地頭の介入を禁ずることを「武家」（頼朝）に命じてくると、頼朝は「この上、張行《ちょうぎょう》を致すの輩候はば、交名《きょうみょう》を注し給はり、炳誡《へいかい》を加ふべく候」と応じて約束している。

　幕府と朝廷との提携はここになった。地頭の大幅な支配権の拡大がこれによっておさえられたことはいうまでもない。武士たちの目からみれば、頼朝の反動化は歴然たるものであって、不満や反発がそこにうずまいた。

　しかしその不満も、文治五年（一一八九）におきた奥州合戦により解消されることになった。合戦の契機は、文治三年に義経が藤原秀衡《ひでひら》のもとに逃げこんだことにはじまる。やがて秀衡の死により藤原氏の内訌《ないこう》がおき、あとをついだ泰衡《やすひら》が義経を攻め滅ぼしたことで、これを機会に奥州を手にいれようと、幕府は軍事動員をかけた。

ひろく全国から武士を集めたものの、追討の宣旨が得られないことで頼朝は合戦をためらったが、北条時政《ときまさ》は奥州追討祈願のため、伊豆国北条に願成就院《がんじょうじゅいん》の建立《こんりゅう》を計画して追討をうながし、大庭景義《おおばかげよし》は「軍中は将軍の令《れい》を聞き、天子の詔《みことのり》を聞かず」と述べて決断をせまったという。奥州合戦は武士のつよい要求とともにはじまったのである。

結果は、幕府の圧倒的勝利に終わり、陸奥《むつ》・出羽《でわ》両国の荘園・公領にひろく地頭がおかれることになって、武士の要求は満たされ、不満はやわらいだ。しかもこの地頭は、領域内の年貢徴収から警察裁判権のみならず、土地調査権をも含む広範な権限を有したものである。もともと荘園領主や国衙《こくが》からの干渉の少なかった奥州では、平泉《ひらいずみ》の藤原氏三代のもとで在来の領主が強力な支配権を行使していた。あらたに補任《ぶにん》された地頭は、その支配権を吸収するとともに、さらに占領地支配による強固な支配権を確立したのであった。

建久《けんきゅう》年間（一一九〇～九九）になると、幕府は西国の諸国にたいし大田文《おおたぶみ》の調進を命じている。大田文は一国の荘園・公領の領主と田数を記載したもので、これまでも国司の命により在庁官人によって作成されてきたが、幕府はその在庁に地頭の名の記載をもとめて作成させた。地頭がいまだ補任されていない土地を把握して、そこに地頭を補任しようという意図によるものであった。

同じ建久年間には、それまで地頭の補任状に、頼朝の花押《かおう》を文書の袖《そで》に据《す》えた下文（袖判の下文）を用いていたのを改め、政所《まんどころ》職員連署の下文（政所下文）に切り換えている。ここに幕府の地頭制は、はっきりと定着したわけである。

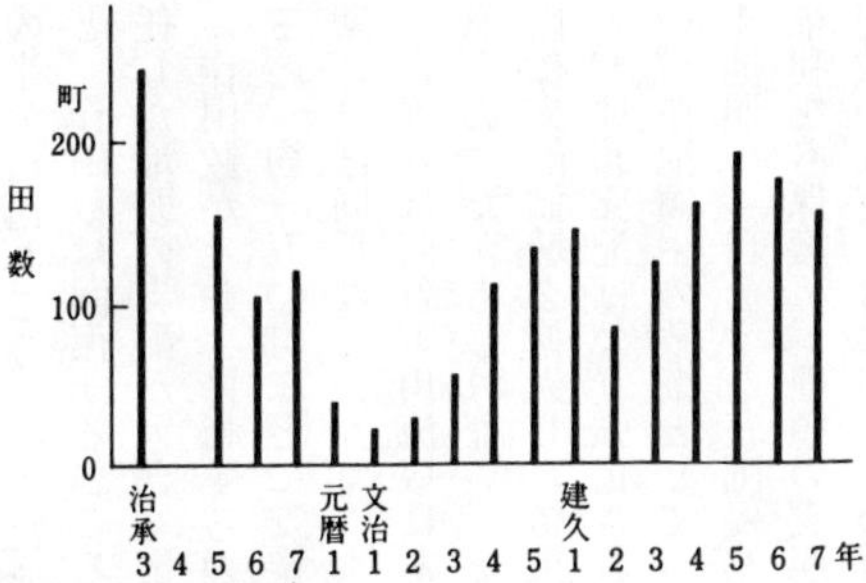

越後国白河荘の作田数の変化

越後国白河荘

内乱期から建久年間にかけての地頭や武士の歩みを、つぎに越後《えちご》国白河荘《しらかわ》（新潟県阿賀野市）の場合でみてみよう。ここは越後城《じょう》氏が摂関家に寄進して生まれた荘園であり、保元の乱前に摂関家の下家司《げけいし》（下級職員）が派遣され検注《けんちゅう》（土地の調査）をした結果によれば、作田数は三〇〇町であった。

その後、治承の内乱の直前には二八七町ほどであったから、それまでは一応安定した荘園支配がなされていたといえよう。ところが治承《じしょう》四年（一一八〇）、源義仲《よしなか》が信濃《しなの》国に挙兵した際、「白川御館《しらかわのみたち》」といわれた城助職《すけもと》は平氏と結んでこれを攻め、そのときに白河荘の年貢をすべて兵糧米《ひょうろうまい》に使ってしまったという。

翌年、荘園の年貢《ねんぐ》・公事《くじ》はなんとか荘園領主の摂関家に確保されたものの、徴収の基準となる作田数は内乱前の半分に落ちこみ、さらに北陸道が頼朝の支配下にはいった元暦元年（一一八四）になると、作田数は回復するどころか、落ちこみはいっそういちじるしくなった。頼朝がここに補任した地頭の支配が大きく影響していることは明らかであろう。

作田数が上むきに転ずるのは文治二年（一一八六）になってからであり、建久年間にいたると、約一五〇町ほどに安定する。しかしその数量はもはや内乱前には遠くおよばず、内乱期とほぼ同程度であった。

白河荘は阿賀野川《あがのがわ》流域にあって、氾濫《はんらん》による災害の影響もあったろう。また戦乱による荒廃もあったかもしれない。そのことを考慮にいれても、作田数の変化は、武士や地頭が荘園内に支配領域を拡大した結果をよく物語るものである。内乱前の武士の支配とくらべてみると、地頭支配はより強化されており、そこに幕府がつくられた意義をみいだせるにちがいない。在地領主の政権としてつくられた幕府は、地頭支配を保護していったのである。とはいえ地頭の「自由」な荘園侵略を無制限に認めたものではなく、文治二年ごろから荘園領主の権利をも保護し、地頭の支配と荘園領主の支配との調和をはかることをめざした結果が、作田数の安定となってあらわれたのであった。

白河荘の事例は、東国の地頭の場合であったが、西国ではやや事情が異なる。西国の武士団の支配の構造がすでにみたように東国とは異なるうえに、西国在来の多くの領主は幕府から本領《ほんりょう》を安堵《あんど》されることがなかったからである。西国武士団は内乱期にはいって武の領主制を展開しはじめたものの、やがて荘園領主と幕府の二つの権力の圧迫によって苦闘を強いられることになる。

備後国大田荘

つぎにみる備後国大田荘の下司《げし》橘《たちばな》氏の場合は、そうした西国武士団の典型的な例である。橘氏は、内乱期の活動をつうじて、乱前のまことに微々たる下司の得分《とくぶん》（反《たん》別に一升の加徴米《かちょうまい》、給田三町）を、反別五升の加徴米、数百町の給田にまで拡大させている。

この荘園は、平家から後白河院に寄進されてなったもので、内乱とともに没官《もっかん》されかかったが、院が高野山《こうやさん》の根本大塔料《こんぽんだいとうりょう》に寄進したため没官をまぬがれ、地頭も補任されなかった。根本大塔が保元の乱前に平忠盛《ただもり》により造立《ぞうりゅう》された因縁をもつことから、大塔の興隆をめざした鑁阿上人《ばんなしょうにん》が、平家の怨霊《おんりょう》をしずめる目的と称して、後白河院に働きかけた結果である。

文治二年に寄進をうけると、鑁阿は下司と結びついていた備後国惣追捕使の土肥《どい》実平《さねひら》・遠《とお》平《ひら》の非法を幕府に訴え、これが認められると、ついで下司の加徴米を反別三升五合に減らしている。しかしそれでも下司の領主支配は強大で、荘園の復興・維持のためにはその力を頼まねばならなかった。

建久元年《けんきゅう》（一一九〇）になってやっと独自の検注が可能になると、そのうえで下司が「堀の内」と称して拡大した門田《かどた》や門畠《かどはた》、在家《ざいけ》などの全面的停止を、後白河院に訴えた。この鑁阿の訴えはそのまま認められて、ここに内乱期に拡大された下司の領主支配は根こそぎ否定され、乱前の段階の加徴米反別一升、給田三町に引きもどされてしまった。西国の武士をめぐるきびしい環境がうかがい知られよう。

とはいえそのまま下司が引きさがったわけではない。これを契機に下司をはじめとする荘官の農業生産のサボタージュがはじまり、作田数はめっきり落ちこんでしまった。高野山は予定した年貢を収納できなくなってしまい、やむなく鑁阿は、下司に反別二升の加徴米を追加して認めるなど、妥協をはかった。満作をうながし、年貢の未進をしないように荘官らに誓わせた。数年後、ようやく作田数は内乱前にまで回復し、荘園は復興をみている。

内乱の前後でくらべれば、下司の加徴米だけみても一升から三升へとふえ、下司の領主支配は着実に前進したといえよう。だが東国の地頭と比較すれば、その存在はきわめて不安定であったことは否《いな》めない。門田・門畠として拡大した直営地はほとんど奪われて、回復できなかった。それでも橘兼隆《かねたか》らは幕府の御家人となり、皇居の大番役《おおばんやく》を勤めたのである。

こうして安定した体制がなったとみられた建久七年（一一九六）、突然、橘氏の下司職は幕府によって没収されてしまった。その年の六月、平知盛《とももり》の遺児伊賀大夫《いがのたいふ》知忠《ともただ》が京都守護一《いち》条能保《じょうよしやす》を襲おうとした事件に橘氏が関与していたと疑われたからである。『平家物語』によれば、知忠は大田荘に匿《かく》まわれ成長したともいわれているが、じつのところ事件の真相はあきらかでない。兼隆らは鎌倉に召喚され、下司の得分注文《とくぶんちゅうもん》を提出させられた末、下司職を没収されてしまった。

いったんは下司の没落で喜んだ鑁阿も、そのあとの地頭に問注所執事《もんちゅうじょ》三善《みよし》康信《やすのぶ》が補任されたと聞いて驚いた。すぐに大田荘は没官領ではないと幕府に訴えたが聞きいれられなかった。以後、高野山は、下司の得分注文にもとづいて領主支配を展開しはじめた新地頭を相手に、長い争いを強いられる。

内乱期に努力して築いてきた橘氏の領主支配の成果も、つまるところは東国御家人の地頭に吸収されたことになる。ここに東国武士団のための政権としての鎌倉幕府の性格はあきらかであろう。

鎌倉殿とその一門

鎌倉幕府は、こうして内乱期から建久《けんきゅう》年間にかけて東国政権として成長していったが、その中枢は鎌倉殿《かまくらどの》とそれをとりまく御家人《ごけにん》集団から構成されていた。

鎌倉殿の地位は、頼朝《よりとも》が奥州の藤原秀衡《ひでひら》にだした書状の中で、「御館《みたち》は奥六郡《おくろくぐん》の主、予《よ》は東海道惣官《そうかん》なり」と述べたところの「東海道惣官」、あるいは源実朝《さねとも》が征夷大将軍《せいいたいしょうぐん》に任ぜられたときの『吾妻鏡《あずまかがみ》』の記事にみえる「関東長者《かんとうのちょうじゃ》」の語がよく物語っており、東国の主、首長といった意味あいがそこにうかがえる。内乱期に実力をもって東国を支配してきた事実と、その成果のうえに築かれた地位および権力がそれである。平氏滅亡直後、勝手に任官した侍に怒り、墨俣《すのまた》以東の東国に下向《げこう》することを禁じ、もし下向したならば斬罪《ざんざい》に処すとした法令は、そうした頼朝の立場から発せられたものであった。

その鎌倉殿と御家人集団とは、よく知られているように主従制的関係で結ばれていた。頼朝の挙兵の直後、相模《さがみ》国衣笠城《きぬがさじょう》を武蔵《むさし》の秩父《ちちぶ》党に攻められた三浦義明《みうらよしあき》は、「吾《われ》、源家累代《るいだい》の家人《けにん》として、幸ひにもその貴種《きしゅ》再興の秋《とき》に逢《あ》ふなり」と述べて、喜びながら討ち死にしたと伝えられる。まさに頼朝の権威の源泉は、「貴種」としての「源家」の再興の主という点にあったのであり、その主のもとに結集していった御家人が、鎌倉幕府の基礎をつくりあげていったことになる。

源家の家長としての鎌倉殿に注目すると、頼朝は一門の扱いにはきわめて慎重であった。そのことは頼朝の推挙で受領《ずりょう》に任ぜられたのがいずれも源氏一門であったことにあらわれている。元暦《げんりゃく》元年（一一八四）の武蔵守《むさしのかみ》源義信《よしのぶ》、駿河《するが》守源広綱《ひろつな》、三河《みかわ》守源範頼《のりより》をはじめとして、翌年に八か国が関東知行国となったときも、受領はみな源氏一門であった。のちに和田《わだ》義盛《よしもり》が上総《かずさ》の国司の推挙を望んだとき、頼朝の時代に「侍の受領」は認めないことが定められている、として退けられているが、それは「侍」とはちがう一門の身分の高さを物語る事件である。

だが一門は、源氏の「貴種」という点で頼朝とは血統を同じくするだけに、頼朝やその後継者に代わって鎌倉殿になりうる資格を有する。頼朝の兄弟がついにはみな滅ぼされてしまったのはそこからくるのであり、のちには甲斐《かい》の武田有義《ありよし》や信濃《しなの》の平賀《ひらが》朝雅《ともまさ》も、それぞれ梶《かじ》原景時《わらかげとき》や北条時政《ほうじょうときまさ》の擁立する将軍候補とみなされ、滅ぼされている。

一門に準じて受領に任じられたのが鎌倉殿の外戚《がいせき》である。頼朝の外戚である尾張《おわり》の熱田《あつた》大《だい》宮司《ぐうじ》家《け》の藤原範朝《のりとも》は建久二年（一一九一）に駿河守に任ぜられ、北条時政は頼朝の長男頼家《よりいえ》の祖父として正治《しょうじ》二年（一二〇〇）に遠江《とおとうみ》守に任ぜられている。実朝の代になると、時政の子義時《よしとき》・時房《ときふさ》がつぎつぎと受領に任ぜられ、ここに北条氏の地位は確固としたものとなり、「関東棟梁《とうりょう》」といわれるような地位が築かれてゆくことになる。

大名の実力

鎌倉殿の御家人の中心をなすのは、「大名《だいみょう》」とよばれた東国の有力豪族の家長である。相模の三浦《みうら》・和田《わだ》・梶原《かじわら》・土肥《どい》、武蔵の畠山《はたけやま》・河越《かわごえ》・稲毛《いなげ》・葛西《かさい》・足立《あだち》、下総の千葉《ちば》・下河辺《しもこうべ》、上総の上総、下野の小山《おやま》・八田《はった》・宇都宮《うつのみや》、それに伊豆の北条《ほうじょう》などの諸氏で、もともと鎌倉幕府は、これら大名の連合政権という性格をもつものであった。

富士川の合戦の勝ちに乗じて上洛をめざした頼朝を諫《いさ》め、東国に留まることを主張した千葉常胤《つねたね》・三浦義澄《よしずみ》・上総広常《ひろつね》ら、ついで常陸の佐竹攻めについて「群議」をこらした常胤・義澄・広常と土肥実平《さねひら》以下の「宿老《しゅくろう》」、みな東国の豪族「大名」である。「なんでう朝家《ちょうか》の事をのみ、みぐるしく思ふぞ、ただ坂東《ばんどう》にかくてあらんに」と頼朝にむかって述べたという広常に代表されるように、彼らの多数は東国での自立をもとめていた。また建久年間、地頭職の安堵《あんど》や給与を袖判《そではん》の下文《くだしぶみ》から政所下文《まんどころくだしぶみ》に切り換えたとき、それにつよい抵抗を示したのも彼らであった。頼朝との間がつよい人格的関係で結ばれていたために、頼朝の人格を象徴する花押《かおう》の署《しょ》されていない下文によって地頭職を補任されることに、割り切れない感情を抱いたのであろう。

幕府の御所の侍《さむらい》に座を占め、頼朝の政策・行動に大きな影響力を与えた彼らは、頼朝の死後には一段と力をつよめていく。正治《しょうじ》元年四月、頼家が訴訟を直断することを止める処置がとられた事件では一三人の有力な御家人が談合して成敗《せいばい》を行なうこととし、それ以外の人物が訴訟を頼家にとりつぐことは厳《げん》に禁じられた。その一三人の構成は時政・義澄・義盛らの大名が九人を占め、他には中原広元《なかはらひろもと》・三《み》善康信《よしやすのぶ》らの吏僚四人がいた。のちの御家人の合議政治の萌芽ともいえるこの体制は、幕府の真のにない手が東国の有力豪族であったことをよく物語っている。

それだけに頼朝の彼らにたいする警戒心もつよかった。広常を「朝家」に謀反の心あるものと殺害するいっぽうで、東国の侍が朝廷に勝手に仕えることを禁じた。文治元年（一一八五）に上洛して朝廷との交渉にあたっていた時政をほどなく鎌倉によびもどしたのも、時政が朝廷と独自の結びつきをもちはじめたことに警戒したからである。

なお、時政の代わりに京に頼朝が派遣したのは、鎌倉に下って頼朝の庇護《ひご》をうけていた一条能保《よしやす》で、彼は頼朝の妹を妻にしていた貴族である。能保につづく京都守護藤原親能《ちかよし》も、明《みよう》経《ぎょう》博士中原広季《ひろすえ》の養子となった京下りの官人で、能保は権中納言《ごんちゅうなごん》、親能は掃部頭《かもんのかみ》と、それぞれ然るべき官職を得ている。

これにひきかえ、東国の大名が推挙された朝官といえば、一門の受領より一ランク下の兵《ひよう》衛尉《えのじょう》や衛門尉《えもんのじょう》などであった。建久六年（一一九五）の東大寺供養に頼朝が京上《きょうじょう》した折、大雨でずぶぬれの中を、彼らが「雨に濡《ぬ》るるとだに思はぬけしき」で警固していた姿に、その身分が象徴されていよう。

頼朝は、大名の実力に対処するに、「朝家」の権威をもちだし、その身分秩序をそのまま幕府の秩序に利用したのであった。

3　幕府機構の成長

頼朝の親裁権

鎌倉殿と大名を権力の中核とした鎌倉幕府ではあったが、京から下ってきた吏僚によって行政機構は整備されていった。頼朝の建久《けんきゅう》元年（一一九〇）の上洛後に開設された「前右大将家政所《さきのうだいしょうけまんどころ》」をみると、政所の別当《べっとう》に中原広元、令《れい》に藤原行政《ゆきまさ》、問注所執事《もんちゅうじょしつじ》に三善康信、公事奉行人《くじぶぎょうにん》には藤原親能《ちかよし》・平盛時《もりとき》・中原仲業《なかなり》らの九人と、いずれも京下りの官人であり、わずかに侍所《さむらいどころ》の和田義盛《わだよしもり》・梶原景時《かじわらかげとき》のみが東国の大名にすぎない。

訴訟機構としての問注所がはじめて置かれたのは元暦《げんりゃく》元年（一一八四）一〇月のことである。それは訴人（原告）と論人（被告）を対決させ、結果を問注記として作成し、頼朝に裁決をあおぐもので、初代の執事（長官）に任じられた康信は、京では太政官《だいじょうかん》の史《し》という訴論の問注にあたる官職に任ぜられていただけに適任であった。

康信は頼朝の乳母《めのと》の妹の子ということで、早くから頼朝に京の事情を知らせるなど連絡をとっていた関係から、幕府の機構整備とともに招かれ、その年四月に鎌倉に下ってきていた。

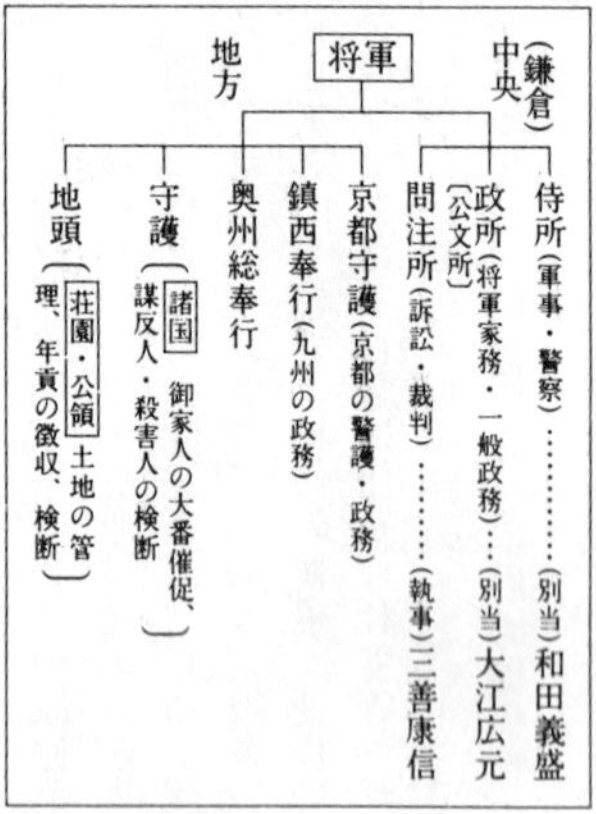

鎌倉幕府の初期職制度

ただし問注所は、あくまでも頼朝の親裁を前提としたものであったことには注意しなければならない。そのことを物語るのが、問注所の対決をへた第二段の対決として、頼朝の面前での対決（御前対決）が行なわれたことである。

建久二年の相模《さがみ》の生沢社神主清包《きよかね》と地頭土屋三郎の対決、あるいは熊谷直実《くまがいなおざね》と久下直光《くがなおみつ》の対決も御前対決にもちこまれている。ここには頼朝が直接に訴訟指揮を行なうという幕府裁判の特徴がよくあらわれていよう。

建久四年五月の富士の裾野《すその》の巻狩《まきがり》は、「将軍家督《かとく》若君」の頼家《よりいえ》がはじめて鹿《しか》を射た記念すべきものとなったが、これはもともと武家の後継者としての門出の晴《はれ》の場として設定されたものである。その前日に手越《てごし》や黄瀬川《きせがわ》の遊女が頼朝の旅館に群参して御前に列候したところ、これがあまりに物騒であったため、頼朝は、里見義成《さとみよししげ》を遊君別当《ゆうくんべっとう》に任じるとともに、以後の遊女の訴えについては義成がすべてをとりつぐように命じている。

この事例には、頼朝の裁判の本来的姿がよくあらわれている。つまりそもそも幕府の裁判は、頼朝の面前で訴論人が口々に訴・陳を行なうのを頼朝がきき、裁断を下すような性格のものであったのであろう。それが裁判の整備の過程で、奉行人《ぶぎょうにん》がとりつぐ方式が導入されり、あるいは問注所での対決の方式がとりいれられたりしてきたわけである。だがそうしたなかでも、のちのちまで鎌倉殿が親裁する形態のなごりはみいだされる。たとえば鎌倉後期に奉行人の過誤を救済する訴訟として庭中訴訟《ていちゅうそしょう》がみえるが、これは本来は庭中から直訴《じきそ》におよぶ素朴な訴訟形態であったと考えられる。

頼朝の裁判権は、地頭御家人のみならず、ひろく東国の庶民にまでおよんでいた。奥州合戦後においた陸奥留守職《むつるすしき》にたいして、「民庶の愁訴《しゅうそ》を聞き、申し達すべし」と命じた雑人《ぞうにん》裁判の例がそれであり、奥州のみならず、ひろく東国諸国に雑人奉行をおいて、一般庶民の裁判を行なっていたようである。

また建久六年の二度目の上洛の帰途、頼朝は遠江国《とおとうみ》橋本宿《はしもと》（静岡県湖西市）に在庁官人や守護沙汰人を集め、国務や検断にかんする成敗の命令を発した。遠江以東一五か国が当時の東国の領域であったから、京をでて遠江にたどりついた頼朝はそこで東国の支配者としての行政・裁判上の命令の第一声を放ったのであろう。

東国支配権と政所

頼朝の東国支配権は寿永《じゅえい》二年（一一八三）の十月宣旨で朝廷に公認されたものであるが、それはもとはといえば、令旨《りょうじ》をかざしつつも実力によって築いてきた支配権である。文治四年（一一八八）六月には春秋の二季《にき》彼岸《ひがん》放生会《ほうじょうえ》にさいしての殺生禁断令を東国一帯に発するなど、幕府は独自の法令を東国にだしているばかりか、さらに経済的基盤もここにおいていた。挙兵以来、頼朝が東国で切りとってきた東国領がそれである。

元暦元年(一一八四)に平家没官領《もつかんりよう》について朝廷との交渉があったとき、この東国領も問題となり、朝廷の側では、平家知行《ちぎよう》の地でなくとも頼朝が必要とすれば、頼朝の申請のままに知行を認めると回答している。これによれば、平家知行の地ばかりか、それ以外の地で頼朝が望みさえすれば幕府の所領となったことがわかる。東国の圧倒的部分が幕府の経済的基盤(関東御領)となった。

朝廷がそうしたことを認めざるをえなかったのは、東国の荘園・公領の支配権を回復し、かつ年貢を確保するためには、頼朝の力に頼らざるをえなかったからである。

文治四年に朝廷から東国の荘園について年貢未進の訴えがあったときのこと、頼朝は、神社に私《わたくし》に寄進してしまった所領は、「朝家《ちようか》の御祈禱《ごきとう》」のための寄進であると述べ、また下《しも》野《つけ》国の中泉・中村・塩谷《しおや》などの荘園は、没官注文にはいっていないが、「坂東の内」として「自然知行」してきたものであると述べたうえで、それぞれの本所《ほんじよ》の年貢は確実に納めさせたいと回答している。頼朝は内乱以来、東国領を「自然知行」してきたのであり、自由に神社・寺院に寄進してきたのである。

関東御領とならんで関東知行国も東国に集中していた。元暦元年の武蔵・駿河・三河の三か国にはじまり、翌年八か国にふえたうちの相模・武蔵・駿河・伊豆・上総・信濃・越後の七か国はいずれも東国内で、わずかに四国の伊予《いよ》だけが西国にあったが、それもすぐに下総《しもうさ》にかえられた。ついで文治二年には義経追捕《ついぶ》を理由に鎮西の豊後《ぶんご》が関東知行国とされたが、それも一時のことで、文治五年まで東国八か国の関東知行国の体制はつづいている。建久元年（一一九〇）になって関東知行国は四か国に半減されるが、それは前年の奥州合戦により陸奥・出羽の荘園・公領の多くが関東御領に編入された結果とみられる。以後、承《じょう》久《きゅう》三年（一二二一）の承久の乱まで関東知行国四か国の体制はつづくのであった。

これら膨大な関東御領や関東知行国を経営するためには、財政機関を整える必要があった。幕府の財政機関である政所《まんどころ》がいつおかれたかは議論のあるところだが、頼朝が建久二年に前右大将家政所《さきのうだいしょうけまんどころ》を開設する以前、文治元年にはすでに従二位《じゅにい》に叙せられているので、これに応じて公卿家なみの政所は設けられたと考えられている。

事実、その具体的活動の徴証は文治元年以後にみいだされる。しかし多くの権門・寺社は、そうした形式的な政所とは別に、実質的に所領経営を行なうための政所をおいたので、幕府もそれ以前から政所を事実上おいていたとみても誤りではないだろう。

元暦元年一〇月に設けられたという公文所《くもんじょ》は、そうした政所の活動の一端を示すものと考えられる。この公文所については、政所の前身であったと説かれることが多いが、多くの公文所は政所内に設けられた一部局であり、必ずしもそうはいえないであろう。また公文所がはじめてこのときに設けられたというのもどうであろうか。『吾妻鏡』には、公文所が「新造」されたとは記されているが、はじめておかれたとは記されていない。

鎌倉幕府の二つの性格

財政機関にすぎなかった政所《まんどころ》が、大きく拡充、強化されたのは、建久二年（一一九一）の前右大将家政所《さきのうだいしょうけまんどころ》の開設によってである。

幕府がこれを機に地頭《じとう》の補任状《ぶにんじょう》を政所《まんどころ》下文《くだしぶみ》に代えたことは、ひろく機構を整備し、その中核に政所をすえたことを意味する。それが「政所」という名称である点に幕府の限界はうかがえるが、ここで政務機関の中枢となった政所は、従来の関東御領・知行国の管轄のみならず、諸国の地頭の補任状況の把握や補任状の発給を行ない、さらに裁判の結果の判決文をも発給するようになってゆく。その政所の充実に力をつくしたのが中原《なかはら》（大江）広元《ひろもと》と藤原（二階堂）行政《ゆきまさ》の二人である。

政所の初代別当に任ぜられた中原広元は大江氏に生まれたが、明経博士《みょうぎょうはかせ》中原広季《ひろすえ》の養子となって朝廷に出仕し、太政官《だいじょうかん》の事務官である外記《げき》となった。鎌倉へは、同じく広季の養子となった藤原（中原）親能《ちかよし》との関係から下ったのであろう。太政官は朝廷において公文所や政所のような機能をになっていたので、そこでの広元の知識・技術が幕府政所の整備に役だてられた。

また最初は政所の寄人《よりゅうど》、ついで政所の令《れい》となった藤原行政は、太政官の会計官司である主計寮《しゅけいりょう》の允《じょう》であり、これもまたその知識技術が生かされて幕府財政を管掌した。行政は母が頼朝の外戚《がいせき》熱田大宮司家出身であったので、その縁で鎌倉に下ったのであろう。

こうして政所の広元や行政をはじめ、問注所《もんちゅうじょ》の三善康信《やすのぶ》、あるいは京都守護の藤原親能など、京下りの吏僚によって幕府の機構は整備され、その後の幕府の基礎は築かれた。しかし同時にそのことは王朝国家の統治技術に依存しなければならない、幕府権力の脆弱《ぜいじゃく》さをも意味する。東国支配権こそは、幕府の自立的権力の根拠となり、やがては独立的な国家権力に発展してゆく性格のものであったはずである。しかしつねに王朝国家の権威と秩序を利用してその支配権の整備をはかることになったため、王朝国家への従属を余儀なくされたといえる。

それでも幕府は東国においては国家権力としての性格をおびていたが、西国では王朝国家の一権門である「武家」として位置づけられたにすぎなかった。そもそもが幕府の西国支配権は、平氏追討と同時にはじまっており、頼朝は、平氏が王朝国家から与えられていた権限を吸収しながら支配権を拡大していったから、幕府の位置は、平氏が王朝国家のなかで占めていた「武家」の地位にとって代わったもの以上にはならなかったのである。

具体的にみると、元暦元年（一一八四）に平氏追討とともに与えられた、諸国の武士の乱暴を停止し裁判する権限、翌文治元年に義経《よしつね》追討とともに与えられた守護地頭補任権は、いずれも平氏の権限の継承の上にあった。ついで文治二年の太政官符は、幕府のことを「武家」と名ざして、地頭の乱暴を停止するように命じている。頼朝の上洛後に発せられた建久二年の新制は、頼朝にたいして諸国を守護し、海陸盗賊や放火の追捕《ついぶ》を命じたのであった。

このように王朝国家を守護する武家として位置づけられた幕府は、諸国に守護人を配してその管国内の御家人を引率し、海陸盗賊以下の追捕や京都の皇居の警固（京都大番役《おおばんやく》）を行

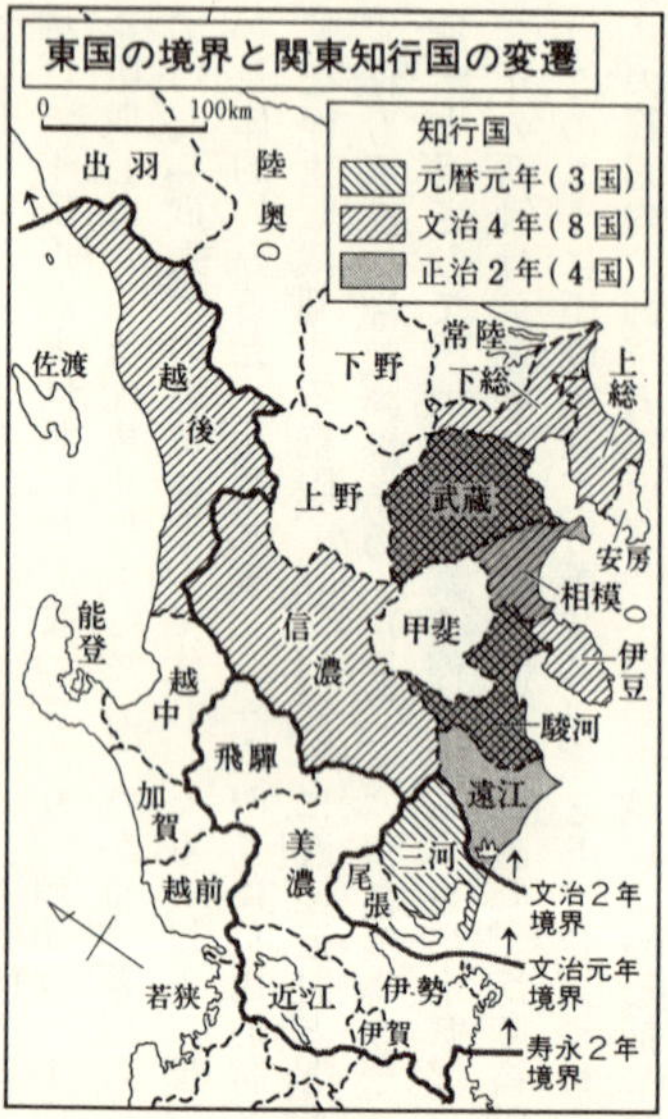

なわせた。また荘園・公領には地頭を配して、領内の治安維持と荘園年貢の徴収・確保を行なわせている。建久年間にいたって、王朝国家と幕府との安定的関係は確立をみたといえるであろう。

九条兼実の執政

幕府が文治《ぶんじ》から建久《けんきゅう》年間にかけて（一一八五～九九）機構を整備し、権力の安定化を模索するのと軌《き》を一《いつ》にして、王朝国家の側もあらたな政治体制を模索していた。その中心にいたのは九条兼実《くじょうかねざね》である。

兼実は、頼朝《よりとも》の推挙で文治元年末に内覧《ないらん》（天皇に奏上する文書を内見する役）となり、その翌年には摂政《せっしょう》となって、王朝国家の政治の再興をめざしたのであった。兼実の弟慈円《じえん》の『愚管抄《ぐかんしょう》』は、その政治を「禁中《きんちゅう》の公事《くじ》などおこしつつ、摂籙《せつろく》の初めより、諸卿に意見召しなどして、記録所殊《こと》にとりおこなひてありけり」と記している。

ここにみられる「善政」の内容は、公卿に意見を召すことを除けば、いずれも信西《しんぜい》政権の

「徳政」を継承するものであったことが注目される。じつは兼実の政治に大きな影響を与えたのがこの信西であり、あるいは父忠通《ただみち》だったのである。公卿の意見を召すというのも、忠通が執政《しっせい》時代にしばしば試みたことであり、兼実はそれを取りいれたのである。

兼実は、忠通が自邸に仕える女房に生ませた子であったことから、父の寵愛《ちょうあい》をうけその邸宅法性寺殿《ほっしょうじどの》を譲られたばかりか、日記をも譲られた。

それはかの左大臣頼長《よりなが》が、忠実《ただざね》とその家の女房のあいだに生まれて、忠実の手もとで育てられ寵愛をうけたことから、摂関家の正統意識を根づよくもち、やがて執政への意欲をもったのとよく似ている。兼実も成長し研鑽《けんさん》をつむうちに、執政への意欲をもちはじめたのであった。

その時期を慈円は治承《じしょう》三年（一一七九）の冬のことと記しているが、それは清盛がクーデターで後白河《ごしらかわ》法皇を鳥羽殿《とばどの》に押しこめたころである。

ただ兼実が執政をめざすといっても、平氏のあとおしのある近衛《このえ》家や、法皇と結んだ松殿基房《もとふさ》とはちがい、強力な政治的庇護《ひご》者をもたぬだけに容易なことではなかった。治承・寿永の内乱と飢饉《ききん》のなかで徳政の必要をつよく主張し、しばしば法皇に意見を述べたが、多くは容《い》れられなかった。

兼実の、不遇をかこち政治の不毛を嘆く長い日々がつづいた。平氏の都落ちで、やっと自分の番がまわってきたかと思ったときのこと、案に相違して近衛基通《もとみち》が平氏とともに都落ちせず、摂政にそのまますわったのをみて、じつはそれが法皇の基通への寵愛のゆえと知るや、怒りをぶちまけている。

義仲《よしなか》がクーデターをおこしたときにも、執政へと心が動いたが、義仲は基房の子師家《もろいえ》をたて、とるところではなかった。その義仲が滅亡したときは、今度こそは自分だと思った。鎌倉の頼朝も自分を推挙しているとの報もはいり、気をよくしていたところが、またも法皇の指名は基通であった。兼実がその日記『玉葉《ぎょくよう》』に、信西が後白河のことを「和漢《わかん》の間、比類少なきの暗主《あんしゅ》なり」と称していた、と記しているのは、このころである。

やがて兼実は鎌倉の頼朝と連絡をとりはじめたらしい。京の情勢が義経をめぐって険《けわ》しくなりかけたころである。兼実の意をうけたのは家司《けいし》藤原光長《みつなが》と考えられる。文治元年（一一八五）九月に光長が兼実の命をうけて東国領にかんする訴えを頼朝に送ったころより両者の連絡がついたらしく、一一月三〇日には光長が鎌倉に下していた使者が上洛している。かくて一二月二六日、待望の日がやってきた。兼実を内覧として、一〇人の議奏公卿《ぎそうくぎょう》をおき、その意見によって朝務を計らうべきことなどを盛りこんだ、廟堂《びょうどう》改革をもとめる頼朝の六日付の奏状が京に届いたのである。

いっしょに兼実への書状もつけられており、それをみて「夢の如《ごと》し、幻の如し」と喜んだ兼実ではあった。だが頼朝をして「日本国第一の大天狗《おおてんぐ》は、さらに他の者にあらず候か」といわしめた法皇がいったいどういう態度にでるか明らかではないのに、兼実はおいそれと動くことはできなかった。事実、兼実が頼朝と内通しているとのうわさが飛んだのである。

法皇と頼朝・兼実

法皇は兼実と頼朝との結びつきはうすうす感づいていたと考えられる。だからといって頼朝の要請を拒否できるものではなかった。頼朝追討の命令をだした失敗の痛手は大きく、いったんは「天下の事、知ろしめすべからず」と表明さえしていたからである。

事態を収拾する力をもつ人物は兼実以外にいなかったこともある。法皇は頼朝と兼実との関係を知りつつも、知らぬふりをして兼実の執政を認めたのであろう。頼朝の申請どおり、議奏公卿がおかれ、藤原光長《みつなが》・源兼忠《かねただ》の二人の兼実の家司《けいし》が蔵人頭《くろうどのとう》となり、高階泰経《たかしなやすつね》以下の院近臣《いんのきんしん》が解官《げかん》された。翌文治二年（一一八六）三月には基通《もとみち》にかわって兼実が摂政となり、ここに兼実はいよいよ待望の政道改革にとりかかることになる。

しかしそこでも兼実は慎重であった。自己の地位が頼朝をバックにしていることを意識していた兼実は、重要な政治改革の内容は頼朝とはかり、頼朝をつうじて朝廷に申請させる方策をとった。早くは議奏公卿制がそうであるが、その後の「天下の政《まつりごと》、諸卿の意見を召すべきこと」や、「記録所、置かるべきこと」もまたしかりである。兼実と頼朝との協調関係によって、政治改革はすすめられたのであった。その結果、幕府の武家としての位置づけは明確化し、王朝国家の体制は再編成され、基本的にその構造は鎌倉時

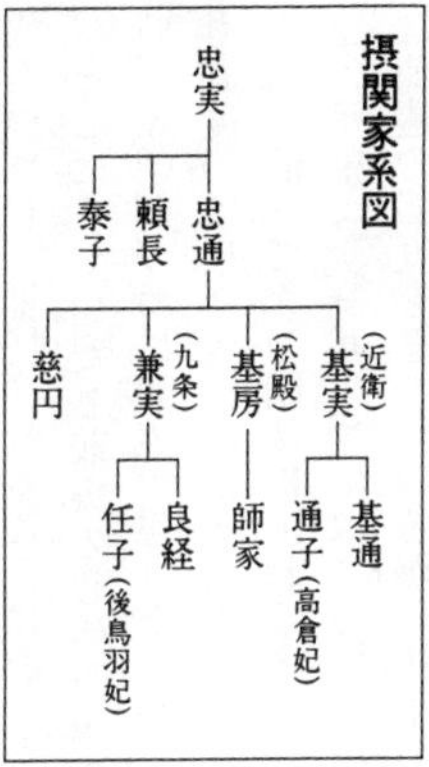

摂関家系図

代をつうじて維持されることになった。

そこにまでいたる兼実の政治改革の足どりも、けっしてスムーズに進行したわけではない。頼朝がつねに兼実の思うとおりに動くものではなかったし、法皇も制度の設置は認めても制度の運用や人事面になると自己の主張を貫いた。「若《も》し叡心《えいしん》果たし遂げむと欲する事あらば、敢《あ》へて人の制法に拘《かか》わらず」というのが若いころからの変わらぬ法皇の性格である。建久元年（一一九〇）にはじめて上洛した頼朝は兼実との会談で、自分はあなたには表むきは疎遠の態度をとっているが、法皇の聞こえを恐れてそうしているだけであること、今は法皇の治政によるので政道を淳素《じゅんそ》にかえすこともなかなか容易ではないが、法皇の死後はきっと天下を「直立」させたいことなどを述べたという。

もともと後白河法皇は、君主の器量なしとみられていたことにもうかがえるように、帝王としての教養にいちじるしく欠けていた。和歌ではなく今様《いまよう》に精進《しょうじん》し、「つねは舞・猿楽《さるがく》をこのみ」という状態だった。その政治行動をみても、政治の理念などというものとは、およそ無縁である。信西が「和漢の間、比類少なきの暗主なり」といったのも、けっしてオーバーな表現ではなかったろう。それにもかかわらずつねに政治の中心でありつづけたのは、なにゆえであろうか。

むしろなまじの政治の理念をもちあわせなかったことが、その政治生命をまっとうさせたといえる。おそらく法皇は、多くの人びとと接するなかで、人の心理を読みとる能力にたけていたのであろう。その心理の力学によって政治をはかっていたように思われる。「聞こし

め し置くこと、殊《こと》に御忘却なし」といわれた抜群の記憶力も、人びとを震《ふる》えあがらせるに十分であった。

兼実《かねざね》も頼朝《よりとも》も、どうもそんな法皇を苦手にしていたふしがある。蔵人《くろうど》として出仕した頼朝の若き日々、不遇をかこっていた兼実の青年時代の一つ一つを、法皇は忘れることなくおぼえていたのではないか。頼朝が上洛して、征夷大将軍の職を望んでもうまくいかなかったのは、そうしたことと関係があろう。したがって兼実の政治改革が軌道にのるのは、建久三年（一一九二）の法皇「御万歳《ごばんぜい》」（死去）を待たねばならなかったし、頼朝の征夷大将軍就任もまたしかりである。

こうして法皇の死後、後鳥羽《ごとば》天皇を擁して、「殿下《でんか》（兼実）・鎌倉の将軍仰《おお》せ合《あわ》せつつ、世の御政《おんまつりごと》はありけり」という政治体制は確立したのであった。建久五年九月には興福寺の、同六年三月には東大寺の再建《さいこん》供養が行なわれたが、まさしくこれらは源平の争乱に終止符をうつものであり、東大寺の供養には後鳥羽天皇とその母七条院《しちじょういん》、関白九条兼実以下の公卿、そして東国からは頼朝らが列席して盛大に行なわれた。

第五章　王朝文化の新展開

1　鎌倉仏教の誕生

慈円と大懺法院

王朝国家に謀反をおこした源頼朝《よりとも》が、東国に政権を築きつつも、王朝国家の一権門の武家として位置づけられていったのにつづいて、それと踵《きびす》を接するかのように宗教界においてもあらたな動きがはじまっていた。

建久《けんきゅう》五年（一一九四）、能忍《のうにん》や栄西《えいさい》の「達磨宗《だるましゅう》」を停止するという宣旨《せんじ》がだされ、建永《けんえい》二年（一二〇七）には法然《ほうねん》の念仏宗《ねんぶつしゅう》を停止する宣旨がだされている。これらの仏教は、いわば王朝国家の宗教体制への「謀反」の意味をもっていた。

建永の年、法然房《ほうねんぼう》といふ上人《しょうにん》ありき。（中略）念仏宗を立て、専修念仏《せんじゅねんぶつ》と号して、「ただ阿《あ》弥陀仏《みだぶつ》とばかり申すべきなり。それならぬこと、顕密《けんみつ》のつとめはなせそ」といふ事をいひいだし、不可思議の愚痴無智《ぐちむち》の尼入道《あまにゅうどう》によろこばれて、この事のただ繁昌《はんじょう》に世にはんじやうして……。

と記したのは慈円《じえん》である。兄九条兼実《くじょうかねざね》さえもが法然の勧めで念仏に信心し、法然を戒師《かいし》として出家したのをちかくにみた慈円が、つよい危機感をおぼえたのは当然であろう。なによりも「顕密のつとめはなせそ」というその教説が、顕教・密教の仏教によって王朝国家を護持《ごじ》しようという天台座主《てんだいざす》慈円の立場と、まっこうから対立する。

折から、兼実の失脚、頼朝の死を契機として政変や社会不安がつぎつぎとおきていた。ここに慈円は元久《げんきゅう》二年（一二〇五）、仏法興隆の道場として、東山《ひがしやま》の自坊に大懺法院《だいせんぼういん》を建立《こんりゅう》したのである。

それは、当面の政治・社会の不安は、滅び去った平家の怨霊《おんりょう》によるところが大きく、これをしずめるためには、顕密の教えをひろく学び、興隆させなければならない、という主張によるものであった。『徒然草《つれづれぐさ》』に「慈鎮和尚《じちんかしょう》（慈円）、一芸あるものをば、下部《しもべ》までも召し置きて」と記されているのがこの大懺法院であり、ひろく器量の僧侶や遁世《とんせい》の者、五明《ごみょう》（因《いん》明《みょう》・内明・声明《しょうみょう》・医方明・工巧明《くぎょうみょう》）の輩《ともがら》が集められた。『平家物語』の作者といわれる「信濃前司入道行長《しなののぜんじにゅうどうゆきなが》」も、ここに扶持《ふち》されていたという。

法然の弟子となった聖覚《しょうかく》や隆寛《りゅうかん》も、大懺法院の供僧《ぐそう》に任じられた。それは、念仏宗を顕密仏教のなかに位置づける試みであり、法然の教説も顕密仏教のなかに融合させ、鎮護国家の宗教に統合しようという意図があったと考えられる。

やがて栄西の禅宗《ぜんしゅう》も、法然の浄土宗《じょうどしゅう》も、それぞれ顕密仏教の体制に位置づけられてゆくことになるが、では栄西や法然らの活動がいかにはじまって、いかに成長してきたのであろうか。またなにをもとめてきたのであろうか。

その成長の時代こそは、古代社会の秩序・価値が音をたてて崩れつつあった宗教の時代といえる。貴族社会の変動、武士社会の成長、庶民世界の台頭にともない、仏教が人びとの心の動揺をいやすものとして、うけいれられていった。鎌倉仏教という宗教運動は、そうした人びとの心にさらに踏みこんで、積極的に信仰の意味を問うたのである。

若き日の法然

鎌倉仏教の第一世代にあたる法然《ほうねん》・栄西《えいさい》・重源《ちょうげん》らが生まれたのは、白河院政末期から鳥羽院政期にかけての、中世社会の胎動が地方から都へと伝わっていった時期である。とりわけ長承《ちょうしょう》三年（一一三四）は、保延《ほうえん》年間（一一三五〜四一）までつづく大飢饉《ききん》がおき、その後の飢饉の時代のはしりとなった年である。

それとともに、この世は末、末法《まっぽう》の世であるという末法思想が、ひろくたしかな現実として意識されていった。法然が生まれたのは、その飢饉のおきる前年のこと、美作《みまさか》国の久米南《くめなん》条《じょう》（岡山県久米郡久米南町）の武士の家であった。

そのころの地方の社会では、武士団の抗争による血みどろの合戦や殺戮《さつりく》がおきていた。近江《おうみ》国佐々木荘（滋賀県近江八幡市付近）では、佐々木氏一族内の争いが、兄弟から叔父《おじ》・

甥《おい》を巻きこんで、ついにはそれぞれの母をも殺しあうという、血で血を洗う戦いに発展している。法然の父漆間《うるま》時国《ときくに》が明石定明《あかしさだあき》に襲われ殺されたのもほぼ同じころ、永治《えいじ》元年（一一四一）のことである。

久米南条の押領使《おうりょうし》時国が、ちかくの稲岡《いなおか》荘　預所《あずかりどころ》の定明に殺された事件のそもそもの原因はあきらかでないが、おそらく久米郡に生まれた一荘園が成長してゆくなかでおきた抗争の結果であろう。東国は相模《さがみ》国大庭御厨《おおばのみくりや》でも、伊勢神宮の荘園として発展してゆくなかで、隣接する鎌倉郡に拠点をおく源義朝《よしとも》の援助をうけた在庁官人や周辺の荘園の荘官により、二度にわたって襲撃される事件がおきている。

父を失った法然のとる道は、そうした暴力の巷《ちまた》に敢然として生きるか、あるいはこの巷との縁をいったん切るために出家するか、そのいずれかしかなかった。もし前者の道をとっていれば、時の美作守で瀬戸内海地域に勢威を伸ばしていた平忠盛《ただもり》（清盛の父）の家人《けにん》となる可能性がいちばん高かったにちがいない。しかし後者の道を歩んだ法然は、ひとまず菩提寺《ぼだいじ》にいた叔父観覚《かんがく》にひきとられ、その法系をたどって延暦寺《えんりゃくじ》の西塔北谷《さいとうきただに》の持宝房源光《じほうぼうげんこう》につき、ついで阿闍梨《あじゃり》皇円《こうえん》に師事して、久安《きゅうあん》三年（一一四七）に一五歳で出家、受戒《じゅかい》した。法然房源《げん》空《くう》の誕生である。

この年の延暦寺は、大衆《だいしゅ》の強訴《ごうそ》と闘乱で明け暮れていた。四月に、越前《えちぜん》国白山社《はくさんしゃ》を叡山の末寺とすべきことを大衆が要求して朝廷に訴えた。六月には平清盛《きよもり》が祇園社《ぎおんしゃ》の神人《じにん》を矢で射たことで、流罪《るざい》を要求して強訴におよび、やがてその件がもつれて、座主《ざす》・所司《しょし》と大衆とのあいだに闘乱がおこり、座主行玄《ぎょうげん》も一度は叡山を追われている。

叡山のみならず、諸寺諸山の大衆はひろく諸国・荘園に活動の場をもとめて進出するなか、山寺内には大衆の結集の場（大衆集会・僉議《せんぎ》）をつくり、その力をもって群参・強訴の手段により、さまざまな要求を朝廷につきつけ、はては大衆合戦をひきおこしていた。

これが延暦寺をはじめとする諸大寺の姿であったから、出家した法然が失望したのもうなずけよう。出世間《しゅつせけん》もまた俗世間と同様に暴力の巷であった。数年にして法然はそうした出世間の秩序を去って遁世《とんせい》することになった。

彷徨の日々

遁世の場は天台僧が叡山のところどころに切りひらいた別所の一つ黒谷《くろだに》の別所で、慈眼房《じげんぼう》叡空《えいくう》を師としている。叡空は同じ天台の大原《おおはら》別所にいた融通念仏宗《ゆうずうねんぶつしゅう》の祖良忍《りょうにん》から浄土教を学んでおり、法然もまたその影響をうけることとなった。

融通念仏は、一人の念仏と衆人の念仏とが互いに融通しあって往生《おうじょう》の機縁をなすと説くもので、念仏を衆人に積極的に勧進《かんじん》する点に特徴がある。良忍の念仏帳に記された人は三二八二人におよんだ。

良忍が融通念仏をはじめた天治《てんじ》元年（一一二四）のその少し前に念仏宗を創始したのが、東山禅林寺《ぜんりんじ》の永観《ようかん》である。彼は『往生拾因《おうじょうしゅういん》』その他の著書で、一心に名号《みょうごう》を唱えることとすなわち専修称名《せんじゅしょうみょう》を主張し、法然の専修念仏の先駆をなしていた。さらに永観とともに京中の庶民に念仏を勧め、東山雲居寺《うんごじ》を拠点として非人《ひにん》救済にもさかんに活動したのが瞻西《せんせい》である。彼は良忍が融通念仏をはじめた年に、雲居寺に八丈（約二四メートル）の阿弥陀の大仏をひろく人びとに勧めてつくったが、その法系を共にする季仁阿闍梨《きにんあじゃり》の弟子に黒谷の聖人智《ち》空《くう》がいた。

　こうした浄土教の影響をうけ、法然の遁世の上人としての活動ははじまったといえよう。やがて保元の乱のおきたころ（一一五六）に、法然は叡空のもとをでて洛西の嵯峨《さが》や南都（奈良）を遊歴したようであるが、たしかな足どりはとらえがたい。

法然が京の周辺を彷徨《ほうこう》していたころ、渡宋《とそう》の志を抱いて鎮西博多津《はかたのつ》にあったのが重源《ちょうげん》と栄《えい》西《さい》である。重源は保安《ほうあん》二年（一一二一）に滝口左馬允紀季重《たきぐちさまのじょうきのすえしげ》の子として生まれたという。その姓や官途からみて、下級官人の侍層の出身ということになろう。法然が生まれた年に、重源は一三歳で醍醐寺《だいごじ》（京都市伏見区）において出家をとげている。醍醐寺は醍醐天皇勅願になる真言《しんごん》・三論《さんろん》兼学の寺院で、光孝《こうこう》・宇多《うだ》両天皇勅願になる仁和寺《にんなじ》（京都市右京区）とならんで、政治権力との結びつきがつよく、境内《けいだい》には裕福な貴族の所願になる堂舎がつぎつぎとたてられていた。

　下級官人出身の重源がそうした出世間の秩序を歩むのは容易なことではない。やがて四国や大峯《おおみね》・熊野《くまの》・葛城《かつらぎ》・御岳《おんたけ》などの霊地・霊山をめぐったすえ、醍醐寺の中でも遁世者の活動の場となっていた山上の上醍醐《かみだいご》にもどると、そこでさらに中国の五台山・天台山・阿育王山《あいくおうさん》などの聖地・霊山におもむくことを考えたのである。

た。栄西《えいさい》は永治《えいじ》元年（一一四一）に備中国《びっちゅう》の吉備津《きびつ》神社（岡山市）の神官賀陽《かや》氏の子に生まれた。神官といっても武士にほかならず、法然とは同じ階層である。一一歳で吉備郡の安養寺《あんようじ》（岡山市）におもむき、ついで叡山にのぼるという経路まで法然によく似ている。ただ久寿《きゅうじゅ》元年（一一五四）に出家したのち学んだのが、台密《たいみつ》と称された叡山の密教であった点にちがいがある。彼は仏教の古くからの教えにそって、修行、修学し、ことに伯耆国《ほうき》大山《だいせん》の基好《きこう》から密教を学ぶなかで、渡宋を志したのである。

一口に渡宋といっても容易なことではない。なによりも渡宋費用の工面《くめん》が大変なことで、一〇〇年ほど前に宋に渡った成尋《じょうじん》が船頭に送ったのは、米五〇石《こく》、絹《きぬ》一〇〇疋《ぴき》、砂金四両、上紙一〇〇帖《じょう》、鉄一〇〇挺《てい》、水銀一八〇両におよんでいる。そのために重源は後援者として、裕福な貴族の大蔵卿《おおくらきょう》（大蔵省の長官）源師行《もろゆき》一家を頼んでいる。師行は長門《ながと》や周防《すおう》・但馬《たじま》などの国々をつぎつぎに知行《ちぎょう》しており、醍醐栢森《かやのもり》に九体阿弥陀堂を造立《ぞうりゅう》したときに、重源がこれに結縁《けちえん》している。のちに重源は阿育王山の舎利殿《しゃりでん》のために材木を送るが、それは師行一家の知行する周防国の材木であった。

栄西の檀越《だんおつ》は『元亨釈書《げんこうしゃくしょ》』に平頼盛《よりもり》と記されている。事実、栄西が宋に渡った仁安《にんあん》三年（一一六八）に頼盛は大宰大弐《だざいのだいに》として鎮西にあったし、帰朝した栄西が世にでるのに力を貸した中原清業《きよなり》は、頼盛の後見の侍であった。こうした有力な檀越を得て、重源は三度、栄西は二度渡宋し、それぞれ、「入唐《にっとう》三度聖人」「備州入唐聖人」と称し、称されたのである。

大仏勧進聖人

治承《じしょう》の内乱は、養和《ようわ》の飢饉《ききん》とあいまって社会に深刻な影響を与えた。宗教の世界では、なによりも治承四年（一一八〇）一二月に南都が焼き打ちにあい、東大寺・興福寺が灰燼《かいじん》に帰したことは、それが鎮護国家の象徴であっただけに、精神的打撃が大きかった。

すぐに造東大寺司・造興福寺司の役所が設けられたが、大仏や大仏殿の再建という大工事を要する東大寺の再興は、短期間のうちに成しとげねばならない、というつよい要請もあって、容易なことではなかった。その再建を後白河《ごしらかわ》法皇から託されたのが重源《ちょうげん》である。

戦争や飢饉のさなかで膨大な再建費用を集めるのは、世俗や出世間《しゅつせけん》の秩序のなかにいる人物には無理である。敵味方なく、貴賤の別なく、あまねく寄付の米銭をつのるにふさわしい人は、そうした秩序から自由な、遁世の聖人のほかにはいなかった。勧進聖人《かんじんしょうにん》である。院政期にはいると、勧進聖人によって造寺・造仏・造橋などがしきりに行なわれるようになっており、重源もその一人として活動していた。

しかし勧進聖人といっても数は多い。重源がとくにその任にあたったのは、「入唐三度」の経歴と、宋からの新技術導入の期待によるところが大きかったとみられる。重源は若いころから京都の雲居寺《うんごじ》の大仏に接しており、熱心な大仏信仰の持ち主であったことが、齢《よわい》六一にたってしてなお大仏再興にかりたてたにちがいない。

法然の伝記によれば、最初法然に大仏造営が依頼されたという。そのころ法然は京の東山吉水《よしみず》に拠点を定め、積極的な念仏勧進を行なっていたらしい。『法然伝』は、大仏勧進を依頼された法然が、念仏勧進に専心したいと要請を断り、そのかわりに重源を推薦したと記している。この付近の記述は後年の創作と疑われているところであるが、まったく否定しさることもできないようだ。

というのも、造東大寺司の長官は藤原行隆《ゆきたか》であったが、その父顕時《あきとき》は法然の師叡空《えいくう》の檀越《だんおつ》であったから、行隆が法然を推挙したとしても、ごく自然のことなのである。また法然と重源のかかわりも、重源が結縁《けちえん》した醍醐寺の慈心院塔《じしんいんとう》の願主・藤原資隆《すけたか》の兄弟に法然の師皇円《こうえん》がおり、子には法然の弟子となる隆寛《りゅうかん》がいた。

さて養和《ようわ》元年（一一八一）八月、大仏鋳造《ちゅうぞう》に着手した重源は、洛中の諸家への勧進を開始し、貴賤の別なく、銅・銭・金などの奉加《ほうが》を得た。平氏の都落ち後は、源頼朝に金千両、奥州の藤原秀衡《ひでひら》に金五千両などと範囲をひろげ、さらに頼朝からは米一万石、砂金一千両、上絹千疋《びき》の追加を得た。問題の技術者も、鋳物師《いもじ》草部是助《くさべこれすけ》らの参加と、宋から渡来の陳和卿《ちんなけい》の協力を得て解決をみた。

四年の歳月をかけた大仏鋳造の事業が終わり、文治《ぶんじ》元年（一一八五）八月、法皇の臨幸のもとに開眼供養《かいげんくよう》が行なわれている。このとき、「朝野遠近参詣《ちょうやえんきんさんけい》し」「見聞衆、山野に満つ」といわれており、重源が大仏再興のため、どれだけひろくまた熱心に訴えたかが知られよう。

重源の勧進はきわめて組織的であって、勧進を効果的に行なうために、多くの勧進聖《かんじんひじり》を動員した。西行《さいぎょう》も、重源の頼みで東国におもむいている。また造寺・造仏のための専門的な技術者を抱え、かつ養成した。こうした勧進集団を重源は同朋《どうぼう》として組織したが、注目されるのは、重源がみずからを南無阿弥陀仏《なむあみだぶつ》と称し、同朋の衆には上に一字おいて、空《くう》阿弥陀仏とか法《ほう》阿弥陀仏などと称していることであろう。阿弥号のはじめである。これにより重源の勧進集団は宗教結社としての性格をもつことになった。

文治二年になると、こんどは大仏殿の造営にとりかかった重源は、周防《すおう》国の知行権を得て、材木採取のため杣《そま》入りした。そのとき、同朋衆五〇人ほどが随行している。

新宗の開立

重源による大仏殿造営が着手されたその翌文治三年（一一八七）、栄西《えいさい》は二回目の渡宋を試みた。このたびの渡海は、はるか西域・天竺《てんじく》をめざしたものであるが、宋朝からは入竺は不可能と許可を与えられず、やむなく天台山・天童山をへて、建久二年（一一九一）に肥前《ひぜん》の平戸《ひらど》に帰着した。所期の目的は達成できなかったものの、栄西は天台山において虚《こ》庵懐敞《あんえじょう》から臨済《りんざい》禅の黄竜派《おうりゅうは》を学び、また菩薩戒《ぼさつかい》をうけている。

日本における禅は、叡山でも早くから自覚的な悟《さと》りを得る方法として行なわれていたのであるが、このころ叡山出身の覚阿《かくあ》や大日能忍《だいにちのうにん》も禅の立場を意欲的に主張していた。能忍がこれを達磨宗《だるましゅう》とよんでいるのは、禅が達磨により中国に伝えられたことにちなむものである。

彼は摂津吹田《すいた》に三宝寺《さんぼうじ》をたて達磨宗を開宗したが、師資相承《ししそうしょう》（師匠から弟子へ代々伝えること）がないことを非難されたため、文治五年に、弟子を入宋《にっそう》させて拙庵徳光《せったんとくこう》から相承の証明を得た。しかし、「文治・建久よりこのかた、新儀非拠《しんぎひきょ》の達磨歌と称し、天下の貴賤のために悪《にく》まれ」と、新儀和歌の悪口の代名詞とされたごとくつよい反発をかった。その急先鋒は叡山の大衆《だいしゅ》である。

そうしたところに帰国した栄西は、自身が宋に渡って師をもったことで、真の禅の姿を伝えるものとしての自己の立場を強調し、鎮西で活動すること数年、各地に寺院をたてていった。ところが建久五年七月、山門大衆の訴えにより、朝廷は、「在京上人能忍」とあわせて「入唐上人栄西」の「達磨宗」を停止するとの宣旨をだした。ここにおいて栄西は、みずからの立場をより明確にする必要にせまられ、これを「禅宗」とよび、戒律《かいりつ》を強調した。

翌年、京にでた栄西は九条兼実の徴問にこたえ、また『興禅護国論《こうぜんごこくろん》』を執筆している。さらに正治《しょうじ》元年（一一九九）には幕府によばれ鎌倉に下向《げこう》すると、禅とともに以前から修学していた密教《みっきょう》の祈禱《きとう》をもって信頼をうけ、翌年正月の頼朝の一周忌には導師《どうし》となり、つづいて政子《まさこ》の願になる寿福寺《じゅふくじ》の開基となっている。

「真言《しんごん》を面《おもて》として禅宗は内行《ないぎょう》なりけり」といわれたように、なによりも栄西にもとめられたのは、幕府鎮護の宗教であった。京で南都《なんと》北嶺《ほくれい》の諸大寺の高僧が行なっていた「護国」の祈禱と同じことが、期待されたのである。しかしこれを果たすことによって「内行」としての禅宗を認知させていった栄西は、建仁二年（一二〇二）に「武家の寺」としての建仁寺《けんにんじ》を京六波羅《ろくはら》に創建し、真言・止観《しかん》（天台）・禅の三宗兼学の道場とした。栄西の立場はここに確立したといえよう。

「達磨宗」「禅宗」と、新宗開立《かいりつ》の動きがひろがったのと時を同じくして、法然《ほうねん》も浄土宗《じょうどしゅう》を模索していた。法然が専修念仏《せんじゅねんぶつ》を唱えはじめたのは内乱以前であったが、内乱と飢饉の現実はその説をうけいれさせるものとはならず、むしろ内乱後の社会の復興が、新しい宗教を受容する精神的空間をつくりだした。社会の荒廃と飢餓を克服するなかで、人びとは精神的な飢えを覚えるようになり、その支えを必要としたにちがいない。

大仏再興にともなう宗教的興奮の影響もまた、みおとしてはならない。日本全国におよぶ勧進の結果、大仏が再興され、建久六年（一一九五）には大仏殿の再興供養が、源頼朝の列席のもとで盛大に行なわれている。

『選択本願念仏集』

機は熟した。しかし、浄土宗の開立には特別な困難がともなっていた。源信《げんしん》の『往生要集《おうじようようしゆう》』を学んで浄土教を志向し、唐《とう》の善導《ぜんどう》の『観経疏《かんぎようしよ》』に接して専修念仏を唱えた法然《ほうねん》が新宗をひらくわけであるから、師資相承の血脈《けちみやく》はない。しかも達磨宗や禅宗とはちがって、師を宋にもとめるわけにもいかない。さらに専修念仏の立場から、聖道門《しようどうもん》の行《ぎよう》を捨て、浄土門の行を選ぶという選択念仏《せんじやくねんぶつ》の立場をどう確立するのかという理論的問題もあった。

そうした課題にむけて、文治年間には京の大原別所の勝林院《しようりんいん》において、僧顕真《けんしん》の招きで浄土の法文《ほうもん》の談議を行なったという。文治六年（一一九〇）には重源《ちようげん》の招きにより東大寺で「浄土三部経」を講じ、いよいよ確信を深めた法然は、ついに建久九年に『選択《せんじやく》本願念仏《ほんがんねんぶつ》集《しゆう》』をあらわした。

問うて曰《いわ》く、それ宗の名を立つることは、もと華厳《けごん》・天台《てんだい》等の八宗・九宗にあり。（中略）しかるを今、浄土宗と号すること何の証拠かあるや。

答へて曰く、浄土宗の名、その証一にあらず……。

およそこの集の中に聖道・浄土の二門を立つる意《こころ》は、聖道を捨てて浄土門に入《い》らしめむがためなり。これについて二つの由《ゆえ》あり……。


ここに明確に浄土宗の開立を宣言した法然は、余行《よぎょう》（念仏以外の行法）による往生を否定し、念仏による往生を説いた。

「浄土三部経」の一つ『無量寿経《むりょうじゅきょう》』には、阿弥陀如来《あみだにょらい》は四八の誓願をたてて仏となったが、そのうちの第一八願は、すべての人が念仏を唱えれば往生するとある。阿弥陀如来の慈悲を信じ、その名を唱えれば往生は疑いないし、それがすべての人を救おうという阿弥陀如来の意志にかなうのであると説く。

これはすべての人に可能な易行《いぎょう》という点で、また阿弥陀仏の前ではすべての人が平等であるという点において、きわめて革新的な教説であった。その説の根拠となったのは主として善導《ぜんどう》の著作であるが、善導そのものではない。善導が聖道門を学びながら浄土門に帰《き》した行動を探り、「善導はこれ弥陀の化身《けしん》なり」という善導の仏格化を行なうなか、善導からの霊告を得たことにより発展させたのであった。

勧経《かんぎょう》の文疏《ぶんそ》を条録するの刻《とき》に、頗《すこぶ》る霊瑞《れいずい》を感ず。しばしば聖化に預る。

と法然は記している。師資相承の問題についてはどうか。「浄土宗にも血脈あり」としてかかげたのは、これまた善導や同じく唐の導綽《どうしゃく》らの血脈であって、その善導から法然への霊告が、新宗開立のよりどころとされている。

旧仏教の抵抗

こうして障害を克服した法然は、「ただ阿弥陀仏とばかり申すべきなり」と貴賤に勧めた結果、「京田舎さながら」専修念仏に満ちたという。だがこれにつよい危機感を抱いたのは、「顕密《けんみつ》のつとめはなせそ」と、「諸行往生」を否定された側の旧仏教である。天台の山門のみならず、南都八宗の興福寺もこぞって法然の排撃にでた。

元久二年（一二〇五）に提出された貞慶《じょうけい》起草になる興福寺奏状は、法然の専修念仏の宗義の過失を九か条にわたって記し、罪科に処せられんことを朝廷に訴えている。その訴えは、法然の説くところが「古師」に似てはいるが「本説」を逸脱したものであるという教義上の問題と、法然門下の行動・言動やそのおよぼす影響の問題とからなっている。

朝廷も、前者の問題ではなんら関与すべきではないという立場をとっていたが、後者をめぐってはしだいに大きな波紋がひろがっていった。法然は前年に、七か条にわたって弟子の行動・言動を戒める制誡《せいかい》を記したのであったが、非難はひろがりをみせていた。

専修の云《いわ》く、身に余仏を礼せず、口に余号を称せず。

念仏の輩、永く神明《しんみよう》に別る、権化《ごんげ》実類を論ぜず、宗廟大社《そうびようたいしや》を憚《はばか》らず。もし神明をたのめば、必ず魔界に堕《お》つと云々《うんぬん》。

専修の云く、囲碁双六《いごすごろく》は専修にそむかず、女犯肉食《にょぼんにくじき》は往生を妨げず。末世の持戒《じかい》は市中の虎なり、恐るべし、悪《にく》むべし。もし人罪を怖れ、悪を憚らば、是《こ》れ仏をたのまざるの人なり。

これらが奏状のつよく非難する法然門下の言動・行動であり、とりわけそれらは一念義《いちねんぎ》の主張として展開されていたものである。

一念義は、ひとたびの念仏によって往生できるとする考えで、できるだけ多くの念仏をと考える隆寛《りゆうかん》の多念義の主張と対立しつつ、行空《ぎようくう》・幸西《こうさい》らにより主張されていた。破戒造悪をも包みこむ一念義の主張は、地域的には北陸・東海地域へとひろがりをみせていた。法然のつよい誡《いまし》めにもかかわらず、ひとたび法然から出発した宗教運動は、とどまるところを知らなかった。

ついに念仏宗の停止、法然流罪《るざい》となった直接のきっかけは、一念義の安楽《あんらく》と住蓮《じゆうれん》の二人がはじめた昼夜六回の六時礼讃《ろくじらいさん》の行《ぎよう》が、後鳥羽院の小御所《こごしよ》の女房の信仰を得たことから、ついに密通のうわさが流れたことにある。彼らは「女犯を好むも魚鳥を食《くら》ふも、阿弥陀仏は少しもとがめたまはず」と称して行をすすめ、小御所に出入りするうちにそのうわさが流されたのであった。この結果、安楽・住蓮らは死罪、法然も連座して建永《けんえい》二（改元して承元《じょうげん》元）年（一二〇七）二月に土佐《とさ》に配流《はいる》となった（承元の法難）。

法然は流罪となったが、その専修念仏の提唱によって、旧仏教の側もあらためて自己をみつめなおす必要に迫られた。すでにみたように慈円《じえん》が顕密の道場として大懺法院《だいせんぼういん》において仏法の興隆をはかったのはそのあらわれである。興福寺奏状を執筆した解脱上人《げだつしょうにん》貞慶も、戒律の重要性を痛感し、法然の流された承元年間に『戒律興行願書《かいりつこうぎょうがんしょ》』を執筆している。貞慶は藤原貞憲《さだのり》の子、信西《しんぜい》の孫として生まれ、興福寺で学侶の道を歩んできたが、建久三年（一一九二）に大和国笠置寺《かさぎでら》（京都府相楽郡笠置町）に隠棲して、ひろく念仏や禅・密教についても修学し、法相学《ほっそうがく》を大成したのであった。

こうした鎌倉仏教の第一世代は、重源《ちょうげん》が法然《ほうねん》の流される前年に八六歳で亡くなったのを皮切りに、その六年後の建暦《けんりゃく》二年（一二一二）には、流罪が解けて京にもどっていた法然が八〇歳で亡くなり、さらにその三年後に、重源の東大寺大勧進職を継承していた栄西《えいさい》が七五歳で亡くなって終わる。それぞれ、勧進による作善《さぜん》の組織化、専修念仏の信仰、禅による悟り、というあらたな問題を社会に投げかけた。第二の世代はこれを継承しながらも、またつぎのあらたな課題に立ちむかうことになる。

2　詩的人間の人生

王朝文化の革新

鎌倉仏教が内乱の時代の深刻な危機に直面して成長したように、諸分野の文化も内乱にきたえられ、新しい様相を示していた。

重源《ちょうげん》は東大寺《とうだいじ》の再建において、宋《そう》から伝来の大仏様《だいぶつよう》の新技術を用いた。用材の規格統一によって、短期間に造営することが可能となり、簡素で軽快な美しさが表現された。その現存する代表作は東大寺南大門《なんだいもん》であるが、そこには、運慶《うんけい》・快慶《かいけい》らの慶派《けいは》によって、八・三メートルの仁王像《におうぞう》がつくられたが、彼らは鎌倉からも依頼されて仏像製作にあたり、写実的で力づよさのこもった作品をのこしている。

絵画の面では仏教の影響が濃く、仏教の教えを絵画で説明し布教するための、来迎図《らいごうず》・六道図《ろくどうず》・垂迹画《すいじゃくが》・絵巻物などが描かれ、似絵《にせえ》にみられる写実的な技法が駆使された。

こうした革新的文化の新生面をもっともよく示している『新古今和歌集《しんこきん》』と『平家物語《へいけものがたり》』の二つの文学をここではとりあげ考えてみることにしよう。それらは摂関《せっかん》時代にうまれた『古今和歌集《こきん》』と『源氏物語《げんじものがたり》』に対比されてもおかしくはない、文化の画期的な所産であったのである。

だが同じ内乱の時代の影響をうけたとはいえ、『平家』と『新古今』とではあまりにも性格を異にする。前者は内乱の時代を正面から扱い、そこに生きた人びとの活動と哀感を克明に描いたのにたいし、後者に収められた歌は、内乱の時代に生きた人びとのものではあっても、そこによまれた世界は現実の社会というよりは観念的世界であった。内乱・飢饉《ききん》など現実がきびしければきびしいほど、歌は象徴的で、夢想的なものとなっていった。「紅旗《こうき》征戎《せいじゅう》、吾が事にはあらず」とみずからの立場を日記（『明月記《めいげつき》』）に記した藤原定家《さだいえ》に代表されるように、時代とは隔絶した歌の世界をいかに築くかが新古今歌人のひとしい課題であったと考えられる。

しかしそうした歌の世界は、だれによって評価されるのであろうか。治承《じしょう》・寿永《じゅえい》の内乱は、華《はな》やかな女院《にょいん》・女房《にょうぼう》の世界に大きな打撃を与え、京や奈良のところどころでつづけられていた歌の集まりを衰退させていた。非現実的で、観念的世界をよんだ歌を評価、理解することは容易なことではない。しかしそこにあらわれたのが、自身もすぐれた歌人の後鳥羽院《ごとばいん》である。

それぞれの歌人が独自に築いてきた歌の世界をよく理解した上皇は、みずからも歌の世界をつくりあげる努力を惜しまなかったし、歌人を殿上《てんじょう》に集めて、相互にしのぎをけずらせた。その成果は、建仁《けんにん》元年（一二〇一）に院の殿上に設けられた和歌所《わかどころ》に蓄積され、やがて『新古今和歌集』の撰集となって開花したのである。

上皇がこれにかけた意欲は、和歌所を設けるにあたって実施した「和歌試」（和歌の試験）によくあらわれている。上皇をはじめ藤原良経《よしつね》、源通親《みちちか》、藤原俊成《としなり》・定家・家隆《いえたか》、寂蓮《じゃくれん》らの歌人が「試衆」（試験官）となり、一八人の受験者にそれぞれ一〇の題を与え、一〇首の和歌の提出を命じたのである。

結果は、源通具《みちとも》・具親《ともちか》、藤原雅経《まさつね》・家長《いえなが》・秀能《ひでよし》らが合格と判断されたらしく寄人《よりゅうど》に選ばれているが、蔵人頭《くろうどのとう》であった藤原隆雅《たかまさ》や『古事談《こじだん》』の作者源顕兼《あきかね》は不合格とみなされたらしい。彼らは落胆したのであろう、その後の歌合《うたあわせ》に出詠していない。まことにきびしいものがあった。

こうして元久《げんきゆう》二年（一二〇五）に一応の完成をみた『新古今』は、まさに和歌の黄金時代の到来を告げるものであり、鎌倉幕府にたいしても、王朝国家の実力を示すことになった。集中にもっとも数多くとられたのは西行《さいぎょう》であり、上皇にもっとも大きな影響を与えたのは藤原俊成・定家である。

「西行はおもしろくて、しかも心もことに深くあはれなる」と評した上皇は、西行を「生得《しょうとく》の歌人」とも「不可説《ふかせつ》の上手《じょうず》」ともよび絶賛している。西行死して一五年、すでにその評価はいちじるしく高まっていたわけであり、そうであれば『新古今』に触れる場合、まず西行をみる必要がある。

西行の遁世

西行の生まれたのは元永《げんえい》元年（一一一八）で、重源の三つ年長にあたる。父藤原康清《やすきよ》は白《しら》河院北面《かわいんほくめん》の検非違使《けびいし》であったから、平正盛《まさもり》の傍輩《ほうばい》である。母の父は監物《けんもつ》源清経《きよつね》といって、

『梁塵秘抄口伝集《りょうじんひしょうくでんしゅう》』に今様《いまよう》の名手としてくわしく語られている。美濃《みの》の青墓《あおはか》や摂津《せっつ》の神崎《かんざき》の遊女らと交わり、都に今様をはやらせ、後白河院の師匠乙前《おとまえ》に今様をきびしく教えこんだという。

こうした環境に成長した西行こと俗名藤原義清《のりきよ》は、父のあとをついで院に仕え、鳥羽院の北面、兵衛尉《ひょうえのじょう》となったが、保延《ほうえん》六年（一一四〇）、二三歳のとき突然の出家をとげた。

そもそも西行は、本《もと》兵衛尉義清なり左衛門大夫康清子。重代の勇士を以《も》つて法皇に仕《つか》へ、俗時より心を仏道に入る。家富み、年若く、心に愁無《うれい》きに、遂《つい》に以つて遁世《とんせい》す、人これを歎美するなり。

これは出家した西行が法華経《ほけきょう》書写の勧進《かんじん》のため、左大臣藤原頼長《よりなが》邸に訪れたときの『台記《たいき》』の記事である。西行の遁世は人びとに多くの衝撃を与えたようである。「重代の勇士」で家も富み、年もまだ若く、また心に特別な愁いもなさそうなのになぜなのか、という問いが発せられた。そこでは仏道への執心がそのまま遁世にすすんだという、心情の純粋さが賞賛されもした。どうも西行の遁世は、けっして世を避けるためだけの消極的な遁世ではなかったようである。

とすればなにをもとめたのであろうか。ひたすらなる仏道の修行であろうか。西行の大峯《おおみね》山《さん》や高野山《こうやさん》などの山林での修行はそれを物語っていそうである。あるいは勧進の作善《さぜん》のためであろうか。頼長邸におもむいた法華経の勧進をはじめ、高野山の蓮華乗院《れんげじょういん》や東大寺の大仏勧進など、その例は多い。

それぞれ無視できない理由であるが、待賢門院《たいけんもんいん》（後白河天皇の母）の堀河《ほりかわ》・兵衛《ひょうえ》などの女房歌人や世俗の多くの歌人との交流を保ちつづけたこと、出家前に仕えていた徳大寺《とくだいじ》家にも出入りしていることなどから、ここでは、和歌の修行の延長上に、仏道の修行の道を選択するようになったと考えたい。その出発の歌。

そらになる　心は春の　かすみして　世にはあらじと　おもひたつかな

西行の生まれる少し前のこと、雲居寺《うんごじ》の再興につくした瞻西《せんせい》聖人は、藤原基俊《もととし》・為忠《ためただ》などの「時の歌よみ」を招いてしばしば和歌の会をもった。

瞻西はそこで過去七仏《かこしちぶつ》と三十六歌仙の姿を描く和歌曼陀羅《まんだら》を掛けて拝していたという。仏の道と和歌の道は一体、というこの考えが前提となって、西行のような仏道と歌道とに精進《しょうじん》する遁世者が登場してきたのであろう。

和歌や、また管弦《かんげん》もそうであるが、これらは詠《よ》み奏《かな》でることにより心が澄みわたるとされていた。その澄みきった心で仏道に精進する、こうした境地がもとめられたわけである。また遁世は、俗世間の秩序から自由になり、官位をこえた人間関係の交わりをもつくりだしていた。通常ならば対話も不可能な身分ちがいの人物にも、遁世者は自由な対話の場を確保できた。

惜《お》しむとて　惜しまれぬべき　この世かは　身をすててこそ　身をもたすけめ

西行に少し遅れて出家した少納言入道信西《しんぜい》は、出家によって政治的世界での活動領域をひろげている。そうした信西を、中世社会の生みだした最初の政治的人間とすれば、西行は最初の詩的人間といえるであろう。

心なき　身にもあはれは　知られけり　鴫《しぎ》立つ沢の　秋の夕暮

願はくは　花の下にて　春死なむ　その如月《きさらぎ》の　望月《もちづき》のころ

望みどおりに西行は文治《ぶんじ》六年（一一九〇）の「如月の望月のころ」往生をとげたが、その三年前、藤原俊成《としなり》は第七番目の勅撰集『千載《せんざい》和歌集』を選進している。

歌よみの家　俊成から定家《さだいえ》への二代は、歌の家の形成の道を歩んでいった。それは一二世紀にはいってから王朝国家のさまざまな領域でつくられつつあった「家」の一つである。

摂関家《せっかんけ》という「家」、源氏・平氏という「武家の家」、勧修寺《かじゅうじ》流・日野流の藤原氏や平氏などの「日記の家」、あるいは小槻《おづき》氏の官長者の官務家にみられるような官衙《かんが》機構を家産的に包接してなった「家」など、上は天皇の「家」から、下は随身《ずいじん》・侍・下級官人の「家」まで、多数の家がうまれている。

　保元の乱にはじまる内乱も、じつはそうした家の争いとしての側面をもっていたのである。芸能関係においても例外ではない。後白河院がのめりこんだ今様《いまよう》の周辺でも、源資賢《すけかた》にはじまり資時《すけとき》にいたって形が整えられる綾小路《あやのこうじ》流の郢曲《えいきょく》（神楽歌《かぐらうた》・催馬楽《さいばら》・今様などの総称）の「家」が形成された。俊成・定家のつくりあげた和歌の家は、六条藤家《ろくじょうとうけ》との対抗をはらみつつ、御子左《みこひだり》家として成長したものである。

　俊成は参議俊忠《としただ》の子として生まれたが、九条民部卿藤原顕頼《あきより》の養子となり、顕広《あきひろ》の名で諸国の受領《ずりょう》を歴任した。顕頼は鳥羽院の乳母子《めのとご》であり、院近臣《いんのきんしん》として「君の腹心」とよばれるほどに権勢を握っていたし、俊成の妻は鳥羽天皇の皇后美福門院《びふくもんいん》の乳父《めのと》藤原親忠《ちかただ》の子であったから、俊成も経済的には恵まれて、歌を藤原基俊・源俊頼《としより》に師事した。

　俊成のライバルとなった六条清輔《ろくじょうきよすけ》も、祖父は六条修理大夫顕季《あきすえ》、父は六条顕輔《あきすけ》といずれも白河・鳥羽両院の有力な近臣であったので、経済的に恵まれていた。和歌のほうも父顕輔が勅撰の『詞花集《しかしゅう》』の選者となったほどで、作歌環境は申し分なく、俊成より一歩先んじて世にでると、『袋草紙《ふくろぞうし》』や『奥儀抄《おうぎしょう》』などの歌学書をあらわし、歌の家の興隆に力をつくした。つぎの一首はその自讃歌という。

長らへば　またこのごろや　しのばれん　憂《う》しと見し世ぞ　今は恋しき

養子の身の俊成は、自力で歌の家をおこす方向をめざし、六条家との対抗をつよく意識し新風を吹きこむことに全力をあげた。その結果、優美な叙情性の追求のなかから、幽玄《ゆうげん》の美的な感覚・意識の、いわゆる幽玄体の作風をつくりあげていった。

夕されば　野辺の秋風　身にしみて　鶉《うずら》鳴くなり　深草の里

美福門院やその娘八条院の庇護《ひご》により官位は上昇し、仁安《にんあん》元年（一一六六）に公卿になると、翌年に俊成《としなり》と改名して実父の御子左家をついだ。ここに歌の家は成立したのである。諸所に召されて歌合《うたあわせ》での判者となることによってその地位はしだいに確立し、ついに六条清輔にかわって九条兼実《くじょうかねざね》の歌の師範となったことが、御子左家のその後の隆盛を決定的なものとした。

治承《じしょう》二年（一一七八）には自選の家集『長秋詠藻《ちょうしゅうえいそう》』を仁和寺《にんなじ》の守覚法親王《しゅかくほっしんのう》に献じ、やがて『千載集』の選者となるにおよんで、得意の絶頂にたっした。そのときの選歌にあたっては六条家から非難の声があがり、みずからもまた「歌をのみ思ひて、人を忘れにけるに侍《はべ》めり」と、後年にあらわした歌論書『古来風体抄《こらいふうたいしょう》』に記しているが、『千載集』はまぎれもなく俊成のたどりついた境地を示している。

世の中よ　道こそなけれ　おもひ入る　山の奥にも　鹿ぞ鳴くなる

この歌は定家によって、俊成の代表作として『百人一首《ひゃくにんいっしゅ》』にとられたものである。

定家の苦悩と成長

定家二〇歳のときによんだ『初学百首《しょがくひゃくしゅ》』は、「父母忽《たちま》ち感涙を落とし、将来この道に長ずべし」と周囲から期待されたものであり、歌の家をつぐべきものとして定家は成長した。しかしつねにはげしい心の葛藤《かっとう》に悩まされつづけた。

それは歌への精進によってつきあたる先人俊成の壁であり、また立身出世の場においては、次男であるため、つねに兄成家《なりいえ》の後塵《こうじん》を拝《はい》さねばならないという処世の壁による。

俊成・定家のみならず、家をめぐる父子のあいだの心の葛藤はひろくみいだせる。俊成のライバルであった六条家の清輔も、はっきりした理由は不明だが父顕輔にうとまれたし、琵《び》琶《わ》管弦《かんげん》の家をめぐっては、藤原孝道《たかみち》がついには子の孝時《たかとき》を勘当《かんどう》に処している。綾小路資時《あやのこうじすけとき》が郢曲《えいきょく》の失敗から出家しているのも、そうしたことと無関係ではない。芸能以外の領域をみても、父子・兄弟の対立・葛藤はいっそう深刻であり、前に内乱が家と家の争いの側面をもっていると指摘したが、さらにそれは、ひとたび生まれた家の内部の争いとも結びついていたのである。

見わたせば　花も紅葉《もみじ》も　なかりけり　浦の苫屋《とまや》の　秋の夕暮

三夕《さんせき》の歌の一つとして有名なこの定家の歌は、晩年の西行《さいぎょう》の勧進に応じた『二見浦百首《ふたみがうらひゃくしゅ》』の一つであり、習学中のためもあってか、まだ平明な歌いぶりである。それから約一五年間の、官位も滞《とどこお》り、沈潜の時期をへて定家の歌が大きく開花したのは、守覚法親王に献じた『仁和寺宮《にんなじのみや》五十首』であった。俊成がかつて世にひろく認められたのも、守覚に献じた家集《いえのしゅう》であることを考えると、奇《く》しき因縁であろう。そのなかの一首、

春の夜《よ》の　夢の浮橋《うきはし》　とだえして　峰に別《わか》るる　横雲の空

『源氏物語』の夢の浮橋の巻を連想させながら上《かみ》の句を恋の縁語でつづり、下《しも》の句では後朝《きぬぎぬ》の余情を空のかなたに投げかけている。以後、古典や和歌の研究を下敷きにして、掛詞《かけことば》・本歌取《ほんかど》り・縁語・体言止めなど、さまざまな技法の駆使された歌がつぎつぎとつくられてゆく。

折しも譲位した若き後鳥羽《ごとば》上皇は、和歌につよい関心をもちはじめており、正治《しょうじ》二年（一二〇〇）にはひろく歌人に百首歌の献呈をもとめた。定家ははじめそれに洩《も》れていたのであるが、俊成の奏状により、定家にももとめられることになり、ここに上皇と定家との交流が

はじまった。

駒とめて　袖《そで》うちはらふ　陰《かげ》もなし　佐野のわたりの　雪の夕暮

これは『万葉集』や『源氏物語』の古典を背景にしながらよんだもので、そのことがわからないとほとんど内容は理解できない歌になっている。しかしそれをよく理解したのが上皇である。「殊勝の物なれども、人のまねぶべき風情《ふぜい》にはあらず」「定家は生得《しょうとく》の上手《じょうず》にてこそ」と絶賛してはばからなかった。

こうして上皇の個性と定家の個性とがはげしく殿上《てんじょう》でぶつかりながら、『新古今和歌集』が編《あ》まれることになった。芸術家同士の緊迫した関係は火花を散らし、創造性を高めあったが、また同時に両者は君臣関係によって抜きさしならぬ大きな亀裂を生むことにもなった。

こぬ人を　まつほの浦の　夕なぎに　焼くや藻塩《もしお》の　身もこがれつつ

定家自賛のこの歌がよまれて四年後の承久二年（一二二〇）、定家はついに上皇の勅勘《ちょっかん》を蒙《こうむ》り、それの解《と》けぬままに翌年承久の乱がおきた。以後、隠岐島《おきのしま》に流された上皇に、定家がふたたびまみえることはなかったのである。

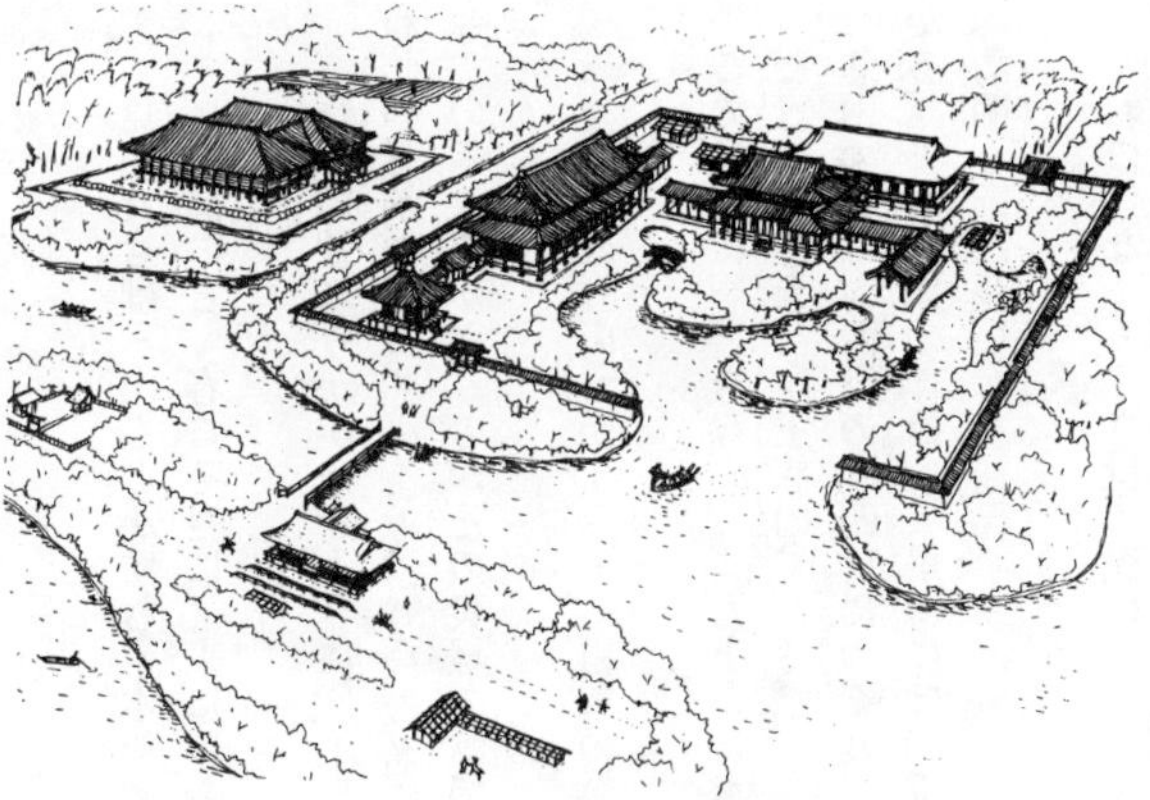

鳥羽離宮金剛心院　建立は仁平4年（1154）。造立経過を示す日記や供養願文，1962年以後9次におよぶ発掘調査に基づいて復元（杉山信三）。

後鳥羽院と『新古今』

わずか四歳で天皇となり、祖父後白河院《ごしらかわいん》の死により一九歳にして「治天《ちてん》の君《きみ》」となった後鳥羽院は、帝王の道をまっしぐらにすすんだ。

なにごとも自分の手でせねば気のすまない性格とそれを支える能力とがあいまって、さまざまな「あそび」に手をだした。「よろづの道々について、残る事なきにあそびをし」といわれたように、和歌・蹴《け》鞠《まり》・琵琶《びわ》・笛《ふえ》・今様《いまよう》などの芸能にはじまり水練《すいれん》・相撲《すまい》・早態《はやわざ》・飛越《とびこし》・競馬《くらべうま》・流鏑馬《やぶさめ》などの武芸にいたるまで、こなさぬものはなかったほどである。

和歌はそのなかの一つの道、とはいえ帝王の道であらねばならなかった。九条兼実《くじょうかねざね》の子良経《よしつね》に命じた『新古今』の仮名序《かなじょ》には「世を治《おさ》め、民をやはらぐる道とせり」と記されている。

見わたせば　山もとかすむ　水無瀬川《みなせがわ》　夕べは秋と　なに思ひけん
ほのぼのと　春こそ空に　来《き》にけらし　天《あま》の香具山《かぐやま》　霞《かすみ》たなびく

これらの歌にうかがえるように、上皇の歌はゆったりとしておおらか、まさに帝王にふさわしい感がある。そのよみぶりは仮名序を書いた九条良経から影響をうけたようで、『新古今』の巻頭をかざるのがその良経の歌である。

み吉野は　山もかすみて　白雪《しらゆき》の　ふりにし里に　春は来《き》にけり

この良経に影響を与え、また上皇にも影響を与えたのは、良経の叔父《おじ》で上皇の護持僧《ごじそう》となった青蓮院《しょうれんいん》の天台座主《てんだいざす》慈円《じえん》である。
慈円の歌は、西行の九四首につぐ九二首を『新古今』にとられており、影響の大きさがわかる。また家集の『拾玉集《しゅうぎょくしゅう》』には四千六百余首もの歌が収められているが、技巧にはしらぬ清明な歌が多い。

おほけなく　うき世の民に　おほふかな　わが立つ杣《そま》に　すみ染《ぞ》めの袖《そで》

慈円や父兼実の期待を一身に背負って育った良経の、その歌会は、定家が沈潜のなかで歌をみがいた修練の場であった。ここで定家とともに育った歌人に藤原家隆《いえたか》がいる。院近臣猫間《ねこま》の中納言光隆《みつたか》は、『平家物語』では上洛した源義仲《よしなか》邸におもむきさんざんな目にあった人物として著名であるが、その子が家隆である。説話集『古今著聞集《ここんちよもんじゆう》』の作者橘成季《なりすえ》は、家隆と子の隆時《たかとき》に歌を学んだため、家隆をめぐる説話を多くのせている。それによれば家隆は俊成の甥《おい》の寂蓮《じゃくれん》の娘婿《むすめむこ》となったといい、定家と並び称されたという。家隆は御子左《みこひだり》家に歌を学んで家をおこし、和歌所の寄人《よりゅうど》となり、『新古今』の選者にもなったのである。定家のはげしい性格とは対照的に温厚で、歌も性格にみあって清らかで高雅である。つぎに寂蓮と家隆の歌をあげよう。

村雨《むらさめ》の　露もまだ干《ひ》ぬ　槇《まき》の葉に　霧《きり》立ちのぼる　秋の夕暮

風そよぐ　ならの小川の　夕暮れは　みそぎぞ夏の　しるしなりけり

内乱期をくぐりぬけながら活動し、成長してきた歌人の能力をよく見ぬき、評価した上皇は、事実上、『新古今』を編集し、それが成ったあとも切り貼《きりば》りを行ない、隠岐《おき》に流されたあとまでも削除と補充を行ないつづけた。

この上皇の執念なくしては、たしかに和歌の黄金時代は到来しなかったであろう。つぎの二首はその並々ならぬ執念をまことによく物語っている。

奥山の　おどろが下も　踏み分けて　道ある世ぞと　人に知らせん
我こそは　新《にい》じま守《もり》よ　おきの海の　あらき浪かぜ　心してふけ

3　『平家物語』の世界

祇園精舎《ぎおんしょうじゃ》の鐘《かね》の声　諸行無常の響《ひびき》あり
沙羅双樹《さらそうじゅ》の花の色　盛者必衰《じょうしゃひっすい》の理《ことわり》をあらはす
おごれる人も久しからず　唯《ただ》春の夜《よ》の夢のごとし
たけき者も遂にはほろびぬ　偏《ひとえ》に風の前の塵《ちり》に同じ

『平家物語』の特色

この有名な書き出しの詞句に胸をしめつけられ、清盛《きよもり》の横暴に憤慨し、祇王《ぎおう》・祇女《ぎじょ》や小督《こごう》の悲しみに同情する。義仲《よしなか》・義経《よしつね》の活躍に血わき肉おどらせ、そして平氏の滅亡に涙する。こうした経験は、少なからずの人がお持ちであろう。まことに『平家物語《へいけものがたり》』は一大叙事詩であり、国民にひろく愛されてきた文学である。

なによりも『源氏物語』と比較すれば、その性格・特徴がよくわかる。字句が難解でなく、流れるようなリズム感にあふれ、口語がふんだんに使われていて、親近感をおぼえさせられる。登場する人物も、生き生きとして躍動的である。笑い、怒り、泣く。あまりに人間的である。

だが『平家物語』は、現代人に愛されているだけではない。つくられた当初からひろく愛された文学であることに、大きな特色がある。登場する人びともさまざまな領域にわたり、地域も日本全国にひろがっている。あらゆる人びとが享受したのは、それが読まれるだけのものではなく、語られ聞くものであったからである。これを平曲《へいきょく》というが、『平家物語』は一面で平曲の歌詞であった。『徒然草』はこの付近の事情をこう記している。

　後鳥羽《ごとば》院《いん》の御時《おおんとき》、信濃前司《しなののぜんじ》行長《ゆきなが》、稽古《けいこ》の誉《ほまれ》ありけるが、（中略）心憂《う》き事にして、学問をすてて遁世《とんせい》したりけるを、慈鎮和尚《じちんかしょう》、一芸あるものをば、下部《しもべ》までも召し置きて、不便《ふびん》にせさせ給ひければ、この信濃入道を扶持《ふち》し給ひけり。（中略）この行長入道、平家物語を作りて、生仏《しょうぶつ》といひける盲目《もうもく》に教へて語らせけり。（中略）武士の事・弓馬のわざは、生仏、東国のものにて、武士に問ひ聞きて書かせけり。かの生仏が生れつきの声を、今の琵琶《びわ》法師《ほうし》は学びたるなり。

のちにみるように、『徒然草』がのせるこの時期の話には、人物の誤りが時にみうけられるが、話の筋はおおよそ信用できる。朝廷の下級貴族がつくった話を、東国出身の琵琶法師が語ってひろめたという。琵琶法師とは、絵巻物にもよくみかける、麻の衣を身にまとい、下駄《げた》をはいて杖をつき歩く、盲目の芸人である。

遁世の貴族と芸人の法師の組みあわせ、あるいは京出身の貴族と東国出身の法師の取りあわせ、ここに『平家物語』があらゆる階層・地域の享受を可能にした要因がひそんでいる。そのいずれを欠いても、『平家』が今にいたるまでひろく親しまれるようなことはなかったであろう。

『平家』は、一口に軍記物《ぐんきもの》といわれるが、じつはきわめて多くの雑多な内容からなっている。その一つは武士の合戦のさまを記述した合戦記である。宇治川《うじがわ》をめぐる「橋合戦」と「宇治川先陣」や、一ノ谷・屋島《やしま》・壇《だん》の浦《うら》などの合戦記がこれである。

第二は登場人物にまつわる説話で、清盛の父忠盛《ただもり》についての「殿上闇打《てんじょうのやみうち》」、藤原実定《さねさだ》についての「徳大寺の沙汰」、文覚《もんがく》についての「文覚荒行」や清盛にかかわる「祇園女御《ぎおんにょうご》」などど、その数はきわめて多い。第三は説話からもう少し発展した形の物語《ロマン》で、白拍子《しらびょうし》の物語「祇王」、高野聖《こうやひじり》の物語「有王《ありおう》」、女房の物語「小督《こごう》」など、第四は寺社の縁起で、山門延暦寺にまつわる「願立《がんだて》」「山門滅亡」、善光寺や高野山についての「善光寺炎上」「大塔建立《こんりゅう》」などである。

もともとそれぞれは軍記物・説話・物語・縁起として別個につくられ、語られて成長をとげてきたものであるが、それらが平家の興亡というストーリーのなかでまとめられたことにより、文学的総合がなされている。『平家』のスケールの大きさはここにもうかがえよう。

『平家』のつくられた場

そうした『平家』は、どのような場でつくられたのか。この問題は、長年の『平家』研究の課題であるが、そのことを考える場合、『徒然草』の伝える、慈円（慈鎮和尚）が遁世した行長《ゆきなが》入道を扶持したという話が手がかりになる。

慈円は前にも述べたとおり、九条兼実《くじょうかねざね》の弟で、叡山に出家したとき、鎮護国家の宗教をになうべく大きな期待をよせられた。一度は叡山の現状に失望して遁世を考えたが、兼実に慰留されて叡山にとどまった。やがて天台座主《てんだいざす》となり、後鳥羽院の護持僧、九条家の後見として、宗教・政治の両面で活躍している。

その慈円が一三世紀初頭に、京都東山に仏法興隆のための道場を計画して建立したのが大《だい》懺法院《ぜんぼういん》であり、朝《あした》には法華懺法《ほっけせんぼう》、夕《ゆうべ》には弥陀念仏《みだねんぶつ》の勤行《ごんぎょう》を中心にした顕密《けんみつ》の道場を意図していた。

慈円のたてた方針は、道場をひろく有能な僧に開放し、顕密の僧、験者《げんざ》、説経師、音曲《おんぎょく》堪能な僧、遁世の者などのために、彼らを収容する僧坊の整備に意をつくしている。ここには行長のような一芸に秀《ひい》でた遁世の者がたくさん集まったことであろう。『平家』がつくられたのも、じつはこうした場であった。

承元《じょうげん》二年（一二〇八）に作成された大懺法院の供養願文《くようがんもん》は、この道場が「天下静謐《てんがのせいひつ》」を祈ることを目的としていると銘記したあと、保元以来の兵乱はしずまったものの、「姦臣逆《かんしんぎゃく》賊《ぞく》」や「武将の残兵」が死して「雲南望郷の鬼」になり、救われていないままになっているので、その「邪心」をしずめる必要があると述べている。まさに源平の争乱の死者の鎮魂が意図されているのである。

それを物語るかのように、道場に三口設けられた阿闍梨《あじゃり》（祈禱の僧）のうち二口は、清盛の妻時子《ときこ》（二位尼）が京の西八条《にしはちじょう》に建立《こんりゅう》した光明心院《こうみょうしんいん》の二口を継承したものであり、また供《ぐ》僧《そう》の一人には、平氏の生きのこりの僧、忠快僧都《ちゅうかいそうず》が選ばれている。

大懺法院が平家鎮魂の祈禱の場であるとすると、そこで生まれたとみられる『平家』も鎮魂の意味が含まれているのではないか。たしかに祇園精舎《ぎおんしょうじゃ》からはじまって、灌頂《かんじょう》の巻にいたる全巻の基調は、亡び去った平家にたいする鎮魂にあったと考えてもおかしくはない。また琵琶法師により語られることが最初から企図されているのも、琵琶法師が諸国にある平家滅亡の地をめぐって、死者に語りかけ、魂をしずめることが考えられたからとみられる。

さらに『平家』にみられる雑多な話は、大懺法院に集まった多くの人びとからよせられたものであったろう。たとえばその一人として、供僧の忠快僧都に注目したい。

忠快は門脇《かどわき》中納言平教盛《のりもり》（清盛の弟）の子で、源平の合戦で華々《はなばな》しく活躍した能登守教経《のとのかみのりつね》の弟にあたる。青蓮院《しょうれんいん》にはいり慈円の弟子となったが、平氏にともなわれて西国に落ち、壇の浦で生けどりにされ、伊豆《いず》国に流された。『平家』の異本の一つ「延慶本《えんぎょうぼん》」は流刑地《るけいち》を武《む》蔵《さし》国とし、配流《はいる》後の話を説話としてのせている。敵地に流されたのであるから殺されるはずであったところを、あやうく難をのがれた忠快は、文治五年（一一八九）には流罪も解け、その後は京白川《しらかわ》の小河《おがわ》に住して慈円に仕えたり、あるいは関東によばれて源実朝《さねとも》や政子《まさこ》の主催する仏事に奉仕したのであった。

こうした忠快の存在は、平家のことを後世に伝えるものとして貴重であったろう。「延慶本」が忠快の説話の最後に、「小河の法印《ほういん》（忠快）とて平家の信物《かたみ》にておはしける」と結んでいるのは、忠快が平家の話をよく伝えたことを示している。

考えてみれば、『平家』が平氏の内部のできごとをくわしく記しているのは、忠快の語るところに多くを負っていたからにほかならないであろう。

信濃前司行長

『平家』のつくられた場が大懺法院《だいぜんぼういん》であったとすると、そのつぎには、だれが『平家』をつくったのかが問題となる。『平家』の作者については諸説を紹介するだけで本書一冊分のページを要するほどである。ただこの問題のポイントも『徒然草』の説くところをとるか、捨てるかにある。

もし捨てるとするならば、作者の究明はほぼ無理で、あきらめざるをえないであろう。というのも『徒然草』以外はすべて室町時代以後の不確かな史料によるものであり、それもきわめて多様な説から成るからである。もちろん『徒然草』とて明確な根拠を示したものでないから、そのまま信じるわけにはいかない。そこで焦点となる「信濃前司行長入道」の存在を追ってみよう。

これまでの研究の成果では、そういう名の人物をみいだすことはできないものの、九条兼《くじょうかね》実《ざね》の日記『玉葉《ぎょくよう》』の建久《けんきゅう》五年（一一九四）九月一七日の条に、兼実の家司《けいし》としてみえる「下《しも》野守《つけのかみ》行長」がこれにあたるのではないかとされている。「行長入道」が慈円に扶持されたというのも、兼実の家司であったとすれば、九条家の後見をみずから任じた慈円であるから、よく理解できようし、『平家』には「行隆《ゆきたか》の沙汰《さた》」という「下野守行長」の父を主人公とした章がもうけられているのも、そのことと関係があろうとみる。なかなか説得力のある解釈なので、この下野守行長の周辺を探ってみたい。

行長がたしかな記録にはじめてみえるのは、藤原経房《つねふさ》の日記『吉記《きっき》』の治承《じしょう》五年（一一八一）四月四日の条で、それに「新蔵人《しんくろうど》」とあって、この少し前に朝廷に六位の蔵人として出仕したことがわかる。だが四月一〇日には五位に叙されているので、すぐ蔵人を退いたのであった。六位の蔵人は五位になると蔵人をやめなければならない。これを蔵人大夫《くろうどのたゆう》という。その後は「散位《さんい》」として朝廷の官職をもたず、文治二年（一一八六）にはじめて兼実に仕えたが、その翌年、父行隆を亡くした。父のあとは院の判官代で摂津守《せっつのかみ》となっていた兄行房《ゆきふさ》がついでおり、次男であった行長は『徒然草』にみえるように漢詩文の稽古に励んだのであろう。

さて行長がいつ下野守に任ぜられたのか、はっきりした記録はのこっていないが、興味深い記事が『吾妻鏡《あずまかがみ》』建久五年五月二〇日の条にみえる。それは宇《う》都宮朝綱《つのみやともつな》が公田《こうでん》百余町を掠《かす》めとったとして、「下野国司行房《しもつけのこくしゆきふさ》」の「目代《もくだい》」に訴えられたというものである。ここにみえる「国司」行房が行長の兄であり、その直後の九月には「下野守行長」がみえるので、行房が知行国主として実権を握り、行長は名目上の下野守になっていたと考えられる。行房は他の記録から、建久元、二年ごろに摂津守を退いていることが知られるので、それ以来行長を下野守に申し任じたのであろう。

　つぎに建久六年一〇月二八日の藤原定家の日記『明月記《めいげつき》』をみよう。

　夜に入りて、民部卿《みんぶきょう》・信濃守行通、馬一四、雑人《ぞうにん》等、今夜儲《もうけ》を請《う》く。

　ここに民部卿（経房《つねふさ》）とともにみえる「信濃守行通」とはだれか。それは行長を「行通」と書き誤ったのではなかろうか。当時、行通なる人物は『尊卑分脈《そんぴぶんみゃく》』などの系図や諸種の記録を探してもまったくみあたらないのにたいし、行長とすれば前年に下野守をやめて信濃守となったと考えれば理解がたやすい。ともにみえる経房が、かつて行長が蔵人であったときの上首《じょうしゅ》（蔵人頭《くろうどのとう》）であったことを考えると、一緒にいてもおかしくない。そしてなによりも『徒然草』の「信濃前司行長」によくあう。

　だが問題もなくはない。それから七年後の『明月記』建仁《けんにん》二年（一二〇二）八月二三日の条には「前下野守行長」とあるからで、これによれば信濃守となったことはうかがえない。ただし信濃守の在任期間が短いならば、長かった下野守のほうで下野前司という場合もありうる。

たとえば定家の妻の父藤原親弘《ちかひろ》は、八条院に仕えて但馬守《たじまのかみ》となったが、最終官途は相模守《さがみ》であるにもかかわらず、その前の但馬守により但馬前司とよばれている。そうであれば行長の場合は、信濃前司とも、下野前司ともよばれる可能性は十分あったといえよう。

行長は、やがて八条院に仕える三位局と兼実とのあいだに生まれた九条良輔《よしすけ》に親しく仕えている。慈円はこの良輔に将来を期待していたが、建保《けんぽう》六年（一二一八）に良輔は急死してしまう。どうもこれが行長の出家の原因のようである。慈円はそうした行長をあわれみ、扶持したのであろう。

年代記と歴史意識

やっと信濃前司行長入道にたどりつき、その実在が確認された。つぎに彼の存在がどのように『平家』とかかわりあうのかをあきらかにする必要がある。

そこで行長の周辺の人物をひろってみると、父行隆は弁官・蔵人となっており、『明月記』の記事に行長とともにみえる藤原経房もまたそうである。彼らは朝廷の実務官人であり、毎日のできごとを日記にしたためていた。じつは『平家』はそうした官人の日記を利用して、年代記的叙述のスタイルをつくっていたようである。

二月一日、越後国住人城《じようのた》太郎助長《ろうすけなが》、越後守に任ず……。

同十一日、義基《よしもと》法師が頸《くび》、都へ入ッて大路をわたさる……。

講談社学術文庫のシンボルマークはトキを図案化したものです。トキはその長いくちばしで勤勉に水中の虫魚を漁るので、その連想から古代エジプトでは、勤勉努力の成果である知識・学問・文字・言葉・知恵・記録などの象徴とされていました。

に『平家』に登場する人物造形にも関連がある。日記は事実や情報を記すだけのものではない。その背後にある人間の評価や、それにたいする記主の感情も記されている。そうした評価や感情が、『平家』の登場人物の造形に大きな影響を与えたことであろう。

たとえば、平重盛《しげもり》はどうしてあのように高く評価されているのであろうか、あるいは後白《ごしら》河院《かわいん》についてはどうもうまく描けていないがなぜだろうか、などという疑問は、『平家』の作者の問題というよりも、そのもととなった日記の記主の問題に帰せられる部分が多いのではないか。当代の日記に兼実《かねざね》の『玉葉《ぎょくよう》』があるが、もしそれが『平家』に利用されていたら、兼実はその二人を高く評価していなかったので、今の『平家』とはちがった人物造形となっていたにちがいない。

『平家』のもととなった日記探しを行なうとき、いまひとつ注意しておきたいのは、同じく『平家』といっても、多くの人びとにより語られ、読まれ、書写されるなかで、さまざまな異本が生じた点である。大別して、平曲《へいきょく》の語りを中心に整えられてきた異本を語り本といい、南北朝時代になって琵琶《びわ》法師《ほうし》の覚一検校《かくいつけんぎょう》が集成した「覚一本《かくいつぼん》」はその到達点といわれる。これにたいする読み本系のほうは、読む興味から出発して、取捨・配列換え・増補が行なわれて成ったもので、もっとも大部のものが『源平盛衰記《げんぺいじょうすいき》』である。

いずれにしても現在のこされている『平家』は、みなこうした伝来本のみで原本は失われているが、その原本の姿にもっともちかいと考えられているのが、読み本系の「四部合戦状本」（各巻の最初にこの名があるのでいう）と「延慶本《えんぎょうぼん》」（延慶年間書写の奥書がある）である。

それらには生の史料が手も加えられずにはいっていたり、日記の翻案といったような文章が多くみえていて、歴史の流れにも比較的忠実だからである。そうしたところから、本書がこれまで引用してきた『平家』も、そのなかの「延慶本」に多くを負っている。ここでも「延慶本」で『平家』の諸本を代表させよう。

(A) 五日北国の賊徒の事、院御所にて定あり。

(B) 十一日に院より延暦寺にて薬師経の千僧の御読経《みどきょう》行わる。是《これ》も兵革の御祈なり。御布施には手作の布一端、供米袋《くまいぶくろ》、一院別当左中弁兼光朝臣、仰《おおせ》を承て催《もよお》し沙汰《ざた》有けり。

(C) 同日蔵人《くろうど》右衛《え》門権佐《もんのごんのすけ》定長《さだなが》、仰を奉《うけたまわ》りて、祭主《さいしゅ》神祇権少副大中臣《おおなかとみの》親俊《ちかとし》を殿上口《てんじょうぐち》に召して、兵革平《たいら》かならば、大神宮へ行幸あるべきよし申させ給ひけり。

これは寿永《じゅえい》二年（一一八三）六月の記事で、流布本《るふぼん》でも「玄昉《げんぼう》」の章としてほぼ同内容の記事が認められる。これともっとも多くの一致をみるのが『百練抄《ひゃくれんしょう》』という歴史書である。たとえば(C)の部分に対応する箇所をあげておこう。原文は漢文であるが、読み下しておく。

蔵人右衛門権佐定長、勅《ちょく》を奉りて、祭主《さいしゅ》親俊を殿上口に召して、仰《おお》せて云《い》わく、兵革平らかなれば、大神宮に行幸すべきの由、祈請申すべきの由、仰せ下さる。

比較してみれば明らかなように、驚くべきほどの一致であろう。ただ『百練抄』の成立は鎌倉時代末のことで、一致したからといって喜んではいけない。『平家』も『百練抄』も同じ日記をもととしていることがわかったにすぎない。

しかしいっぽうで、『百練抄』には『平家』にはない記事がたくさんあるので、そこから日記を探す方法が得られることになった。

行長の父

『百練抄』の記事をみてゆくと、朝廷の実務にかんするものが多く、藤原経房《つねふさ》の『吉記《きつき》』とよく似かよっている。そのことから、もとになった日記は、経房や行隆《ゆきたか》のような蔵人《くろうど》や弁官《べんかん》であった人物のものとみることができよう。

そこで当時の蔵人・弁官について一人一人、『平家』における登場箇所を調べてゆくと、登場頻度では経房と弟の定長《さだなが》、日野兼光《かねみつ》、行隆の順に高いことがわかる。つぎに『平家』にたくさんのせられている文書に注目すると、内容に信頼のおける宣旨《せんじ》は全部で一四通あるが、それを奉行《ぶぎよう》した弁官をみると、経房と兼光がそれぞれ五通、行隆が三通、平親宗《ちかむね》が一通となっている。

宣旨を日記にのせる人物は、なにもそれを奉行した弁官だけに限ったものではない。たと

えば有名な頼朝《よりとも》追討の宣旨は、兼実《かねざね》の『玉葉《ぎよくよう》』にも、藤原忠親《ただちか》の『山槐記《さんかいき》』にもみえる。し

たがって宣旨を奉行した回数が多いからといって『平家』がその日記によったとはすぐにい

えないが、もしその日記が弁官のものであるとすれば、当人が奉行した宣旨の一通ぐらいは

のせられていると考えるべきであろう。

こうして経房・兼光・行隆の三人の日記にほぼしぼられてきたが、決め手となるのは、治《じ》承《しよう》四年（一一八〇）の以仁王《もちひとおう》の乱の直後、高倉院《たかくらいん》の殿上《てんじよう》で議定《ぎじよう》が行なわれたさいに発給された文書である。この議定では、今後、南都北嶺の大衆《だいしゆ》が謀反に同意しないように、興福寺《こうふくじ》・園城寺《おんじようじ》・延暦寺《えんりやくじ》に伝えられることになり、興福寺には兼光をつうじて摂関の氏長者《うじのちようじや》の仰せとして伝えられ、園城寺と延暦寺には行隆をつうじて高倉上皇の院宣《いんぜん》として伝えられた。ところが、『平家』は後者の院宣二通をそのままのせているが、前者についてはそうした伝達の事実を記しているにとどめる。

宣旨とはちがって、院宣や綸旨《りんじ》などの御教書《みぎようしよ》は私的性格がつよく、日記にのせる場合は、記主と特別な関係があるときに限られるようである。たとえば現存する『吉記』にのせられている御教書をみると、いずれも経房が発給に関係したものか、あるいは経房あてのものである。このことから考えて、もととなった日記は経房のものではなかろう。また兼光とすれば興福寺あての御教書がのせられているべきであろうから、兼光のものでもない。したがって藤原行隆の日記ということになる。

行隆の個人的エピソードが『平家』に数か所みえ、特別に記されているところをみても、

『平家』が行隆の日記を用いたことはよくうかがえる。考えてみれば、作者が信濃前司行長であれば、その父の日記を使ったわけで、ごく自然なことといえよう。行長は自分の生きた時代を父の日記をつうじてみたことになる。

そういえば、慈円《じえん》が保元《ほうげん》以後の歴史を特別にみようとしたのも、それが慈円自身の生きた時代そのものであったからである。そこに当時の人びとの歴史への関心のありかたをうかがうことができよう。

ただ行隆は、治承《じしょう》三年以前は長いあいだ解官《げかん》されており、清盛のクーデターによって蔵人の弁に復帰している。したがってクーデター以前の行隆の日記にはみるべきものはなく、『平家』も他の人の日記をもととしたと考えるべきであろう。そこでこの時期の『平家』にのせられている御教書を探すと、安元《あんげん》三年（一一七七）に蔵人頭《くろうどのとう》藤原光能《みつよし》が発給している綸旨がある。

このことから『平家』は治承三年以前の年代記には藤原光能の日記を使ったと考えられる。光能は後白河院《ごしらかわいん》の近臣《きんしん》であり、文覚《もんがく》が頼朝のために後白河院から清盛追討の院宣を得たというのは、光能をつうじてであるともいわれており、なかなか興味深い存在である。

『平家』については、まだまだ触れるべきことは多い。だが思いをのこしつつ『平家』とわかれ、ふたたび鎌倉と京の政治の現実についてみることにしたい。

第六章　鎌倉と京の政権

1　女の平和

丹後局と頼朝の後継問題

建久《けんきゅう》六年（一一九五）三月の東大寺《とうだいじ》大仏殿の落慶供養《らっけいくよう》に、源頼朝《よりとも》は妻政子《まさこ》と一四歳の嫡男《ちゃくなん》頼家《よりいえ》・長女大姫《おおひめ》を帯同した。その南都での供養を終えて帰洛してからの頼朝の動きは、九条《くじょう》兼実《かねざね》をびっくりさせた。

頼朝はまず宣陽門院《せんようもんいん》を訪れ、そののち、宣陽門院の母丹後局《たんごのつぼね》を六波羅《ろくはら》邸に招き、政子・大姫を対面させている。翌月にもふたたび丹後局を招き、兼実によって廃された長講堂《ちょうこうどう》領七か所を宣陽門院領として復活するために尽力した。

丹後局（高階栄子《たかしなえいし》）は、清盛《きよもり》のクーデターで後白河法皇が鳥羽殿《とばどの》におしこめられてからのち法皇の寵愛を独占し、養和《ようわ》元年（一一八一）には法皇とのあいだに覲子《きんし》（宣陽門院）を生んだ。法皇の在世中は「執権の女房」といわれ、兼実に「近日《このごろ》の朝務《ちょうむ》、ひとへにかの脣吻《しんぷん》にあり」と慨嘆せしめた女性である。法皇の不遇の時代を慰めただけにその信頼は厚く、法皇の死にさいしては遺詔を兼実に伝えている。また後鳥羽の帝位は彼女の夢想によるといわれており、法皇の死後も実権をふるっていた。

その丹後局に頼朝が接近していったのであるから、兼実は内心穏やかではなかった。それは、頼朝から局への贈り物が砂金《さきん》三〇〇両《りょう》、白綾《しらあや》三〇反《たん》であったのに、翌々月兼実に贈られてきたのはわずかに馬二匹にすぎないのをみてもわかる。「甚《はなは》だ乏少《ぼうしょう》、これを如何《いかん》せん」と兼実は記している。

頼朝が自分との連絡なしに直接に朝廷との結びつきをもつことは、兼実のもっとも恐れるところであった。それはみずからの権力基盤が内と外から崩されかねないからであり、事実、このことは兼実の地位のもろさを内外に印象づけることになった。

頼朝が局にちかづいたのは、大姫を局にひきあわせて、その婚姻の斡旋《あっせん》を依頼することにあった。もともと今回の上洛で長子頼家を帯同したのは、彼を後継者として考えていたからであり、二度にわたって頼家を参内《さんだい》させている。だが頼家の力だけでは東国の強大な大名の勢力をおさえるのはむずかしいと判断したらしい。前年、将軍を辞した頼朝は、将軍位をあけたままで、頼家の元服《げんぷく》も行なっていない。

そこでは二つの方策が考えられよう。一つは大姫の入内《じゅだい》をはかり、生まれる後鳥羽の皇子を鎌倉に迎えて、頼家がこれを補佐する策、第二は、後鳥羽の兄弟に大姫をめあわせて鎌倉に迎え、頼家がこれを補佐する策である。これらはかつて頼朝が以仁王《もちひとおう》を戴《いただ》いて東国支配権を主張した考えにそうもので、のちの皇族将軍擁立につながる構想であった。

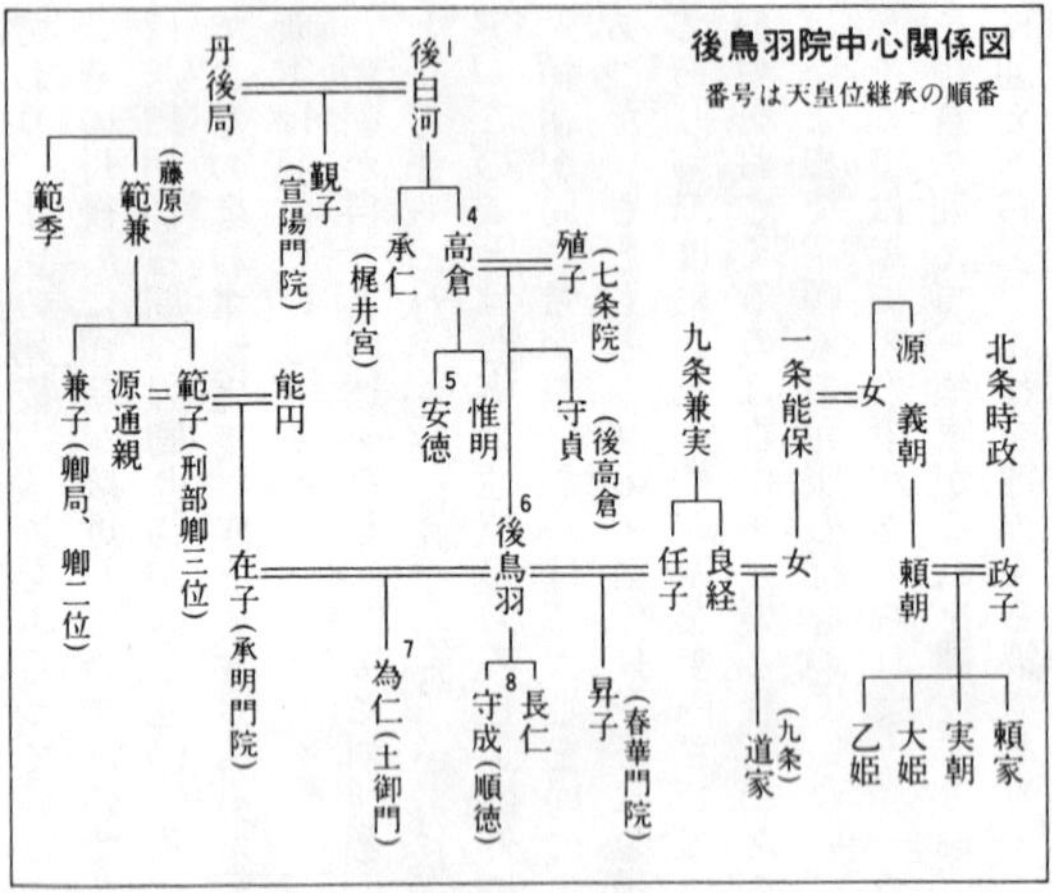

ただ第一の策は、兼実や源通親《みちちか》が入内争いをして、いまだ後鳥羽に皇子の誕生していないこの時期の実現は無理なことであった。したがって第二の策にそって局に接近したものとみられる。

後鳥羽の兄弟には守貞《もりさだ》（のちの後高倉院）・惟明《これあき》両親王がおり、そのうちでも惟明は頼朝が局を六波羅に招いた日に、後鳥羽の母七条院《しちじょういん》の猶子《ゆうし》として元服《げんぷく》しており、可能性が高い。守貞についても、文覚《もんがく》が皇位継承を朝廷に働きかけていたという話が『平家物語』にのっており、その可能性も否定できない。いずれにしても頼朝は、この方策にある程度の感触を局から得たにちがいない。

頼朝が丹後局からの吉報を期待して鎌倉に帰るのを、複雑な気持ちで見送ったのは兼実であろう。入内させている娘中宮任子《にんし》に皇子が生まれれば、その政治的地位が安泰とはなるものの、頼朝が丹後局と結んだ今、きわめて不安定な立場におかれたからである。しかも天皇の近臣としてめざましい存在の源通《みち》親《ちか》の養女在子《ざいし》が懐妊したとの報もはいってきていた。やがて兼実の悪い予感は的中する。八月に生まれた任子の子は皇女であり、一二月に生まれた在子の子は皇子為仁《ためひと》だったのである。

兼実の失脚、頼朝の死

在子（承明門院《しょうめいもんいん》）の母は、藤原範兼《のりかね》の子範子《はんし》で、刑部卿三位《ぎょうぶきょうさんみ》という。叔父範季《のりすえ》が天皇を幼少のころから養育していた関係から、乳母《めのと》となり、また夫の法印能円《のうえん》が平家に連座してからは、源通親を後夫としていた。

丹後局は、為仁が生まれたことから通親と三位に接近し、また後白河法皇の皇子梶井宮《かじいのみや》承仁《しょうにん》法親王とも結んで、九条家の政界追放工作を開始した。まず皇子誕生により、大姫入内が可能であることを頼朝に告げ、兼実と頼朝との離間策を講じたものと思われる。

これに応じて頼朝が大姫入内の依頼を通親に行なうと、通親は待ってましたとばかりに天皇を動かし、建久《けんきゅう》七年（一一九六）一一月に兼実を関白《かんぱく》の座から追い、近衛《このえ》基通《もとみち》をそのあとにつけた。やむなく中宮任子は内裏《だいり》をでて八条院《はちじょういん》にこもり、慈円《じえん》も天台座主《てんだいざす》を追われて、かわりに承仁が座主となった。

前々年に病気により出家していた京都守護一条能保《いちじょうよしやす》は、兼実の子良経《よしつね》を娘婿《むすめむこ》としていただけに、この報に驚いた。しかし事態はどうも頼朝の黙認のもとでなされたらしいと知ると、大姫入内を働きかけることしかできなかった。九条家はみすてられてしまったのである。だが頼朝の期待した入内も大姫が病気がちですすまず、翌年には大姫が亡くなり、ついで次女乙姫《おとひめ》の入内がはかられたが、彼女も病いがちであった。結局、入内のえさにとびついて頼朝が得たのは、九条家の失脚という事実だけであった。

気をよくした通親は、建久九年正月に四歳の為仁の即位（土御門《つちみかど》天皇）を実行している。譲位を頼朝に打診したとき、幼主は好ましくないという回答があったというが、それにもかかわらずなされた即位である。通親の立場からすれば、後鳥羽の皇子には、為仁のほかに坊門信清《ぼうもんのぶきよ》の孫で三歳の長仁《ながひと》、藤原範季の孫で二歳の守成《もりなり》らがいたので、早く即位を実現したかったのであろう。

乙姫の入内問題で足かせをはめられていたかっこうの頼朝も、こう無視されては黙っていられない。兼実には「今年必ずしづかに上りて、世の事沙汰《さた》せんと思ひたりけり」と伝えたといわれている。ところがその年の相模川《さがみがわ》橋の落成供養の帰途、落馬したのが悪化し、翌年正月にあっけなくも五三歳の生涯をとじてしまった。

乙姫の入内のこと、頼家のこと、思いのこすことは多かったにちがいない。事実、その不安と心配はすぐに現実のものとなった。三月に乙姫は病気にかかって悪化し、六月に亡くなる。また四月には頼家の親裁権が大幅に削減されたのである。

さらには頼朝が頼家のために後事を託した側近梶原景時《かじわらかげとき》が、御家人《ごけにん》らの訴えで追放され、滅ぼされてしまった。頼朝の心配していたとおり、東国の大名は自己をつよく主張しはじめており、将軍権力の削減にむかっていたのである。

頼朝の死は、兼実の失脚とともに、一つの時代がまさに終わったことを、よく物語っている。戦乱とその収拾、復興の時代をになってきた頼朝・兼実の巨星は、歴史の舞台から去っていった。ではそれにかわって登場したのはだれであろうか。

卿二位の台頭

九条家の勢力を一掃したものの、頼朝の行動を心配していた通親《みちちか》は、その死によってやっと気分が晴れ、みずからは右大将《うだいしょう》となり、頼家を左中将に任じた。彼は頼家との連携を考えて、早速に頼朝のあとをついで諸国を守護すべしとの宣旨《せんじ》を頼家に下している。

また頼家の使者として上洛してきた梶原景季《かげすえ》とはかり、京都守護であった故一条能保とつながる藤原公経《きんつね》や保家《やすいえ》をおしこめた。さらに能保の郎等後藤基清《ごとうもときよ》・中原政経《まさつね》・小野義成《よしなり》など三人の左衛門尉《さえもんのじょう》を流罪《るざい》に処し、頼朝の意をうけ働いていたらしい文覚《もんがく》も、佐渡《さど》に流した。頼朝が晩年に打った手はすべて裏目にでたといえるであろう。

兼実失脚後の朝廷では、こうしてみると、通親が主役として登場したかにみえるが、実際はそうではない。後鳥羽の近臣、土御門《つちみかど》の祖父という地位によって支えられていたその権力も不安定であった。彼を後援していた丹後局《たんごのつぼね》は、承仁《しょうにん》法親王との密通問題で退けられて東山の浄土寺《じょうどじ》に隠棲してしまい（浄土寺二位）、後鳥羽上皇の寵愛は土御門の母（承明門院）から守成親王の母重子《しげこ》（のちの修明門院《しゅうめいもんいん》）へと移っていたからである。

そうしたなかで力を伸ばしていったのが刑部卿三位の姉妹で、上皇に幼少時より「ひしとつきまゐら」せていた卿局《きょうのつぼね》（藤原兼子《けんし》）である。彼女は承明門院の叔母《おば》にあたるが、修明門院を養女として育てていた関係もあって、急速に政界に影響力をふるうようになった。上皇の近臣藤原宗頼《むねより》といえば、かつては兼実の後見といわれた人物であるが、兼実の失脚後は上皇に仕えていた。その宗頼と卿局は結婚して、夫婦で上皇に大きな影響を与えもしたのである。

かくして、正治《しょうじ》二年（一二〇〇）四月に守成親王が東宮《とうぐう》にたてられると、土御門天皇をとりまく勢力はとみに衰えてゆく。通親はそれでも東宮傅《とうぐうふ》となったものの、八月に刑部卿三位が亡くなり、権勢の中心はあきらかに卿局に移った。夫宗頼は東宮権大夫《とうぐうごんのだいぶ》となり、兄弟の範《のり》光《みつ》は東宮亮《すけ》、姉妹の夫源通光《みちみつ》は東宮権亮となった。やがて建仁《けんにん》二年（一二〇二）に権謀の政治家通親が亡くなると、もはやすべては卿局の専《もっぱ》らにするところとなった。とくに人事は「権門女房ひとへに以《もっ》て申し行なふ」といわれたように、局の左右するところとなり、夫宗頼が仕えていた九条家も復帰して、兼実の子良経が摂政《せっしょう》となった。

ところがその年末に上皇の熊野《くまの》詣《もう》でに供をしていた宗頼が、松明《たいまつ》で火傷《やけど》を負い、それが原因で翌年正月に死去してしまった。局はすでに齢四九にたっしていたが、その権勢をもとめて公卿らの求婚があいついだ。通親の弟や三条実房《さねふさ》などなみいる公卿のなかから局が選んだのは、通親のあとをうけ東宮傅となっていた太政大臣藤原頼実《よりざね》である。

その結婚後は、頼実を上皇の後見とするとともに、頼実の娘麗子の入内をも実現させ、局の権勢はいやがうえにも高まり、建永《けんえい》二年（一二〇七）六月、東宮の母修明門院の院号宣下《せんげ》において、局は三位から二位となり卿二位《きょうのにい》と称せられた。

女人入眼の日本国

卿二位は「権勢の女」とも「時の女」とも称せられたが、その権力の実体は後鳥羽上皇の分身としての機能にもとめられよう。

上皇の近臣をおのが勢力の基盤とし、上皇の近習《きんじゅう》の武力をおのが武力に使い、上皇の寵愛する女性を猶子《ゆうし》や養女の関係でとりこんでいる。この分身的機能を保障したのが人事権の掌握であって、卿二位の周辺には漁官《りょうかん》運動をくりひろげる貴族が殺到した。

彼女は任官・叙位《じょい》とひきかえに、彼らから動産・不動産の贈物を得て、経済的にも裕福であった。本宅は二条大路と町小路の交差する二条町にあり、京都の中心を占めていたばかりか、二条町周辺には家地《やち》をたくさんあつめている。慈円《じえん》はこの二位のありさまをみて「京には卿二位ひしと世を取りたり」と称したのである。

京の卿二位とならんで、慈円をして「女人入眼《にょにんじゅがん》の日本国いよいよまことなり」といわしめたのが、鎌倉の尼二位、北条政子《まさこ》である。慈円のいう女人入眼とは、女性が補佐して王法《おうぼう》（朝廷の政治）を完成させるというほどの意味である。摂関政治の時代に摂関家出身の女性が、国母《こくも》・皇后として天皇や摂関を補佐する政治形態を理想のものと考えて、主張したのである。

この時代には、摂関家出身の女性が期待されることはもはやなかったが、それにもかかわらず女人入眼のことを述べているのは、卿二位や政子らに王法の補佐の期待をかけていたからであろう。慈円が『愚管抄《ぐかんしょう》』を記した動機は、承久《じょうきゅう》の乱の前夜、一触即発の危機において、戦争をなんとか防ぎたいという願いによるものだったという。それだけに彼女らによせる期待は大きかった。ここにおいて、頼朝や兼実が歴史の舞台から去ったあとの主役は、二人の女性であったと知ることができよう。

政子の政治的位置

のちに尼将軍《あましょうぐん》ともいわれた政子《まさこ》の実力は、実朝《さねとも》が暗殺されたのちに発揮されたと考えがちであるが、けっしてそうではない。その力は頼朝の死の直後から行使されてきたとみるべきである。頼家が頼朝のあとをついだ正治《しょうじ》元年（一一九九）八月、安達盛長《あだちもりなが》の子景盛《かげもり》が三河国《みかわ》に行った留守のあいだに、頼家が景盛の「妾女」を奪ったことを発端に、ついに頼家が景盛を誅罰《ちゅうばつ》しようとする騒動がおきた。これを収拾したのが政子であった。

この事件にもうかがえるが、頼朝の死後、将軍頼家と東国の諸大名との対立は激化していた。頼家の陣営は、その妻若狭局《わかさのつぼね》に連なる外家の比企能員《ひきよしかず》一族が中心となり、勢力を築いていた。東国大名の陣営は、幕府草創期以来の有力豪族から成り、頼家の外祖父北条時政《ときまさ》を結集の核としていた。政子は、この両陣営の対立を調停し、緩和する役割をになっていたといえるであろう。

両陣営の対立は、頼家の側近梶原景時《かげとき》の鎌倉追放と殺害の事件をへて、建仁《けんにん》三年（一二〇三）九月におきた比企能員の乱により、頼家が伊豆《いず》国修禅寺《しゅぜんじ》におしこめられ、ついに暗殺されるところへと行きつく。

事件は頼家が重病にかかったため、頼家のもつ日本国総地頭職のうち、関西三八か国分が弟千幡《せんまん》（のちの実朝《さねとも》）にゆずられる処置のとられたことからおこった。子の一幡《いちまん》を擁する能員は怒って、時政の追放を頼家に申しでたが、逆にそれを時政に察知されて襲われ、一幡とともに殺害されてしまったのである。

ここで注目されるのは、政子の立場である。能員の追討の命令は政子の「仰《おおせ》」によるものであり、頼家の幽閉も政子の「計仰《はからいおお》」するところだったという。さらに千幡が政子邸に確保されていたことなどをもあわせて考えると、政子の主導権により、頼家から実朝への将軍職移譲がはかられたとみてもよいであろう。

実朝の代になってからも、火事で焼けた鶴岡八幡《つるがおかはちまん》の塔婆《とうば》の再建の延期は、政子の命令によってだされ、諸国地頭分《じとうぶん》の狩猟の停止も政子の命令によっている。その翌々年におきた畠山重忠《しげただ》・稲毛《いなげ》重成《しげなり》の謀反《むほん》の事件では、重忠にくみした武士らの没収地の配分が政子のはからいによってなされている。このようにみてくれば、政子の地位は、将軍に匹敵するものであったといえようし、そもそも頼朝の地位・権限はそのまま単純に頼家に継承されたのではなく、分割されて政子と頼家にうけつがれたとみることもできる。

そうしたことを物語る一例としてあげたいのは、頼家の親裁権が削減された処置である。じつは、それは政子の意にもとづくものだったと考えられる。そうだからこそ容易に事がはこんだのであり、もし大名の力のみでなされたならば、はげしい対立・内紛にみまわれたことであろう。

政子の地位は、頼朝の後家の尼に由来するものであることはまちがいないが、さらにその地位にもとづいて、第一に頼朝の没後の法事をはじめとする幕府の宗教体制の中核にあったことが大きな意味をもっていた。正治二年（一二〇〇）正月に頼朝の墓所の法華堂《ほっけどう》で一周忌の法要を営んだときは、栄西《えいさい》を導師《どうし》にして時政以下の大名が集まっている。翌年には政子は、義朝《よしとも》の亀谷館《かめがやつ》の故地を栄西に寄付し、寿福寺《じゅふくじ》造営を開始している。

第二に将軍勢力と大名勢力との対立のあいだにあった京下りの吏僚《りりょう》を握っていたことが大きい。政所《まんどころ》の別当大江広元《おおえのひろもと》や政所令《れい》で二階堂行政の子行光、問注所《もんちゅうじょ》の執事三善康信《みよしやすのぶ》らはみな政子の意をうけて動いていた。なかでも行光は、政子の側近として一貫して動いており、たとえば正治二年閏《うるう》二月の政子の願《がん》になる法華堂での法華懺法《ほっけせんぼう》ではその奉行《ぶぎょう》をし、つづいてこれも政子願の寿福寺造営でも康信とともに奉行している。また、景時余党の勝木則宗《かつきのりむね》が追捕《ついぶ》された事件では、広元・康信・行光らが罪名・勲功の沙汰《さた》をとりしきっている。こうした幕府政治の実務をになう吏僚を掌握していたことが、政子の政治力を卓越させていたとみられる。

北条時政の望み

政子の援助もあって実朝《さねとも》の擁立に成功した時政は、実朝の後見《こうけん》として幕府の実権を握った。『吾妻鏡《あずまかがみ》』はその地位を執権《しっけん》と記している。時政の課題は、力によって将軍を廃したことからくる、幕府の権威の低下を回復することにあった。

まず御家人《ごけにん》の動揺を防ぐために、娘婿の平賀朝雅《ひらがともまさ》を京都守護として派遣し、西国御家人に対し幕府への臣従をもとめている。朝雅は、翌年に伊勢・伊賀におきた平氏の反乱をしずめており、その役をはたした。つぎに将軍の代《だい》はじめの政策として、東国の百姓の年貢を減免する「善政」を実施し、さらに訴訟の興行をはかり、奉行人の緩怠《かんたい》をいましめている。

ここに、のちに大きく発展する北条氏による幕府支配体制の基本が築かれた。伊豆の豪族といわれているものの、じつはさしたる勢力も持たなかった時政がやっと掌中にした実権による成果であった。

幕府政治の安定とともに、実朝《さねとも》の婚姻問題がおこった。実朝は頼家とはちがい、すぐに征夷大将軍に任じられており、皇族将軍の招聘《しょうへい》は考えられない。したがってその婚姻の相手は、東国御家人の娘か、あるいは京から貴種《きしゅ》を迎えいれるかの二つのどちらかである。はじめは政子の姪《めい》で、上総前司《かずさのぜんじ》足利義兼《よしかね》の娘が候補にあがったが、その案は捨てられ後者をとることになった。実朝自身の意もあったが、頼家の失敗にこりての選択であろう。朝廷と折衝した結果、坊門信清《ぼうもんのぶきよ》の娘が関東に下ることに決定した。

この女性は上皇の女房西《にし》の御方《おんかた》の姉妹にあたり、元久《げんきゅう》元年（一二〇四）一〇月に京を出発して関東に下っている。その京の出立所が卿二位の岡崎邸であることや、西の御方が卿二位の養女であったことなどを考えると、実朝の婚姻には卿二位が深く関与していたとみられる。いっぽう関東で中心になって動いていたのは政子であった。のちに実朝の後継者問題がおきたときには、京で卿二位と政子とが会談して、西の御方に生まれた皇子頼仁《よりひと》を関東に下すことで合意をみている。なおこの頼仁も卿二位に養い育てられていた。京・鎌倉の二人の女性によって朝幕関係は維持されていたのである。

こうして幕府政治は安定するかとみえた矢先、時政の強権的な政治に大名の反発がおきた。時政の訴訟指揮を追ってみると、地頭の訴えをほとんど認めておらず、地頭職の停廃があいついでいることがわかる。時政とその後妻牧《まき》の方《かた》の行動への批判もおきていた。そしてついには元久二年六月、畠山重忠《はたけやましげただ》・稲毛重成《いなげしげなり》の謀反事件がおきるにおよんで、実朝の身も危い状態となったのをみた政子は、三浦義村《よしむら》・北条義時《よしとき》とはかって、時政を出家させ伊豆におしこめてしまった。

牧の方が娘婿の平賀朝雅を将軍にたてて実朝をのぞこうとした、というのがその名目である。同時に京の朝雅も誅《ちゅう》された。時政がはたしてそうしたことまで考えていたかどうかはあきらかでないが、政子のもとを脱けでて幕府を自由に動かしたい、という望みがあったとしても不思議ではない。

しかしその結果、政子・義時の「いもうと《(妹)》せうと《(兄)》として関東をば行なひてありけり」という政治体制がここに成立したのである。たとえば時政が退けられた直後におきた宇都宮頼綱《うつのみやよりつな》の謀反については、政子邸に義時や大江広元・安達景盛らが集まり評議がなされている。

2　乱前夜

つかの間の平和

元久二年（一二〇五）九月、『新古今和歌集《しんこきんわかしゅう》』が鎌倉に到着した。平賀朝雅《ともまさ》や畠山重忠《しげただ》の事件で遅れていたのだが、やっとついたのである。

このころの実朝《さねとも》の周辺には、京の文化が定着していた。前年の正月には、実朝の読書始めが行なわれ、源仲章《なかあきら》を侍読《じどく》としているが、仲章は院に仕えるうちに幕府の御家人となった人物である。つづいて実朝の御台所《みだいどころ》（妻）が京から迎えられると、京風文化は鎌倉を完全に覆ったといえる。

『新古今』を得た実朝は和歌を熱心に学び、それを知った御台所の侍《さむらい》藤原清綱《きよつな》からは『古今和歌集』の献上があったり、藤原定家《さだいえ》からは実朝がつくった和歌への批評が送られてきたりしている。

『新古今』の仮名序《かなじょ》には「世を治《おさ》め民をやはらぐる道とせり」と記されている。実朝は上皇にならって、和歌を帝王のあるべき道として習学したのであろう。こうして時政没落から和田合戦がおきるまでの九年間というものは、実朝が和歌にいそしみ、治者の道をあゆんで成長していった、もっとも平和な時期であった。

時により　過ぐれば民《たみ》の　嘆《なげ》きなり　八大竜王《はちだいりゆうおう》　雨やめたまへ

この歌は、実朝の歌集『金槐和歌集《きんかいわかしゆう》』に収められており、その詞書《ことばがき》には「建暦《けんりやく》元年七月、洪水《こうずい》天に漫《はびこ》り、土民愁嘆《しゆうたん》せむことを思ひて」とある。『吾妻鏡』の記事をみても洪水のことは記されていないので、年月をまちがえたのであろうと考えられてきたが、そうではない。実朝はこの七月四日に中国の政治規範の書『貞観政要《じようがんせいよう》』を読みはじめているので、治者への自覚をもってつくった歌とみるべきである。

承元《じようげん》三年（一二〇九）四月に実朝は従三位《じゆさんみ》となり、公卿家の政所《まんどころ》を開設すると、それ以後、親裁権をひろく行使するようになった。

そうした実朝にちかづいていったのが和田義盛《よしもり》である。実朝充実の日々である。義盛は、景時の没落によって侍所《さむらいどころ》の別当に返り咲き、幕府草創期の功臣がつぎつぎと亡くなってゆくなかで、実力を保持していた。子の常盛《つねもり》、孫の朝盛《ともえり》はともに実朝のちかくに仕えていたが、ことに朝盛は和歌に、蹴鞠《けまり》に、武芸に秀でて「将軍家の御寵愛、等倫《とうりん》（同輩）あへてこれを争はず」といわれたごとく実朝の寵愛が深かった。

こうした背景もあって、義盛が頼朝時代以来の功により上総介《かずさのすけ》の任官を望んだのは、承元三年のことである。北条義時《よしとき》・時房《ときふさ》の二人が相模守《さがみのかみ》・武蔵守《むさし》に任じられているのに、和田氏に受領《ずりよう》が認められていないことへの不満があった。

しかし実朝はこれを可としたものの、政子は侍の受領は禁止するという頼朝の時代の先例をたてに不可としたという。また義盛は、諸国守護人の取り締まりが弱いため群盗が横行すると主張して、守護の交替制をとなえた。その評議の結果、守護職の補任状《ぶにんじょう》の有無が調査された下総《しもうさ》の千葉成胤《しげたね》、相模の三浦義村、下野《しもつけ》の小山朝政《おやまともまさ》の三人は、義盛に恨みをいだいたことであろう。

和田合戦

義盛の要求はすべて退けられたものの、常盛・朝盛はあらたに左衛門尉《さえもんのじょう》・兵衛《ひょうえ》尉となり、建暦《けんりゃく》三年（一二一三）正月の垸飯《おうばん》を義盛が四日目に献ずる名誉が与えられた。垸飯は年頭に行なわれる武家の儀礼であり、武家における地位を象徴するものである。元日広元《ひろもと》、二日義《よし》時《とき》、三日時房《ときふさ》、四日義盛とあれば、義盛の地位の上昇はいうまでもない。ただ前年の三日目の垸飯を小山朝政が務めていたことを考えると、ここでも大名の反発をかったことになる。

そこに北条義時のねらいがあった。義盛が上総国伊北《いほう》荘に下っていた留守をついて、謀反事件をでっちあげたすえ、二月に義盛の子義直《よしなお》・義重《よししげ》および甥《おい》の胤長《たねなが》を追捕した。驚いて義盛が鎌倉にのぼり赦免《しゃめん》を要求すると、義直・義重は赦《ゆる》したものの、胤長については認めなかった。

三月九日には義盛一族の訴える面前で、胤長を縛りつけたまま流罪《るざい》に処すという恥辱を与えたばかりか、胤長の没収地をいったんは義盛にもどしたものの、すぐに自己のものとしてしまった。義時の挑発はあきらかであったが、激高した義盛は、備えのないまま五月二日に兵をあげた。

いかに勇猛な和田氏でも、はりめぐらされた陰謀の罠《わな》には弱かったといえよう。一族の三浦氏さえも義時に加担し、有力大名もそれにならったなかで、これまでに滅び去った諸氏の残党や姻戚《いんせき》の横山党の勢力だけが頼みでは、しょせん無理な戦いである。

実朝を前面におしだして戦う義時陣営にたいし、手駒をもたないのも痛かった。二日間にわたって鎌倉中を血に染め、一族は壮烈な討ち死にをとげたのである。

合戦の勲功により、義時は鎌倉に隣接する山内荘《やまのうち》と美作《みまさか》国守護職を得たうえに、義盛のあとをうけて侍所の別当となり、その権力は盤石《ばんじゃく》となった。合戦の処理を義時とともに行なった大江広元は、武蔵国横山荘を勲功地として与えられており、ここに政子・義時・広元の三人のスクラムは成った。一人悲哀をかみしめたのは実朝である。

合戦でなにもなしえなかった自己の存在に衝撃をうけ、数年にわたって義盛の亡霊を夢にみることになる。わずかな慰めは、和歌であり管弦であった。合戦後に、定家から贈られた『万葉集』に喜び、定家の所領伊勢《いせ》国小阿射賀御厨《こあさかのみくりや》における地頭の非法を停止している。

山は裂け　海は浅《あ》せなむ　世なりとも　君にふた心　わがあらめやも

実朝の心は、はるか京にあった。しかしそうした実朝の心をこえて、政治は実朝のあとをめぐって動きだしていた。子のいない実朝のあとをつぐのはだれか。京と鎌倉の二人の女性は、実朝の後継者として、頼仁《よりひと》親王をすえることで合意する。政子は卿二位のはからいで三位となり、二位にのぼる。慈円《じえん》のいうとおり、まさに「女人入眼《にょにんじゅがん》の日本国」であった。では、治天の君の後鳥羽院はそのころどうしていたのであろうか。

後鳥羽院の評価

『保元《ほうげん》物語』『平治《へいじ》物語』『平家《へいけ》物語』の三つの軍記物と並び称される『承久記《じょうきゅうき》』は、後鳥《ごと》羽《ば》院《いん》の叙述からはじまり、院が倒幕の決断を下して乱がおこり、ついには隠岐《おき》に流されたことをもって終える。戦乱の原因を、はっきり上皇個人の資質・行動にもとめている点で、前三者とはまったくちがった内容の軍記物となっている。

「賢王・聖王の直《すぐ》なる御政《おんまつりごと》に背《そむ》き、よこしまに武芸を好ませ給ふ」という上皇の武を好む性格が、「弥《いよいよ》御心武《たけ》く成らせ給ひて」、かくて「王法《おうぼう》尽くさせ給ひて、民の世となる」合戦にいたったと説く。これにたいして、朝敵となる幕府の北条義時《ほうじょうよしとき》については、「権威重くして国中に仰せられ、政道正しうして王位を軽しめ奉《たてまつ》らず」ときわめて好意的評価を与えている。

『承久記』はどうもおもしろくない、といわれるのは、この筋立てをみてもわかるであろう。戦乱をおこした人物が敗れ、非はその人にあったというのである。また人物の描写も一面的で、内面を鋭くとらえたものがないとなれば、そうした評価がなされてもしかたがない。歴史家は意識的に『承久記』から離れてみる必要がある。

さて上皇は、祖父後白河《ごしらかわ》が天皇の器量なしとみられたのとは対照的に、あらゆる才能にめぐまれ、また帝王としての教養を積んだ。和歌はもちろん、「衆芸人にすぐれたまひて、蹴鞠《けまり》さらに妙にあらそふものなし」と、蹴鞠の達者四人からこの道の「長老」とも称されている。武芸はその究《きわ》めたる諸々の芸能の一つにすぎないが、得意がこうじてついには検非違使《けびいし》の追捕《ついぶ》もかなわなかった強盗を捕らえるため、陣頭指揮まで行なったという。この付近が『承久記』の非難するところである。

しかし『承久記』の評価とはことなり、ありあまる才能は政治にもむけられている。帝位を退いて上皇が政治に関心をもちはじめると、九条兼実《くじょうかねざね》の時代に設けられた記録所の振興をはかり、ついで上皇を中心とした評定会議《ひょうじょうかいぎ》を強化している。そうした上皇の政治への意欲は、承元《じょうげん》四年（一二一〇）九月の彗星《すいせい》の出現をきっかけに、順徳《じゅんとく》天皇を位につけ、その代替わりの徳政として制定した二一か条の法令（建暦の新制）をみればわかる。

そのなかでは、しばしばおこされる寺社勢力の強訴《ごうそ》への対策として、神社に奉仕する神人《じにん》や悪僧の乱暴行為を停止し、僧侶が兵仗《ひょうじょう》を帯することを禁じていることが特筆される。さらに、「朝廷への訴訟については官・蔵人《くろうど》の制度・機構をとおした場合にのみその理非の成敗を行なう」とした法令は、それまでさまざまな「縁」をたどって特別な「執奏《しっそう》」の人をつうじないと訴訟が上にたっしなかった事態を改革したもので、そこに上皇の政治意欲の並々でなかったことが知られよう。

京の上皇、鎌倉の実朝

しかし、上皇が政治に意欲をもてばもつほどに、また改革をすすめればすすめるほどに、大きな障害となってたちふさがったのが幕府である。上皇と接触をもった幕府の政治家は、つぎつぎとたおされていった。あいつぐ幕府の内紛とその余波にたいし、上皇はただ手をこまねいて傍観するよりほかなかった。そのつど上皇は政治への意欲を失い、つぎつぎに芸能に手をだしては、焦燥《しょうそう》をまぎらわしていた。

卿二位はそうした上皇の性向を熟知していたから、上皇の関心を政治からそらすことに力をいれた。所々の遊覧や、水無瀬《みなせ》などの御所の造営のほとんどに卿二位が関与しており、「四方の白拍子《しらびょうし》」を召し集めて寵愛にそなえることもしたという。

ところで白河・鳥羽・後白河三上皇の時代にたてられた荘園は多くの女院《にょいん》に分割伝領されてきていたが、後鳥羽の時代になると、これらはなんらかの形で上皇の管領下にはいってくるようになった。

たとえば二〇〇以上の所領にふくれあがった八条院《はちじょういん》領は、建暦元年（一二一一）に女院が亡くなったことにより、養女の春華門院《しゅんかもんいん》に伝領されたが、この女院は上皇の皇女であった関係から、上皇が管領するところとなっている。こうしたぐあいに多くの荘園群や諸国の知行国が上皇に集中するようになり、それが上皇の遊びや気休め、気まぐれのための財源となったわけである。

そうこうするうちに関東で源実朝《さねとも》が成長すると、これに上皇は大きな期待をかけるようになった。上皇の寵愛する西《にし》の御方《おんかた》の姉妹を妻とし、蹴鞠《けまり》・和歌にいそしむ実朝は、政治の上でも上皇のよき弟子であった。和田合戦によって多大の衝撃をうけた実朝だが、その痛手から立ち直ると、建保《けんぽう》四年（一二一六）を境に、ひろく諸人の訴えを積極的にきくなど、政道に力をいれるようになった。それまで実朝の政所の別当は四〜五人と少なかったのを九人にふやしている。

政所の別当は、和田合戦以前には北条義時・時房、源親広《ちかひろ》、中原師俊《もろとし》、中原仲業《なかなり》の五人であったが、建保四年に大江広元、源頼茂《よりもち》・惟信《これのぶ》・仲章《なかあきら》の四人が増員されたのである。このうち実朝とは同じ源氏一門の頼茂・惟信の二人が別当になっている点がまず注目される。一門では頼朝の時代に下総守《しもうさのかみ》源邦業《くになり》が別当となったことはあるが、その家格は低かった。家格の高い大内守護の頼茂や大内惟義《おおうちこれよし》の子の惟信が家司《けいし》となったのは、一門の御家人化を意味する。

ついで仲章を含めた三人がともに上皇の近習《きんじゅう》である点は、上皇の勢力の実朝の政所への進出を意味しよう。このことや、一時期別当を退いていた広元の復帰を考えあわせれば、政所は東国大名の勢力と上皇勢力とがしのぎをけずる場になっていたといえる。それを象徴するのが源仲章の存在である。

仲章は、後白河院の近習源光遠《みつとお》の子で、兄弟の仲国《なかくに》・仲兼《なかかね》らとともに後鳥羽上皇の側近であった。儒者の家に生まれたわけではないが、学問に志して藤原定家とも親交があり、東国に下って実朝の侍読《じどく》となったのである。御所ちかくに屋敷を拝領するなど、実朝にひきたてられてしばしば京・鎌倉を往復するうちに、弾正大弼《だんじょうだいひつ》から大学頭《だいがくのかみ》をへて、ついには文章博士《もんじょうはかせ》となる「希代の朝恩」の栄誉に浴している。位階の順に連署するのが政所下文《くだしぶみ》の署判であるが、彼の名は広元につぐ位置にある。これからみても、その存在は目をひいた。

おそらく上皇は、仲章をつうじて幕府政治の方向を遠隔操作しようとしたのであろう。折しも実朝の後継者として皇子をもとめてきた幕府に、上皇が卿二位をつうじて色よい返事をしたのも、実朝を中心とした幕府の体制が受け皿になるならば、幕府を意のままに動かしうるという判断によるのであろう。

実朝暗殺

後継者が皇子と定まった実朝は、官位の昇進をしきりにもとめた。朝廷は要請にこたえて、建保四年（一二一六）に権中納言に任じてからは、建保六年には権大納言とし、つづいて内大臣・右大臣としたのである。その破格の昇進に幕府内には緊張がはしった。実朝は上皇の近臣化の道をあゆんでいるが、それは幕府のすすむべき方向なのであろうかと。

答えは建保七年正月の右大臣拝賀の儀式の折、鶴岡《つるがおか》の社頭でだされた。頼家《よりいえ》の遺児公暁《くぎょう》が親のかたきとして実朝を殺害し、あわせて仲章を殺したのである。

公暁をそそのかしたのはだれか。北条義時《よしとき》であるという説、公暁の乳母夫《めのと》であった三浦義村であるという説、それぞれに興味深く語られているが、この事件に限って伝える記録が多いのも奇妙である。幕府政治の転換点や重要人物が亡くなったときにしばしば記事を欠落させている『吾妻鏡』をはじめ、『愚管抄《ぐかんしょう》』『承久記』『神皇正統記《じんのうしょうとうき》』にいたるまでくわしく記している。どうも事件の直後から、将軍暗殺は秘められるべきものではなかったらしい。そこにこの事件の特異な性格がうかがえよう。

多くの歴史的事件がそうであるように、真相は藪《やぶ》の中である。だれが黒幕かはいかようにも解釈できるが、ただ拝賀の日の社頭という公の場での暗殺、将軍とその侍読の殺害という二つの事実のなかに、東国の大名勢力の意志がこめられているのは確かであろう。そして大きな衝撃をうけたのは、事件を目《ま》のあたりにした扈従《こしょう》の公卿である。

実朝の妻の兄坊門忠信《ぼうもんただのぶ》、関東申次《もうしつぎ》西園寺公経《さいおんじきんつね》の嫡子実氏《さねうじ》、平頼盛《よりもり》の子光盛《みつもり》などが京から下って参列していたが、「魂《たま》を消《け》たす思ひ」で帰途についたという。翌月の一四日、政所が「失火」によってすべて焼きつくされたが、ここに、この事件がよく象徴されている。

実朝の死とともに全権を掌握した尼二位政子《まさこ》は、公暁の余党の追捕《ついぶ》を命ずるなど事態の収拾をはかり、側近で政所執事の二階堂行光《にかいどうゆきみつ》を使者として京に派遣して、皇子の関東東下を請うた。すでに卿二位とのあいだで約束がついていたから事はスムーズに進行するかに思われたが、案に相違して、少し待てとの返事であった。しかもおっつけ上皇の使者として鎌倉に下ってきた内蔵頭《くらのかみ》藤原忠綱《ただつな》は、実朝の死をいたむ旨《むね》を伝えるとともに、なんと遊女亀菊《かめぎく》の所領である摂津《せっつ》国の長江・倉橋両荘の地頭職改補を要求したのである。それはあきらかに、拒否の意思表示にほかならない。

実朝の暗殺とともに事情は一変したのである。実朝の補佐があってこそ皇子の東国下向の意味があった。もし実朝暗殺後の東国に皇子を下すならば、幕府は上皇の手の届かないところにいってしまい、王朝国家はまったくの分立状態となってしまう。これが上皇の考えであったろう。

忠綱が伝えてきた上皇の要求にたいする回答をもって、政子の代官として義時が上洛したときも、上皇は皇子の下向《げこう》を拒否している。結局、西園寺公経の外孫《がいそん》で九条道家《みちいえ》の息の二歳の三寅《みとら》が鎌倉に下ることになった。

三寅をむかえた幕府では、早速に政所《まんどころ》始《はじめ》が行なわれ、「若君幼稚」のため政子が理非を聴断することとなった。

第七章　承久の乱と執権政治

1　承久の乱

倒幕の決断

幕府が意のままにならぬことをさとった後鳥羽《ごとば》上皇は、はっきりと倒幕の決断を下すことになった。亀菊《かめぎく》の二つの荘園の地頭改補要求を拒否する北条義時《ほうじょうよしとき》の回答は、上皇にとっては腸《はらわた》の煮《に》えくりかえる思いだったにちがいない。鎌倉に下って交渉にあたった藤原忠綱《ただつな》を解官《げかん》に処したのは、その怒りをよく示している。

鎌倉からは京都守護として、伊賀光季《みつすえ》・源親広《ちかひろ》の二人があいついで上洛してきた。光季は義時の姻戚、親広は大江広元《おおえのひろもと》の実子である。幕府の圧力をじわじわと感じとった上皇は、ひそかに倒幕の謀略をめぐらした。だが上皇の軍事力には、幕府と対抗できるほどのものはなにもないといってよい。つねに動かしうるのは、西面《さいめん》の武士と在京御家人のみである。

西面の武士とは、あいつぐ幕府の政争で不遇をかこった武士や、幕府の固有の領域ではない西国の有力武士を、院の西面に伺候《しこう》させて組織したもので、上皇によってはじめておかれた。その代表的存在が信濃《しなの》の仁科盛遠《にしなもりとお》や尾張《おわり》の山田重忠である。

盛遠は、かつて源義仲《よしなか》に率いられて京都にはいり、その守護にあたった仁科盛家《もりいえ》の一族であり、熊野詣《くまのもう》での途次、院に召しだされて奉公するにいたったという。だが東国の御家人の身での院中奉公が災いして、所領を没収されてしまった。重忠のほうは、源行家《ゆきいえ》に従って墨《すの》俣《また》で平家と戦って戦死した重満の子であり、一族の佐渡前司《さどのぜんじ》重隆《しげたか》は建久年間に頼朝に退けられ、不遇をかこっていた。

在京御家人とは、①鎌倉から京に派遣された京都守護や大番役《おおばんやく》をつとめる御家人、②上皇に奉公する源氏一門の御家人、③御家人となった西国の有力武士のうち京都で奉公を行なうもの、から成る。それぞれ代表例をあげると、①に三浦義村の弟胤義《たねよし》、②に大内惟義《これよし》・惟信《これのぶ》父子、③に後藤基清《ごとうもときよ》がいる。

このうち惟義・惟信父子についてみると、彼らは京周辺の摂津《せっつ》・伊賀・伊勢・丹波《たんば》・美《み》濃《の》・越前《えちぜん》の計六か国の守護となっており、上皇から直接の命令をうけて、寺社の紛争や強盗の追捕にも出動していた。またすでにみたように、実朝《さねとも》の政所《まんどころ》の別当《べっとう》ともなっていた。上皇と幕府との二つに奉公する両属性が彼らの特徴といえよう。

これらの軍事力では倒幕がとても無理となれば、西国を中心にひろく軍兵を集める必要があった。これを命ぜられたのが、院の北面に仕えた河内《かわち》の武士の藤原秀康《ひでやす》である。彼は下《しも》野《つけ》・上総《かずさ》・伊賀・淡路《あわじ》・備前《びぜん》・能登《のと》という受領《ずりょう》歴からわかるように諸国の事情に明るく、また、諸国に広範に存在する院領荘園《いんりょうしょうえん》を知行して財力も相当なものであった。承久《じょうきゅう》二年（一二二〇）の大内裏殿舎の再建のときには奉行となり、諸国から造営料を徴収するかたわらで軍兵の組織化に力をつくした。

しかしそれでも基礎となる軍事力はとても足りず、倒幕のためにはさらに幕府勢力の切り崩しをはからなければならなかった。宣旨《せんじ》によってどれだけの幕府御家人が京方につくのかが、勝敗の成否をにぎっていたのである。上皇は秀康をつうじて、大番役で在京中の三浦胤義を誘い、その点をたずねたところ、

> 一天の君の思召《おぼしめし》立たせ給はんに、何条《なんじよう》叶《かな》はぬ様《よう》の候《そうら》はんぞ。日本重代の侍ども、仰《おおせ》を承りて、いかでか背《そむ》きまゐらせ候べき。中にも兄にて候三浦の駿河守（義村）、きはめて嗚《お》呼《こ》（烏滸）の者にて候へば、日本国の惣追捕使《そうついぶし》も成されんと仰候はば、よも辞し候はじ。

と、兄義村も参ずると語ったという。これに意を得た上皇はついに倒幕に踏みきり、鳥羽離宮内の城南寺《じようなんじ》の「流鏑馬汰《やぶさめぞろ》へ」と称して、畿内近国一四か国の兵をつのった。近臣の藤原清《きよ》範《のり》が着到をうけつけたその数は、一七〇〇人であったという。

追討の宣旨

京をとりまく不穏な情勢に、上皇の護持僧の慈円《じえん》は、保元以後、「武者の世」となったのは「道理」によるものであり、戦争は無謀であることを、歴史書『愚管抄《ぐかんしよう》』に切々と記して

倒幕を諫《いさ》めたが、ききいれられなかった。その慈円に「女人入眼《にょにんじゅがん》」を期待された卿二位《きょうにい》（兼子）も、一度思いたった上皇の行動を阻止することはできなかった。

かくて上皇は、順徳《じゅんとく》天皇の子仲恭《ちゅうきょう》天皇を位につけ、その代替わりの徳政として義時追討宣旨を下したのである。仲恭の即位は承久三年（一二二一）四月二〇日、宣旨は五月一五日にだされている。

宣旨の内容は、義時が「関東の成敗」と称して天下を乱していること、諸国において将軍の名をかりて裁断を専《もっぱ》らにし朝廷をないがしろにしていること、の二つをあげ、謀反と断じて、謀反人追討を諸国の守護・地頭らに命じたものである。そこでは従来のような、追討使を任じて諸国の武士を組織し、追討を行なわせるという形式がとられていない。追討の主体はあくまでも上皇であり、守護・地頭らが院庁《いんのちょう》に参じることのみが命じられている。

それは有力な武士を中心に追討軍を編制するのではなく、上皇が個々の武士を直接掌握するものである。なにごとも自分が第一人者たらんという上皇の性格によくみあう追討軍の編制であるが、その根ざすところは、幕府を倒してもふたたび同じような武家権力が誕生しては困るという考えによるのであろう。これから一〇〇年後に、幕府を滅ぼし武家権力を排除して、綸旨《りんじ》万能による政治を志した後醍醐《ごだいご》天皇の考えにつうじるところがある。

しかしそれがいかに非現実的なものであるかは、後醍醐の場合をみてもわかる。バラバラの武士を上皇のもとに結集したとて、よく組織された幕府の軍勢に勝つみこみはない。それにもかかわらず、上皇がその考えをおしすすめたのは、帝王としての自負によるものであり、朝廷の権威への信頼からくるところであり、また、伝えきくところの幕府の内紛についての情勢把握によるのであった。

五月一五日の挙兵に院の御所に集まった軍勢は、召しに従わなかった京都守護伊賀《いが》光季《みつすえ》を攻めて血祭りにあげ、幕府に連なる西園寺《さいおんじ》公経《きんつね》らを召し籠め、一九日には東国への備えとして関々を固めた。そして、宣旨の使いとして鎌倉に派遣した秀康の従者押松丸《おしまつまる》からの朗報を今や遅しと待ち構えていたところ、五月二九日に伝わってきたのは、泰時《やすとき》・時房《ときふさ》が官軍を攻めるため大軍を率いて京に向かったとの報である。これをきいて「院中の上下、魂《たま》を消《け》たす」思いをなしたという。

追討宣旨に抗して

鎌倉に上皇挙兵の報がはいったのは一九日の午《うま》の刻《こく》（正午ごろ）。京都守護光季《みつすえ》からの飛《ひ》脚《きゃく》がもたらした。同じ京都守護の源親広《ちかひろ》が院の命に応じたこと、光季は応じなかったので勅《ちょっ》勘《かん》をこうむりそうであること、などが記されていた。

ついで未《ひつじ》の刻（午後二時ごろ）、西園寺公経の家司《けいし》三善《みよし》長衡《ながひら》の飛脚が到着。公経とその子実氏《さねうじ》が院の仰《おお》せにより二位法印尊長《にいのほういんそんちょう》の手によって弓場殿《ゆばどの》に召し籠められ、光季が官軍に攻められ自害したことや、按察使《あぜち》藤原光親《みつちか》が上卿《しょうけい》となって追討の宣旨がだされたことも伝えられてきた。

やがてその関東分の宣旨が鎌倉に到着したことが判明した。使者の押松丸の所持した宣旨と、挙兵を催促する東国の有力武士の交名《きようみよう》（名簿）とが政子邸にもたらされた。時を同じくして三浦胤義《たねよし》から兄の義村《よしむら》のもとに書状が到来していた。義時《よしとき》を討てば恩賞は思いのままという内容のその書状を、義村は義時邸に持参して幕府に忠節をつくすことを誓っている。
急を聞き伝えた御家人がつぎつぎと政子邸に集まるなか、政子はその動揺をしずめるため、安達景盛《あだちかげもり》をつうじて、おおよそつぎのことを述べた。

皆、心を一つにしてうけたまわるべし。これが最後のことばなり。故右大将（頼朝《よりとも》）、朝敵を征伐し、関東を草創《そうそう》してこのかた、官位といい、俸禄《ほうろく》といい、その恩はすでに山岳より高く、大海より深きに、報謝の志、浅からんや。しかるに今、逆臣の讒《ざん》により、非義の綸旨《りんじ》を下さる。名を惜しむの族《やから》は、早く秀康・胤義等を討ち取り、三代の将軍の遺跡を全《まっと》うすべし。ただし院中に参らんと欲さば、只今申し切るべし。

東国の武士の心情をまことによくとらえたこの効果的な演説により、聞く者はみな涙を流し、幕府の命に従うことを誓ったという。晩鐘のほど、義時邸で軍議がひらかれた。集まったのは、義時・泰時《やすとき》・時房《ときふさ》の北条氏一門と、大江広元《おおえのひろもと》・三浦義村・安達景盛のあわせて六人である。
大勢は箱根・足柄《あしがら》を固めて防御すべしという意見に傾きつつあったとき、一人広元が、京都に軍兵を発すべしという強硬意見を述べた。両意見が政子に伝えられると、即座に政子は上洛を命じたという。軍士の一致した今の勢いをかりて攻めるべしと考えたのである。かつて奥州追討宣旨がでないことで出陣をためらう頼朝に、大庭《おおば》景義《かげよし》がすぐに攻めるべきだと進言したことが思いだされよう。

政子は、東国武士の心情をよくよく心得ていた。すぐに遠江《とおとうみ》・信濃《しなの》以東の東海・東山道諸国、すなわち幕府固有の領域である東国の武士の家々の長にあて出陣命令の檄《げき》が飛んだ。

ぞくぞくと鎌倉に集まった軍勢は、二二日に泰時が鎌倉をたったのを皮切りに、二五日にかけてつぎつぎと京都をめざしていった。その数は、東海道の泰時・時房、足利義氏《よしうじ》、三浦義村以下一〇万、東山道の武田信光《のぶみつ》・小笠原長清《おがさわらながきよ》・小山朝長《おやまともなが》・結城朝光《ゆうきともみつ》以下五万、北陸道の北条朝時《ともとき》・結城朝広《ともひろ》・佐々木信実《のぶざね》以下四万の三手で、計一九万と伝える。

二九日には早くも北陸道で佐々木信実が官軍と一戦を交えており、東海道の軍勢は天竜川《てんりゅうがわ》を渡り終えた。

京方軍勢の解体

六月二日、東海道軍が遠江府中《とおとうみふちゅう》（磐田市）までやってきたという報が京にはいると、もはや院中でも、うろたえ仰天している余裕はなかった。翌日、防戦のため官軍が諸所に配備されていった。

北陸道に宮崎定範《さだのり》・糟屋有久《かすやありひさ》・仁科盛朝《にしなもりとも》が派遣され、東山・東海道の備えとしては美濃《みの》国の大井戸渡《おおいどのわたり》・鵜沼《うぬま》渡・池瀬《いけがせ》・摩免戸《まめど》・食渡《じきわたり》・墨俣《すのまた》がそれぞれ有力武将により固められた。だ

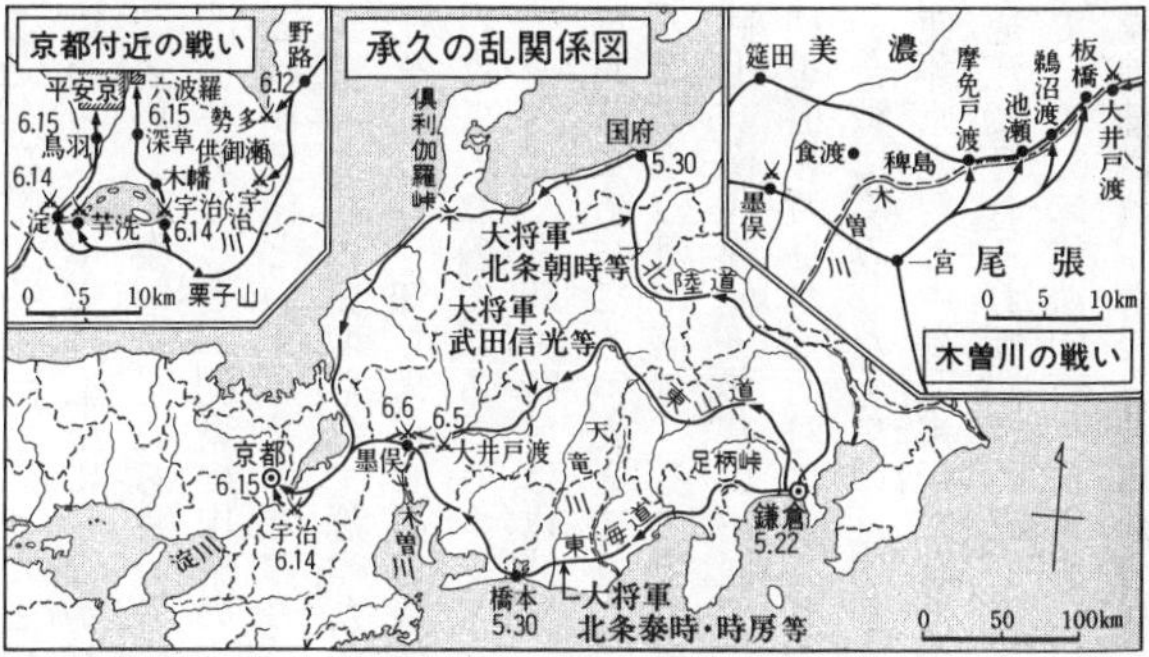

が五日夜の初戦で、東山道軍の小山朝長によって大井戸渡の大内惟信《おおうちこれのぶ》の軍が敗れ去ると、それを伝えきいた藤原秀康・三浦胤義・佐々木広綱らは、警固の地の摩免戸をいちはやく捨ててしまったという。

翌日、泰時の子時氏《ときうじ》らに摩免戸を攻められた山田重忠・鏡久綱《かがみひさつな》の奮戦ものかは、多勢に無勢の重忠は逐《ちく》電《でん》し、久綱は秀康の臆病《おくびょう》を恨みつつ戦死していった。

この合戦で勝敗の帰趨《きすう》はすでに定まったといえよう。官軍は京にもどり態勢の立て直しをはかったものの、近江勢多《せた》・山城宇治でともに惨敗、京都防衛線は突破され、幕府軍入京は目前となる。その一五日、秀康・胤義らは院の御所四辻殿《よつじどの》に参じ、もはや一死はまぬがれがたいことを声をそろえ、出陣を訴えた。

だがこれ以前、叡山にのぼり、衆徒の援護を要請したものの、拒絶されていた上皇は、もはや戦意をまったく失っていた。あわてて「武士どもはこれよりいづちへも落ち行け」と門を固く閉ざしたので、山田重忠は高声で「大臆病の君に語らはれて、憂《うれえ》に死せんずること、口惜《くちお》しく候」と罵《ののし》ったという。やむなく武士らはそれぞれ落ちていき、上皇のもとに集められた軍勢は上皇にそむかれ哀れにも解体したのであった。

入洛《じゅらく》した泰時にもたらされた院宣《いんぜん》には、今度の所行は謀臣《ぼうしん》が行なったこととて上皇とは無関係であること、関東の申請のままに宣旨はだされるべきこと、などが記されていた。まことに無責任といえばそのとおりであろうが、これは後鳥羽上皇にのみ限ったことではない。後白河《ごしらかわ》法皇に裏切られて怒った源義経《よしつね》が思いだされようし、この後、後醍醐《ごだいご》天皇も謀反の責任を問われ、知らぬ存ぜぬと責任を回避している。そこでは皇統の延命こそが第一にもとめられていたのである。

一六日、泰時・時房は六波羅《ろくはら》に居を占め、謀反人・残党の追捕《ついぶ》にあたった。胤義はすでに前日、東寺《とうじ》にこもったところを一族の三浦・佐原勢に襲われ、西山にのがれて自害。山田重忠は嵯峨《さが》の奥に落ち、そこで自害。関東御家人ながら院の恩顧を得て京方に加わった四人の武士、検非違使後藤基清《ごとうもときよ》・同大江能範《よしのり》・筑後守《ちくごのかみ》五条有範《ごじょうありのり》・山城守佐々木広綱らは六波羅に身柄を引き渡され、七月に首をさらされた。

合戦にくみした上皇の近臣も六波羅に引き渡されたが、彼らは関東への連行の途中、按察《あぜ》使《ち》藤原光親と中御門宗行《なかみかどむねゆき》が駿河《するが》で、兵衛督《ひょうえのかみ》源有雅《ありまさ》が甲斐《かい》、宰相中将範茂《のりもち》が相模《さがみ》、一条信能《のぶよし》が遠江《とおとうみ》でそれぞれ斬殺された。わずかに坊門忠信《ぼうもんただのぶ》のみが、実朝《さねとも》の妻の請いにより死をまぬがれている。二位法印尊長・秀康の二人は逐電したものの、秀康は七月には河内《かわち》国にいるところを追捕《ついぶ》され、尊長ははるかのちに京都にもどっていたのを追捕され誅《ちゅう》されている。

六波羅探題

六月一七日からは勇士の勲功の調査が行なわれ、合戦交名《きょうみょう》注文が作成されて、関東に送られた。二三日にこれが鎌倉に到着すると、義時は腹心の家人《けにん》安東光成《みつなり》を京にやって、泰時・時房に戦後処理の方針を示した。謀反人断罪の宣旨がだされたのはこれをうけてのことであったが、なによりも大問題は朝廷政治の刷新である。

七月六日、上皇は御所四辻殿から鳥羽殿にうつされ、八日に後鳥羽の兄持明院宮《じみょういんのみや》入道守貞《もりさだ》親王が後高倉院《ごたかくらいん》として院政をしくことになった。この宮をかつて文覚《もんがく》が即位をはかったことがあり、あるいは皇族将軍として画策されていた人物でもある。ここに天皇を経験しない上皇が誕生し、翌日にはその子後堀河《ごほりかわ》天皇が践祚《せんそ》し、摂政《せっしょう》も九条道家《くじょうみちいえ》から前関白近衛家実《このえいえざね》にかわった。

こうして王朝国家の自律性は失われ、治天の君ならびに皇位決定権は幕府に握られた。幕府が宣旨に抗し、のりこえて得たものこそこれであった。その後の後鳥羽《ごとば》・順徳《じゅんとく》・土御門《つちみかど》三上皇の隠岐《おき》・佐渡《さど》・土佐（のちに阿波《あわ》）への配流《はいる》は、この権限を行使したものにほかならない。

八月になると、京方に加わった公卿・殿上人・武士の三千余所といわれる所領が没収されて、政子の手により恩賞として配分された。その結果、西国の荘園《しょうえん》・公衙領《こうがりょう》にひろくおかれたのが新補地頭《しんぽじとう》である。彼らの多くは東国の御家人であって、幕府の支配権は彼らをつうじてひろく西国にゆきわたることになったが、同時に彼らが新しい領地にもちこんだ支配の方式は、多くの波紋をなげかけた。

源平合戦ののちに置かれた新地頭は前例を継承することと定められたが、その前例となる西国武士の所領支配はすでにみたようにきわめて弱体であった。このため、承久の乱後に置かれた新補地頭はこれを無視し、東国なみの強力な所領支配を行なったのである。その混乱から貞応《じょうおう》二年（一二二三）六月、新補地頭の得分《とくぶん》の基準が設けられた。新補率法《しんぽりっぽう》である。田畠一町ごとに地頭に一町の給田《きゅうでん》をあたえ、その他の田畠については地頭が一反あたり五升の加徴米《かちょうまい》を得分とする、山野や河海の所得は半分を与えるというものであった。なお、そのさいに前例をとるか新補率法をとるかは、地頭の自由とされた。

地頭の新補率法が宣旨によって定められたことは、いくつかの点で大きな意味をもった。一つは地頭制度が王朝国家の土地制度としてはっきり位置づけられた点である。これによって地頭は国司・領家《りょうけ》の荘園領主と同じレベル、同じ土俵で支配権を争うことになった。しかも幕府がその裁判権を握ったから、王朝国家の土地制度は幕府によって支えられるところとなったのである。またこれを契機に幕府が法の整備を諸方からもとめられた点も重要な意味をもつ。幕府の法令を集めたいくつかの法令集が、みなこの時期以後の法令をのせているのは、そうした整備のあらわれであり、以後、幕府の裁判機構も整えられていった。

泰時・時房の二人は、六波羅に駐留して戦後処理を行ない、あらたな西国支配の体制を築いた。まず西国の有力御家人を組織して、京周辺の警固や軍事活動にあたらせた。これを在《ざい》京人《きょうにん》といい、かつてのように朝廷からの直接の命令によって動くのではなく、六波羅探題《たんだい》の命でのみ行動することとされた。探題も、つねに幕府の指令によって動くことが課せられ、独自の行動はきびしく禁じられた。

このため六波羅は幕府の完全な出張所となり、朝廷から「武家」とよばれ、幕府の方は「関東」とよばれた。また地頭と国司・領家の相論《そうろん》の頻発により、六波羅のなかに西国の成敗を行なう裁判機構が設けられたが、そのさいの確定判決権は幕府が握っていた。

義時と政子の死

承久の乱によって内乱の時代は終わった。鎌倉幕府の勝利は、幕府が全国政権として確立したことを意味する。しかし全国を統治する能力や組織となると、まだまことに心もとない状態であった。しかも乱前にあいついだ内紛は、政治への信頼を薄れさせていた。

承久の乱も、もとはといえば幕府の内紛に一因があったのであるから、戦後の課題は、内紛を克服して新しい政治組織をつくり、統治能力を高めることにあったといえよう。そうした課題にむけて再出発した矢先の貞応《じょうおう》三年（一二二四）六月、北条義時《ほうじょうよしとき》が急死した。

義時は早く、建保《けんぽう》六年（一二一八）に侍所《さむらいどころ》の別当《べっとう》を泰時《やすとき》にゆずって、後継者を泰時と定めていたのであるが、その泰時が京にいたため、鎌倉には緊張がにわかに高まった。義時と後妻伊賀《いが》氏とのあいだに北条政村《まさむら》がおり、伊賀氏の兄弟伊賀光宗《みつむね》が政所執事《まんどころしつじ》となっていたことから、義時の後継者に政村をおす動きが浮上したのである。義時はじつは伊賀氏に毒殺されたのであるとのうわささえ流れた。

義時の葬儀もすんだ六月二六日に鎌倉についた泰時は、関実忠《せきさねただ》・尾藤景綱《びとうかげつな》の両家人にまもられて鎌倉の小町亭に移り、二八日、政子から「軍営の御後見」として「武家の事を沙汰《さた》する」ことが命じられた。これに反発したのは伊賀氏である。娘婿《むすめむこ》の一条実雅《さねまさ》(能保《よしやす》の子)を将軍にたてる動きをみせて対抗し、三浦義村を味方にかたらった。

だがこの一触即発の危機に、政子が、「関東の棟梁《とうりょう》」たるべき人材は泰時以外にない、と義村を説得して、伊賀氏のもくろみは失敗に帰した。

閏《うるう》七月三日、政子の「御前」で「世上」の事の沙汰があり、実雅は上洛させられ(のちに越前《えちぜん》に流される)、伊賀光宗の所領は没収されたうえ、政所執事には二階堂行光の子行盛《ゆきもり》が任じられた。なおこのとき、泰時の家に家令《かれい》がおかれ、尾藤景綱が任じられ、北条氏嫡流の得宗《とくそう》家の家政機構が整えられた。

内紛はまたしても政子の力によって克服された。しかしその政子も翌嘉禄《かろく》元年(一二二五)七月、六月の大江広元の死についで亡くなった。頼朝死後の鎌倉幕府の体制は、じつに政子によって保たれていたといってよいであろう。それだけにその死は大きな影響をもたらすことになる。

2　執権政治の展開

執権政治

政子の死とともに、理非の決断権はやがて成人する三寅《みとら》のものとなる。そうなればふたたび将軍勢力と大名勢力との争いは必至である。そこで泰時《やすとき》は、三寅が成人する前にその権限を有力大名の側に移してしまおうと考えた。

七月一一日の死から八月にかけてつづいた政子の法事供養がひととおり終わると、泰時は、九月三日に三浦義村・二階堂行村（行光の弟）を交えて密談を行ない、その結果、一〇月に幕府御所の移転造営のことを定めている。すなわち新しい政治体制は、新しい政治の場の創出をもってはじめられたわけである。

そのあらたな政治の場とは評定所《ひょうじょうしょ》であり、あらたな政治体制とは、有力御家人のなかから評定衆を選び、執権《しっけん》主宰の評定会議において、訴訟の理非の決断をはじめとする幕政の重要事項を決定する体制である。若宮大路《わかみやおおじ》ちかくに移転された新御所に設けられた評定所には、もはや将軍の占める座はなく、将軍の理非決断権は将軍から執権主宰の評定に移されることになった。

一二月二一日に、新御所において、泰時・時房の両執権（執権・連署《れんしょ》）に中原師員《もろかず》・三浦義村・二階堂行村らが集まり、評定始めが行なわれた。それを待って二九日に、三寅の元服《げんぷく》の儀式があり、三寅は頼経《よりつね》と称された。さらに翌年正月に頼経の任官と将軍宣下《せんげ》をもとめる使者が京に派遣され、同二七日に将軍宣下があり、ここに理非決断権の失われた将軍が誕生した。

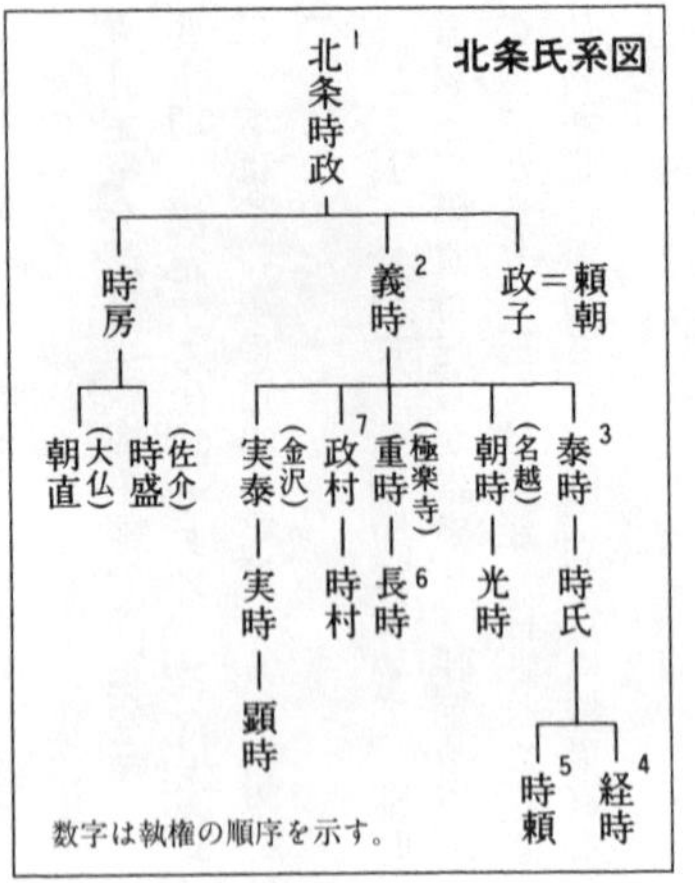

将軍権力との対抗のなかで成長していった東国の大名の実力は、やっとのことであらたな政治制度を獲得したのである。それは執権・評定制とでもいうべき制度であるが、執権といえば、初代時政・二代義時をあげるのが常識であろう。しかし時政・義時の「執権」とは、将軍の執事《しつじ》あるいは後《こう》見《けん》のことであり、理非決断の権限はあくまでも将軍や政子にあった。泰時以後においてはじめて理非決断の権限を有する執権が成立したのである。それは、評定という合議の場を執権が責任をもって主宰することで得られた権限である。

嘉禄《かろく》二年（一二二六）一〇月九日、評定衆が集まっての評定のとき、尾張《おわり》国の御家人中原泰貞《やすさだ》が評定所のちかくで中をうかがっていた。三浦義村の郎従大屋《おおや》家重《いえしげ》とのあいだで行なわれている相論が気がかりだったからであるが、やがて評定がその一件におよぶと、我慢ならず、評定衆の義村が家重にひいきしていると訴えた。義村のかたわらでこれをきいていた家重がすぐに反論、場は「嗷々《ごうごう》」の事態となり、両人は追いだされてしまったという。

三日後、泰時から、今後は評定のさいに訴人が評定所にちかづくことを禁ずる命令がだされ、それでもちかづくものには、尾藤景綱・平盛綱・南条時員《ときかず》・安東光成らが取り締まりにあたることとされた。ここに名前のみえる面々はいずれも泰時の家人（これを御内人《みうちびと》という）であり、評定の維持はまさに執権によってなされていたこと、また評定の公正の維持がきびしくなされていたことがわかる。

貞永式目の制定

執権に理非決断の権限を奪われたといっても、将軍の力がそれによってまったく失われたというわけではない。将軍はあくまでも武家政権・東国国家の首長であり、ひろく御家人にたいする主従制的支配権を有していた。新御所がつくられたときにも、東国一五か国の御家人にたいし、あらたに御所の警固を命ずる大番役《おおばんやく》（鎌倉番役）の制度が整えられている。

さらに理非の裁許については執権が奉ずる下知状《げちじょう》という様式の文書が使われることになったが、将軍の主従制の根幹にかかわる恩賞や所領安堵《あんど》に使われた文書は、将軍の花押《かおう》を最初にすえた袖判《そではん》の下文《くだしぶみ》である。そこには執権も容易に手がだせない、将軍固有の権限が存在していた。

さらに将軍頼経《よりつね》が成長するにつれ、その周辺にあらたな勢力がつくられていくのもさけられなかった。寛喜《かんぎ》四年（一二三二）二月に頼経が従三位に叙せられて公卿になり、公卿家の政所《まんどころ》が開設されると、袖判下文にかえて政所下文が用いられるようになった。政所の別当は執権の泰時と連署《れんしょ》別当の時房であるが、政所を中心に将軍勢力がひろがりを示しはじめた。

実朝《さねとも》が公卿家政所を開設してひろく親裁権を行使していったことはまだ記憶に新しいところである。早晩、頼経から理非決断権の回復要求もでてくる情勢をむかえたのである。

そうした情勢のなかで泰時は、約五年間におよぶ評定制の実績を背景に、評定の規範となる武家の法典の制定をめざした。早くから朝廷の明法道《みょうぼうどう》の書を研究していた蓄積のうえにたって、京からは律令《りつりょう》や格式《きゃくしき》およびその解説書などをとりよせて原案を練る作業をつづけた。

やがて評定所での審議をへたうえで、御成敗式目《ごせいばいしきもく》（貞永《じょうえい》式目）五一か条が制定された。その施行にともない、評定衆一一人からは「政道無私」を誓う連署起請文を提出させ、これに泰時・時房の二人が「理非決断の職」として署判を加えている。

この式目は、幕府の統治にかんする基本法典であって、将軍のもつ主従制的支配権にかかわるものではない。また泰時が六波羅の北条重時《しげとき》につけて送った書状に「これによりて、京都の御沙汰、律令の掟《おきて》、いささかも改まるべきにあらず」と記しているように、幕府の内部にのみ適用される法である。

ついで「文盲《もんもう》の輩《ともがら》も兼ねて思惟《しい》し、御成敗も変々《へんぺん》ならず候はん為《ため》に、この式目を注し置かれ候者也」と述べており、学問のない武士のために、その納得できる法をつくったのだと力説している。さらに「おのづから人に随《したご》ふて軽重などの出来候はざらんために式条を作られ候」と、裁判の公正の理念を強調している。そこには評定制を整え運用してきた泰時の自負と誇りがあらわれていよう。

式目の構成と特徴

式目の構成をみると、一、二条で神社仏寺、三〜六条で幕府と朝廷・本所《ほんじょ》との関係、七、八条で裁判上の二大原則、九〜一七条で刑事法関係、一八〜二七条で家族法関係、二八〜三一条で訴訟法関係を扱っており、前半はきわめて整然としたものとなっている。おそらく律《りつ》令《りょう》と明法家《みょうぼうか》の律令解釈書を参考にしてたてた条文であろう。しかし三二条以後はおよそまとまりを欠いており、式目の大きな謎《なぞ》となっている。

このことに注目して、式目は、いったん五一か条でつくられたが、その後圧縮されたうえに追加がなされ、現在のような形の式目となった、という二段階制定説がだされている。泰時の書状も「これに洩《も》れたること候はば、追て記し加へらるべきにて候」と記していて、はじめから完全なものを意図していたのではないだけに、説得力のある説といえよう。だがしかしそうした式目の原形を伝える写本がないこと、圧縮・追加の時期や意図があきらかでないことは、この説の難点といえる。

そこで式目制定の過程で配列替えをしたために統一性が欠けたとする見方が生まれている。配列替えの理由はさまざまに考えられるが、たとえば泰時が中心になって原案がつくられ、それに評定衆からいろいろな意見がよせられた結果、前半では原案の整然たる配列がのこり、後半ではまとまりを欠く配列になってしまった、という想定も考えられよう。式目における泰時の存在の大きさに着目した説である。

式目の法としての特徴は、「武家の習《ならい》、民間の法」という「先例」をなによりもまず重視した点があげられる。たとえば第三条の守護人にかんする規定は、「右大将家《うだいしょうけ》（頼朝）の御時に定め置かるる」先例として、大番催促・謀反・殺害人追捕の大犯《たいぼん》三か条をかかげ、その「例」以外に守護が沙汰することを禁じた。第八条は、二〇か年のあいだ、当知行《ちぎょう》している武士の権利のほうを、幕府から下文《くだしぶみ》を得ているものよりも、「右大将家の例」により優先するとしている。

なお先例のなかでも、とくに右大将頼朝《よりとも》から「二位家」政子にいたるまでの武家の先例が重視され、それを中心に、成文法としてたてられたのであった。

しかし先例がない場合や、先例では定めがたい場合はどうなるのか。第九条の謀反人にかんする規定は、「先例」によるか、あるいは「時宜《じぎ》」によりなされるべしとしている。また、第二七条の未処分の地のあとの配分については、ただ「時宜」によりなされるべしとしている。ここにみえる「時宜」とはなにか。「時議」とも記されることばの意味はなかなかむずかしいが、「その時々の決定」というほどの意であったようである。

問題はその決定の主体であるが、それは式目のありかたからみて、評定での決定であり、最終的には執権《しっけん》による決定であるといえよう。

先例と時宜、この相対立する二つの考えは、「道理」によって結ばれていた。泰時が「ただ道理のおすところを記され候者也」と述べているのがそれである。

道理とは、多くの人びとを納得させうる、つりあいのとれた常識・正義といったほどの意である。先例と時宜と道理、これらから式目は構成されていたのである。

泰時・道家の徳政

泰時が式目制定で意識していたのは、将軍とともに朝廷の存在である。泰時の書状にそのことがよくあらわれている。

かやうに沙汰《さた》候を、京辺《きようあたり》には、定めて物をも知らぬ夷《えびす》どもが書き集めたることよなど、笑はるる方も候はんずらんと、憚《はば》かりおぼえ候へば、片腹痛《かたはらいた》き次第《しだい》にて候へども……。

と朝廷の反応をひどく気にしている。しかし「笑はるる方も候はんずらん」と気にかけながらも、それをこえて制定に動いたのは、むしろ朝廷にたいする幕府の積極的な自己主張があったからである。

じつはこの制定の前年、寛喜《かんぎ》三年（一二三一）一一月に朝廷は四二か条の新制を定めていた。式目の五一か条はこの新制への対抗の意味もあったにちがいない。

承久の乱後に生まれた後高倉《ごたかくら》院政は院の死によりわずか二年で終わり、後堀河《ごほりかわ》天皇の親政が行なわれていた。しかし天皇に政治を指導する力はなく、関白の近衛家実《このえいえざね》もそうした実力に欠けていた。そのなかで権勢をほしいままにしていたのが、承久の乱で関東との密接な関係を理由にあやうく殺されかけた西園寺公経《さいおんじきんつね》であって、幕府と朝廷との仲介をする関東申次《もうしつぎ》となり、幕府の威を背景に富と権力を握ったのである。「天王寺《てんのうじ》・吹田《すいた》・槙《まき》の島《しま》・北山、さしも然るべき勝地《しょうち》・名所には山荘を営みたり」と『五代帝王物語』が記すように、豪勢な富を誇った。その京都北山の別荘にたてられたのが西園寺である。

だが朝廷の政治を実際に動かしていたのは、公経の娘婿で将軍頼経の父九条道家《くじょうみちいえ》である。道家は公経の権勢と幕府の威を背景に、祖父兼実《かねざね》のしいた朝廷政治の路線を継承し、その政治の復興を追いもとめた。安貞《あんてい》二年（一二二八）に関白になると、記録所をおこし、有能な廷臣の意見をとりいれ政治に反映する制度を導入するなど、政道の改革にとりくんでいた。

そうした折から、寛喜二年六月、真夏というのに各地に雪がふった。これにつづいて七月には霜《しも》がおり、八月には暴風雨がおそった。この天変は諸国の稲作に壊滅的な打撃を与え、九月にまず北陸道から損亡《そんもう》の報が届くや、「諸国損亡の聞こえ」はぞくぞくと京にはいってきて、ついに最後の頼みの鎮西《ちんぜい》からも「滅亡の飛脚《ひきゃく》」が届いた。翌年になると、飢饉《ききん》は疫病をもともなって全国を席捲《せっけん》し、餓死者は京中にあふれ、地方の荘園の人口は激減したといわれる。寛喜の大飢饉である。

その飢饉がようやくおさまりかかったころ、道家の主導によって定められたのが寛喜の新制である。兼実がかつて定めた建久の新制を継承しつつ、飢饉によっておきた混乱をおさめる法令や、「非理の訴訟」を停止する法などがたてられ、「政道」の興行（振興）がはかられたのである。

こうしてみてくると、道家の徳政に対抗し泰時により徳政として制定されたという、貞永式目のもう一つの側面がよくわかる。道家は将軍の父であったから、将軍勢力と道家との結びつきがつよまることが十分予想された。そうであれば、幕府こそが政道をになう真の主体であることを内外にあきらかにし、その力量を示す必要があったのである。こののち東では泰時の、西では道家の徳政により、ひとまず安定した政治が約一〇年間つづく。

ことに道家は貞永《じょうえい》元年（一二三二）一〇月に後堀河天皇の譲位をはかり、娘が生んだ皇子を位につけ（四条天皇）、権力は絶頂にたっした。嘉禎《かてい》四年（一二三八）には将軍頼経を京に迎えて、公武一体感はいやがうえにも盛りあがった。泰時も評定の充実をはかるとともに、鎌倉の都市整備に力をつくした。六波羅の裁判制度を整えたのもこのころで、頼経に供をして上洛したときには、検非違使庁《けびいしのちょう》の別当になった頼経のもとで、京中に篝屋《かがりや》をおいて警固を強化している。そして関東にもどると、鎌倉に京の保《ほう》の制度をとりいれた。

関東の暗雲

だがその蜜月時代も、仁治《にんじ》元年（一二四〇）ごろから、ようやく暗雲がたれこめはじめた。執権泰時《やすとき》の補佐（連署《れんしょ》の執権）としてつねに泰時の政治をカバーしてきた時房《ときふさ》が亡くなったのである。しかもその後任が埋められなかった。

泰時の子時氏《ときうじ》は早世しており、孫の経時《つねとき》・時頼《ときより》はまだ若い。弟の朝時《ともとき》・重時《しげとき》・政村《まさむら》のうち信頼できる人物は重時であったが、彼は六波羅にいて京のおさえに必要であった。

こうなると将軍頼経《よりつね》の周辺に微妙な動きがみえはじめてくる。翌年になって、政所下文《まんどころくだしぶみ》に連署する別当が、泰時一人から突然七人にふえたのはそのあらわれであろう。ここに実朝《さねとも》時代の九人の別当の出現が思いだされる（二二八ページ参照）。別当のなかには、時房の子大仏朝直《おさらぎともなお》や安達景盛《あだちかげもり》の子秋田城介義景《よしかげ》などの泰時派の人物もいたが、将軍の恩賞の権に携わる恩賞奉行中原師員《もろかず》や将軍の側近藤原親実《ちかざね》もいて、政所は二つの勢力のせめぎあいの場となっていた。

そこに四条天皇の死が伝えられてきた。仁治三年正月のことである。元服してまだ一年で一二歳、皇子もまだなく、兄弟もおらず、すぐに皇嗣が問題となった。

道家の推す候補は、佐渡の順徳《じゅんとく》上皇の子忠成《ただなり》王である。ところが幕府に了承をもとめた使者にたいし、泰時が安達義景を派遣して京に示した回答は、阿波《あわ》に配流された土御門《つちみかど》上皇の皇子邦仁《くにひと》王（後嵯峨《ごさが》天皇）であった。道家の権力がこれ以上つよくなるのはどうしても防がねばならなかったのであろう。

それをきいた道家の側近平経高《つねたか》は、「異域蛮類の身」で「十善の帝位を計《はから》う」とはなにごとかと、その日記『平戸記《へいこき》』に憤懣《ふんまん》をぶちまけているが、これこそが承久の乱後の現実にほかならない。幕府は皇位決定権をにぎっていたのである。

そうした経高の憤りのさめやらぬ五月、泰時の重病・出家の報が京にはいってきた。あわただしく六波羅探題の重時・時盛《ときもり》が鎌倉に下ったのといれかわりに、名越朝時《なごえともとき》も出家したとの飛脚が到着、さらに関東に合戦の企てがあったとか、将軍の御所が北条経時の外家《がいけ》である宇都宮泰綱《うつのみややすつな》により固められているなどの書状が到来し、鎌倉の緊張が伝わってきた。そして六月一五日の泰時の死去の報が京に届いたのは、その五日後であった。

『吾妻鏡《あずまかがみ》』はこの年の記事を欠き、実情はあきらかでない。しかしそれだけに、泰時の死から経時への執権の継承がスムーズではなかったことを、よく物語っている。泰時の武家後見は政子《まさこ》に命じられたものであり、執権としての理非決断権は、泰時が将軍から奪って確立した権限である。したがってそうした執権の地位の継承がどのようになされるかは、大きな問題であった。

これを機会に理非成敗権を回復しようとする将軍の周辺、泰時にかわって執権の座につこうとする北条一門などいくつかの動きがあったとみられる。だが表面上は、執権が泰時から経時にかわっただけで、大きな変化はみられない。政治状況は不安定なまま先送りされたのであろう。

執権の地位を目ざして

経時は訴訟成敗のゆるみに対処するため、輪番で評定衆が訴訟を沙汰する日を決めたり、訴訟をとりあげられなかった人びとの訴えを、庭中《ていちゅう》訴訟の形できくなど、執権中心の訴訟制度を整えて、幕府への信頼を高めることにつとめていた。

そこに事件がふたたびふってわいた。頼経の子頼嗣《よりつぐ》が寛元《かんげん》二年（一二四四）四月に六歳で元服《げんぷく》し、すぐこれに将軍位が譲られたからである。頼経自身が頼嗣に将軍位を譲り、「大殿」として実権を確保しようとしたものか、あるいは頼経を将軍からおろしてその実権を奪い、京都に追い返そうという執権側のねらいによるものか、そのいずれとも考えられるが、以後の焦点は頼経の上洛問題に移る。何度か上洛が取沙汰《とりざた》されては消えるなか、将軍勢力に痛手となったのは、寛元三年四月に名越朝時《なごえともとき》が亡くなったことで、七月、頼経は出家した。もはや執権派の勝利は不動のものとみえた。ところが翌年三月、病弱の経時が「危急」の状態となって、弟の時頼《ときより》が執権となった。『吾妻鏡』は、経時が執権を時頼に譲ったと記している。そうであれば、執権は譲りによって補せられる慣例の確立をみたことになる。とはいえ時頼の立場はいちじるしく不安定であった。将軍勢力との対抗という問題があるうえに、その執権の地位も、経時の「両息の幼稚」（子が幼いこと）からころがりこんできた、中継ぎの性格をもつものだからである。

　みずからの執権の地位を確立するためには、内外にその実力を示さねばならない。経時が三三歳で死ぬと、御所に伺候《しこう》していた朝時の子光時《みつとき》、および頼経の側近として京から下ってきていた藤原定員《さだかず》らを謀反を理由に出家させ、六月七日には、後藤基綱《もとつな》・千葉秀胤《ひでたね》・三善康《やす》持《もち》らを評定衆から除いた。

　その間、何度も時頼邸では「内々の御沙汰」や「深秘の沙汰」などの「寄合《よりあい》」といわれる会合がひらかれている。これに加わったのは一門の政村《まさむら》、金沢実時《さねとき》と姻戚《いんせき》の安達義景《よしかげ》らの寄合の衆、および諏訪蓮仏《すわれんぶつ》・尾藤太景氏《びとうだかげうじ》の御内人《みうちびと》である。だが頼経の上洛を実現させるためには、さらに有力御家人の同意を得ねばならない。時頼は三浦義村の子泰村《やすむら》を寄合のメンバーに加え、ついに七月一一日に頼経を京に追いやった。二十余年のあいだ、頼経に仕えた泰村の弟光村《みつむら》は、別れのまぎわ、「必ず今一度鎌倉中に迎えいれたい」と落涙《らくるい》したと伝えられる。

時頼の実力

頼経を京に追った時頼の粛清の手は、さらにその父道家《みちいえ》におよぶ。道家は幕府の内紛つづきを横目にみて、後嵯峨《ごさが》天皇をわずか四年で退位させ、後深草《ごふかくさ》天皇を位につけると、愛児一条実経《さねつね》を摂政《せっしょう》となしていた。

そればかりか、寛元《かんげん》二年（一二四四）八月の西園寺《さいおんじ》公経《きんつね》の死後には関東申次《かんとうもうしつぎ》の役を独占し、宮廷政界を掌中にしていたのである。

時頼は、その道家を除くため寛元四年八月、朝政の刷新をもとめて関東申次の更迭《こうてつ》を告げ、さらに一〇月には使者を上洛させ、公経の子西園寺実氏《さねうじ》を関東申次となすこと、および徳政の興行をなすべきことをもとめた。ここに幕府の保護を失った道家の権力は凋落《ちょうらく》し、摂政も実経から近衛兼経《かねつね》にかえられた。

徳政の興行としては、後嵯峨院の院中に評定衆がおかれ、その評定が院政の最高議決機関とされた。こうして出現した院評定制こそは、これまでの公家の議定制をもとにしつつも、泰時に主導されてきた幕府の評定制が生かされたものであり、ここに院政の機構は一つの完成をみたといえるであろう。

時頼の最後の仕上げは、雄族三浦氏の粛清であった。これを積極的に主張したのは、高野《こうや》山《さん》で出家して、たまたま鎌倉にもどっていた安達景盛《かげもり》入道覚智《かくち》である。宝治《ほうじ》元年（一二四七）四月、子の義景《よしかげ》・孫の泰盛《やすもり》に三浦氏に備えることを指示し、五月には泰村誅罰の「白旗」をあげて合戦をあおった。

さらに時頼・泰村間の対立がいったんはおさまり和平交渉が成立したのを無視して、六月五日にはついに軍勢をもって西御門《にしみかど》の泰村邸を攻めた。不意をつかれた泰村は頼朝の墓所法《ほっ》華堂《けどう》にこもり、弟光村は二階堂永福寺《ようふくじ》の惣門内に陣を張ったが、衆寡敵《しゅうかてき》せず、光村も法華堂に参じて五百余人ことごとく自害したのであった。二日後には上総国《かずさ》一宮《いちのみや》にあった三浦与党の千葉秀胤《ひでたね》も討ちとられた。三浦合戦（宝治合戦）である。

これより三四年前におきた和田合戦となんとよく似た合戦であろうか。鎌倉中を血に染めたことといい、北条氏の謀略の前に幕府草創以来の豪族が滅び去ったことといい。そしても はや北条氏に正面から敵対できる大名はいなくなった。空席であった執権連署に、重時を六波羅からよびよせてあてたのは、その直後のことである。重時の居所には経時の小町の旧宅が与えられて、経時の遺児が執権を継承する道は閉ざされた。時頼はまさにその腕力によって執権の地位を確保したのであった。

執権政治の転回

しかしそれは、あまりに力に依存しすぎたものである。今こそ幕府の基盤である御家人の信頼を獲得し、また政治のあるべき道を示さねばならない。時頼は、宝治から建長《けんちょう》年間にかけてさまざまな撫民《ぶみん》の法令をだしている。

ことに建長五年（一二五三）の一三か条の法令は、諸国の郡郷荘園の「地頭代」にあてて、具体的に百姓の保護の法を示し、その運用を期したものである。たとえば、その第一二条は「撫民を致すべき事」と題し、「政道の法」による「撫民の計《はから》い」を強調している。

御家人の保護にも力をいれており、宝治元年（一二四七）一二月には御家人の京都大番役《おおばんやく》の勤務を六か月から三か月に縮め、翌年七月には、本所《ほんじょ》の成敗に幕府が介入しないという原則をすて、御家人が本所の成敗に不服な場合はその訴訟を幕府がとりあげることとした。さらに建長元年一二月には御家人の訴訟裁判機関として引付《ひきつけ》を設けている。

引付は評定の下に直属する合議機関で、はじめ三局にわかれ、一～三の各番の長官を頭人《とうにん》とよび、その頭人の主導により審理された訴訟は、評定《ひょうじょう》にかけられ、そこで決定をみることになる。こうした直接審理と間接審理の二段階の審理によって、裁判の公正が保たれると同時に、評定への審理の集中が緩和されることとなった。引付制により、幕府の訴訟制度は一つのピークを迎え、泰時の評定制の導入にはじまった執権政治はここに完成されたといえよう。

だがそれを単純に泰時の執権政治の深化とのみみなすことはできない。執権時頼の衣の下にはつねに鎧《よろい》がかくされていた。それは執権に敵対する勢力をいつでも滅ぼし、将軍をも容易に廃立させうる力であった。また評定会議の裏には、執権の私邸で行なわれる寄合《よりあい》があって、幕府の重要事項は事実上そこで決定される傾向にあった。そうした執権の武力と寄合を支えたのが、執権の譜代《ふだい》の家人《けにん》（御内人《みうちびと》）であり、執権の下に集まった広大な所領（得宗領）である。

建長三年（一二五一）五月、時宗《ときむね》が生まれると、時頼は時宗を後継者に定め、それへの継承に全力をあげる。翌月、閑院《かんいん》の内裏の造営の賞で将軍頼嗣《よりつぐ》が三位に叙せられ公卿になったのを機会に、将軍を京に送り返し、翌年には、後嵯峨院の第一皇子宗尊《むねたか》親王を将軍として鎌倉に迎えたのであった。念願の皇族将軍はここに実現をみた。

これにともなって、時頼は幕府の大幅な機構の整備を行なうと、康元《こうげん》元年（一二五六）一一月、年わずか三〇歳で出家し、長時《ながとき》に執権を譲るとともに、長時を「家督」である時宗の「幼稚」のあいだの代官とし、みずからは実権を保持した。執権政治はあきらかに変質しつつあった。執権の権力が異常に肥大化していたのである。

こうして幕府の政治は大きく転回しはじめたが、つぎの政治の流れを追う前に、この時代の社会の裾野に分け入ってみることにしよう。

第八章　中世都市の成立

1　都市鎌倉の成立

鎌倉の集落

『問《と》はず語《がた》り』の作者尼二条《あまにじょう》は、正応《しょうおう》二年（一二八九）に鎌倉行きを決意すると、京をでて、三月、江《え》の島《しま》の岩屋に一泊したのち、極楽寺《ごくらくじ》に詣《もう》でて都ふうの僧のふるまいに郷愁をおぼえつつ、鎌倉にはいった。

化粧《けわい》坂《ざか》といふ山を越えて、鎌倉のかたを見れば、東山《ひがしやま》にて京を見るには引き違《たが》へて、階《きざはし》などのやうに重々《じゅうじゅう》に、袋の中に物を入れたるやうにすまひたる。あな物わびしとやうやう見えて、心とどまりぬべき心地もせず。由比《ゆい》の浜《はま》といふ所へ出でて見れば、大きなる鳥《とり》居《い》あり。若宮の御社《やしろ》はるかに見え給へば……。

南に由比が浜。東・北・西に山々。山の谷々にまでぎっしりとつまった家々。浜の鳥居か

明治初年の若宮大路　中央が三の鳥居。段葛は修復中。『ザ＝ファー＝イースト』明治7年2月号。

ら八幡宮までまっすぐぬける若宮大路《わかみやおおじ》。京と対比された鎌倉のようすがまことに適確にえがかれている。それは今につながる都市鎌倉の姿であるが、鎌倉がつねにそうだったわけではない。

ここに一枚の写真をかかげたが、これは明治六年（一八七三）ごろの若宮大路の風景である。まったく閑散とした農村の風景そのものであろう。明治一五年の測量地図をみても、鎌倉の中央部は田や畠がひろがっている。ましてや源頼朝《よりとも》が鎌倉に居を定めたころは、それ以上に閑散とした一寒村にすぎなかったものと考えられる。

そもそも頼朝が鎌倉を拠点に選んだのは、なによりも父義朝《よしとも》が東国で勢力を築いていたときの根拠地だったからである。保元《ほうげん》の乱（一一五六）をさかのぼる十数年ほど前に、義朝は鎌倉の亀谷《かめがやつ》に居館を据えた。今の寿福寺《じゅふくじ》のあたりであるが、ここは、東に武蔵《むさし》国六浦《むつら》とを結ぶ六浦路と、西北に山内荘《やまのうちしょう》をへて武蔵府中《ふちゅう》とを結ぶ武蔵大路が交わる交通の要衝である。すぐ南には最近、鎌倉郡の郡衙《ぐんが》とみられる遺構が発掘されており、六浦路ぞいには窟堂《いわやどう》・荏《え》柄天神《がらてんじん》・杉本寺《すぎもとでら》などの古くからの寺社がならんでいて、あきらかに鎌倉の中心に位置していた。

義朝はそのころ「上総曹司《かずさのそうし》」とよばれており、上総の豪族上総氏のもとで成長し、それと親しい三浦半島の豪族三浦氏の援助を得て、六浦に上陸し鎌倉に到ったのであろう。そこで育った長子の「鎌倉悪源太」義平《よしひら》は鎌倉を根拠地にしつつ、武蔵大路を北進して、武蔵の豪族秩父氏をバックにしていた叔父義賢《よしかた》（義仲の父）を大蔵館《おおくら》（埼玉県比企郡嵐山町）にやぶった。保元の乱の直前のことである。

鎌倉のもう一つの中心集落は浜の側にあった。源氏の祖頼義《よりよし》が京の石清水《いわしみず》神社から勧請《かんじょう》した由比の八幡宮《はちまんぐう》（本八幡）、辻《つじ》の薬師堂《やくしどう》、その西には甘縄神明社《あまなわしんめい》や御霊《ごりょう》神社などの古くからの神社があり、前方の浜には浦在家《うらざいけ》がならんでいた。はじめて鎌倉入りをした政子《まさこ》が止宿《ししゅく》したのはこうした民家の一つである。

このように、頼朝入部《にゅうぶ》以前の鎌倉は、北の山ぞいの道筋と、南の浜筋とに集落がひらけており、その中間地帯は低湿地で、田畠・荒野がひろがっていた。

入部した頼朝は、土地が手狭《てぜま》のため亀谷に館をたてるのを断念し、東の大倉郷《おおくら》に御所をたて、その西の小林郷の北山に、由比が浜から八幡宮を移した。これが鶴岡《つるがおか》八幡宮であるが、その位置からみても、源氏の守り神として「祖宗《そそう》を崇《あが》める」ためのものであり、鎌倉の中心に据えようという意図が当初からあったとは考えがたい。

若宮大路の役割

頼朝による本格的な鎌倉の都市整備の第一弾は、寿永《じゅえい》元年（一一八二）にはじまった。京《きょう》上《じょう》を断念し、長子頼家《よりいえ》の誕生があきらかとなった時点でのことである。

三月に鶴岡の社頭から浜にかけての道が、土石を入れるなどしてつくられ、四月には鶴岡若宮前の水田三町余が堀に変えられた。ここに八幡宮と南北の若宮大路《わかみやおおじ》とを中軸にする都市鎌倉の原型がつくられたといえよう。

山側と浜に散在していた集落は、若宮大路によって結ばれ、さらに大路の東西には小町《こまち》大路・今《いま》大路の二つの道が平行してつくられ、鎌倉は都市としての成長をみるにいたる。文治《ぶんじ》三年（一一八七）、四年には梶原景時《かじわらかげとき》・八田知家《はったともいえ》がそれぞれ鎌倉中の道路をつくっており、順調な発展をとげた。ところが建久《けんきゅう》二年（一一九一）三月、小町大路からでた火はみるみるうちに鶴岡宮に移り、幕府ともども鎌倉の中心部を焼きつくしてしまった。これを契機に都市整備の第二弾がはじまる。

鶴岡にはあらためて石清水神社から勧請《かんじょう》がなされ、社殿は一段と奥上に移って現在のような姿をとるにいたった。鶴岡宮はあきらかに鎌倉の都市の鎮守《ちんじゅ》に位置づけられたのであり、そこから南に延びる若宮大路も大きな改修がなされたらしい。最近のめざましい発掘の成果によれば、大路の道幅は現在よりもかなり広かったようで、約三〇〜四〇メートルと推定されている。

両側には築地《ついじ》があり、その側溝からは御家人名の書かれた木簡《もっかん》が出土している。これは築地の造築・修築を御家人が行なったことを物語っていよう。大路の左右にならぶ屋敷は、意外にも大路に面して門を構えておらず、築地が途中で切れるのは、東西の道が大路を横切る三か所だけで、その「切処《せっしょ》」には橋がかけられていた。「下馬橋《げばばし》」である。

このような景観からうかがえる若宮大路の機能は、鎌倉中を東西に分かつことにあったとみられる。東西の町は大路に背をむけるかっこうになって、大路は防災・軍事上の機能をはたしていた。そのため建仁《けんにん》元年（一二〇一）に大路の西側でおきた火事は、大庭《おおば》景義《かげよし》の亀谷宅から南へとひろがり浜にたっしたものの、大路の東側にはおよばなかった。承久《じょうきゅう》元年（一二一九）の鎌倉大火は、河野四郎の浜の宅から北は二階堂永福寺《にかいどうようふくじ》にまでひろくおよんだものの、西は若宮大路でとどまっている。

また建暦《けんりゃく》三年（一二一三）五月の和田合戦の主戦場となったのはこの大路であり、大路をはさんで和田義盛《よしもり》は西側に陣をしき、幕府軍は東側に陣をしいたのであった。

大路は聖なる空間としての役割をもはたしていたらしい。現在の若宮大路の中央には、盛り土された小高い道がとおっていて段葛《だんかずら》とよばれているが、その前身は置石とよばれ、低湿地帯に石をおいて大路を整備した名残りである。このことや「下馬橋」の存在が物語るように、大路にそっては小川が流れていた。明治一五年の地図でも亀谷から流れてきた小川が大路にそって南下しているのがみうけられる。おそらく大路ぞいの小川は、神社の御手洗川《みたらしがわ》としての役割をもっていたにちがいない。大路は神の通り道なのである。

両側を土手で囲まれ、小川がながれる大路の景観は、河原そっくりであったともいえよう。大路の発掘の結果、土壙墓《どこうぼ》が多数認められており、室町時代には葬送の地となっていたことが知られる。のちにみる京都の鴨川《かもがわ》の河原と似た機能をそこにみいだすことも十分に可

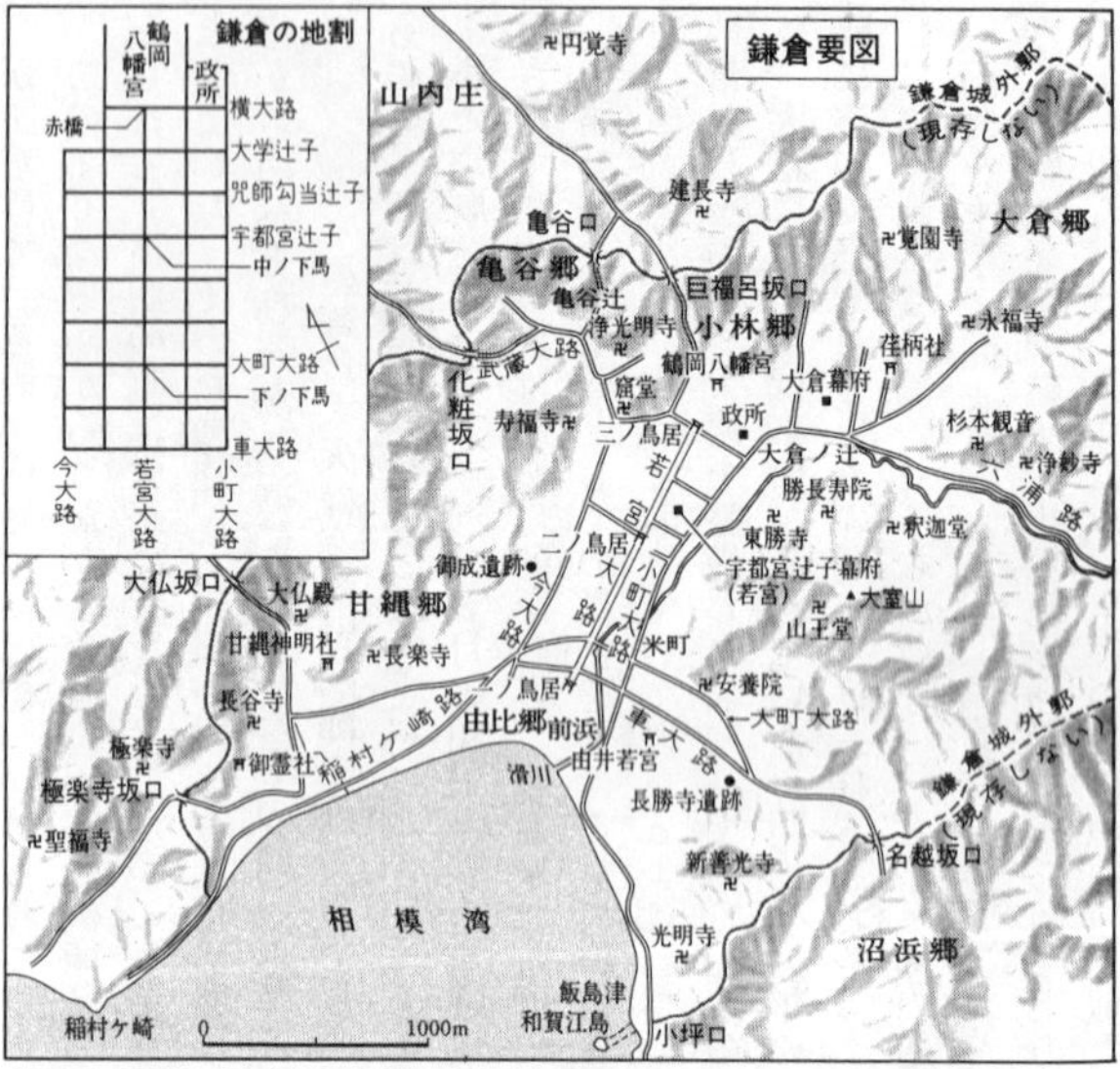

鎌倉の地割　鎌倉は明確な地割がないとされてきたが，ここでは軸線を若宮大路にあわせ，東西100丈，南北300丈の地割を考えてみた。この形なら現在の地形で可能であり，実際に実施されたかどうかはともかく，構想や計画ならば十分に考えられよう。(大三輪龍彦)

能であろう。

山の手と下町

頼朝は都市の整備とならんで、鎌倉中の寺院・神社の威容を整えた。建久《けんきゅう》五年（一一九四）一二月には、鶴岡・勝長寿院《しょうちょうじゅいん》・永福寺《ようふくじ》・永福寺阿弥陀堂《あみだどう》・同薬師堂《やくしどう》の御願の寺社の奉《ぶ》行人《ぎょうにん》を定めている。このうち勝長寿院は、父義朝の菩提《ぼだい》をとむらうため、文治《ぶんじ》元年（一一八五）に大倉御所の南にたてた寺院で、大御堂《おおみどう》とも南御堂ともよばれた。

永福寺のほうは、頼朝が奥州追討により平泉《ひらいずみ》の諸大寺をみていたく感動し、とくに中尊寺《ちゅうそんじ》二階大堂の大長寿院《だいちょうじゅいん》を模したといわれている。奥州合戦の死者の怨霊《おんりょう》をしずめるためにたてたもので、歳月を費やして、華麗な堂舎が建久四年に完成した。

鎌倉に旅した紀行文の作者は、これらを拝観して深く感動している。たとえば『東関紀行《とうかんきこう》』は、

鶴が岡の若宮《わかみや》は、松柏《しょうはく》のみどりいよいよ茂く、蘋蘩《ひんぱん》のそなへ（神前への供え）欠くることなし。

二階堂《にかいどう》はことにすぐれたる寺なり。鳳《ほう》の甍《いらか》、日にかがやき、鳧《ふ》の鐘（つりがね）、霜にひびき、楼台《ろうだい》の荘厳《そうごん》よりはじめて、林池《りんち》のありと（あり場所）にいたるまで、ことに心にとまりて見ゆ。

大御堂ときこゆるは、石巌《せきがん》のきびしきを切りて道場のあらたなるを開きしより、禅僧、庵《いおり》を並ぶ。

と記している。こうした寺社は大倉御所を中心とした山ぞいの地域に集中していた。さらに正治《しょうじ》二年（一二〇〇）には政子が寿福寺《じゅふくじ》を、建保《けんぽう》二年（一二一四）には実朝《さねとも》が新御《しんみ》堂大慈寺《どうだいじじ》を、また承久の乱後には、北条泰時《やすとき》が東勝寺《とうしょうじ》をたてて、山の手の谷々は大寺院で埋めつくされていった。

いずれの寺院も建築・造仏・絵画制作にさいしては、京や南都から大工・仏師・絵師が招請され、供養や法会《ほうえ》においては導師・講師として高僧がよばれており、京の文化は彼らによって鎌倉にもたらされ受容された。なかでも寿福寺・東勝寺の開山《かいさん》となった栄西《えいさい》・行勇《ぎょうゆう》によってひろめられた禅宗《ぜんしゅう》は、鎌倉幕府により手厚い保護を得るようになり、その援助によって発展してゆくことになる。

しかし鎌倉の経済的発展という面では、浜の下町にも注目しなければならない。『海道《かいどう》記《き》』の記すところをみよう。

湯井《ゆい》の浜に落ちつきぬ。暫《しばら》く休みてこの所を見れば、数百艘《そう》の舟、ともづなをくさりて、大津の浦に似たり。千万宇《う》の宅《たく》、軒《のき》をならべて、大淀《おおよど》のわたりにことならず。

作者は京のちかく、大津や淀と似た姿をそこにみている。さらに「東南角《すみ》の一道は、舟《しゅう》檝《しゅう》の津、商賈《しょうこ》のあきびとは百　族《もものやから》満ちにぎはい」と記しているのは、貞永《じょうえい》元年（一二三二）に勧進聖人《かんじんしょうにん》の往阿弥陀仏《おうあみだぶつ》が浜の東南和賀江《わかえ》に堤を築いて発展した飯島津《いいじまのつ》である。

現在は著名な海水浴場であることからもわかるとおり、鎌倉は砂浜が多く、けっして良港とはいえず、築堤によって港湾の整備をはかったのであった。今にのこる石積みのあとや、材木座《ざいもくざ》の地名、時に発見される青磁《せいじ》の破片は、往時のにぎわいを物語っている。

こうした庶民が活動する下町は、勧進聖人の活躍の場でもあった。浜の西側では浄光《じょうこう》聖人によって、八丈《じょう》（約二四メートル）の阿弥陀の大仏がつくられた。「過ぎにし延応《えんおう》の頃《ころ》より、関東《かんとう》のたかきいやしきを勧めて仏像を作り、堂舎を建てたり」と『東関紀行』が記すこの大仏は、はじめ木造で、やがて金銅仏にかえられたという。

勧進聖人につづくのが鎌倉新仏教である。浄土宗は良忠《りょうちゅう》が光明寺《こうみょうじ》を拠点に進出し、律宗《りっしゅう》は忍性《にんしょう》が極楽寺《ごくらくじ》を拠点にして飯島津や大仏殿の管領権《かんれいけん》を握り、日蓮《にちれん》は名越《なごえ》の松葉ケ谷《まつばがやつ》に草庵を結びさかんな布教を開始し、下町は新仏教の布教・喧伝《けんでん》の声で満ち満ちた。

保と保奉行人

鎌倉に都市としての明確な行政制度を導入したのは、北条泰時《やすとき》である。彼は浜の経済的発展に早くから注目して、和賀江築港を援助したが、大倉にあった御所を若宮大路のちかくの宇都宮辻子《うつのみやずし》に移したのも、ひとつには鎌倉の発展を考えてのことであった。

さらに嘉禎《かてい》四年（一二三八）、四代将軍九条頼経《くじょうよりつね》に同道して上洛した泰時は、頼経が検非《けび》違《い》使別当《しのべっとう》に任ぜられたことから、その代官として京都の都市行政に深く関与するようになった。これを契機に、京では、検非違使庁の保官人《ほうかんじん》と六波羅《ろくはら》の在京人《ざいきょうにん》とが共同して警備を行なう体制が明確化するが、同時に鎌倉でも保《ほう》（三二ページ参照）を地域単位とする京都の行政制度が導入されるところとなった。

延応《えんおう》二年（一二四〇）、泰時は各保の奉行人に保内の警固を命じた、八か条からなる法令をだした。前半は盗人・旅人・辻捕《つじどり》・悪党などの検断の条項、後半には辻々売買・押買《おしかい》などの商業統制や道路の管理の条項がみえる。これを皮切りにして保を管轄範囲とする保奉行人に命ずる法令が多くなる。

なかでも弘長《こうちょう》元年（一二六一）の関東新制条々と題する法令は、鎌倉中のさまざまな禁令や命令を保の奉行人に指示している。それによると、法令を各保の奉行人に施行、伝達するのは、あるいは市政一般担当の政所《まんどころ》、あるいは検断担当の侍所《さむらいどころ》、さらには屋地担当の地奉《じぶ》行人《ぎょうにん》などさまざまであり、保奉行人はそれらの行政機関のいずれかに直属するといった性格のものではなく、幕府の命令を保内で実行する地域行政の担当者であったと考えられる。

そのため保奉行人に選ばれたのも、行政・法律に明るい実務の奉行人であった。この点は、京都の保官人が検非違使庁の明法官人《みょうぼうかんじん》であったことからも類推されるが、具体的には建《けん》長《ちょう》七年（一二五五）八月に、幕府から挙銭《きよせん》（出挙《すいこ》のために貸しだされた金銭）の扱いについて「保内」に触れるように命ぜられた「伊《い》勢前司《せのぜんじ》」（二階堂行綱）の例から知られる。彼はのちに政所の執事《しつじ》となっており、保奉行人には、こうした政所や引付《ひきつけ》にかかわる実務の奉行人が任ぜられたのであろう。

この保の制度によって鎌倉の辻々には篝火《かがりび》がたかれ、盗賊の取り締まりが強化されて、治安はいちじるしくよくなったが、同時にさまざまな禁令によって庶民は息のつまるような生活を強《し》いられるようになったのも事実である。

やれ魚鳥類を飼ったり酒宴を好むような念仏者の家は破却せよ、やれ編笠《あみがさ》をかぶって鎌倉中を歩くな、やれ立売《たちう》りをするな、やれ博奕《ばくえき》をするな、などで、とくに商業上の統制はきびしく、建長三年には、商売を行なう小町屋の設置は大町・小町・米町・亀谷辻・和賀江・大倉辻・化粧坂《けわいざか》山上の七か所に限定されている。道の管理も厳重で、道を狭くすることが禁じられ、つねに掃除《そうじ》が命ぜられている。

さてその庶民の生活ぶりであるが、発掘調査の結果が断片的ながらも教えてくれる。たとえば、名越《なごえ》の長勝寺《ちようしようじ》境内の遺跡では、大路ぞいに二メートルから四メートルを一辺とする土間状遺構が幾層も認められている。これは短期間に、つくられては廃棄されることが何度もくりかえされた、市場のような町屋ではないかと考えられている。

今大路《いまおおじ》ちかくの御成《おなり》遺跡には、道路にそって庶民の小屋とみられる生活遺跡があり、その背後には築地《ついじ》に囲まれた武家屋敷が立地する構造をとっている。こうした住まいかたは、じつは京都にたいへんよく似ている。一例を『古今著聞集《ここんちよもんじゆう》』からあげると、或《ある》ひらあした名僧ありけり。地を一戸主《へぬし》もちたりけり。それに人をすへて地子《じし》をとり侍《はべり》けるが、打口《うつぐち》一丈《じょう》あまりに、あるふる尼公《あまぎみ》をすへたり。

とみえる。鎌倉でも戸主という家地の丈量の単位が導入されており、一戸主とは、口五丈（約一五メートル）、奥一〇丈のことである。

話にみえる一戸主の地主の「名僧」は、道路にそった打口一丈を尼《あま》に貸して地子をとっていたのだが、鎌倉でも戸主を単位に宅地を班給されていた御家人や僧が、庶民に道ぞいの地を貸していたのであろう。そのためもあって庶民は道路のほうに進出してゆくことになり、保の奉行人と対立することになったわけである。

2　鎌倉中の周辺

鎌倉の境界、切通し

北条泰時《やすとき》は、鎌倉市中の整備を行なうとともに、鎌倉と周辺を結ぶ道の整備にも目をむけ、山の鞍部《あんぶ》を切りひらいた「切通し《きりどお》」を新設している。

なかでも得宗領《とくそうりょう》である山内荘《やまのうち》とのあいだに巨福呂《こぶくろ》坂の切通しをひらき、一門の金沢《かねざわ》氏の所領である六浦《むつら》荘とを結ぶ朝比奈《あさひな》の切通しに新路を設けている。三方を山で囲まれた鎌倉は、周辺地域とは切通しで結ばれており、頼朝《よりとも》入部以前から、亀谷《かめがやつ》坂・化粧《けわい》坂・峠《とうげ》坂（朝比奈)・小坪坂などの切通しがあったが、泰時の新設・改修工事によって一段と整えられたのである。

しかしそもそも鎌倉は、自然の要害という立地条件で選ばれた都市でもある。京都の「洛中」にたいし「鎌倉中」とはよばれたとしても、「鎌倉城」というにふさわしい防衛施設が必要であった。今もよく往時の姿を伝える名越《なごえ》坂の切通しは、幅約一メートルの道がつぎつぎと折れ曲がって隘路《あいろ》をなし、軍勢の侵入を防ぐしくみになっている。山の斜面を垂直に切りおとした城壁のような施設もみうけられる。

また元弘《げんこう》三年（一三三三）に新田義貞《にったよしさだ》が押しよせたときの極楽寺《ごくらくじ》坂《ざか》の切通しは、『太平《たいへい》記《き》』につぎのように記されている。

極楽寺坂へ打ちのぞみ給ふ。明けゆく月に敵の陣を見給へば、北は切通しまで山高く路険《みちけわ》しきに、木戸をかまへ、垣楯《かいだて》をかけて、数万の 兵《つわもの》、陣をならべて並《な》み居《い》たり。

険しい道と木戸の存在とが切通しのありかたをよく物語っていよう。その木戸の図がみえるのが、『一遍聖絵《いっぺんひじりえ》』の巨福呂坂の切通しである。これは、一遍がここから鎌倉入りをはたそうとして、北条時宗《ときむね》によって阻止された場面である。

切通しは鎌倉中と外とを隔てる境界であり、木戸はそれを象徴する。早くは治承《じしょう》四年（一一八〇）に新田義重《よししげ》が、文治《ぶんじ》元年（一一八五）には源義経《よしつね》が、それぞれに頼朝に面会をもとめて鎌倉にやってきたところ、鎌倉中にはいることを許されず、山内荘・腰越《こしごえ》に留めおかれている。あるいは、正治《しようじ》元年（一一九九）に梶原景時《かげとき》が鎌倉中を追放されている。元仁《げんにん》元年（一二二四）にはじめられた陰陽道《おんみようどう》の四境祭《しきようさい》は、東の六浦、南の小坪、西の稲村、北の山内の四境で行なわれているが、それは鎌倉中との境界部であった。

こうした境界領域の特性として、商業活動の発展がみいだされる。『一遍聖絵』には、巨福呂坂の木戸の内に道路をはさんで家々が立ちならび、商売屋とおぼしき家や、店番とみられる女の姿がみえる。また化粧坂の上には、幕府公認の商売の町屋があった。

墓所が設定されたのもこの境界領域である。山腹に岩穴をひらいて墓所とした「やぐら」が切通しのちかくには多数ある。たとえば名越坂の切通しの上には「まんだら堂」のやぐら群があるが、そのうちの岩壁のやぐらは御家人や僧侶の墓所と考えられ、前面の平場《ひらば》が庶民の墓所であろうと推測されている。巨福呂坂・極楽寺坂のちかくはともに地獄谷《じごくだに》といわれており、庶民の葬送地であったが、そうしたところに建長寺《けんちようじ》・極楽寺がたてられたのであると考えられている。

墓所を鎌倉中に設けることを、幕府の法令によって禁じられていた多くの人びとは、それを鎌倉中の境界領域にもとめていったのであろう。

陸と海の鎌倉道

鎌倉が都市的発展をみるとともに、東国と鎌倉中とを結ぶ交通網も充実してきた。今でも東国の各地に、鎌倉往還《おうかん》あるいは鎌倉街道の名がのこっている道は多い。

本来は五〜六メートルほどの幅であったと考えられ、できるだけ平坦な道をもとめてひらかれていた。それは承久の乱で東国一五か国の御家人が鎌倉に集結するときにとおった道であり、将軍頼経《よりつね》の御所の警固のため鎌倉大番役《おおばんやく》が設けられてからは、大番役を勤めるために東国御家人が鎌倉をめざした道である。なによりも軍用道路であり、各国の守護所《しゅごしょ》を結んでいる点に特徴がある。

その主要幹線の一つが鎌倉と信濃善光寺《ぜんこうじ》とを結ぶ道で、武蔵府中《ふちゅう》をへて上野国《こうずけ》をとおり、碓氷峠《うすいとうげ》から善光寺にいたる。さかのぼってみれば悪源太《あくげんた》義平《よしひら》がこの道を北上して武蔵大蔵《おおくら》で叔父の義賢《よしかた》をやぶり、頼朝は奥州追討のために北上した。元久二年《げんきゅう》（一二〇五）には大蔵のすぐ南の菅谷《すがや》館にあった畠山重忠《はたけやましげただ》が南下して、武蔵国二俣川《ふたまたがわ》で討たれている。

善光寺信仰がさかんとなった鎌倉中期には善光寺参詣道となり、京から鎌倉に旅した多くの人びとも、さらに遠く善光寺をめざした。その事情は、『海道記』や『問はず語り』によくうかがえる。鎌倉名越には北条氏の手によって新善光寺がたてられている。

鎌倉街道は物資の輸送にも使われたが、年貢・雑物などの大量輸送に使われたのは、海上交通のほうであろう。「筑紫《つくし》より坂東《ばんどう》にいたり」「鎌倉より筑紫・陸奥《むつ》国へもいたる」といわれたように、海の鎌倉街道がひらかれた。それは東国のみならず筑紫（九州）とも結んでいたのである。鎌倉飯島津はそれの基点となったところで、そこには武蔵国の年貢を収納する浜《はま》御《み》倉《くら》といわれる北条氏の倉庫があったことが知られている。

武蔵国は関東知行国の一つであるが、時政《ときまさ》以後、北条氏が管理するようになった得宗領《とくそうりょう》であり、武蔵府中に集められたその年貢は、多摩川をへて海路によって飯島津に送られたとみられる。国府のある府中（府内）は多摩川ぞいに位置し、その分倍河原《ぶばいがわら》の堤は武蔵国の負担で築かれている。この堤から出荷されて多摩川を下り、海の鎌倉街道をへて、飯島にもたらされたのであろう。

ただ東京湾内の海上交通を考えるときには、六浦《むつら》の存在も忘れてはならない。鎌倉と六浦とは早くから陸路で結ばれており、鎌倉の外港的位置にあった。『沙石集《しゃせきしゅう》』には、鎌倉から六浦に行き上総に渡る舟便を待つ人の話がみえる。六浦は飯島津とならんで、鎌倉の港湾として機能していた。

極楽寺《ごくらくじ》の忍性《にんしょう》は飯島津に升米《しょうまい》を徴収する権利をもっていたが、日蓮《にちれん》は忍性を非難して「飯島の津にて六浦の関米《せきまい》を取りては、諸国の道を作り」と記しており、忍性は六浦でも関米徴収権をもっていたことがわかる。六浦と飯島津は一体的関係にあって相互の往来もさかんで、また両者補完して鎌倉の港湾機能をになっていたのであろう。

六浦の岩窟寺院

六浦で思い浮かべるのは、京の東琵琶湖《びわこ》に面した大津である。『海道記』の作者は由比が浜の情景を大津の浦にたとえたが、その作者が六浦にやってきたならば、六浦こそそれにもつともふさわしいと思ったにちがいない。

大津と六浦、両者はともに大都市の東に位置する外港であり、大津は琵琶湖の、六浦は東京湾のともに内海《うちうみ》に面している。周辺の風景もまたよく似ている。近江八景・金沢八景とたたえられた景観である。どちらも後世に中国の瀟湘八景《しょうしょうはっけい》になぞらえてつけられた景観であるが、当時から一種の聖地とみられていた。鴨長明《かものちょうめい》は『方丈記《ほうじょうき》』で、大津周辺を逍遥《しょうよう》したときのことをつぎのように述べている。

勝地《しょうち》は主《ぬし》なければ、心をなぐさむるにさはりなし。（中略）或《あるい》は岩間にまうで、或は石山を拝む。若《もしく》はまた粟津《あわづ》の原を分けつつ、蟬歌《せみうた》の翁《おきな》が跡《あと》をとぶらひ、田上河《たなかみがわ》をわたりて、猿《さる》丸大夫《まろだゆう》が墓をたづぬ。かへるさには、折りにつけつつ桜《さくら》を狩り、紅葉《もみじ》をもとめ……。

岩間寺（岩間山正法寺）・石山寺は観音霊場であり、なかでも石山詣《もう》では古くから平安貴族のあいだに流行し、紫式部《むらさきしきぶ》によって『源氏物語』が石山寺で書かれたという伝説さえ生まれ、鎌倉時代末には『石山寺縁起絵巻』が制作されている。

六浦では将軍頼経《よりつね》の遊覧があったり、霊所の祓《はら》えが行なわれる七瀬《ななせ》の一つにも占定されている。文明《ぶんめい》一九年（一四八七）にここを訪れた僧堯恵《ぎょうえ》は、『北国紀行』につぎのように記している。

六浦金沢《かねさわ》をみるに、乱山かさなり、青嶂《せいしょう》そばだちて海をかくす。神霊絶妙の勝地なり。

六浦荘の領主北条実時《さねとき》は、金沢の地に母の菩提《ぼだい》をとむらうために称名寺《しょうみょうじ》をたてており、六浦竜華寺《りゅうげじ》にのこる伝記には、その前身の浄願寺《じょうがんじ》が鎌倉時代に六浦山中にたてられたと記されている。六浦をみおろす山々は霊場となっていたのである。石山詣でも行なったことのある『徒然草《つれづれぐさ》』の卜部《うらべ》兼好《かねよし》も、この地を二度訪れていて、「かねさわといふところにむかしすみし家のいたうあれたるにとまりて」と記している。遁世《とんせい》した兼好が身をよせるにふさわしい聖地であったといえよう。

さらに興味深いのは、最近発掘され、保存問題でもクローズアップされた六浦の上行寺《じょうぎょうじ》東《ひがし》遺跡に認められる、岩窟寺院《がんくつじいん》の存在である。これは三段にわたるやぐら群の一番上段に建物跡や池状の遺跡を有し、それがあたかも阿弥陀の石仏を拝するがごとくに位置しているのである。ここはあきらかに参籠《さんろう》の場であり、念仏に傾倒した兼好が訪れたとしても不思議ではない。はるか景勝の地を見晴らしながら、ひたすら念仏を唱えれば、そこに聖なる空間が生まれ、聖なる時が流れゆく。

西の聖地、江の島

六浦を鎌倉の東の聖地とすれば、西の聖地は江《え》の島《しま》であった。『海道記』はつぎのように記している。

片瀬川《かたせがわ》を渡りて、江尻《えじり》の海汀《うみぎわ》をすぐれば、江《え》の中《うち》に一つの峰の孤山《こざん》あり。孤山に霊社あり。江尻の大明神と申す。感験《かんけん》ことにあらたにして……。

ここはかつて文覚《もんがく》が弁財天《べざいてん》を勧請し、三五日の断食《だんじき》苦行によって頼朝のために奥州《おうしゅう》の藤原秀衡《ひでひら》の調伏《ちょうぶく》の祈りを行なった所である。『問はず語り』の尼二条《あまにじょう》は、その江の島に詣でて数ある岩屋の一つに泊まり、つぎのように記している。

これは千手《せんじゅ》の岩屋といふとて、薫修練行《くんじゆれんぎょう》も年たけたりと見ゆる山伏《やまぶし》一人、おこなひてあり。霧《きり》の籬《まがき》、竹の編戸《あみど》、おろそかなるものから、艶なる住まひなる。

そこには六浦の岩窟寺院を彷彿《ほうふつ》とさせるものがある。鎌倉にも窟堂《いわやどう》があり、阿弥陀房の聖が頼朝入部以前から住んでいたという。もともと鎌倉周辺は早くから岩窟寺院が多数存在していたのである。

逗子《ずし》にも岩殿観音堂の岩殿寺《がんでんじ》があり、鎌倉時代初期から杉本観音堂とならんで信仰を集めていた。大倉観音堂の所在地は不明だが、これも一種の岩窟寺院だった可能性が高い。そもそも「鎌倉」といい「大倉」といい、あるいは墓所の「やぐら」といい、いずれも岩穴・岩窟を意味している。そうであれば、墓所としてのやぐらは、岩窟寺院の岩穴が墓所に転用されたのが出発点となってひろまったのではなかろうか。やぐら群と寺院跡の複合遺跡である六浦の上行寺東遺跡はその点をよく物語っているように思われる。だが残念ながら、その遺跡も市街地再開発の名で破壊されてしまった。このままゆくと、遠からず金沢八景の昔を伝えるものはなくなってしまうであろう。

3　京都の発展

白川の発展と京童

応長《おうちょう》元年（一三一一）、鬼になった女が伊勢《いせ》国から上洛した、といううわさが京にひろまった。『徒然草《つれづれぐさ》』はその話をつぎのように記している。

その比《ころ》二十日ばかり、日ごとに、京・白川《しらかわ》の人、鬼見にとて出《い》で惑《まど》ふ。昨日は西園寺《さいおんじ》に参りたりし、今日は院《いん》へ参るべし、ただ今はそこそこに、など言ひ合へり。まさしく見たりといふ人もなく、虚言《そらごと》と言ふ人もなし。上下ただ鬼の事のみ言ひ止《や》まず。

うわさの鬼を見んものと、京（洛中）と白川の物見高い京童《きょうわらべ》が右往左往しているさまがよくうかがえよう。それから約二〇年後、地方から続々と京上《きょうじょう》する武士の群れを皮肉ったのも、彼ら「京童」である。その口ずさみの一節。

夜《よ》討《うち》強盗《ごうとう》謀綸旨《にせりんじ》　召人《めしうど》早馬《はやうま》虚騒動《そらそうどう》
生頸《なまくび》還俗《げんぞく》自由出家《じゆうすけ》　俄《にわか》大名《だいみょう》迷者《まよいもの》

この落書《らくしょ》は二条河原《にじょうがわら》にたてられたというが、そこは、京都を洛中・白川の二地域に分けて南北に流れる鴨川《かもがわ》と、京のメインストリートともいうべき二条大路とが交わる地であった。まさに落書がおかれるにふさわしい場所である。

よく知られているように、大内裏《だいだいり》を中心として、そこから南に延びる朱雀大路《すざくおおじ》を基軸につくられた都城「平安京」は、右京《うきょう》の地が低湿地帯だったことのゆえに早い段階からさびれてゆき、左京の地（洛中）だけが繁栄を誇った。

だが院政期になると、一条以北の「北辺」や鴨川以東の「河東」へと、都市的発展がみられ、なかでも白河院が御所《ごしょ》を設け、法勝寺《ほっしょうじ》などの御願寺をたてるにおよんで、河東の白川の発展にはめざましいものがあった。京の横大路《よこおおじ》はそのまま東へと延長され、南北にも大和大路などがつくられて、「京・白川」と並称されるほどに都市化していった。

粟田口《あわたぐち》の堀道《ほりみち》を南にかいたをりて、逢坂山《おうさかやま》にかかれば、九重《ここのえ》の宝塔《ほうとう》は北の方《かた》に隠れぬ。

白川の粟田口から鎌倉にむかった『海道記』の作者は、法勝寺の九重の塔に思いをのこしつつ逢坂山をこえている。白川の地は東国につながっており、それとの関係で発展していった面もみのがせない。

『宇治拾遺物語《うじしゅういものがたり》』は、越後《えちご》の鮭《さけ》の荷が粟田口にさしかかったときの話をのせている。二〇疋《ぴき》ばかりの荷駄の馬がくると、これを待ち構えていた大童子《おおどうじ》がさっとかけより、二本の鮭を盗みとってふところに隠す。すぐに露見して裸にされると、「いかなる女御《にょうご》、后《きさき》なりとも、腰に鮭の一二尺《いちにしゃく》なきやうはありなんや」といいのがれようとした。もちろん鮭《さけ》と裂《さけ》(陰部)とをかけた駄洒落《だじゃれ》であるが、口達者な京童の活動の場となっていた粟田口・白川の地の面影が浮かんでこよう。

朝廷の法令は、「白河薬院田《やくいんでん》」のあたりに印地《いんじ》の集団がいたことを記している。印地(飛礫《つぶて》)とは京童の芸能であり、嘉禄《かろく》元年(一二二五)には、彼ら飛礫の集団は、かたや洛中の六角堂《ろっかくどう》に集まる「老衆」と、かたや京極寺《きょうごくでら》に集まる「若衆」とに分かれ、決戦にのぞんだという。三条京極の京極寺に集結した若衆とは、白河の印地のことであろう。

鴨の河原

洛北の雲ケ畑《くもがはた》に源流をもつ鴨川は、上賀茂《かみがも》神社をへて下鴨《しもがも》神社の南の川合《かわあい》の地で高野《たかの》川《がわ》と合流し、まっすぐ南下して洛中・白川を分かつ。この河原は幾多の戦場となっている。河東の六波羅《ろくはら》にあった平清盛《きよもり》の軍兵と洛中の源義朝《よしとも》の軍兵が一戦を交えた平治《へいじ》の乱の戦場は、三条・六条の河原であり、幕府滅亡のときの六波羅攻防戦も同じ河原で行なわれている。あるいは洛中でおきた火事は河東におよばず、河東の火事も洛中にはおよばない。河原は防衛・防災上の機能をはたしていたのである。

ここで多くの読者は気づかれたことであろう。鴨川の河原はなんと鎌倉の若宮大路《わかみやおおじ》と似ていることかと。鎌倉の都市計画は京都を基本にしたもので、鶴岡《つるがおか》八幡宮は大内裏《だいだいり》に、若宮大路は朱雀大路にならったものであるとよく指摘される。しかし大内裏は政庁であり、八幡宮は神社であって、機能は大きく異なっている。また大内裏は、中世の京都では中心に位置しておらず、朱雀大路も西のはずれとみられていた。

若宮大路が鴨川の河原に似た機能をもつのであれば、鶴岡と対比されるべきは、大内裏ではなく、鴨川の北に位置する下鴨神社なのではなかろうか。下鴨・上賀茂神社は、京の西南に鎮座する石清水《いわしみず》神社とならんで、京都の鎮守神とみなされてまつられていた。そうであれば鎌倉は、京の下鴨神社と鴨川を中心とした都市構成にならって、都市建設を行なったと評価してもよいであろう。

鴨川は鴨社の神が北上した神の通り道で、聖なる空間でもあった。そして川合と、一条から二条までの六つの大路が鴨川に臨む河原において、「七瀬《ななせ》の祓《はら》え」が行なわれ、種々の災いはここで水に流された。それより南の三条から六条にかけての河原は、戦場となり、刑場とされ、飢饉《ききん》ともなれば葬送の地であった。まことに若宮大路とよく似ているではないか。

京にとって鴨川がきわめて重要なことは、白河院が天下三不如意《ふにょい》の一つとして、鴨川の水をあげたことでもうかがえよう。鴨川の堤を修復するために、防鴨河使《ぼうかし》が設けられ、治水事業もはかられていたが、鎌倉時代になると、畿内近国の御家人《ごけにん》の課役で堤が修築されてい

若宮大路の築地役《ついじやく》や皇居の大番役《おおばんやく》・造営役が御家人に課されていることをあわせて考えると、なかなか象徴的である。

鎮守の神社とそれにつらなる河原・大路を都市の中心にすえようという考えは、中世都市人の宇宙観・世界観を示しているともいえなくはない。川は彼岸《ひがん》と此岸《しがん》とを分かつ場であり、河原はあの世とこの世との接点・通路になっていた。極楽の相を示す清浄なる川の流れは、やがて一変して三途《さんず》の川となり、地獄の様相を示すにいたる。鴨社の祝《はふり》出身の鴨 長明《かものちょうめい》は「行く河の流れは絶えずして」と、人間世界を川の流れにたとえている。中世の都市社会は、そうした河原を内ぶところに入れることによって、はじめて成立したといえるであろう。

二条大路と町小路

京都は三条大路あたりを南北の境にして、上京《かみぎょう》と下京《しもぎょう》に分かれていた。鎌倉の山の手にあたる上京には大内裏《だいだいり》があり、それをとりまいて官衙《かんが》町や貴族の邸宅が集中していたので、おのずと政治的中心になっていた。

そのメインルートといえるのが二条大路である。大内裏が二条大路に南面していたことにはじまり、それの衰退したのちは、大路に北面する閑院《かんいん》内裏が整備され、大内裏に模されて、紫宸殿《ししんでん》・清涼殿《せいりようでん》などの殿舎が造営された。

鎌倉幕府は鴨川の堤とならんで、この内裏の整備にはことに尽力しており、文治《ぶんじ》三年（一一八七）、承元《じょうげん》三年（一二〇九）、建長三年（一二五一）と三度にわたって造営・再建にあたっている。正元《しょうげん》元年（一二五九）に閑院内裏が焼失してから後は、さらに東の西園寺家の邸宅富小路殿《とみのこうじどの》が里内裏《さとだいり》にあてられ、そのまま富小路の内裏として発展してゆくことになり、建武政権の政庁もまたここにおかれたのである。

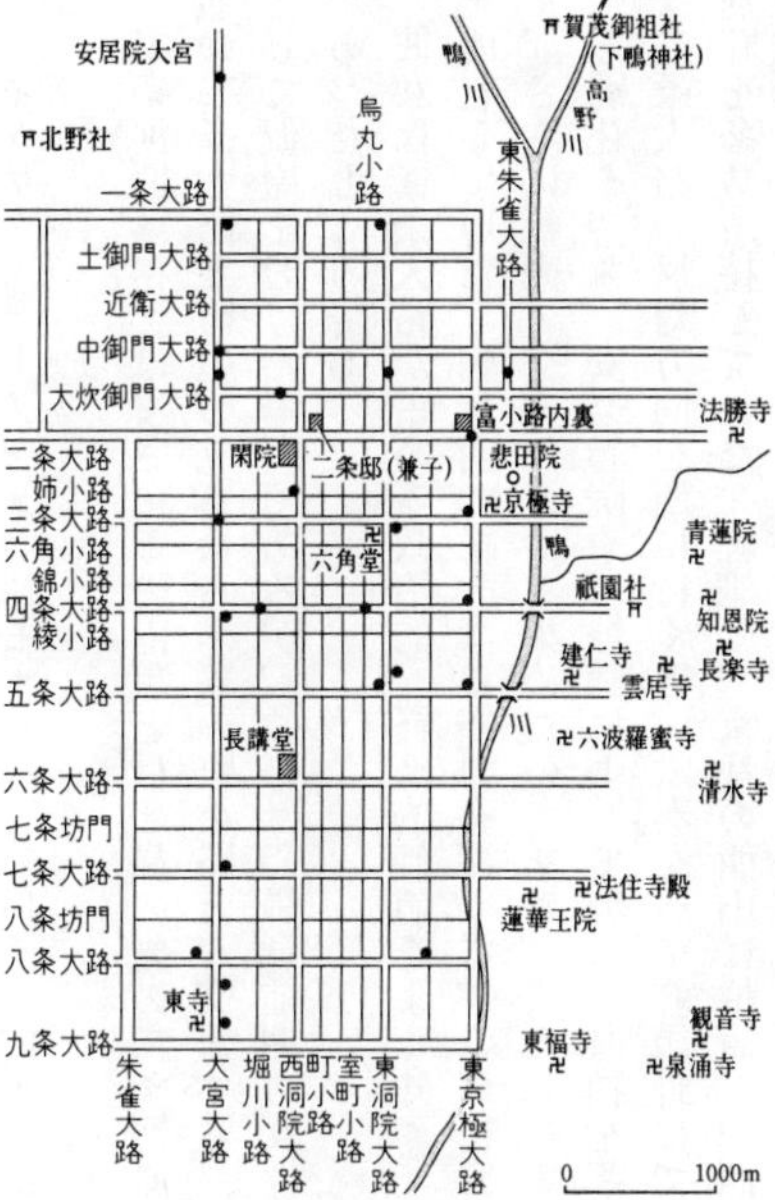

鎌倉時代の京都（・＝篝屋設置場所）

キツケヌ冠上《かんむりうえ》ノキヌ　持《もち》モナラハヌ笏《しゃく》持テ　内裏マジハリ珍《めずら》シヤ

「二条河原落書《にじょうがわらくしょ》」はまさにこの内裏と目と鼻の先の二条河原にたてられたのであった。また横の二条大路と町屋の立ちならぶ縦の町小路とが交差する二条町は、後醍醐《ごだいご》天皇が公設市場として仮屋を設けた場所であるが、ここは、鎌倉前期の女性政治家、卿二位《きょうのにい》藤原兼子《けんし》の邸宅があったところである。

彼女は二条大路が占める政治的、経済的価値をよく知っており、二条町周辺に多くの屋地を所有していた。朝廷内で絶大なる権力を握って、人事に介入してはその見返りに屋地を得て、さらに転売・交換によって集めたのである。また二条大路がそのまま河東に延びた岡崎にも別荘を持ち、安楽心院や、権勢によって集めた財物を蓄える倉を付属させている。

二条大路の反対方向を西に行くと、太秦《うずまさ》をへて嵯峨野《さがの》にでるが、兼子はその両方に別宅・別荘を多数所持していた。嵯峨は、京都の西山に位置し、西方浄土《さいほうじょうど》の信仰とも関係して開発がすすんだところで、建長七年に後嵯峨天皇が亀山殿御所をたててからは、いっそうの発展がみられた。

三条より南の下京は京の下町であり、そのメインルートは、南北にとおる町小路である。この通りには、三条町・四条町・七条町などに商業の町屋が密集していた。

寛喜《かんぎ》三年（一二三一）正月に四条町におきた火事は、北は六角小路《ろっかくこうじ》、南は綾小路《あやのこうじ》にまでおよんだ。そのとき「商賈《しょうこ》の輩、悉《ことごと》く焼く。つらつら身上を思ひて眠れず」と記したのは藤原定家である。

天福《てんぷく》二年（一二三四）、七条町を中心に七条坊門から八条坊門までにわたった火事でも、「土倉《どそう》の員数を知らず。商賈充満す。海内《かいだい》の財貨ただその所にあり」と記しているが、しかしその大火にもかかわらず、すぐに再建がにぎにぎしくはじまったことに舌をまいている。

こうした町屋のさかんな商業活動に目をつけたのは寺社や官衙《かんが》である。たとえば生魚販売の町屋は、三条町を中心に北の姉小路《あねこうじ》町、南の六角町にかけてならんでいたが、内蔵寮《くらりょう》と御厨子所《みずしどころ》の二つの官衙は、彼らを供御人《くごにん》となして売買の課役を徴収するとともに、商業活動の保護特権を与えた。そのうち三条以北を姉小路町供御人として内蔵寮が管轄し、以南を六角町供御人として御厨子所が管轄した。

高利貸業者としての土倉《どそう》に大きな影響力をもっていたのは比叡山《ひえいざん》で、京中には三三五軒の土倉があったというが、そのうち「山門気風の土倉」といわれる山門関係の土倉は二八〇軒あったといわれている。綿商人は、三条町・錦小路《にしきこうじ》町・七条町にあって、祇園社《ぎおんしゃ》の神人《じにん》となって座《ざ》をつくって課役を納めるとともに保護特権を得ていた。また綾小路町には紺屋の店があったという。

祇園御霊会と河東

下京《しもぎょう》をさらにみてゆくと、西の堀川小路《ほりかわこうじ》では、堀川の流れを利用して栄えた材木商人がいて祇園社に属していた。室町小路にも、四条室町・五条室町を中心に商業の町屋が多かった。そうした下町の経済力にになわれて、祇園御霊会《ぎおんごりょうえ》ははなばなしくも大いににぎわった。

保元の乱後、四条・五条を中心とした富裕な商人が御霊会の費用（馬上）を負担しはじめてからは、祇園社は下京の鎮守の位置にはっきりとすわった。賀茂社が上京を中心とする中世都市京都の鎮守とすれば、祇園社は都市住民共同体の鎮守といえよう。

祇園社の神輿《みこし》三基は、毎年六月の初旬に社のすぐちかくの四条河原で神輿洗いの儀式をへて、六月七日、河原をわたり洛中の御旅所《おたびしょ》に遷幸《せんこう》する。女神の婆利采女《はりさいにょ》の一基は、大炊御門《おおいのみかど》烏丸《からすま》にある少将井社《しょうしょういしゃ》に、主神の牛頭《ごず》天王と蛇毒気神《だどくけのかみ》の二基は、五条坊門烏丸の大政所《おおまんどころ》に迎えられた。

御霊神《ごりょうしん》であるため、内裏ちかくを神輿が通過するときは、天皇は方違《かたたが》えを行ない、摂関家ではニラを食して精進する。都市民は神輿を迎えると、無病息災を祈って、少将井・大政所の旅所や京極寺《きょうごくでら》などをめぐって参詣する。今の宵山《よいやま》につながる行事である。

六月一四日に神輿は還幸《かんこう》となるが、この祇園御霊会の日に、神幸行列にそってさまざまな芸能が演じられた。朝廷の諸所の殿上人《てんじょうびと》は馬長《うまおさ》の童をよせ、受領《ずりょう》は植女《うえめ》を、院の北面や文殿《ふどの》の官人は歩田楽《かちでんがく》を仕立てた。その負担はけっして軽いものではなく、藤原定家も毎年、負担をのがれようとさまざまな筋をたどって陳情をくりかえしていた。

しかしいったん飢饉《ききん》ともなれば、災禍を免れようと、盛大に催された。それでも鎌倉時代をつうじてみると、しだいに朝廷のそそぐ熱意は衰えてゆき、かわって庶民による芸能奉仕が充実し、鎌倉時代末には今につながる鉾《ほこ》がくりだされるようになった。

四条河原には、洛中の庶民が河東の祇園社に参詣《さんけい》するための四条橋がかけられていた。上京には常設の橋はなく、舟を結びつけた浮橋《うきはし》がかけられたにすぎないのにたいし、下京ではこの四条橋と清水寺橋が常設され、しかも洛中への勧進《かんじん》によって維持された。これは両橋の庶民的性格をよく物語っており、幕府も人身売買の禁令に違反した者からの過料を修理にあてている。両橋によって下京の洛中と河東とが固く結びつけられたことはいうまでもない。

いづれか清水《きよみず》へ参る道　京極《きようごく》くだりに五条《ごじよう》まで　石橋《いしばし》よ
東の橋詰《はしづめ》　四《よ》つ棟六波羅《むねろくはら》堂《どう》　愛宕寺大仏深井《おたぎでらおおぼとけふかい》とか
それをうち過ぎて八坂寺《やさかでら》

この『梁塵秘抄《りようじんひしよう》』の今様《いまよう》からも知られるように、両橋は庶民信仰の場である河東へと人びとをいざなった。

下層民と鎌倉仏教

治承《じしよう》三年（一一七九）、『山槐記《さんかいき》』の記主藤原忠親《ただちか》は長寿を祈って百塔めぐりを行なっている。花や焼香、雑紙摺《ぞうしずり》塔などを献じて巡礼するもので、観音寺《かんのんじ》・長楽寺《ちようらくじ》・清水寺《きよみずでら》と、河東の諸寺をめぐっている途中、霊山のあたりで南無阿聖人《なむあしようにん》に会うと、そこで、叡山の大衆《だいしゆ》に焼かれた関寺《せきでら》造営のための喜捨《きしや》をもとめられ、家中八〇人分（人別に米一升）を送っている。

東山のこの地は、南無阿聖人のような勧進聖人の活動の場であり、先にあげた今様にみえる雲居寺《うんごじ》につくられた大仏もまたそうした聖人の一人瞻西《せんせい》によって成ったのである。

この大仏は、八丈の阿弥陀仏である点で、鎌倉の大仏と一致し、そのたてられた八坂《やさか》の地が下層民の集住する場であった点でも、また念仏系の勧進聖人の尽力による点でも、鎌倉の大仏の環境とよく似ている。あるいは鎌倉のそれは、もともと京のこの大仏にならってつくられたのかもしれない。大仏はその衆生《しゅじょう》を超越した姿のゆえに、社会の下層に呻吟《しんぎん》する人びとに救済の手をさしのべてくれるものと考えられていたのである。

清水坂には早い時期から坂非人《さかひにん》とよばれた下層民が集住していた。嘉元《かげん》二年（一三〇四）に泉涌寺《せんにゅうじ》の長老覚一上人《かくいつしょうにん》が書きあげた京都の非人注文によると、坂非人は一〇〇〇人とあり、非人総数二〇二七人の約半数を数えている。他に悲田院《ひでんいん》に一五〇人、洛中に散在して三七六人いる。彼らは京中に乞場《ごうば》を得て施行《せぎょう》によって生計をたてていたが、同じく非人といっても、さまざまな芸能によってたくましく生きた非人法師も多かったし、また清水坂には祇園御霊会の馬上の負担を期待された車借《しゃしゃく》のように、富裕な交通業者もいた。

鎌倉新仏教はこうした人びとの輿望《よぼう》をになって登場しており、まず法然《ほうねん》が東山の吉水《よしみず》で念仏勧進から専修念仏《せんじゅねんぶつ》の立場を確立したのをはじめとして、栄西《えいさい》は幕府の援助で建仁寺《けんにんじ》を六波羅《ろくは》《ら》のちかくにたて、俊芿《しゅんじょう》は律宗《りつしゅう》を学んで、北京律《ほっきょうりつ》の道場として泉涌寺を東山のふもとに再興している。

弘安《こうあん》七年（一二八四）、京にはいった時宗《じしゅう》の一遍《いっぺん》の足どりを追うと、河東・洛中の下京一帯におよんで一か月して京を去っている。『一遍聖絵《いっぺんひじりえ》』はそれをつぎのように記している。

閏《うるう》四月十六日、関寺《せきでら》より四条京極の釈迦堂《しゃかどう》に入り給。貴賤上下群をなして、人はかへりみる事あたはず、車をめぐらすことをえざりき。十七日ののち、因幡堂《いなばどう》にうつり給。（中略）又三条悲田院《さんじょうひでんいん》に一日一夜、蓮光院《れんこういん》に一時おはします。（中略）そののち雲居寺・六波羅蜜寺、次第に巡礼し給て、空也《くうや》上人の遺跡市屋に道場をしめて、数日をおくり給し（中略）同年五月二十二日に市屋をたちて桂《かつら》にうつり給ぬ。

こうして下京の庶民信仰の場をまわった一遍のあとをうけて、四条道場（金蓮寺）、六条道場（歓喜光寺《かんきこうじ》）、七条道場（金光寺《こんこうじ》）などの時宗の道場がつぎつぎとたてられていった。

六波羅と洛中防衛線

京都は、これまでみてきたところから知られるように、鎌倉と都市構成が非常によく似ていたが、それとの大きなちがいは、自然の要害をなしておらず、攻められるときわめて弱い点にあった。源平の合戦や承久《じょうきゅう》の乱で、宇治《うじ》の防衛線が突破されると、すぐに敵の京都侵入を許すことになったのはそのせいである。このため武家の居館は、堅固な要塞《ようさい》であらねばならなかった。平家の六波羅《ろくはら》邸はまさにそれで、平治の乱では義朝の軍の攻撃をここで支え、承久の乱後には京に進駐した泰時《やすとき》・時房《ときふさ》により探題《たんだい》邸（南と北の両六波羅）がここにすえられたのである。

六波羅の館《たち》を中に籠《こめ》て、河原面《かわらおもて》七八町に堀を深く掘《ほ》つて鴨川を懸《か》け入《い》れたれば、昆明池《こんめいち》の春の水西日《せいじつ》を沈《しず》めて、漪淪《いんりん》たるに異《こと》ならず。残《のこ》り三方には芝築地《しばついじ》を高く築《つい》て、櫓《やぐら》をかき双《なら》べ、逆木《さかもぎ》を重《しげ》く引《ひ》いたれば、城塩州受降城《しろえんしゅうのじゅこうじょう》もかくやと覚《おぼ》へてをびただし。

『太平記《たいへいき》』の描く六波羅の館である。西方を河原の堀で、他の三方を芝を植えた土塀《どべい》でかこった館は、六波羅城とよぶにふさわしいものである。その前面に位置する六条河原は、武家と検非違使《けびいし》との接点となっており、検非違使が追捕《ついぶ》した罪人の身柄を武家に引き渡す場であり、逆に武家が検非違使に罪人を引き渡すのも、武家によって罪人の死刑が執行されるのもここであった。また探題指揮下の軍勢が集結するのもこの六条や五条の河原で、元弘《げんこう》の合戦（一三三三）では「四十八箇所の篝《かがり》并《ならびに》在京人《ざいきょうにん》、其勢五千余騎」が集まったという。

篝屋《かがりや》は北条泰時《やすとき》によって京都市中の主要な大路小路に設けられたが、その警固には西国の有力御家人が選ばれ、在京人としてあたることになったので、京都の治安はいちじるしくよくなった。検非違使の保官人《ほうかんじん》とのあいだに警察権をめぐるトラブルもなくはなかったが、保官人は軽犯罪を中心に取り締まって民事裁判に関与したこと、在京人は重犯罪を取り締まって軍事行動をおもに担当したことで、職権の分担関係も成立した。

篝屋の分布をいくつかの史料から調べてみると（二八五ページの地図参照）、西はほぼ大

宮大路付近までに限られており、どうも洛中の西の防衛線は大宮大路であったらしい。『太平記』をみても、

六波羅には敵を西に待ちける故《ゆえ》に、三条より九条まで大宮面に屏《へい》を塗《ぬ》り、櫓《やぐら》を掻《かき》て射手《しゃしゅ》を上《のぼせ》て、小路小路に兵を千騎二千騎扣《ひか》へさせ……。

と記されている。室町時代に幕府が洛中から徴収した酒屋《さかや》役《やく》（高利貸兼業の酒造業者に課せられた税）や間口のひろさに応じて課せられた地口銭《じこうせん》も、西は大宮大路、東は鴨川ぞいの東《ひがし》朱雀《すざく》を境としており、京都の都市領域の西の境界は大宮大路と意識されていたことがわかる。では南の境界はどこか。

城の構《かまえ》を見渡せば、西は羅城門《らじょうもん》の礎《いしずえ》より、東は八条河原辺《へん》まで（中略）したたかに屏《へい》を塗り、前には乱杭《らんぐい》・逆木《さかもぎ》を引懸《ひっかけ》て、広さ三丈余《あまり》に堀をほり、流水をせき入れたり。

これによれば、羅城門から九条大宮の東寺をへて、八条河原にいたるまで城郭がつくられていたことがわかるので、それが南の境界であろう。京都も鎌倉末期までには、「城」というにふさわしい設備を整えていたのである。

4　奈良と府中

春日若宮おん祭

京都・鎌倉につぐ第三の中世都市は、南都に生まれた奈良である。平城京《へいじょうきょう》の廃絶後、南都の中心は東大寺《とうだいじ》・興福寺《こうふくじ》のある東側の外京《がいきょう》に移った。それがさらに中世都市として発展してゆくのは一二世紀ごろであり、ことに保延《ほうえん》二年（一一三六）九月の春日若宮《かすがわかみや》おん祭の開始は画期的な事件であった。

その数年前より全国を襲った大飢饉《だいききん》は、中世の飢饉の前触れであり、南都でも惨状は目をおおわせるものがあった。東大寺の覚樹《かくじゅ》は、「今年の飢饉、古来未《いま》だ有らずと云々。餓死のともがら道路を去り難《がた》し。末世これを如何《いかん》せん」と記している。若宮おん祭とはこの飢饉を御霊《ごりょう》のたたりとみなし、その御霊をしずめ、五穀豊穣《ごこくほうじょう》を祈るためにとはじめられた御霊会《ごりょうえ》だったのである。京都の祇園御霊会と同じく馬長《うまおさ》や田楽《でんがく》がよせられ、鎌倉の鶴岡若宮《つるがおかわかみや》の祭と同じく流鏑馬《やぶさめ》・相撲の奉仕がなされた。

藤原氏の氏神である春日社は、この若宮の勧請《かんじょう》と若宮祭の発展によって、中世都市「奈良中」の鎮守に位置づけられた。若宮祭を執行《しつこう》したのは、春日社と一体化した興福寺の大衆《だいしゅ》（衆徒）であり、この衆徒が奈良中の軍事・警察権を握っていた。若宮につながる東西の三条大路は、奈良中を北里《きたざと》と南里《みなみざと》にわかち、大路にそっては猿沢池《さるさわのいけ》をはじめ池がならび、率川《いさがわ》が流れる。鎌倉中・洛中でみた景観がここでもたしかめられよう。

北里・南里にはそれぞれ北市・南市がひらかれ、商工業者が集住して、あるいは若宮神人《じにん》として、あるいは大乗院《だいじょういん》や一乗院《いちじょういん》などの興福寺の院家《いんげ》の寄人《よりゅうど》として、座をつくり、春日社・興福寺の保護を得ていた。北里の住人は、東大寺手向山八幡社《たむけやまはちまんしゃ》の転害会《てがいえ》に参加して、その費用を負担したり、芸能を奉仕したりしたが、南里の住人の方は元興寺《がんごうじ》天満社《てんましゃ》に同じく結集している。この両社が都市民の共同体の鎮守であり、若宮社のほうは都市の鎮守として位置づけられていたのであろう。治承《じしょう》四年（一一八〇）の平氏の焼打ちで焼失した南都を復興したのは、じつにこの都市民の力であった。

都市の境界領域に目をやれば、北里の東北の奈良坂《ならざか》が注目される。平氏の南都攻めのさいには攻防の拠点となっており、『平家物語』は衆徒六万の軍勢が奈良坂を固めたと記している。奈良坂は奈良の出入口であり、その名も車道《くるまみち》とよばれ、京都の出入口である清水坂《きよみずざか》とは、宇治路で結ばれていた。まさに軍事・交通上の要地である。

そこには清水坂と同様に下層民の集住する場、北山宿《きたやましゅく》があった。文永《ぶんえい》六年（一二六九）、北山の般若寺《はんにゃじ》の西野において、律宗の叡尊《えいそん》は非人二〇〇〇人にたいし、大規模な施行《せぎょう》をしており、また北山十八軒戸のハンセン病患者救済施設も叡尊のたてたところという。叡尊の弟子忍性《にんしょう》は、ちかくにある東大寺の大勧進となって、東大寺の修造に関与したが、大勧進職は、重源《ちょうげん》にはじまり、栄西《えいさい》・行勇《ぎょうゆう》らの禅僧がそれにつづき、そして律僧の手に帰したものである。

南里では東南の柳生《やぎゅう》街道にそって夕日観音や首切地蔵などの石仏が刻まれており、地獄谷の名もある。ここが葬送の場であったのだろう。

西の府中

目をさらにひろく諸国に移してゆくと、そこにも中世都市は確実に息づいている。それは京や鎌倉に範をとった、諸国の国府・守護所を中心とした都市領域「府中《ふちゅう》」である。いわば小京都・小鎌倉ともいえる府中の構造をつぎにみることにしよう。

まずその典型といえるのが、豊後《ぶんご》国の府中、現在の大分《おおいた》市である。ここでは鎌倉中と同様の都市法が、豊後守護の大友《おおとも》氏によって定められている。仁治《にんじ》三年（一二四二）のその法令は、府中の屋地《やち》の給付規定、府の住人が道祖神《さえのかみ》を府中にまつることを禁ずる規定、大路に田畠をつくったり在家をたてて道幅を狭くするのを禁ずる規定、墓所を府中に設けるのを禁ずる規定など詳細をきわめている。

なかでも注目されるのは、「町」「町人」「道々細工」などの商工業者にかんする立法が多くみられる点である。府中を往来する諸人が笠《かさ》をかぶることを禁じた法とともに、府中のにぎわったようすがうかがえる。また「保々」の「産屋《うぶや》」を晴の大路にたてることを禁じた法は、行政区画としての保が設けられていたことを示しており興味深い。保は大路と大路とによって区分されているようで、京・鎌倉の場合と同様である。

この法は、一面では幕府法をそのまま府中に施行したにすぎないという側面もないわけではないが、それだけに鎌倉中に模して豊後府中を整備しようとした意図がうかがえる。そしてまたこの種の都市立法が、豊後府中に限らず、ひろく諸国府中に設けられたことを推測させてくれる。

豊後府中の具体的都市構造はあきらかでないが、周防《すおう》府中ではその点がよくうかがえる。現在の山口県防府《ほうふ》市がそれで、ここには律令国家によっておかれた国府《こくふ》や国分寺《こくぶんじ》の遺構がよくのこっており、なかでも国庁《こくちょう》は「国衙《こくが》土居《どい》八丁《はっちょう》」とよばれていたことから注目され、発掘・調査が行なわれてきた。

その結果、これは律令国家の国府の典型として重視されているのであるが、中世都市府中はこの国衙土居を含みつつも、中心は西のほうの松崎天満宮《まつざきてんまんぐう》にあった。神社のすぐ南の山陽道ぞいには町屋がならび、「府中宮市」といわれるような市場が形成されて、そのにぎわいから府中は「天神の府」とも称された。

南北朝時代にここをとおった鎮西《ちんぜい》探題の今川了俊《いまがわりょうしゅん》は、『道ゆきぶり』の中でつぎのように記している。

北の磯ぎわに人の家居《いえい》ありて、ここを国府と申すなり。なお北のみ山にそひて南向に天神の御社たてり。御前の作道《つくりみち》は二十余町ばかりはまば(浜)たまでみえたり。そのうちに鳥居二《ふたつ》立てり。みたらし川は路にそひて流れてけり。橋などかけたり。

松崎天神から浜にいたるつくり道、その道にそっては川が流れている光景、まさに鎌倉の若宮大路そっくりのつくりである。この道は天神の神幸路となっており、神輿を浜にかついでいって禊《みそぎ》をする裸ん坊祭りは、おそらく中世都市府中の都市民の祭りとしてはじまったものであろう。「二つの渡有《わたり》て舟ども是《これ》を出入なめり」と了俊が記しているごとく、湊《みなと》は東西二つあり、一つは国府にちかい勝間泊《かつまのとまり》、もう一つは天神にちかい三田尻《みたじり》である。後者は天神の泊ともいわれ、大いにさかえたのであった。

すでにみたように周防国は、文治二年（一一八六）、東大寺の造営料国となり、重源《ちょうげん》が国司聖人として下向して、周防国の杣《そま》から材木を伐《き》りだし、大仏殿造営に尽力した。その材木は府中の西を流れる佐波川《さばがわ》を下されて、瀬戸内海を経由し、南都に運送された。

重源の活動でもう一つ注目されるのは、府中の東北部に阿弥陀寺《あみだじ》を造営した点で、彼はここを周防の別所として念仏の布教の拠点となし、湯屋《ゆや》を設けて、人びとにひろく施湯《せゆ》を行なった。奈良中の東北部の東大寺内にも浄土堂を設けて東大寺別所となしたのと、軌を一にするものである。別所の南には、了俊が府中入りした橘坂があり、その坂下に宿がある構成も、奈良中とよく似ていよう。

東の府中

遠江《とおとうみ》府中（静岡県磐田市）には、周防府中と同じく天神社があり、見付《みつけ》天神というが、この祭りも裸祭りである。おそらくこの天神が、遠江府中の中心に据えられ、都市民の祭りとして発展したのであろう。その祓《はら》えの場は、南の今《いま》の浦《うら》である。

遠江の国府、今の浦に着きぬ。ここに宿《やど》かりて一日《ひとひ》二日《ふつか》とどまりたるほどに、あまの小舟《おぶね》に棹《さお》さしつつ、浦の有様見めぐれば、潮海《しおうみ》、湖の間に、洲崎《すさき》とほく隔《へだ》たりて、南には極浦《きょくほ》の波、袖《そで》をうるほし、北には長松の風、心をいたましむ。

『東関紀行《とうかんきこう》』が讃《たた》える光景は、鎌倉の東の六浦《むつら》を思いおこさせる。しかもまたここには六浦のやぐらの岩窟寺院《がんくつじいん》と似た中世の集団墓地が発掘され、脚光をあびている。場所は、府中の西北部の一の谷の台地である。台地上には一二世紀から近世初期にいたるまでの長期間にわたって使われた墓地があり、東側の斜面には鎌倉のやぐらを思わせる墓がならぶ。

豊後府中の市中法は、府中域に墓所を設けることを禁じており、鎌倉の葬送の場が山腹のやぐらや切通《きりどお》し周辺などの境界領域に限定されているのも、そうした墓所規制によるとみられている。遠江府中の集団墓地もまたそうした都市法の存在を物語るものであろう。しかもここは中世から近世にかけての墓所が重層してみいだされ、府中住民の生活・信仰が長期間にわたってはっきりとうかがえる点で重要な遺跡である。

常陸《ひたち》府中（茨城県石岡市）は海に面しておらず、これまでみてきた府中とはやや景観が異なる。しかしここもまた都市領域であったことは、『沙石集《しゃせきしゅう》』にのる話からうかがえる。それは伊予房《いよぼう》という法華経《ほけきょう》の持経者《じきょうしゃ》が、家を萱《かや》でふいたあと毛ばだっている部分を焼いたこと

にはじまる。ところが、

俄《にわか》に風吹きて、家焼く事二度ありけり。人さはぎて集まりたりければ、（伊予房）「国府にては、是程《これほど》の火は大事也。よりてあたり給へ」と云けるこそ……。

という、伊予房のしたたかな言動の落ちで終わる。ここには萱で屋根をふくほどに富裕な都市民の存在と、「国府にては、是程の火は大事」というほどに火事にたいする警戒心が認められる。当時の史料にも、「大町屋」「木地」「桶地」などの商工業者の存在を物語る地名がみえる。

府中の地頭《じとう》は有力在庁の大掾《だいじょう》氏で、その下で在庁・供僧《ぐそう》が都市行政を行なっていた。罪科を犯すと、府中追放が行なわれたり、国司の目代《もくだい》が府中に到着すると、鐘《かね》がつかれ、盛大な坂迎えの儀式が行なわれたりしている。府中には在庁官人のまつる惣社《そうじゃ》や、鎌倉から勧請《かんじょう》した若宮八幡社があるが、都市民の祭りとして重要な役割をはたしたのは、近世府中に「祇園まつり」として市中の町人が結集している府中天王社《てんのうしゃ》であろう。

都市とは、政治的、経済的、また宗教的な諸機能が集中した人家の密集地域のことである。これまでそうした都市の様相をながめてきたが、つぎに、それらの機能が拡散し、人家も散在した村落についてみることにしよう。

第九章　つながる農村社会

1　荘園の開発と交通

荘園経済の成立

荘園が各地に生まれ、制度を整えはじめたのは、一二世紀の初頭ごろからである。権門寺社は争って荘園をもとめ、家経済の主要な財源とするようになった。たとえば摂関家《せっかんけ》では藤原忠実《ただざね》が、バラバラに伝領されていた荘園をまとめて摂関家領を形成したばかりか、各地に荘園の寄進をはたらきかけた。

その結果、南は九州の薩摩《さつま》・大隅《おおすみ》・日向《ひゅうが》三か国にまたがる島津荘から、北は奥州《おうしゅう》の藤原氏の所領であった陸奥《むつ》の高鞍《たかくら》・本吉《もとよし》荘にいたるまで、膨大な摂関家領荘園が生まれたのである。

東大寺では別当《べっとう》に起用された念仏宗の永観《ようかん》が、国家から給与される封戸《ふこ》依存の体制から、荘園を主要財源とする体制へと転換をはかって、荘園の再興をはたすとともに、荘園機構の整備を行ない、中世東大寺領の基礎をつくった。伊勢神宮が東国諸国の在地領主にひろく寄

おもな荘園と都市

進をはたらきかけたのもこのころである。相模《さがみ》国大《おお》庭御厨《ばのみくりや》、武蔵《むさし》国榛谷《はんがや》御厨、下総《しもうさ》国相馬《そうま》御厨などはこうして生まれていった。

そうした傾向のなかで最大の荘園領主となっていったのが院《いん》である。はじめは荘園整理に意欲を示していた白河院《しらかわいん》だが、しだいに院の経済自体が荘園に依存せざるをえなくなってきたのに応じて、荘園を集めはじめると、その権勢による保護を期待して荘園はつぎつぎと院の周辺に集まっていった。鳥羽院《とばいん》の時代になると、院自身に荘園整理の意志がなかったことから、院領荘園はみるみるうちにふくれあがり、それらは院御願の寺院や神社、院の寵愛する女《にょ》院《いん》や女房、内親王の名で立荘された。

荘園の開発・寄進がなされると、荘園と京とを結ぶ独自の年貢運上《ねんぐうんじょう》ルートが設けられ、交通の多様化がはじまる。そのルート上に津《つ》・浦《うら》・宿《しゅく》・市《いち》などの都市的な場が発展してゆき、諸国の交通はまさに網の目状になり、多様かつ複線的構造を示すようになった。さらに鎌倉幕府の成立とともに、鎌倉が交通の中心となり、そこに分極化現象も生まれた。

このような荘園の開発とそれにともなう交通の発展をより具体的にながめるために、ここでとりあげるのは肥前国《ひぜんのくに》神崎荘《かんざきのしょう》である。この荘園は、院領の随一といわれる後院領《ごいんりょう》の荘園である点、平氏の忠盛《ただもり》が日宋貿易をはじめたときにここを知行《ちぎょう》していた点、蒙古襲来のときの恩賞地にあてられた点などでよく知られており、文書史料も比較的豊富である。

そんなところから現地を調べてみようと思いたち、梅雨の晴れ間の一日をぬって神崎荘の故地佐賀県神埼町《かんざき》（現神埼市）にでかけたのであった。以下、そのときの多少の見聞をまじえながら、神崎荘の開発と交通の歴史を考えてみることにしよう。

神崎荘の開発

豊後《ぶんご》にわたった「鎮西八郎《ちんぜいはちろう》」源為朝《ためとも》が、肥後《ひご》の阿蘇大宮司《あそだいぐうじ》と結んで勢威をはった地、それは豊後の九重《くじゅう》山地から発する玖珠川《くすがわ》と阿蘇外輪山に源をもつ大山川《おおやまがわ》とが合流する、豊後の日田《ひた》盆地であった。合流して三隈川《みくまがわ》とよばれ、筑後国《ちくごのくに》にはいって筑後川とよばれるこの九州一の大河「筑紫二郎《つくしじろう》」は、流域の年間降水量二一〇〇ミリの押し流す土砂とともに、有明海《ありあけかい》にそそぐ間に一大沖積平野《ちゅうせきへいや》をつくった。筑紫平野である。

肥前国《ひぜんのくに》神崎荘《かんざきのしょう》はこの平野の西部の佐賀平野の美田地帯に生まれた荘園で、北部の脊振《せぶり》山地に源をもつ二つの支流、城原川《じょうばるがわ》・田手川《たでがわ》の流域にある。

神崎荘と博多

その前身は肥前国神崎郡におかれた勅旨田《ちょくしでん》で、九世紀に空閑地《こかんち》六九〇町が占定されて生まれたが、一一世紀には、皇室領の第一、代々の治天の君に相伝される後院領《ごいんりょう》となり、ひろく周辺の公田《こうでん》をとりこんで開発がすすめられた結果、鎌倉時代の後期には、田地が三〇〇〇町にもたっしていた。

荘域は北を脊振山地、南を有明海に画されている。標高一〇五五メートルの脊振山を中心とする脊振山系では、山岳宗教がさかんで、荘内の城原川の上流には仁比山《にひさん》の衆徒が、田手川上流には脊振山衆徒が諸坊をつくって、根拠地としていた。東西の境は、神崎郡の境と一致するとみられるがはっきりしない。

ただ西境と考えられるのは、「榜示野《ぼうじの》」や「榜示」の地名のある付近であろう。「榜示」の地には「観音さん」と称される自然石が今もまつられており、境界に設けられる榜示石を連想させられ、興味深い。

その神崎荘が一望のもとに見渡せる、奈良時代には烽《とぶひ》のおかれていたという日隈山《ひのくまやま》にのぼってみると、荘園の北部は二つの河川のおりなす扇状地《せんじょうち》形をなしており、標高が一〇～二〇メートルの地帯である。ここには古代の遺跡も多く、早くからひらけていたようである。

さらにそこから南にむけては、整然とした耕地が青々とひろがり、条里制《じょうりせい》のしかれていたようすがよくわかる。そしてそのあいだをぬうようにクリークに囲まれた環濠《かんごう》集落がポツリポツリとみいだされ、佐賀平野独特の景観が眼前に展開する。

神崎荘の開発の歴史は、一口でいえば条里制の開発と、有明海にのぞむ低湿地帯の開発とに区分される。条里は千鳥式の地割をとっており、現在でもその遺構がたしかめられるが、圃場《ほじょう》整備事業の進展により、やがて姿を消すことになるという。この地においてもとどまるところを知らない開発の波は、古代・中世の面影を消し去ろうとしている。

中世の開発の拠点は、環濠集落にその名残りがよくうかがえる。圃場整備にともなって発掘された本告牟田《もとおりむた》遺跡の報告をみると、ここは城原川西岸の低湿水田地帯にあり、神崎荘の荘官であった本告氏の館跡と考えられている。発掘前まではクリークによって囲まれた典型的な環濠集落を形成し、「館《たち》の内《うち》」「奥の浦」などの地名がのこっていた。

発掘の結果、東西と南北方向に規則正しく溝が幾筋も掘削《くっさく》されていたこと、方形の区画の中にはそれぞれ一間三間の掘立柱《ほったてばしら》の建物が一つずつあったこと、土器・漆器・木製品などの遺物が出土していること、全体では東西二〇〇、南北二二〇メートルの範囲にのぼることなどが明らかとなった。これこそが武士の「館」「屋敷」であり、開発の拠点であった。

本告遺跡のすぐ北には横武城、西には姉川城など、武士の城館跡とみられる環濠集落がひろく分布しているが、それらは主に城原川の西部に集中しており、これにたいする東部のほうは条里制遺構がよくのこり、荘鎮守の櫛田《くしだ》・高志《たかし》両神社も存在し、古代から中世にかけて安定して発達した地域と考えられる。したがって河西部こそ中世にいたってとくに開発のすすんだ地域といえよう。

日宋貿易の荘園

三〇〇〇町にのぼるといわれるこれだけの大荘園を、多くの勢力が放っておくわけはなかった。まず目をつけたのは平忠盛《ただもり》であって、鳥羽院から荘を預けられ知行《ちぎよう》すると、それを機に日宋《にっそう》貿易にあたっている。

当時の日宋貿易は大宰府《だざいふ》の所管であって、唐船到着の報に大宰府の官人が交易におもむいたところ、忠盛は、唐人の船は神崎荘に来着したのだと称し、介入を拒否したという。平氏が日宋貿易に関与したことを物語る有名な長承《ちようしよう》二年（一一三三）の事件である。現在は荘域が有明海から離れてしまったが、それは干拓《かんたく》事業や干潟《ひがた》の陸化によるもので、往時は有明海に面しており、そこに宋の貿易船が来着したのであろうといわれている。

忠盛の死後、神崎荘は藤原信西《しんぜい》に預けられた。信西は、いつ宋に派遣されても困らないようにと宋の通事《つうじ》から中国語を学んだという逸話の持ち主であったから、神崎荘の貿易の機能に目をつけ知行したのであろう。信西が集めた多くの書籍は『通憲入道蔵書目録《つうけんにゆうどう》』としてみえるが、そのいくつかは中国から神崎荘を経由してもたらされたと考えられる。

信西のあとをおそって知行したのは平清盛《きよもり》である。清盛は平治《へいじ》の乱以前から後院領に深く関与しており、やはり日宋貿易の利に注目したと思われる。では貿易船は有明海のどこに来着したのであろうか。

しかし今もみられる広大な干潟はそうした良港の存在の推測を拒絶する。いったい唐船がわざわざ有明海にはいってきたものなのか、という疑問さえ生ずる。そこで視点をかえて、三〇〇〇町の荘の年貢をどのようなルートをへて京に運上したのかを考えてみよう。

そう考えると、どうも有明海を遠回りして運上したとは考えにくい。脊振山地をこえて博《はか》多《た》まで運び、そこから京に運上するというのが最短距離である。そう、博多の名がでれば、日宋貿易をめぐって大宰府の官人と衝突したというのもうなずけよう。

そのころの博多は多くの宋人が住みつき、博多のすぐ北の筥崎《はこざき》宮の周辺には、宋商人による「大唐街《だいとうがい》」という中国人街が形成されつつあったという。あきらかに博多は日宋貿易の一大拠点だったのである。仁平《にんぴょう》元年（一一五一）には大宰府の官人が五百余騎の軍兵をもって、宋人王昇《おうしょう》の後家の家をはじめとする筥崎・博多の「千六百家」に踏みいり、資財雑物をとったという事件をおこしている。承久の乱前には、宋人の通事が博多にもっていた所領をめぐって神崎荘の荘官が訴えたり、あるいは神崎荘の「留守」人が筥崎宮や大宰府の官人に訴えられたりしている。すなわち博多は神崎荘の荘領だったのであるが、それは神崎荘の倉《くら》敷《しき》（年貢積みだし地）として設定されたものであろう。

そもそも博多は脊振山地に水源を発する那珂川《なかがわ》の河口にひらけた津であって、夜の街として有名な中洲《なかす》は、その那珂川の中洲にできた歓楽街である。ここには博多の総鎮守《そうちんじゅ》といわれる櫛田《くしだ》神社が鎮座するが、他方、神崎荘の鎮守といわれているのが櫛田・高志の両神社である。神崎と博多にともにある櫛田神社が無関係なはずはない。

弘安《こうあん》四年（一二八一）の蒙古《もうこ》襲来にさいしては、神崎の櫛田社の剣が博多の櫛田社に「夷《い》国征罰《こくせいばつ》」のため送られたという言い伝えもある。博多の櫛田神社は、神崎荘の倉敷の鎮守として神崎から勧請《かんじょう》されたものであろう。

そういえばこの神社の有名な祭りに祇園山笠《ぎおんやまがさ》があるが、神崎櫛田社でも祇園社を勧請している。また蒙古追討祈禱《きとう》のため博多に大乗寺《だいじょうじ》、神崎に東妙寺《とうみょうじ》の両律宗寺院がたてられたのも、両地の密接な関係を暗示している。大乗寺は今は廃絶して存在しないが、中洲川端の櫛田社に隣接してたてられていたという。

神崎・岩門・博多ルート

神崎櫛田社から博多櫛田社まで約四〇キロ、年貢運上のルートは、途中の坂本峠《さかもととうげ》から七曲《ななまがり》峠をへて脊振山地をこえたのであろう。もっとも高いところで標高五〇〇メートルあるが、曲がりくねってはいても急坂はなく、冬も通行可能である。そのあとは那珂川ぞいに下り道となっており、年貢はあるいは途中から那珂川の水運を利用して運ばれたのかもしれない。

脊振山系から福岡平野に入る地は岩門《いわと》（戸）というが、ここは「岩門少卿」といわれた平氏の有力家人《けにん》大蔵《おおくら》（原田）種直《たねなお》の根拠地であった。『平家物語』をみよう。

さる程に、筑紫《つくし》には内裏《だいり》つくるべきよし沙汰《さた》ありしかども、いまだ都も定められず。主上《しゅじょう》（安徳）は岩戸《いわど》の少卿《しょうきょう》大蔵の種直が宿所にわたらせ給ふ。

都落ちした平家は、大蔵種直を頼って鎮西《ちんぜい》に下ったのである。今、岩門《いわと》にのこる「安徳《あんとく》」や「城山」の地名は、そのときの名残りであろうか。博多を北ににらみ、背後に脊振山地をひかえた岩門の地は、軍事・交通上の要衝であった。平氏が後院領神崎荘を知行していたときには、種直に神崎荘の現地の管理を託していたと考えられる。種直は大宰府の府官の中心的存在であったから、平氏が博多を掌握するためには、それが一番好都合であったろう。博多に平氏が築いたといわれる「袖《そで》の湊《みなと》」も、種直が関与していたのであろう。

源平の争乱後、平氏の所領は没収されたが、神崎荘は後院領であった関係もあって地頭《じとう》はおかれなかった。やがて建久《けんきゅう》のころ（一一九〇〜九九）、博多にあった栄西《えいさい》が、宋から持ち帰った茶の実を七曲峠ちかくの脊振山霊仙寺石上坊《いわかみぼう》に植えている。時の大宰少弐《だざいのしょうに》の中原清業《きよなり》は、栄西の渡宋を援助した平頼盛《よりもり》の後見だった人物であり、後白河院にも仕えていた。おそらく清業は神崎荘を後白河院から預けられて知行しながら、亡き頼盛にかわって栄西を後援していたのであろう。栄西の建仁寺《けんにんじ》造営を奉行したのもこの清業であった。

承久の乱後、当荘にも新補地頭《しんぽじとう》がおかれ、三浦氏が補任《ぶにん》されたが、宝治《ほうじ》元年（一二四七）の宝治合戦により三浦氏が滅びると、「治天の君」（後嵯峨院《ごさがいん》）が一円に管領する地にもどされた。しかし博多が蒙古軍に攻められたのち、合戦の勲功賞としてふたたび地頭がおかれることになった。正応《しょうおう》二年（一二八九）三月、孔子《くじ》（籤）により多数の御家人に配分されたのである。

それによれば、田地一〇町・五町・三町の三つのランクが設定され、のちの記録によれば総数で四〇〇〇人の御家人に、こまかく配分されたという。多くの「一分地頭《いちぶじとう》」が出現したわけである。恩賞地の不足に困った幕府の窮余の一策ともいえるこの処置も、じつは神崎荘と博多との密接な関係によっている。

蒙古の再襲に備えて、鎮西の御家人は交替で博多警固の番役を勤めたが、神崎荘に恩賞地を得た御家人は、その年貢を博多でうけとり、それを警固の費用にあてたのではないか。すなわち神崎荘は警固料所として機能させられたとみられる。博多の大乗寺と呼応して、蒙古追討の祈禱《きとう》のため荘内に東妙寺《とうみようじ》がたてられ、西大寺《さいだいじ》律宗の唯円《ゆいえん》が住持となったのも、博多とならんで神崎荘が蒙古追討の拠点とみなされていたことをよく物語っている。

神埼から博多まで現在は車で約二時間ほどの距離である。しかし往時の神崎荘民にとって博多まで米を運びだす苦労は大変なものであったろう。その労苦を思いながらの調査の旅は、櫛田神社で終わった。すでに中洲の街の灯はついており、それは旅の疲れをいやす誘いでもあった。そのとき、美味を口に運びながら考えたのは、何度か調査で行ったことのある備後《びんご》国大田《おおた》荘のことである。というのも神崎荘と博多との関係は、大田荘と尾道《おのみち》浦とのあいだにもみいだされるからである。

2 村落の景観と宿・市

大田荘と尾道浦

備後国の世羅《せら》郡に成立した大田荘は、まったくの山間の荘園であり、荘内を東へ流れる芦《あし》田《だ》川《がわ》は、備後《びんご》府中《ふちゅう》をへて、福山で瀬戸内海にそそぐ。大田荘が成立する前のこの地の年貢は、水運や川ぞいの道などのルートをへて京上《きょうじょう》されたと考えられるが、平清盛《きよもり》・重衡《しげひら》父子によって後白河院《ごしらかわいん》に寄進され、大田荘が生まれると、荘園の年貢は陸路を南下して尾道までの約三〇キロの道を運ばれ、そこから舟で京上されることになった。そのため尾道浦には五町分の倉敷《くらしき》が設定されたのである。

鎌倉末期、大田荘の預所《あずかりどころ》であった和泉法眼淵信《いずみほうげんえんしん》は、大田・尾道のあいだを輿《こし》五六張《はり》に、家子郎等《いえのころうどう》百余騎、上下二、三百前後の人びとを左右に従えて、往復していたという。当初三〇町余であった大田荘の荘田は、六百余町にふくれあがり、その富を背景に尾道浦も栄え、淵信のような「栄耀《えいよう》身に余り、過差《かさ》比《たぐい》なし」といわれた富裕な人（有徳人《うとくにん》）があらわれたわけである。

同じ鎌倉末期、備後守護長井《ながい》貞重《さだしげ》の使者は、尾道浦に悪党が居住すると称して「政所民屋一千余宇」を焼き払ったというから、尾道は一大港湾都市に発展していたことがわかる。

こうした尾道の富を支え、大田荘の発展につくした人物として忘れてならないのが、盲目の上人鑁阿《ばんな》であり、源平の争乱の直後、平家の怨霊《おんりょう》をしずめる祈禱《きとう》のために高野山《こうやさん》の根本大《こんぽんだい》塔《とう》の興隆を計画し、後白河院から大田荘の寄進をうけたのであった。

争乱で荒廃した荘園の復興をめざした鑁阿は、荘内の在地領主と対決して、加徴米《かちょうまい》や堀の内を削減したり、百姓の年貢率を引き下げたりして、勧農につくした。また荘内の世羅盆地が見渡せる小高い山の中腹には、高野山から高野《こうや》・丹生《にう》両明神を勧請《かんじょう》し、その境内《けいだい》には坊舎をたてて政所《まんどころ》とした。今高野《いまこうや》という。この努力が実り、建久年間には復興をみて荘園の体制も整えられた。

今高野から展望する大田荘は、中国山地特有の、丸みをおびた、なだらかな山々に囲まれており、眼の前には芦田川にそって美田がひろがっている。その田地は平坦部からさらに小さな谷々にくいこんでおり、大田荘の開発の歴史は、その川ぞいの平坦地と谷田《やとだ》（迫田《さこだ》）をめぐって展開したことをうかがわせてくれる。谷の奥には必ずといっていいほど湧水《ゆうすい》・溜池《ためいけ》があり、その水利によって谷田は耕作されている。そこは収量は少ないものの、比較的安定した耕地であり、今も中世の名《みょう》に由来する石丸谷《いしまるだに》や有実谷《ありざね》などの谷の名がのこっている。

芦田川の氾濫原にあたる平坦部は、数度にわたる洪水とひでりの影響をこうむりながら開発されてきており、今でこそ治水事業と芦田川からのポンプによる水揚げで安定した耕作が可能となったが、長く不安定な耕地であった。あるいは湛水《たんすい》状態の湿田の排水に悩まされ、あるいは乾田の灌漑《かんがい》に苦しみながらの農業経営であったろう。鑁阿が第一に力をそそいだのもこの部分の経営のくふうであった。

たとえば、排水のための溝や堀をつくり、灌水のために谷田の残り水や天水を有効に利用するなど、さまざまなくふうがこらされた。また芦田川にそそぐ小河川をさかのぼった土地の開発（別作田）にもとりくんでおり、ここに基礎を築かれた高野山領大田荘は、中世をつうじて維持されることになった。

富田荘と萱津宿

神崎《かんざき》荘も大田荘も現在進行中の「開発」によってその景観は大きく変えられつつある。耕地の姿も圃場《ほじょう》整備事業で往時の姿を失いつつあるが、さらに土地との結びつきのつよかった古老の死によって、昔を知るてがかりはつぎつぎとなくなってゆき、調査・保存の緊急性・重要性を痛感する。

つぎにみる尾張《おわり》国富田《とみた》荘とその周辺は、「開発」の結果、現状から往時をとらえることはもはや無理となっており、荘園絵図やいくつかの史料から探ることとしよう。

木曽山脈に水源を有し、窯業《ようぎょう》地帯をとおって白濁した庄内川《しょうないがわ》が、濃尾《のうび》平野をへて伊勢《いせ》湾《わん》にそそぐ河口部の西に生まれたのが富田荘であり、荘の東北の川のほとり、萱津《かやつ》の渡《わたり》に発達したのが東海道の萱津宿である。『東関紀行《とうかんきこう》』も『海道記《かいどうき》』もともに萱津宿に旅宿を定めており、往来する人びとや、彼らを慰める遊女などで大いににぎわった。

東路《あずまじ》や　萱津の原の　朝露《あさづゆ》に　置き別るらむ　袖《そで》は物かは

これは、建久《けんきゅう》四年（一一九三）の『六百番歌合《うたあわせ》』に「遊女に寄する恋」と題された藤原有《あり》家《いえ》の歌である。こうした旅宿の場としての発展の背後には、周囲をとりまく荘園の経済力があったことを忘れてはならない。

そうした荘園の一つ富田荘は、摂関家の近衛《このえ》家の所領であったが、地頭職が北条氏に与えられた結果、得宗領《とくそうりよう》として伝領され、鎌倉に円覚寺《えんかくじ》が建立されると、北条時宗《ときむね》により円覚寺に寄進された。そのため関係史料は円覚寺に長く保管され現在にいたっている。そこにある富田荘の絵図をみると、北の端に萱津宿が描かれ、東西と南北の道には家々の軒がひしめきあっているさまがよくうかがえる。

さらにくわしく富田荘全体をみると、荘内を三筋の川が貫流して伊勢湾にそそいでおり、河口部に発展した荘園であった。荘の北部に立派な建物があるが、これは成願寺《じようがんじ》と記されており、その南に「比叡」とみえ鳥居が描かれているのは、叡山の日吉《ひえ》神社を勧請《かんじよう》したものであろう。

他の文書史料には、横江里《よこえのり》に「政所」があると記されているが、絵図中央の横江里の地にはたしかにそれにふさわしい建物がみえ、ここが荘支配の中枢「政所」であったとみられる。注意してみると、この横江里を含む北部には里のつく地名が多くみえ、耕地は東西南北に規則正しくならんでいるので、それが条里制によることはあきらかである。

他方、南部には里名がみえず、新開発の地であることをうかがわせる。中世の富田荘はこの地の開発を軸に成長したにちがいない。海辺と川ぞいに茶色の太線が幾筋も描かれているのは堤であって、堤を築いて開発を行なっていたとみてまずまちがいない。

こうした開発の結果、鎌倉後期には米一四二八石、銭一五〇六貫の年貢が計上されている。もうこの時期にはかなりの部分が銭で納められているが、もとは米・絹・綿などが主要な年貢であった。そうした農村の姿は、『海道記』の作者が萱津宿にいたる直前にみた農村の描写からうかがえる。

見ればまた、園《その》の中《うち》に桑《くわ》あり。桑の下に宅あり、宅には蓬頭《ほうとう》なる女、蚕簀《さんさく》に向《むか》ひて蚕養《さんよう》をいとなみ、園には潦倒《りょうとう》たる翁《おきな》、鋤《すき》を柱《つい》て農業をつとむ。大方禿《おおかたかぶろ》なる小《こ》童部《わらべ》といへども、手を習ふ心なく、ただ足をひぢりこにする思ひのみあり。

髪を振り乱して養蚕にいそしむ女、腰をかがめて鋤をふるう翁、足を泥まみれに立ち働く子どもの姿、これらが目に浮かんでくるようではないか。ここにみられるような農村を背景に萱津宿は発展しており、ことに萱津《かやつ》の市《いち》はその中心であった。それは、生産物を年貢の米・銭・絹などに換えるための、また日常生活の必需品を売買するための、さらに尾張国内の特産品を売買するための市である。

市のにぎわい

萱津の市は、庄内川《しょうないがわ》の河原にたったようである。『東関紀行《とうかんきこう》』の作者はそれをつぎのように記している。

萱津の東、宿の前をすぐれば、そこらの人あつまりて、里もひびくばかりにののしりあへり。今日は市の日になむあたりたるとぞいふなる。往還《おうかん》のたぐひ、手ごとに空《むな》しからぬ家づとも、(中略)様《よう》かはりておぼゆ。

萱津の市のざわめきが聞こえてくるようであろう。この最初の部分はこれまで「萱津の東《ひがし》宿《じゅく》」と読まれていた結果、庄内川を渡って東宿があり、そのさらに東のはずれに市がたったと解釈されてきたが、こう読むことにより、市は庄内川の河原にたっていたとみなせよう。

当時、市の多くは河原に立地していた。たとえば『一遍聖絵《いっぺんひじりえ》』にみえる備前福岡市《びぜんふくおかいち》(岡山県瀬戸内市)の図をみると、左下に舟着き場があって、吉井川《よしいがわ》の河原にたった市と知られる。

その日は福岡につきぬ。家ども軒をならべて民のかまどにぎはひつつ、まことに名にしおひたり。それよりこなたに川あり、みののわたりといふ。

これは、福岡市をとおった今川了俊《いまがわりょうしゅん》の『道ゆきぶり』の一節である。「福岡」「みの」をそのまま萱津におきかえれば萱津宿の光景となろう。そこでふたたび福岡市の図をみると、布・織物や米・魚が売られているが、萱津もまたそうであったにちがいない。

福岡市を特徴づける市屋にごろごろ横たわる備前焼の大壺《つぼ》にしても、尾張が瀬戸や常滑《とこなめ》をはじめとする陶器の一大産地であれば、萱津市にも同じように大壺が横たわっていたことであろう。庄内川の舟運が、これらの産品を横づけて、市のにぎわいをさらに盛りあげたと考えられる。

にぎわった市も市日《いちのひ》をすぎると、犬や烏《からす》のねぐらとなる。信濃《しなの》国伴野《ともの》市（長野県佐久市）を描いた『一遍聖絵』の図はそれをよく物語っている。

この市も佐久《さく》川《がわ》の河原にたてられており、河原には牛が放牧されている。掘立柱の市屋には一遍一行のほかに乞食《こつじき》が描かれている。遊行《ゆぎよう》の人びとはこうした河原に一夜の宿をもとめたのであろう。その一遍一行が萱津にやってきたときには、宿のちかくにある名刹《めいさつ》甚目《じもく》寺においてて七日間の行法をおこなっている。寺院の境内もまた遊行の人びとの寝ぐらであった。

なお、一遍が甚目寺で行法をしていたとき、萱津宿から「徳人《とくにん》」が毘沙門天《びしやもんてん》の夢の告げを得たと称して訪ねてきて、食料の提供を申しでている。徳人とは裕福な商人のことであって、一遍は彼らの信仰を得て、萱津に道場を設けたが、その道場こそ富田荘絵図にみえる光明寺《こうみようじ》である。宿は信仰の場でもあったのである。一遍の遍歴の場には、こうした宿や市が多かった。

奥山荘と七日市

市《いち》の姿を描いた荘園絵図として有名なものに、越後《えちご》国奥山《おくやま》荘（新潟県胎内市）の波月《なみつきのじよう》条の図がある。これには胎内川《たいないがわ》をはさんで北に高野市、南に七日市の二つが描かれていて、や

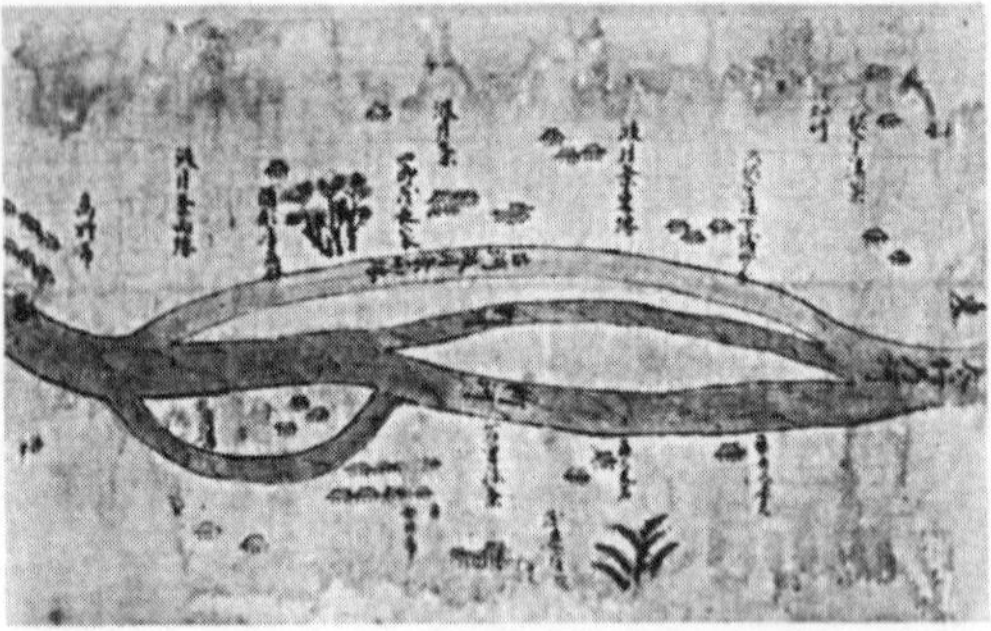

越後奥山荘波月条　中央を東西に流れる胎内川。西の端に高野市，川の南に七日市がみえる。東端には鋳物師の家もある。

はり市は河原にあったことがわかる。

奥山荘はこの胎内川とその北の荒川の流域に成立した荘園である。荘中央を流れる胎内川は、今でこそ日本海にそそいでいるが、中世には紫雲寺《しうんじ》潟《がた》に流れこんでいた。したがって奥山荘の開発は、①胎内川・荒川両河川の支流域、②両川がつくりだした扇状地、および③紫雲寺潟周辺の低湿地、をめぐってなされた。

鎌倉時代の地頭三浦和田氏の館は、絵図の中央下に「茂連屋《もちつらや》敷《しき》」とみえるところで、②の部分にあたる。そのちかくは「政所条」とよばれており、今に「本郷」の地名がみえる。ここが奥山荘の中心である。地頭は②の部分を掌握しつつ、③の部分の開発をすすめていったのであろう。

その政所の居館とみられる江上館《えがみのたち》跡は、発掘調査によって、幅広い堀をめぐらし、南北八〇メートル、東西七〇メートルの土塁《どるい》に囲まれていることがあきらかとなった。また日本海沿岸地域に多数出土している能登《のと》の珠洲《すず》系陶質土器の遺物は、館のすぐちかくにあった七日市との関連がうかがえておもしろい。

地頭の和田氏は鎌倉時代をつうじて所領の分割を行ないつつ開発をすすめたが、その結果、館や所領は①②③のそれぞれの地域にひろく分布するようになった。奥山荘に伝えられた荘園絵図は、そうした所領分割による相論や、開発にともなう北隣の荒川保《ほう》との相論にともなって作成されたものであり、波月条の絵図に「四郎茂長《もちなが》家」とあるのは一族の黒川氏の館であった。

ところで越後北部のこの地域は、荒川にそっては出羽《でわ》国と結ばれ、南部の阿賀野川《あがのがわ》にそっては会津《あいづ》との結びつきがつよい。そうした広い地域一帯を早くからおさえていたのが城氏《じょう》一族である。彼らは、東部山岳地帯から西に流れ日本海にそそぐ諸河川の流域に蟠踞《ばんきょ》して、勢力を伸ばしたのであった。そのうち城太郎助長《すけなが》は瀬波川《せなみがわ》（三面川《みおもてがわ》）や荒川流域で活躍し、弟四郎助職《すけもと》は「白川御館《しらかわみたち》」とよばれるように、阿賀野川流域の白川荘が根拠地であった。

ここ奥山荘の北部には、城助長とその伯父《おじ》宮禅師《みやのぜんじ》らによって純金三重の塔婆《とうば》がたてられたという乙宝寺《おつぼうじ》（乙寺）があり、城氏の支配下にあったらしい。「奥山黒大夫」とか「奥山権守《ごんのかみ》」とか称される人物が城氏の系図にみえているが、彼らがここの開発領主だったと考えられる。

鮭のとれる荘園

源平の争乱はこの地に大きな影響をおよぼして、城氏の所領は没収された。奥山荘ではあ

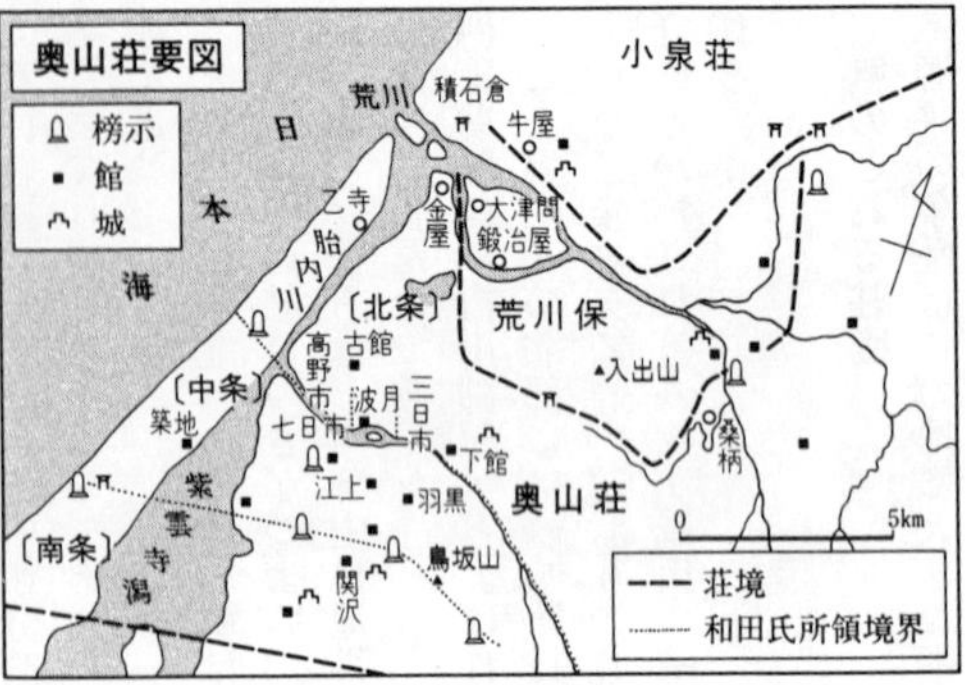

らたに相模《さがみ》の三浦和田氏が地頭《じとう》に補任《ぶにん》されている。一四一ページにみたように、地頭設置とともに年貢が激減したことで、越後国に荘園をもつ領主が、こぞって地頭の年貢未進を訴えたのは文治《ぶんじ》二年（一一八六）、その二年後、近衛家の「宝殿《たからどの》」が奥山荘の地頭の不法を訴えている。やがて奥山荘は、地頭が定まった年貢を請け負う請所《うけしょ》となる。

地頭和田重茂《しげもち》が一族と離れ、北条義時《よしとき》に味方して戦死した和田合戦ののちは、後家の津村尼《つむらのあま》が地頭職を管領した。その子時茂《ときもち》のときに荘園領主とのあいだで結ばれた請所契約によれば、地頭は米一〇〇石、服綿《ふくわた》一〇〇〇両を京に納めることとされている。

契約状にはその他に「大津問《とい》」にかかわる取りきめもみえ、地頭や年貢の運送にかかわる「夫領《ぶりょう》・綱《ごう》丁《ちょう》」からの「志《こころざし》」は毎年の例としない、などと記されており、越後奥山荘と京都との遠隔地の年貢輸送の一端がうかがえる。問《とい》の名がみえる大津は、奥山荘の荒川河口にあるので、ここの問が年貢を京に輸送したともとれるが、琵琶湖《びわこ》の大津の問とみるべきであろう。

地頭の「志」とか「別進《べっしん》」などとみえるのは、この地域の特産物である鮭《さけ》の貢納のことである。奥山荘の南、加治川《かじがわ》流域の加地荘の地頭佐々木盛綱《もりつな》がしばしば鮭を幕府に献じていたことが、『吾妻鏡《あずまかがみ》』に記されている。三浦和田氏も、荒川でとれる鮭の貢納を荘園領主から期待されていたのであろう。もともと中央貴族がこの地域にとくに関心をもっていたのは、荒川や加治川・瀬波川などでとれる鮭のせいでもある。

長寛《ちょうかん》三年（一一六五）に越後の国司は、瀬波川は国領であるから、周辺の荘園や城助長が鮭漁に「濫妨《らんぼう》」することを禁ずるという命令を出している。

鮭は越後国の貢納物として日本海・琵琶湖を経由して京にもたらされた。『宇治拾遺物語《うじしゅういものがたり》』をみると、「越後国より鮭を馬に負ほせて、二十駄ばかり粟田口《あわたぐち》より京へ追ひ入れけり」とはじまる説話がある。信濃《しなの》や甲斐《かい》の馬、陸奥《むつ》の金とならんで、越後の鮭が粟田口から入京する風景は、京都の風物詩の一つであったろう。奥山荘の領主も、夫領や綱丁による輸送を心待ちにしていたにちがいない。

ところでその荘園領主であるが、鎌倉中期の近衛家の所領目録では、奥山荘は近衛基通《もとみち》の弟忠良《ただよし》の子基良《もとよし》に譲られたと記す。では文治四年に「宝殿」とみえた領主はだれだったのであろうか。基通は「前摂政」か「近衛殿」と称されるのがふつうであり、かといって基良はまだ生まれていない。そうすると、「宝殿」とは忠良のことと考えられる。じつはこの忠良は「粟田口大納言《あわたぐちだいなごん》」とよばれていて粟田口に住んでいた。『古今著聞集《ここんちょもんじゅう》』には、

粟田口大納言忠良、ふるき大納言にておはしながら、いとも出仕せで、いりこもりておはしける

とみえる。鮭の季節ともなれば忠良は粟田口で今や遅しとその到来を待ちかまえていたことであろう。またそのころ奥山荘の市は、鮭の売買でにぎわっていたにちがいない。

3　百姓の習

年貢・公事の徴収

荘園は、年貢や公事《くじ》・雑役を収取するためのしくみ・土地制度である。さらにその下の単位として、名《みょう》があり、田や畠、家（在家）がそれに適宜くみあわされて、徳丸名とか稲吉名とかの形で年貢・公事を収取する制度がつくられていた。

名の規模はさまざまで、大きなものはほとんど荘園と変わりないひろさを占めるものさえある。これは領主名とよばれ、一般の百姓名とは区別されている。また一町から数町におよぶ荘園の荘官の名（下司《げし》名・地頭名）である荘官名も、百姓名とは区別される。領主名や荘官名では、領主・荘官が年貢や公事・雑役の一部を収取する特権をもっていた。

さらに調べてゆけば、荘園といい、名といい、複雑な収取のシステムをもっていたことがわかるが、そのシステムをとりさって村落という場からながめてみると、荘園を実質的にに

なっていたのは、村落の「百姓」であった。彼らこそが年貢や公事・雑役の負担者であって、荘園を根底から支えていたのである。荘園領主にしても、在地領主（下司・地頭）にしても、彼らをいかに荘園に根づかせるか、そこからいかにして年貢をとるかが大きな課題であった。

他方、百姓にとっては、「飢饉《ききん》・疾疫・兵乱の災難」がつぎつぎと襲ってくるなかで、これに耐えながら、いかに克服してゆくのかが、きびしい現実の課題であった。そのうえ、荘園領主の代官や在地領主などの武士は、荘園村落に館を構えていたから、その公的あるいは私的な支配とのたたかいにも直面していた。

武士（地頭）が構える館には堀《ほり》の内《うち》と称される年貢免除の直営地があり、その周辺には雑役免除の名の田畠・在家があり、さらに山野河海の収益地もひろがっている。武士はさまざまな形でこれに百姓をかりたてようとした。それに対抗して百姓は自分たちは下人《げにん》・所従《しょじゅう》ではないので、そこに朝夕使われることがあってはならないと主張したが、荘園制や地頭制の展開によって、年貢や公事などの賦課・徴収権を握っていた武士（地頭）は、年貢・公事が納入されないと、きびしく追及して圧迫を加えてきた。その第一が身代《みのしろ》をとる行為である。

建長五年（一二五三）の幕府法令は百姓撫民《ぶみん》の法令としてだされたものだが、百姓が「所《しょ》当《とう》（年貢）公事を対捍《たいかん》する（納めない）」ときには弁償させるために、地頭らが「身代を取らしむるの条、定法なり」と、身代をとる行為を認めている。その法令が撫民の法たる所以《ゆえん》は、わずかな年貢・公事の未進で身代をとったうえに、すぐに身代を流してしまうことを禁じた点にあった。身代をとられた百姓は身曳状《みびきじょう》を、身代を流された百姓は放 状《はなちじょう》が作成されて、下人となって使役されたり、売り払われた。

年貢・公事の未進だけではない。わずかな咎《とが》によっても身代がとられ、流されてしまった。検断権を握る地頭は、領内の各種の犯罪（盗み・姦通《かんつう》・悪口など）を理由に科料をとっていた。それは検断の得分《とくぶん》として認められていたものだが、その科料が支払われないと、やはり地頭は身代をとったのである。正安《しょうあん》二年（一三〇〇）の薩摩《さつま》国山田村（鹿児島市）の地頭をめぐる相論は、四一か条にわたる長大なものであるが、そのほとんどは地頭が百姓らにたいしてなした科料の徴収や身代の取流《とりながし》にたいするものであった。

逃散による抵抗

百姓らにしてみれば、つぎつぎとおそいくる飢饉《ききん》に年貢の未進が生じ、たびかさなる夫役《ぶやく》などの公事《くじ》に対捍《たいかん》が生ずる。あるいは人にかたらわれ、あるいはふとしたできごころで罪を犯してしまう。

それらを理由にすぐに下人《げにん》とされてはたまらない。他から米や銭を借りてこれを償うが、今度はそれを返すことができず、結局は妻子を売ったり、わが身を売ったりして、下人となる運命が待っていた。

ある飢饉の年、美濃《みの》国の貧しい男が、わが身を人商人に売って老母の生活の費用にあて、東国にひかれていったという悲しい話を、『沙石集《しゃせきしゅう》』はのせている。それにしてもきびしい現実であった。

だが百姓らもその現実にただただ手をこまねいていたわけではない。年貢の減免を訴え、過重な公事の負担の緩和を訴えたり、過大な科料の減額を訴えたりした。これに応じて「仁政」「徳政」を統治者としてかかげる幕府は、いくつかの法令をだして、百姓らの救済に心がけている。地頭にあてられた課役を百姓に転嫁してはならない、飢饉のときは徳政として年貢を減免するなど、さまざまな撫民の法令をだしたのであった。そのなかでも有名な法が、貞永式目《じょうえいしきもく》の第四二条である。

諸国住民逃脱《とうだつ》の時、その領主ら、逃毀《にげこぼち》と称し、妻子を抑留《よくりゅう》し、資財を奪ふ、所行の企て、はなはだ仁政に背《そむ》く。

これは「百姓逃散《ちょうさん》の時、逃毀と称し、損亡《そんもう》せしむ事」と題する法令の前半で、住民百姓が逃散したときに、領主が妻子を抑留したり、資財をかってに奪ってはならないという規定である。「逃毀」とは、領主が百姓らの逃亡のあとの住宅資財を処分してしまう行為のことを意味し、それ自体は領主にひろく認められていた。しかし百姓が逃脱したときすぐ行使されるとなると、百姓の抵抗権はまったく失われてしまうことになる。領主の逃毀を規制したこの法令は、逃散による百姓の抵抗権を保障したものといえよう。

逃散した百姓は、上級の領主に訴訟を行なう。それは荘園領主をつうじて行なうか、あるいは直接に幕府になされる場合もあったが、四二条の法令はそのことについて、つづいてつぎのように述べる。

若《も》し召し決せらるるの処《ところ》、年貢所当の未済《みせい》有らば、その償いを致すべし。然《しか》らざれば損物《そんもつ》を糺《ただ》し返さるべし。但《ただ》し、去留に於《おい》ては、宜《よろ》しく民意に任すべし。

逃散した百姓の訴えにより裁判がなされた結果、百姓に年貢の未進があったならば弁償せよ、と規定したうえで、年貢の未進さえなければ、どこに住もうが百姓の任意であるとしている。「去留」の自由というこの居住権の保障は、法令のなかでのみいわれただけではなかった。

たとえば正和《しょうわ》二年（一三一三）、伊予《いよ》国の弓削島《ゆげしま》荘という塩を年貢とする荘園の百姓らは、荘官の非法を訴えたなかで、「当年御年貢未進なく、進上せしむるの後、御領を罷出《まかりい》づべきの由《よし》、大略一同せしめん」と、年貢納入後の逃散を宣言しているのである。

百姓の安堵

抵抗権と「去留」の自由の居住権とを百姓に保障した幕府の姿勢は、頼朝《よりとも》が東国に挙兵して以来、一貫して保持してきたものである。はじめて頼朝が東国で発した下文《くだしぶみ》は、以仁王《もちひとおう》の令旨をかかげながら、「住民等、その旨《むね》を存じ、安堵《あんど》すべし」と述べている。幕府はまさに住民百姓を安堵させることを標榜《ひょうぼう》した公権力だったのである。

したがって百姓撫民の法令をしばしばだしており、また裁判においても、地頭により本住所から追放された百姓の安堵を命じ、地頭に身代《みのしろ》をとられた百姓の安堵を命じている。建長二年（一二五〇）にだされた雑人《ぞうにん》（庶民）訴訟にかんする法令は、百姓と地頭との相論について定めたもので、そこに幕府の姿勢がよく示されている。

一　雑人訴訟の事

百姓ら、地頭との相論の時、百姓にその謂有《いわれ》らば、妻子所従以下資財作毛等に於《おい》ては、糺《ただ》し返さるべきなり。田地 幷《ならびに》 住屋に其の身を安堵せしむるの事、地頭の進止《しんじ》たるべきか。

百姓らと地頭との相論において、百姓の側の言い分が正しいときは、地頭は妻子・所従・資財などを百姓にきっちり返さねばならないとする。まさに百姓の保護規定である。ただ後半では、田地・住屋の安堵は地頭の進止たるべきことが規定されている。これによれば百姓の住宅への安堵は地頭の進止に帰属することになり、地頭が百姓を追放することも可能であるとも解釈できよう。

事実、多くの解釈はそうしている。しかしそれは誤りであって、ここでの地頭進止は、百姓を対象としているのではなく、百姓の安堵を対象としているのであるから、百姓の安堵は地頭が責任をもって行なうべきことが規定されていると解すべきである。すなわちこの法令は、百姓が安心して生活できる条件を整えることを地頭に命じたもので、地頭に撫民をつよくもとめた法と解釈するのが妥当である。

こうして幕府法により手厚く保護されていた百姓ではあるが、現実は相当にきびしいものがあった。紀伊《きい》国の山間の荘園阿氏河《あてがわ》荘の地頭は、「メコ《(妻子)》トモヲヲイコメ《(追籠)》、ミ、ヲキリ、ハナヲソキ、カミヲキリテ、アマ《(尼)》ニナシテ、ナワ・ホタシ《(絆)》ヲウチテ、サエナマント候」と、逃亡してのこされた住宅内の妻子の追捕《ついぶ》・刑罰をもって百姓を脅迫したといわれる。そうであれば、幕府の保障する抵抗権や住居権だけでは、現実の地頭の過酷な支配には抵抗できない。

一味神水・列参訴訟

そのために百姓らは団結した。東寺《とうじ》領若狭《わかさ》国太良《たら》荘の地頭の代官は、その非法を訴える百姓について、「百姓の習、一味なり」と述べている。またすでにみた弓削島《ゆげしま》荘民は、逃散のことを「大略一同」して定めている。東大寺領伊賀《いが》国黒田《くろだ》荘（三重県名張《なばり》市）の下司《げし》大江貞《さだ》成《しげ》は、百姓二五名が署名しての訴えにあって、荘民の「一味」の訴えでは自分の力はおよばない、と敗北を自覚している。

こうした「一味」の団結のためにとられた方法が「一味神水《いちみじんずい》」である。『源平盛衰記《げんぺいじょうすいき》』では、一味神水の場面をつぎのように記している。

各《おのおの》白山権現の御前にして、一味の起請《きしょう》を書き、灰に焼きて、神水にうかめて呑《の》む、身の毛よだちてぞ覚《おぼ》えける。

この寺院の大衆《だいしゅ》のとった一味神水の団結の手段を、百姓らも採用しており、阿氏河《あてがわ》荘では「一味をなし、神水を飲み、地頭の課役を打ち止めん」としたという。一味神水とは、一致行動することを神に誓った起請文《きしょうもん》を記し、参加者全員がこれに署名したうえで、神前でその起請文を焼いて、その灰を水にまぜて分かち飲む作法である。

この一味神水の力は、平等な成員によってつくられた一揆《いっき》の力であり、神への誓約により特別な力を与えられると考えられていた。しかし、一味神水も万能ではない。遠江国那珂《とおとうみなか》荘では、一味神水による団結が、荘園領主の代官（預所《あずかりどころ》）への違背《いはい》の咎《とが》として罰せられようとした。そのため一味神水からさらに一同が列参して訴訟を行なう列参強訴《れっさんごうそ》の手段がとられていた。

寺院の大衆が集会で一味同心して、神木をかつぎ朝廷に強訴する、あの列参強訴である。和田合戦のとき、甥《おい》の胤長《たねなが》の釈放をもとめて、和田義盛《わだよしもり》が一族をひきいて訴えたのも同じ強訴であった。『沙石集《しゃせきしゅう》』には、武蔵《むさし》国の貧しく死んでいった地頭の子息の行く末を案じた一門の者が、寄りあって話しあい、豊かな地頭のもとに「列参」して訴訟した話がみえる。そうした訴訟は、一般には無理とみられた訴訟（「理不尽の訴訟」「過分の訴訟」）でも、かなえられるのがふつうであったという。

和田義盛の仏像　東国大名の有力者義盛が，運慶に作らせた不動明王像。

それは、理非の裁許を訴えるというより、御恩《ごおん》や安堵を訴えるものであったからであろう。豊かな地頭に列参強訴した一門は、「面々に各《おのおの》御恩を蒙《かぶ》りたりとこそ存じ候《そうら》はん」と、「御恩」を「面々」に蒙りたいとのべている。義盛一門は列参強訴が無視されたとき、出仕をとめついに謀反をおこすにいたったが、それは主人から御恩（安堵）の裁許を拒否されたため、主人との縁をきった結果である。

元久《げんきゅう》元年（一二〇四）、伊賀国黒田荘の百姓らは荘官の排斥運動をおこしたが、領主の東大寺がこの訴えをとりあげないので、百姓らは連判による一味起請の訴状を提出した。そのなかで、もし自分たちの要求がいれられないならば、大仏の前に「列参」し、「斧金《ふきん》（斤）」をかけて暇をもらい、先祖の畑を捨て、逃脱を企てるとのべている。黒田荘の荘民は東大寺の材木を切りだす杣工《そまく》であり、大仏に斧《おの》をかける行為とは、東大寺の大仏の「寺奴《じぬ》」といわれた杣工が、東大寺との縁を切る行為だったのである。すなわち百姓らの列参強訴とは、領主と農民とのあいだに結ばれた関係の絶縁を賭《と》した、安堵をもとめるたたかいであったといえよう。

夜討ち

村落での百姓の安堵《あんど》の場であり、抵抗権と居住権の二つの権限の拠点は、住宅・家である。安堵の「堵」はもともと「垣」の意であった。垣がめぐらされ、門があり、周囲を木竹で囲まれたこの家は、公権力が犯人逮捕のため侵入してくるのを拒みうる特権を有し、家の主人は、不法に侵入してくる者にたいする成敗権《せいばいけん》を有していた。

村落社会でもっとも重いとされた犯罪に、夜討ちがある。夜、住宅に討ち入る犯罪で、「夜討に於ては、四箇大犯《たいぼん》の随一なり」ともいわれた。それは住宅への討ち入りという犯罪を、さらに夜に行なったことから生じた感覚であろう。

農村の夜といえば、あたりをおおいつつむ深い闇《やみ》の世界である。夜の静寂のなかから伝わる物音・気配《けはい》・動き、そのすべてが大きな恐怖を与えた。それは、山林や木石などの自然のなかから生ずるもののけや精霊などの満ちた、魑魅魍魎《ちみもうりょう》の世界であった。「夜、田を刈る事は、田舎の習《ならい》、殊《こと》にこれを禁ずるか」ともいわれ、夜に稲を刈る盗みが農村ではとくに禁ぜられていたのも、このことと関係しよう。

そうした恐怖の夜の闇のなかで安堵できる場は、住宅をおいてほかにない。そこに夜、討ち入るとは「猛悪の輩《ともがら》」にほかならないと考えられたのであろう。しかし皮肉といえば皮肉である。夜討ちこそは「天下第一の武者」の芸の一つであって、「武者の世」も保元の乱での夜討ちにはじまったといえるからである。

農村にたいする都市の夜の世界は「百鬼夜行《ひゃっきやぎょう》」であった。京の一条大路の賀茂祭の桟敷《さじき》で、ある男が傾城《けいせい》（遊女）と臥《ふ》していたときにみた鬼は、頭は馬、身の長《たけ》は軒《のき》ほどあったという。「百鬼夜行にてやあるらんと、おそろしかりける」と、『宇治拾遺物語《うじしゅうい》』は記している。

武士はこうした百鬼夜行から貴人をまもり、館を警固するなかで力を蓄えてゆき、ついに世にでたのである。その武士が統治者のみちを歩みはじめたとき、夜討ちは重犯とみなされざるをえなくなったのであろう。夜討ちのみならず放火・盗賊など、住宅にかかわる犯罪はきびしく禁圧されていった。

百姓の家がこのように武士や公権力の支配への抵抗の拠点となっていたことは、さらに百姓が逃散《ちょうさん》するさいに、妻子を家にのこす例が多くみいだされる点からもいえる。実際問題として、妻子づれの逃散では逃亡とみなされ家や資財が毀《こぼ》たれるので、それを防ぐ意味もあったろう。

しかしのこされた妻子は家の周囲を柴で囲み、権力の立ち入るのを拒否する構えをみせた。夫が所領の外へ逃散したとき、妻は家のなかへ逃散したわけである。そこには家と妻との独自の結びつきがうかがえよう。

家の中の家

家のもっとも奥まった部分には塗籠《ぬりごめ》や納戸屋《なんどや》などの部屋があったが、妻はそこを管理していた。説話集はこの塗籠について、「物ども取り置きたりける塗籠」とか、「塗籠の戸を三尺ばかり引き開《あ》けて女房いざり出づ」「尼は塗籠に閉《と》ぢ籠《こも》りて」「ぬりごめに入りてねにけり」などと記している。それはさまざまな財の収納場所であって、内側から閉ざすことのできる密室となっており、寝室の役割もはたしていた。

このため聖なる空間としての機能をおびていたらしく、家を守る神（納戸神）もまつられていた。塗籠を管理し、その神をまつった妻は、まさしく家の深奥部を掌握していたことになる。

そこは妻がひとり安堵《あんど》できる場であり、『今昔物語集《こんじゃくものがたりしゅう》』は、夫に秘密をもった妻が、「塗籠に居てぞ泣きける」という場面を描いている。妻子の逃散した家の空間もおそらくこの塗籠であったにちがいない。それはまさに「家の中の家」であったといえよう。

『沙石集』の説話には、百姓の妻の家出の話が二つみえる。一つは親の生まれかわりと思われる雉《きじ》をねじ殺した夫、もう一つはけちで無情な夫、それぞれにあいそをつかし家出したのであるが、たびたび逃げてもすぐに捕まえられ、ひきもどされてしまった。それは、家の主人の成敗権のもとに妻子が従属していたことを物語っている。

家はいっぽうで公権力への抵抗の拠点であったが、ときには家中に従属する妻子・所従《しょじゅう》にたいする「支配」の場でもあったわけである。

そうであれば塗籠は、妻の、その家のあるじの「支配」にたいする抵抗の拠点となっていたといえよう。おなじ『沙石集』の話に、夫に離別を告げられた妻が、「人の妻のさらるる時は、家中の物、心に任《まか》せて取る習なれば、何物取り給へ」といわれた話をのせている。家の深奥部の塗籠を中核として「家中の雑事」にあたっていた妻は、ひろく「家中の物」にたいする進退権を有しており、その結果、離別されたときには心のままにそれらを持ち去ってもよいという慣習が生じたのであろう。妻が日常的に使っていた「物」には妻の魂がこもっていたのである。

荘園村落の現実は、何度も指摘するようにきびしかった。しかしきびしければきびしいなりに、百姓はその現実に対処し、自己の拠点を築いて克服することに全力をそそいだのである。

第十章　庶民信仰と新仏教

1　似絵と花押

似絵の出現

中世になって、人びとは一個の「人間」として登場した。そのことをよく物語っているのが似絵《にせえ》の出現である。人びとの姿を写実的に描くこの似絵は、人間へのつよい関心の所産であったといえる。

仏教の祖師《そし》の画像については古くからあったが、俗人の肖像画は呪詛《じゅそ》の道具に使われることを恐れたため、久しくなかった。ところが中世になって呪術からの解放がすすみ、人間への関心がつよまって、ひろく描かれるようになったのである。初見は、後一条《ごいちじょう》天皇の追慕像で、『栄華物語《えいがものがたり》』はそれを「似《に》させ給はねど、御直衣《のうし》姿にて御脇息《きょうそく》におしかかりておはします」と記している。

以後ひろく似絵は描かれたようで、代々の天皇や摂関《せっかん》・大臣の肖像を絵師藤原為信《ためのぶ》・豪信《ごうしん》父子がまとめた絵巻物によれば、天皇影《えい》は鳥羽《とば》、摂関影は藤原忠通《ただみち》、大臣影は藤原家忠《いえただ》と、みな鳥羽院政期の人物にはじまっている。このうち鳥羽天皇は法服姿で描かれており、為信らが原図として用いたのは、出家以後のものとみられる。また天皇や院・摂関につけられる随身《ずいじん》の容姿を描いた『随身庭騎絵巻《ずいじんていきえまき》』も鳥羽院政期に活躍した人物にはじまっている。

似絵には、描く人、描かせる人、描かれる人、この三者の人間への関心が交錯している。『古今著聞集《ここんちよもんじゆう》』には後堀河院《ごほりかわいん》が似絵をことに好み、藤原信実《のぶざね》に命じて、院の北面《ほくめん》や随身の姿を描かせたという話がある。北面の中原永親《ながちか》は、描かれるとは知らずに、「なへらかなる白《しら》襖《あお》」をきて出仕していたが、そのことをきいて急ぎ太刀を腰につけたのが、なかなか立派だつたと讃《たた》えられている。似絵を描かせようとする人の人間への思いいれとともに、描かれる人の自己主張もみてとれよう。

まして描くほうの絵師は、できるだけ似せるという努力から、写実性を徹底的に追求することになる。絵仏師の良秀《りようしゆう》は、不動尊《ふどうそん》の火焔《かえん》がどうもうまく描けずに悩んでいた。ある夜、隣家から火がでるとすぐにとびだすや、我が家に火が移り焼けゆくのをじっとみつめ、家に妻子をのこしてきたのも忘れ、「うち頷《うなず》きて、時々笑ひけり」といったありさまだったという。その後、良秀の描いた絵は「よじり不動」といわれ、今に賞賛されのこされていると、『宇治拾遺物語《うじしゆうい》』は記している。これは絵仏師の話だが、似絵にもつうじるであろう。

そうした絵師の観察の眼は、顔や姿を表面的に描くだけのものから、しだいに個人の内面にまではいっていき、心に生じる喜びや怒り、苦悩など感情の襞《ひだ》をもとらえるようになる。似絵は、タブーにとりかこまれていた人間の解放された個の側面を表現してきたが、さらに、解放された個に生じる苦悩をも表現することになったのである。

そのことは、似絵の画法が生かされた絵巻物に顕著にうかがえる。絵巻物に描かれた人びとの、躍動的で解放感に満ちた表情やしぐさは、一転すると、自然や社会の現実の前におののく、無力で絶望的なものへと変わる。中世の人びとの自己の力への信頼と、無力なる自己の実感との同居するさまがそこにくわしく描かれた。

花押にみる個人

人間の個としての発達は、花押《かおう》にもうかがえる。平安時代になって自署が文様化されて、使われはじめた花押は、権門寺社の家政機関の発展ともあいまって、文書に証拠力を与えるものとしてひろく普及した。

花押の署《しょ》された略式の下文《くだしぶみ》や御教書《みぎょうじょ》などが、実質的文書として機能するにつれ、太政官《だいじょうかん》などの官庁からだされる公文書の領域でも、花押がその証拠力を与えるようになった。

個人は自己にふさわしい花押を、その地位・身分にそって文書に署す。いわば花押も個人の自己表現であったから、その署す個人の人格を反映している。このことをよく示しているのが、源頼朝《よりとも》が御家人に所領を安堵や給与するのに、自己の花押を署した下文にかえて政所《まんどころ》下文《くだしぶみ》を用いたところ、東国の大名がつよく反発、抵抗した事件である。主人と従者との人格的関係からなる主従制において、花押は主人の象徴にほかならなかった。

さてその頼朝の花押をみると、頼の偏《へん》の部分「束」と、朝の旁《つくり》の部分「月」を合体して形

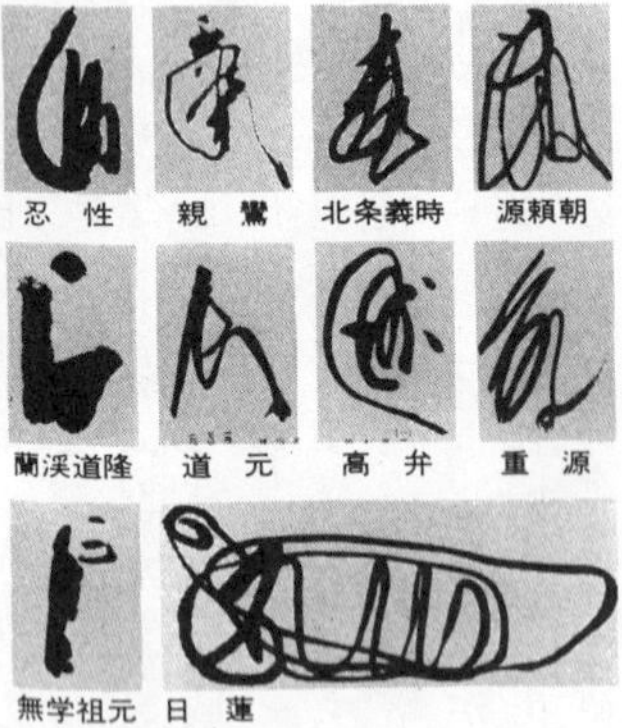

象化したものと考えられている。このように実名の二字の部分を合体してつくった二合《ごう》体の花押にたいして、北条義時《よしとき》の花押は義の字一字を形象化しており、これを一字の花押という。

一字あるいは二合体を出発点として、花押が発展してゆくなか、個の発達とともに署す人の個性が花押に色濃くあらわれることになった。

その最たるものが、鎌倉新仏教をになった祖師の花押である。彼らの強烈な個性やなみなみならぬ情熱は、似絵にもはっきりうかがい知られるが、花押からもよく伝わってくる。

たとえば、亀が首をもちあげたような異様な形の日蓮《にちれん》の花押は、はげしい自己主張に満ちている。それがきわだちはじめるのは、配流《はいる》地佐渡《さど》から帰ってきてからで、寺院建立・寺領寄進を誘いとした蒙古調伏《もうこちょうぶく》の祈禱《きとう》の依頼を拒絶したころであって、その昂然《こうぜん》たる意気ごみが花押の形状と筆致とから伝わってこよう。

親鸞《しんらん》や忍性《にんしょう》の花押はあまり目だつものではないが、東大寺《とうだいじ》の勧進聖人《かんじんしょうにん》重源《ちょうげん》のたぎる情熱はその花押によくあらわれており、高山寺《こうざんじ》を再興し、旧仏教の反省にたちつつ『摧邪輪《さいじゃりん》』で法然《ほうねん》を批判した高弁《こうべん》（明恵《みょうえ》上人）の静かなる闘志も、花押から伝わってくるにちがいない。

禅僧についてみると、栄西《えいさい》の花押がみいだされないのは残念であるが、道元《どうげん》のそれは比較的簡略なものであり、さらに南宋《なんそう》や元《げん》から渡来した僧たちになると、いっそう簡略な花押を使っている。建長寺《けんちょうじ》開山の蘭渓道隆《らんけいどうりゅう》や円覚寺《えんかくじ》開山の無学祖元《むがくそげん》などは、ほとんど縦に太く棒をひいて、それにすこしの装飾を施した程度にすぎない。しかしそれが逆に個性を強調する結果となっているのがなんとも興味深い。

花押の変化と個性

花押をひろくみてゆくと、集団・階層によってある特徴をおびていることがわかる。同じ集団でも世代とともに花押に変化がみいだされ、さらに同じ人物でも年とともに多少の変化がうかがえる。その点からいえば、花押は集団や世代や、人生をも映しだしているといえる。こうしたことをつぎに武人の花押からみることにしよう。

まず、平氏三代の花押をみると、忠盛《ただもり》・清盛《きよもり》・宗盛《むねもり》の三人の花押を比較するに、忠盛はやや素朴で、自署の簡略な形式である草名《そうみょう》にちかいのにたいし、清盛にいたって形が整い、宗盛になると一段とスマートになっている。

源氏三代の場合、義朝《よしとも》の花押は知られていないので、頼朝《よりとも》・頼家《よりいえ》・実朝《さねとも》でみると、ここでもしだいに全体が丸味をおびた形や線で構成されてゆくことがわかるが、さらに頼朝の花押自体の推移を追ってみると、文治《ぶんじ》二年（一一八六）ごろを境にして変化しており、それ以後は図のように終筆が下にまできて、全体がおさまった形で落ちつく。

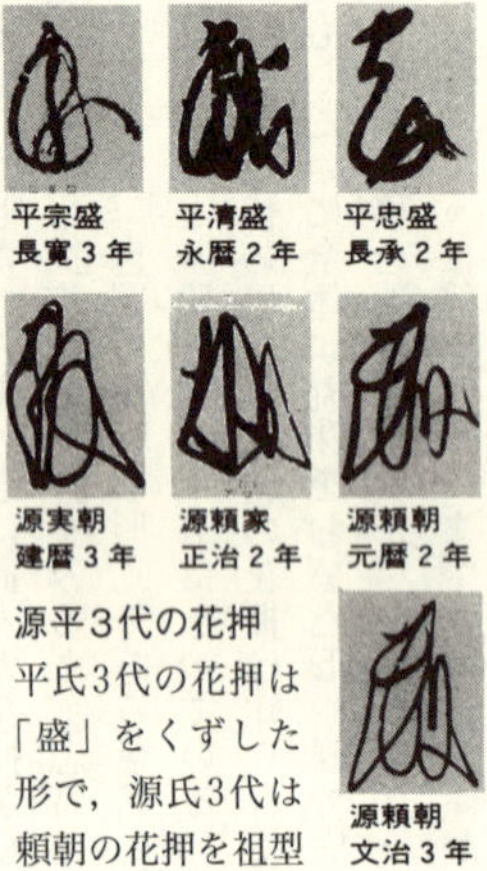

源平3代の花押　平氏3代の花押は「盛」をくずした形で，源氏3代は頼朝の花押を祖型としている。

文治二年といえば幕府の体制が確立した時期であり、そうした安定した体制が、後期の頼朝の花押に、またのちの頼家や実朝の花押にあらわれているのであろう。

北条三代の時政《ときまさ》・義時《よしとき》・泰時《やすとき》の場合をみると、時政と泰時の花押がきわめてよく似ている。泰時は祖父時政の花押に似せてつくったのであろう。その時政の花押も頼朝と同じく生涯において大きく変化しており、文治年間までは曲線がゆるやかで全体に丸味をおびていたのが、建久《けんきゅう》年間になると花押の簡略化がすすむと同時に、鋭角的な直線にちかい線がふえてくる。あたかも時政が政治の実権への意欲を示すのと軌を一にしているかにみえて、まことにおもしろい。

泰時の場合も事情は同じである。六波羅探題《ろくはらたんだい》の時期の花押は丸味をおびているが、執権時代になると途端に鋭角的な線があらわれてくる。あきらかに泰時は祖父時政の例にならい花押を変えていた。このことがその後に決定的な影響を与えたようで、孫の時頼《ときより》も執権の前後で大きく変化している。

さらに北条時宗《ときむね》の花押をみても、はじめは形状が三角形であったのが途中で菱形《ひしがた》にちかくなり、最終的には平行四辺形に似てくるという変化がある。菱形のそれは義時の全体の形にも似ていておもしろいが、その変化の時期もやはり執権就任の時期と一致し、さらにつぎの変化は蒙古襲来の時期と重なる点において興味深いものがあろう。

北条氏一門の花押については、時政・泰時の系統をひく花押が圧倒的に多く、義時の花押に似せたものがそれにつづき、ほぼこの二系統によって占められていることが、これまでの研究で指摘されている。そうした傾向のためであろうか、時代が下るとともにほとんどが没個性的な花押となってしまい、父の花押にやや手を加えた程度といった例さえみえる。

北条時政 文治元年　北条義時 建保４年　北条泰時 承久３年　北条時頼 仁治３年　北条時頼 宝治元年

北条時政 建久６年　北条泰時 嘉禄３年　北条時村 弘安４年　北条時村 弘安８年

北条時宗 文永元年　北条時宗 文永８年　北条時宗 弘安６年　安達泰盛 建治２年　北条政村 正元元年

しかし時には自己主張型の花押もある。たとえば六波羅探題であった北条時村《ときむら》の場合などは、きわめて異例の型に属し、形状からいえば安達泰盛《あだちやすもり》の花押によく似ている。ところがそれも弘安《こうあん》末年を境に突然に変化して、父政村の花押に似た没個性的なものとなっている。

弘安七年（一二八四）、時村は時宗の死とともに謀反《むほん》の嫌疑《けんぎ》をかけられて、あやうく罪科を蒙《こうむ》りかけており、どうもそれがこうした花押の変化をともなったらしい。政治家の花押は政治的個人をよく映しだしている。

百姓の花押

花押を署《しょ》したのは貴族や武士だけではなかった。百姓も署している。みずからが字を書き読む力は多くの百姓にはなかったとしても、花押を署すことはできた。その花押は百姓の権利にかかわって署される場合が多い。

東寺領の丹波《たんば》国大山《おおやま》荘(兵庫県篠山市)の一井《いちい》谷《だに》の百姓は、荘園領主東寺とのあいだに年貢の百姓請《ひゃくしょううけ》(荘園の年貢を農村が請け負う制度)の契約をとりかわした。この荘園では永《えい》仁《にん》三年(一二九五)に東寺と地頭《じとう》中沢氏とのあいだで下地中分《したじちゅうぶん》(土地・年貢の分割)がなされ、一井谷には東寺が代官を派遣して経営してきていたのであるが、百姓請は、その代官の非法を百姓が訴えるなかで成立したものである。

請負契約にともなって田地が調査されているが、その書類をみると、二二人の百姓についてそれぞれ負担する田地の種類と面積・年貢などが記され、さらにその下に百姓みずからの花押が署されている。いずれも符号程度の簡略なもの(略押)であるとはいえ、この花押こそ、百姓の土地にたいする権利と義務をしめしたものにほかならない。

百姓請によって、一井谷の百姓の年貢負担は以前の六二パーセントといちじるしく引き下げられた。このことから百姓の大幅な勝利を指摘する見方もあるが、これは損亡《そんもう》のあるなしにかかわりなく年貢が納められるものであり、かならずしもひとり百姓にのみ有利な契約とはいえない。年々に風水害の損亡があり、それをならせば三八パーセントほどあった、というのが実情であろう。

しかしこれを契機に、村落を媒介にして百姓の土地にたいする権利がいちじるしくつよまり、荘園領主の土地の支配はそれとともに弱まったことはまちがいない。

百姓が花押を署す例をみると、多くは権利を放棄する場合であった。年貢の未進や犯罪によってわが身あるいは妻子を身代《みのしろ》に差しだすときに作成された曳文《ひきぶみ》やいましめ状などに、権利放棄の意をこめて泣く泣く花押を署している。土地・財産を売り払うときの契約状にも、花押を署している。百姓の花押は、まさに百姓がその存在と権利に関係したところで署されていた。

その意味でさらに注目されるのが、起請文《きしようもん》の花押である。神々に契約を誓う起請文において、百姓は花押を使っている。大山荘と同じ東寺領の荘園に若狭《わかさ》国太良《たら》荘がある。ここの「一荘の百姓土民」らは、建武《けんむ》元年（一三三四）八月、東寺の代官脇袋《わきぶくろ》氏の非法を訴状に記し、起請文を作成して代官に仕えないことを誓った。それには五九人の百姓がたどたどしいながらも花押を署している。一味《いちみ》神水《じんずい》の一揆《いっき》の起請文である。

百姓らはそのなかで熊野《くまの》権現《ごんげん》・東寺三宝八幡《さんぼうはちまん》・若狭国上下大明神（若狭姫・若狭彦）と太良荘三社宮（丹生《にう》・山王・若宮）の神仏に、もしその誓いにそむくならば「御罰」を「衆中の面々の身」に蒙《こうむ》るものであると宣言している。

ここには百姓が個として一揆の場に臨《のぞ》み、その平等な成員として神仏に対置している姿がみてとれよう。一揆を媒介としながら、個としての百姓が神仏にむかいあっているのである。なお一揆の形をとらずとも、さまざまな契約状に百姓は花押を署し、神仏に起請したのであった。

まさに人びとがこのように個として神仏にむかいあうようになったのが、中世・鎌倉時代である。またそうした個人にさまざまな訴えかけを行ない、熱狂的な信仰をかちえたのが鎌倉新仏教である。

中世における人間の個としての発達、それこそが鎌倉新仏教の誕生を促したといえよう。タブーから解放されていった人びとは、同時にあらたな人間的苦悩を背負いこみ、共同体に埋没していた人びとが自己主張をはじめたとき、仮借《かしやく》のない現実のきびしさが襲ってくる。そうした個人に救いの手をさしのべていったのが鎌倉新仏教である。そこでつぎに、当時の人びとの信仰のありかたを探ってみよう。

2　仏像にみる信仰

さまざまな仏像

鎌倉時代にはたくさんの仏像がつくられている。その特徴から人びとの信仰を考えてみると、それらの仏像の内容はさまざまであるが、仏像に刻まれた銘文《めいぶん》は共通して、「現世安《げんぜあん》穏《のん》、後生善処《ごしょうぜんしょ》」を祈っており、また「一切衆生《いっさいしゅじょう》、平等利益《びょうどうりやく》」を願っている。現世・来世《らいせ》においてあまねく人びとの平等の利益への願いがこめられているとみてよいであろう。それを物語るように仏像の願主の階層も多様であり、さらに勧進聖人をつうじてひろく結縁《けちえん》のつのられている例が多い。

正嘉《しょうか》二年（一二五八）、奈良の唐招提寺《とうしょうだいじ》に寄せられた釈迦如来像《しゃかにょらいぞう》は、一万人を目標に勧進がなされ、九九九五人の結縁があったことがその胎内《たいない》に納められた文書から知られる。その人びとには女性の多いことが特徴的で、「尼心阿弥陀仏」「尼西阿弥陀仏」などの尼のほか、「勢至《せいし》女」「釈迦女」「如来女」など、仏像にちなむ女性の名が多くみえ、仏教信仰のひろがりを示している。重源《ちょうげん》の東大寺再興勧進によってひろく行なわれるようになった勧進の方式は、有縁・無縁の多くの人びとを仏の教えに結縁させるものとなった。仏の教えは庶民世界に着実に根をおろしていたのである。

年記のはいった銘《めい》が刻まれている仏像の統計をとってみると、鎌倉時代では阿弥陀如来《あみだにょらい》が圧倒的に多く、地蔵《じぞう》・観音《かんのん》の両菩薩《ぼさつ》がほぼ同じくらいでつづき、そのつぎが薬師《やくし》如来となっている。この分布に、当時の仏教信仰のありかたがよく反映していよう。

日常的に死と直面させられていた中世の人びとにとって、浄土《じょうど》に往生《おうじょう》したいという願いはつよく、それが阿弥陀信仰をもたらしたのであろう。阿弥陀仏は木造・石造・銅造・銀造、さらに紙本《しほん》と、さまざまに彫られ、描かれており、京では雲居寺《うんごじ》の、鎌倉では高徳院《こうとくいん》のように、八丈（約二四メートル）の大仏もつくられた。

観音・勢至《せいし》の両菩薩を脇侍《わきじ》とした阿弥陀三尊像の形式のように、いくつかの仏像との組みあわせもみられる。北条時政《ときまさ》による伊豆《いず》の願成就院《がんじょうじゅいん》や和田義盛《わだよしもり》による相模《さがみ》の浄楽寺《じょうらくじ》では、仏師運慶《うんけい》の手によって、不動《ふどう》や毘沙門天《びしゃもんてん》といっしょにつくられている（三三〇ページの写真参照）。それは、阿弥陀信仰が多くの人びとに受容されやすかったことを物語っている。

また建久六年《けんきゅう》（一一九五）に初例がみえる善光寺《ぜんこうじ》式の阿弥陀三尊は、同じ形式のものがひろく諸国におよび二百余を数えるという。これをみても鎌倉新仏教のひろまる信仰の基盤の拡大がわかるであろう。

地蔵信仰

きびしい現実は、浄土への往生の願いとともに、地獄《じごく》や餓鬼道《がきどう》をはじめとする六道《ろくどう》や濁悪《じょくお》の現世での苦しみを代わりにうけて、救いへと導いてくれる地蔵菩薩の信仰を生んだ。阿弥陀信仰のひろがりは、いっぽうで地獄での恐怖を人びとに植えつけ、それが悲惨な現実によって恐怖心を倍加させた。六道絵をはじめ、地獄を描いた絵画が制作されたが、それは現実の投影でもあったので、そこからの救いの願いは切なるもので、庶民世界を中心に地蔵信仰としてひろがっていったのである。

地蔵仏の作例は承久三年《じょうきゅう》（一二二一）の承久の乱後に増加しはじめ、建長年間以後には石造仏を中心に飛躍的に多くなる。堂に安置されている仏とちがい、石仏は親しみやすく、だれにでも救いの手をさしのべてくれる。阿弥陀や地蔵などの石仏は、峠《とうげ》や山のふもとに置かれ、道行く人びとに往生と救いを問いかけたのであった。
正安《しょうあん》二年（一三〇〇）に東海道の箱根《はこね》湯《ゆ》坂道《さかみち》の二子《ふたご》山麓《さんろく》の峠につくられた像高三・二メートルの六道地蔵はその典型といえよう。ちかくには永仁《えいにん》元年（一二九三）、同二年の地蔵もある。この一帯は「賽《さい》の河原《かわら》」などの地名もみえ、地獄になぞらえられていた。その地獄に地蔵がおわして衆生《しゅじょう》を救済してくれると考えられたのであろう。

鎌倉の葬送の地であった地獄谷《じごくだに》に、丈六の地蔵を本尊として建長五年（一二五三）に建立されたのが建長寺《けんちょうじ》である。北条時頼《ときより》が宋《そう》の蘭渓道隆《らんけいどうりゅう》を招いて二年を費やしてつくったこの鎌倉第一の寺には、同時に一〇〇〇体の地蔵も安置されており、鎌倉武士の信仰の中心にも地蔵信仰のあったことがうかがえる。

地蔵信仰が庶民にひろくおよんでいたことは、『沙石集《しゃせきしゅう》』の説話にもうかがえる。「鎌倉の浜に、古き地蔵堂あり。丈六の地蔵を安置す。其辺の浦人《うらびと》常に詣《もうで》けり」とみえる鎌倉の浜地蔵、「勘解由小路《かでのこうじ》に、利生《りしょう》あらたなる地蔵おわしましけり。京中の男女市《いち》をなす」とみえる京の地蔵もまさにそれである。

奈良の下町の十輪院《じゅうりんいん》には石像の地蔵が今にのこされているが、これも『沙石集』にみえ、奈良の男女の信仰を集めていたことがわかる。

現世安穏

日常的に死に直面しつつも、中世人は「現世安穏」を希求した。その点で、観音菩薩《かんのんぼさつ》は慈悲を徳とするだけに、現世では人びとを守護し、かつ来世でも六道の輪廻《りんね》から人びとを救ってくれる菩薩として、尊崇されたのである。

たとえば源頼朝《よりとも》は三歳のときから二寸（約六センチ）の銀の聖観音像《しょうかんのんぞう》を敬い、髻《もとどり》のなかに納めていたが、石橋山《いしばしやま》の合戦で敗れて箱根山にのがれる途中、追手《おって》のやってくるのをみて、岩窟のなかに安置した、と『吾妻鏡《あずまかがみ》』は伝えている。その頼朝は落馬が原因で亡くなったが、落馬の災難からの守護も、武将のたのむところである。

『徒然草《つれづれぐさ》』一八五段には、「双《そう》なき馬乗りなりけり」という乗馬の名手であった安達泰盛《あだちやすもり》の話がみえる。泰盛の用心深さを讃えたもので、兼好《けんこう》は「道を知らざらん人、かばかり恐れなんや」と評している。文永《ぶんえい》八年（一二七一）に三河《みかわ》国小松原寺（愛知県豊橋市）に納められた馬頭観音《ばとうかんのん》の懸仏《かけぼとけ》の銘《めい》をみると、当地の地頭安達泰盛と記されており、泰盛は自身と馬の守護を馬頭観音に頼んでいたことが知られる。

なお観音による六道からの救いは各地に観音霊場を生んでいる。西国三十三か所の霊場めぐりは一二世紀ごろより整備されたもので、各地の霊場めぐりの先駆をなした。

現世の安穏という点では、病気の災難からのがれたいという願いも切実であった。『病《やまいの》草紙《そうし》』の絵巻物には、病気の実態がくわしく記されているが、そのなかには富める京七条の女借上《かしあげ》（高利貸）が肥満により身動きできぬ姿が描かれている。

富は「徳」とも考えられたが、富める人をも病はおそう。その苦しみを救うのが薬師《やくし》如来《にょらい》である。ことに疫病や飢饉《ききん》は中世をつうじてくりかえしておきただけに、願いは大きかったのである。

薬師如来の作例をみてゆくと、やはり疫病と関連のあったことがわかる。源平の争乱の直前、日宋貿易により宋銭が多数流入していたころの治承《じしょう》三年（一一七九）六月、銭の病と称する奇病が流行した。それと時を同じくして、伊勢神宮領の但馬《たじま》国大垣御厨《おおがきのみくりや》の薬師堂（兵庫県豊岡市）には下司《げし》・公方《くぼう》・惣追捕使《そうついぶし》・定使《じょうし》らの荘官をはじめ、六十数名の人びとの結縁になる木造の薬師如来がつくられている。

また仁治《にんじ》三年（一二四二）に北条泰時《ほうじょうやすとき》が亡くなり、その翌年に鎌倉の大倉薬師《おおくらやくし》堂《どう》が焼失したころ、下総《しもうさ》国常世田《とこよだ》薬師（千葉県銚子市）の薬師如来が、諸方への勧進によって修理されている。

このように仏像には現世と来世への願主の切なる祈りと願いがこめられていた。仏像の胎内に経や文書・銭が納められたのも、その熱心な祈りによるのであろう。胎内仏といって仏像を納めている例も多い。奈良伝香寺《でんこうじ》の裸形《らぎょう》の地蔵菩薩のように、胎内に薬師・観音の二仏が納められている例さえある。

なおこの地蔵が裸形なのは、着せ替え人形のように時に応じて衣がつけかえられたためである。仏像がいかに庶民に身近な存在であったかをよく物語っていよう。

一遍とともに

ここまで仏像をつうじて庶民信仰についてみてきたが、そうした庶民信仰の場におもむいて布教を開始したのが鎌倉新仏教である。なかでも一遍《いっぺん》は、庶民の素朴な信仰にみあった念仏信仰を唱えつつ、観音霊場をめぐり、地蔵堂を訪れている。行く先々には遊行《ゆぎょう》の僧のほか、乞食《こつじき》の非人《ひにん》がおり、一遍の信仰に共感する武士・庶民・女性が多数いた。

その生涯は『一遍聖絵《いっぺんひじりえ》』という絵巻物に弟子聖戒《しょうかい》の詞書《ことばがき》、円伊《えんい》の絵により描かれているので、ビジュアルにとらえることができる。

一遍は、伊予《いよ》国の有力武士で承久の乱により没落した河野《こうの》通広《みちひろ》の子として延応《えんのう》元年（一二三九）に生まれた。幼くして出家し、建長二年（一二五〇）には大宰府《だざいふ》に行って、浄土宗西山派の証空《しょうくう》の弟子聖達《しょうたつ》の門にはいっている。

ここで阿弥陀信仰に触れた一遍は、いったん伊予にもどり還俗《げんぞく》したが、ふたたび出家して諸国遊歴をはじめた。信濃《しなの》国善光寺《ぜんこうじ》や伊予国窪寺《くぼでら》などでの宗教体験をへて阿弥陀信仰を深め、紀伊《きい》国熊野山《くまのさん》に参籠《さんろう》したとき、熊野《くまの》権現《ごんげん》の夢の告げにより、「南無阿弥陀仏《なむあみだぶつ》、決定往生《けつじょうおうじょう》六十万人」と記した名号《みょうごう》の札を人びとにくばることの重要性を確信した。

それは、信・不信を問わず、浄・不浄を問わずにくばられるものであり、ひたすらその名号を唱えれば、阿弥陀如来と衆生と名号とが渾然一体《こんぜんいったい》となって、救いの世界が生まれる、と説いたのである。

こうして名号札をくばり遊行の旅をつづけるなかで、弘安《こうあん》二年（一二七九）、信濃国伴野《ともの》で踊《おど》り念仏《ねんぶつ》をはじめると、熱狂的に迎えられるようになった。その三年後の春三月、一遍は決意して鎌倉入りを試みている。

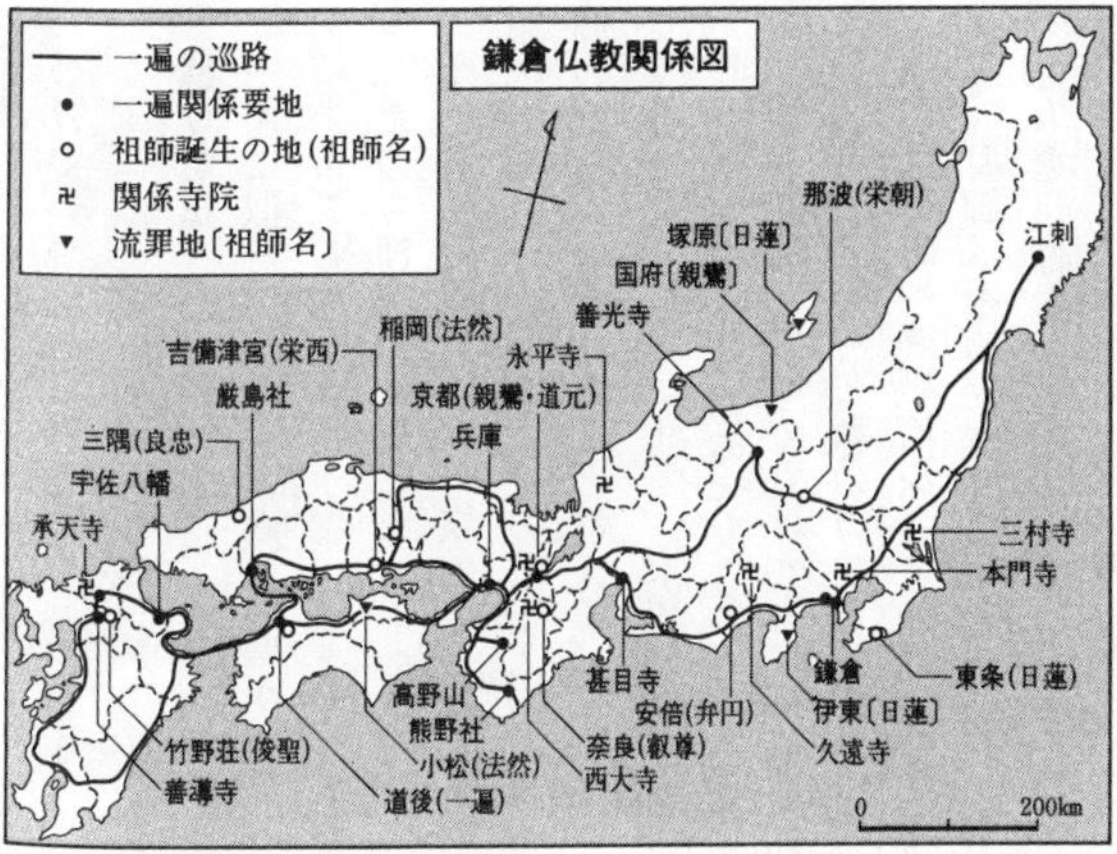

幕府は、念仏者にたいして、「道心堅固」の者は認めるが、濫行《らんぎょう》をなし魚鳥・酒宴を好む者の家は破却し、鎌倉中を追放する、という禁令を定めていた。濫行のものとみられていた一遍一行の鎌倉入りは、これへの明らかな挑戦といえる。時に鎌倉から山内《やまのうち》荘にむかう北条時宗《ときむね》一行に正面から挑んだ。

挑戦は退けられたものの、この事件を契機に、一遍の布教はかえって人びとの心をつかむようになった。数日後、鎌倉の西、片瀬《かたせ》の浜の地蔵堂に滞在したところ、

> 貴賤あめのごとくに参詣し、道俗雲のごとくに群集す。同道場にて三月のするゑに紫雲たちて、花ふりはじめけり。

と、貴賤・道俗がたくさん集まるなか、奇瑞《きずい》がおきたという。一遍はここに、時の権力者

をこえ、浄土の世界へと人びとを誘う奇蹟《きせき》の人となって、以後、奇蹟とともに諸所を遊行しつづけていった。

踊り念仏

一遍に似た存在に、一向俊聖《いっこうしゅんしょう》がいる。暦仁《りゃくにん》二年（一二三九）に、筑後《ちくご》国竹野《たけの》荘（福岡県久留米市）の武士草野《くさの》永泰《ながやす》の子として生まれた一向は、播磨《はりま》国書写山《しょしゃざん》（兵庫県姫路市）に出家したのち浄土宗に転じた。

浄土宗への機縁は、一族の永平《ながひら》が浄土宗鎮西派の弁長《べんちょう》の善導寺《ぜんどうじ》（久留米市善導寺町）に所領を寄進し、永信《ながのぶ》が弁長の弟子入阿《にゅうあ》に帰依《きえ》して浄土寺《じょうどじ》を建立するなど、一族のなかに念仏信仰の武士が多かったことによる。

文永《ぶんえい》一〇年（一二七三）に諸国遊行の旅にでた一向は、翌年秋に豊前《ぶぜん》国宇佐《うさ》八幡宮《はちまんぐう》で四十八夜の踊り念仏を行なっている。一向の踊り念仏は、一遍のそれとは直接の接触はないので、踊り念仏といってもけっして一遍の独創ではなかったことがわかる。これは多くの遊行の念仏者によって布教の方法として用いられたものであろう。

京の壬生寺《みぶでら》や嵯峨《さが》清涼寺《せいりょうじ》で融通大念仏《ゆうずうだいねんぶつ》をはじめた円覚《えんがく》上人導御《どうぎょ》も、そんな一人に数えられよう。導御は唐招提寺で戒律《かいりつ》を学んだのち、京で念仏の勧進を行なった特異な上人で、念仏十万人を目標としたので「十万上人《じゅうまんしょうにん》」とよばれた。導御の勧進で、衰亡のいちじるしかった仁和寺《にんなじ》の法金剛院《ほうこんごういん》などが再興され、洛中四八か所を道場として念仏がひろまったという。

壬生寺や清涼寺の大念仏は、後世に大念仏狂言として伝えられてゆく。

このように念仏者は、庶民世界のさまざまな信仰・生活にはいりこみ、くふうをこらして念仏をひろめていった。そのいっぽうで、鎌倉新仏教の多くは庶民信仰に深く触れ、その影響をうけて成長していったのである。

3　新仏教の祖師たち

親鸞の信心

鎌倉新仏教の第二世代にあたる親鸞《しんらん》と道元《どうげん》は、いずれも比叡山延暦寺《えんりゃくじ》で修行している。その点で第一世代の法然《ほうねん》や栄西《えいさい》とよく似ているが、大きなちがいは、出身が都市貴族であったことで、またそのことと関連して、早くから新仏教の布教に触れ、それを前提に育ったことである。彼らが、それぞれ浄土宗や禅宗の純粋化をめざすようになったのには、そうした背景があったと考えられる。

親鸞は承安《じようあん》三年（一一七三）に文人貴族日野氏の庶流である有範《ありのり》の子として生まれた。有範の兄実光《さねみつ》は公卿《くぎよう》となっており、その子資長《すけなが》・孫兼光《かねみつ》にいたると、日野流の朝廷での地位は勧修寺流《かじゆうじりゆう》とともに実務をになう「名家」の一つとして確立した。だが有範はといえば、不遇のまま皇后宮大進《こうごうぐうだいしん》という官職で終えており、そこに生まれた親鸞も他の兄弟同様、出世の望みを閉ざされていた。

源平《げんぺい》の争乱と飢饉《ききん》のはじまった養和《ようわ》元年（一一八一）、形どおりに叡山に出家して範宴《はんえん》と号する。叡山においても身分の低い堂僧として修行すること二〇年におよんでいる。

やがて法然の浄土宗開宗の衝撃が都にひろがるなか、親鸞は京の六角堂《ろっかくどう》に参籠した。建仁《けんにん》元年（一二〇一）のことである。六角堂は、革堂《こうどう》（行願寺）や因幡堂《いなばどう》とならんで、都市民の信仰を集めた霊験所である。親鸞が生まれる前年、疫病が京中に流行したとき、「京中の諸人」はこぞってここに詣でており、親鸞参籠の七年前には、堂の上棟《じょうとう》が「貴賤、首《こうべ》を挙《あ》げての結縁」により行なわれたという。

本尊の如意輪観音《にょいりんかんのん》は、救世《ぐぜ》観音と称されて聖徳太子《しょうとくたいし》の持仏《じぶつ》ともいわれており、太子の信仰との結びつきがつよかった。太子信仰は、太子建立の摂津《せっつ》四《し》天王寺《てんのうじ》の西門が、西方浄土の東門とみなされ、極楽往生の聖地とみなされていたことにもあきらかなように、浄土信仰とも結びついていたのである。その六角堂での百日の参籠により、親鸞は太子の夢の示現《じげん》を得て、法然の門にはいっている。

法然のもとでは、特別に『選択《せんじゃく》本願念仏集《ほんがんねんぶつしゅう》』を読むことが許されたことから、浄土宗の信仰に沈潜していったが、承元《じょうげん》元年（一二〇七）の法然とその門下の流罪《るざい》（承元の法難）に連座して、越後《えちご》国に流された。これ以前に法然から善信《ぜんしん》の名を得ていたが、流罪を契機に「愚禿《ぐとく》親鸞」と称するにいたった。「僧にあらず、俗にあらず。この故《ゆえ》に禿《とく》の字をもって姓となす」と、のちに主著『教行《きょうぎょう》信証《しんしょう》』に記している。

ここにみえる非僧非俗の立場こそ、親鸞が確立した境地であろう。それは六角堂参籠以後、肉食妻帯《にくじきさいたい》という、遁世《とんせい》の聖《ひじり》の道にそむく「破戒」をあえて行ないながら、浄土門の念仏を行なうなかできわめた境地であり、阿弥陀仏はこの破戒の愚か者さえ救ってくれる、という確信を得たのであった。

建暦《けんりゃく》元年（一二一一）、親鸞は流罪を解かれたが、そのまま越後国にあり、やがて常陸《ひたち》国に移ると、二十数年間にわたって、東国の百姓・武士に接して布教を行ないつつ自己をみつめ、その境地を深めている。

かくて完成した、阿弥陀の救いを信じる心がおきたときに救いがきまるという絶対他力の信心を主張する教えは、まさに浄土真宗《じょうどしんしゅう》の名にふさわしいものといえよう。

道元の生き方　道元《どうげん》は、正治《しょうじ》二年（一二〇〇）に村上源氏の久我《こが》氏の家に生まれた。はやく両親に死別したことから無常心をおぼえ、建暦二年（一二一二）に叡山の横川《よかわ》にはいり、翌年、仏法房道元と名のったという。

叡山にあること数年で修行に見きりをつけると、建仁寺《けんにんじ》で禅宗を学び、ついで栄西《えいさい》門下の師明全《みょうぜん》とともに入宋《にっそう》している。その行動はまことに直進的であり、「正師を得ざれば学ばざるに如《し》かず」と『学道用心集《がくどうようじんしゅう》』に記しているように、正師をもとめ、それにより行道《ぎょうどう》や悟りを得ようとしたものである。

宋でも、はじめは天童山景徳寺《けいとくじ》におもむいて臨済宗《りんざいしゅう》の無《む》際了派《さいりょうは》に参じ、その後、阿育王《あいくおう》山《さん》・天台山《てんだいさん》ほかつぎつぎと諸寺を訪ねて禅を体験したが、世俗権力との癒着のいちじるしい臨済禅に失望し、結局は天童山にもどって如浄《にょじょう》に師事し、そこで曹洞禅《そうとうぜん》による仏法を悟ることになった。釈尊《しゃくそん》から正しく伝えられてきた仏教の神髄こそこの法であると自覚した道元は、安貞《あんてい》元年（一二二七）に帰国し、建仁寺を本拠としながら、『普《ふ》勧坐《かんざ》禅儀《ぜんぎ》』をあらわして、坐禅の方法や心得を説いた。

道元の前半生は、仏法の真の法をもとめてまっしぐらに突き進んできたものであった。その結果、

学道にはかならずその行として坐禅をつとむべし。これむかしより仏にあひ伝へて絶えず、今に及ぶなり。仏となるに、これを離れてなるにあらず。

と主著『正法眼蔵《しょうぼうげんぞう》』に記しているように、「端坐《たんざ》参禅《さんぜん》を正門」とする確信を得、「只《し》管《かん》打《た》坐《ざ》」（ただひたすら坐禅をくむこと）を強調することになった。しかしその非妥協的な立場は、個人の信仰で終わる限りはなんら問題はなかったが、ひろく布教がなされるとともに、弾圧を招くこととなった。

なかでも叡山の天台の衆徒が弾圧の急先鋒《きゅうせんぽう》で、ついに建仁寺を追われて京の南、深草《ふかくさ》にのがれた。『正法眼蔵』の述作はそこで開始されたのである。道元はこのなかで天台・真言以下の諸宗をはじめ、末法《まっぽう》思想や念仏・祈禱などをきびしく批判している。妥協のないたたか

いのはじまりである。

深草には九条教家《くじょうのりいえ》などの寄進により興聖寺《こうしょうじ》をたて、そのもとに入門者がふえはじめると『典座《てんぞ》教訓』をあらわして、坐禅によるきびしい修行生活の規範を定めている。内にも外にもきびしい道元の態度は、従来の坐禅にあきたらぬ人びと（とくに達磨《だるま》宗の能忍《のうにん》派の人びと）を吸収するとともに、天台の衆徒の圧迫をふたたび激化させた。やむなく約一〇年間の深草の生活を閉じて、在京人の波多野義重《はたのよししげ》の招きで越前《えちぜん》国志比《しひ》荘（福井県吉田郡永平寺町）に下って大仏寺（のち永平寺《えいへいじ》）をひらき、きびしい修行の道場とした。

親鸞・道元の二人は、徹底して自己をみつめ、そこから一人は非僧非俗の立場を主張し、もう一人は出家至上の立場を強調した。諸々の世俗の価値や権力との妥協を排した彼らの思想は、それぞれ『教行信証』『正法眼蔵』の二つの大著に凝縮されており、今読んでも古今まれにみる思想家であったことがよくわかる。近代の市民社会で育った思想家たちがこの二人の著作と生涯に共感をおぼえたのも、当然であろう。二人には、近代的自我ともかよいあう、徹底した自我への凝視がうかがえるからである。

興味深いことに、二人はともに京を終焉《しゅうえん》の地に選んでいる。親鸞は文暦《ぶんりゃく》元年（一二三四）ころに京にもどり、弘長《こうちょう》二年（一二六二）に三条富小路《とみのこうじ》にて九〇歳で没している。道元も永平寺を弟子の懐奘《えじょう》に譲り、建長五年（一二五三）に京において没した。五四歳である。

都市貴族出身の二人が京を終焉の地に選んだ点にも、彼らの思想が都市を母胎《ぼたい》にしていたことをよく示している。そういえば近代市民社会の思想もまた都市を母胎に成長していたのであった。

だが、それだけに彼らの思想が、どれだけの人びとに真にうけいれられたのであろうか。浄土真宗や曹洞宗のひろまりのためには、室町時代になってからのあらたな展開を待たねばならない。

法然以後の分派

法然《ほうねん》以後の浄土宗や栄西《えいさい》以後の禅宗のひろまりをみておくと、まず浄土宗の場合は、法然の弟子たちが分派をつくり、彼らがそれぞれ浄土宗の正統を名のり、布教がなされていった。じつは親鸞《しんらん》もその一人であったわけだが、法然の主要な弟子として、仏教説話集『私聚《しじゅ》百因縁集《ひやくいんねんしゆう》』は、幸西《こうさい》・聖光《しようこう》・隆寛《りゆうかん》・長西《ちようせい》・証空《しようくう》の名をあげている。

このうち幸西の一念義派、隆寛の多念義派、長西の諸行本願義派、証空の西山派などは、それぞれ京都を中心に浄土宗をひろめ、貴族や武士・庶民の信仰をひろく集めた。これらの分派は、法然の説いた教えのもつ多様な面をそれぞれに継承しつつ、純化した結果によるもので、承久の乱後の、京都を中心とした西国社会の精神的空白がそのひろまりをもたらしたのであった。

これに危機感を抱いた天台の衆徒は、嘉禄《かろく》三年（一二二七）に法然の京の東山大谷の廟堂《びようどう》を壊して、隆寛や幸西らの流罪を朝廷に要求し、認めさせている。嘉禄の法難とよばれるもので、法然・親鸞の流罪のあった承元の法難につづく浄土宗の二度目の法難である。法難のおもな原因が浄土宗のひろまりにあることはいうまでもないが、流罪をもとめる山門側の僧に法然の門弟であった聖覚《しょうかく》の名がみえるのに対し、慈円《じえん》の庇護《ひご》をうけ京の西山善峰寺《よしみねでら》によっていた西山派の証空が流されていない点から考えると、浄土宗の分派間の対立も多分に影響していたのであろう。

このように京においては浄土宗の動揺がみられたのにたいし、聖光聖人（弁長《べんちょう》）の鎮西《ちんぜい》派は着実に地方で教線を伸ばしていった。弁長は筑前《ちくぜん》国香月《かつき》荘（福岡県北九州市）の出身で、上洛して三六歳の建久八年（一一九七）に法然の門弟となり、元久《げんきゅう》元年（一二〇四）に故郷にもどって、筑後国善導寺《ぜんどうじ》によりながら布教を開始した。

京都でおきた二度の法難にもあわなかったことから、鎮西を中心に法然の正統の継承を主張して教義をひろめていった。この鎮西派をさらに関東にひろめたのが、弁長の弟子良忠《りょうちゅう》である。

正治元年（一一九九）に石見《いわみ》国三隅《みすみ》荘（島根県浜田市）に生まれた良忠は、一二歳のときに出雲《いずも》国鰐淵寺《がくえんじ》（島根県出雲市）にのぼり、一六歳で出家すると、しだいに一向専修《いっこうせんじゅ》を志すにいたった。信濃国善光寺におもむいたとき、夢の中で聖光聖人弁長のもとに参ずべし、との告げをうけて弁長の弟子となったという。

だがそこにあることわずか一年で、法然から相承《そうしょう》の『選択本願念仏集《せんじやくほんがんねんぶつしゅう》』や血脈《けちみやく》を弁長より与えられて、すぐに諸国の布教に旅だった。

延応《えんのう》二年（一二四〇）に鎌倉にはいった良忠は、悟真寺《ごしんじ》に住して北条経時《つねとき》の信仰を獲得し、ついで経時の援助でたてられた蓮華寺《れんげじ》(のちの光明寺《こうみょうじ》)を本拠にして、東国各地への精力的な布教活動によって教線を伸ばしている。

こうした浄土宗の地方普及にともなって、庶民の素朴な信仰にみあった独自の念仏信仰を主張したのが、すでにみた一遍《いっぺん》や一向《いっこう》らである。一向の一向宗の存在はこれまであまり注目されてこなかったが、それは、一遍以後の時宗《じしゅう》の発展により吸収されていったためである。時宗の一向派がこれである。

臨済禅の展開

栄西《えいさい》以後の禅宗についてみると、初期は栄西のしいた路線を弟子たちが忠実に継承していった。それは、時の権力者による外護《げご》(援助と保護)をたのみ、旧仏教と併存しつつ禅宗の布教を行なうもので、京では建仁寺《けんにんじ》が、鎌倉では寿福寺《じゅふくじ》がその中心となっていた。

しかし真言・天台・禅の三宗兼学にあきたらぬ建仁寺の禅僧のなかには、明全《みょうぜん》や道元《どうげん》のように真の禅宗をめざして渡宋するものもでた。

関東で栄西の門流を継承したのは、行勇《ぎょうゆう》と栄朝《えいちょう》の二人である。行勇は京から鎌倉に招かれて祈禱《きとう》などを行なっていた真言の僧であったが、栄西に禅と台密《たいみつ》とを学んでからは栄西のあとをつぎ、北条政子《まさこ》や泰時《やすとき》の帰依《きえ》を得て、鎌倉に東勝寺《とうしょうじ》、高野山《こうやさん》に金剛三昧院《こんごうさんまいいん》をひらいた。また東大寺の大勧進となって東大寺の修築や造営にも関与するなど、栄西以後の禅宗布教の第一人者となった。

もう一人の栄朝は、永万《えいまん》元年（一一六五）に上野国那波《こうずけなは》郡に生まれた。京にでて建仁寺で栄西に台密と禅宗とを学び、武蔵国慈光寺《むさしじこうじ》（埼玉県比企郡ときがわ町）に住したのち、上野国の新田義季《にったよしすえ》の外護を得て、承久三年（一二二一）に世良田《せらだ》に長楽寺《ちょうらくじ》（群馬県太田市）をひらいている。

この栄朝の弟子円爾弁円《えんにべんえん》は、建仁二年（一二〇二）に駿河《するが》の安倍《あべ》郡に生まれ、長楽寺で栄朝に学んだのち、行勇の寿福寺に参じ、やがて渡宋を志して、嘉禎《かてい》元年（一二三五）に渡海した。宋では径山《きんざん》の無準《ぶじゅん》の法をつぎ、仁治《にんじ》二年（一二四一）に帰朝、博多の船頭謝国明《しゃこくめい》に乞われて承天寺《じょうてんじ》をひらき、ついで寛元《かんげん》元年（一二四三）、九条道家《くじょうみちいえ》が東大・興福両寺に匹敵する寺院を志して一字ずつとって命名した東福寺に招かれ、開山となっている。

禅宗を外護した有力者たちは、どちらかといえば精神修養的な意味から帰依したとみられる。教義よりもきびしい坐禅の修行や、そこに生じるはりつめた精神的緊張感が重んじられ、つねに死とむかいあっていた武士の感覚にマッチしたのである。

禅僧の伝えきた大陸文化とその雰囲気がもてはやされたことも否めない。いわば禅宗は教養であり、文化として受容されたのであろう。

幕府の宗教政策

禅宗発展の画期となったのは、建長五年（一二五三）の建長寺《けんちょうじ》創建である。その正式名称「建長興国禅寺」から知られるように、北条時頼《ときより》はこの寺に「興国」の寺院を意図した。

供養の日には、五部の大乗経《だいじょうきょう》が供養され、「皇帝万歳、将軍家及び重臣の千秋」と「天下太平」の祈りがなされている。まさに宗尊《むねたか》将軍をむかえた幕府国家の宗教的護持が目的とされたのである。

時頼がその興国の寺院のために禅僧を起用したのは、栄西の建仁寺の前例をふまえつつ、しかも多分に九条道家《くじょうみちいえ》の東福寺創建をも意識してのものであった。東福寺の開山弁円《べんえん》を鎌倉によんで禅戒をうけていることは、そのことをよく物語る。そして弁円の学んだ中国の径山《きんざん》を模して建長寺を建立したのであった。

新しい器には新しい水がふさわしい。道元を鎌倉によぼうとしたのはその意図によると考えられるが、ついに宋の蘭渓道隆《らんけいどうりゅう》を招き開山とすることで、目的は達成された。

建長寺の境内《けいだい》の規模は、それまで源氏三代や政子・北条氏のたてた寺院の規模をはるかにこえるものであり、さらにそれらの寺院の建立の目的とした諸願を包みこむものであった。「三代の上将（将軍）、二位家（政子）ならびに御一門（北条氏）の過去数輩の没後を訪う」供養がなされ、これまでバラバラに営まれてきた幕府の宗教行為は、建長寺を頂点として、統一的な秩序のもとに位置づけられるにいたったのである。

こうした幕府の外護《げご》により禅宗は以後大きな発展を示すことになるのだが、この禅宗とならんで幕府の宗教体制の一翼をになうことになったのが律宗《りっしゅう》である。建長寺創建の前年、叡《えい》尊《そん》の弟子忍性《にんしょう》は関東に下り、常陸三村寺《みむらでら》に住して布教をはじめていた。

律宗は戒律の意義を強調し、庶民の教化・救済を主張するだけに、もともと撫民《ぶみん》政策を重視する時頼の政策によくかなうものであった。飢饉《ききん》や地震などにみまわれた関東の農村に忍性の精力的活動がつづくなか、弘長《こうちょう》元年（一二六一）、幕府は六一か条にわたる関東新制といわれる法令をだし、御家人《ごけにん》・庶民の規律・秩序について詳細に定めている。

ここに、幕府の力をかりて布教を行なおうとする忍性、幕府の政策を律宗の布教をつうじて浸透させようとする時頼の思惑は一致をみた。同じ年、忍性は北条重時《しげとき》の別荘極楽寺《ごくらくじ》に招かれている。そして南都西大寺にあった師の叡尊も、金沢実時《かねざわさねとき》をつうじて鎌倉下向を招請されている。

翌年、叡尊が鎌倉に下ると、律宗の信仰は幕府の保護を得て飛躍的に拡大することになった。

律宗の活動

真言律宗をひらいた叡尊は、法然《ほうねん》の浄土宗《じょうどしゅう》の勃興や旧仏教の腐敗に直面して、戒律《かいりつ》の重要性を強調した貞慶《じょうけい》の孫弟子にあたる。建仁《けんにん》元年（一二〇一）に大和国《やまと》に興福寺《こうふくじ》の僧慶玄《けいげん》の子として生まれ、一七歳で出家した。

真言宗を学ぶうちに、空海《くうかい》の「仏道は戒なくしてなんぞ至らんや」のことばに感じ戒律を学んだという。戒律をかえりみない旧仏教、戒律の意義を無視する浄土宗にたいし、戒律の意義を強調しようと、覚盛《かくじょう》らと嘉禎《かてい》二年（一二三六）に自誓受戒《じせいじゅかい》した。

これを契機に、叡尊は多くの人びとに戒を授け、戒律を護持することの功徳《くどく》をとき、作善《さぜん》を勧めた。その教説に特徴的なのは、文殊菩薩《もんじゅぼさつ》の信仰である。

慈悲を徳とする文殊はみずから貧窮・孤独・苦悩の衆生《しゅじょう》となって世に現われるので、戒を積み作善を行なうものは、生身の文殊を感ずることができ、罪を滅ぼし福を得るところとなる、と叡尊は説いた。そして非人の救済にあたることはすなわち文殊を供養することであるとして、ひろく慈悲救済事業を推進したのである。

その文殊信仰を信貴山《しぎさん》で教えられた忍性《にんしょう》は、建保《けんぽう》五年（一二一七）に大和国に生まれ出家すると、延応《えんのう》元年（一二三九）に西大寺の叡尊のもとにはいり、律宗の布教に精力的な活動を示しはじめた。東国に下って叡尊の鎌倉招請に努力し実現させてからは、極楽寺《ごくらくじ》を拠点に非人救済にあたるとともに、幕府の命をうけてさまざまな祈禱《きとう》を行ない、幕府と密着しながら律宗の布教に心がけた。

叡尊に「慈悲に過ぎた」といわれたほどに、忍性の活動は非人救済や社会事業に精力的にむけられ、そのための徹底的で組織的な作善の勧進《かんじん》がなされている。諸国の港湾において津料《りよう》を徴収したり、諸国の道に関《せき》を設けて人別銭《にんべつせん》を徴収したり、あるいは在家《ざいけ》から棟別銭《むなべちせん》を徴収するなどである。

これにより忍性は一生のあいだ、橋を一八九、道を七一か所建設したといわれ、諸国の衰退した寺院も多く再興したのであった。

かつて重源《ちょうげん》によって大仏再興のため組織的に行なわれはじめた勧進は、忍性において一つの到達点に行きついた。そのもとには建設・土木のさまざまな工人が編成され、寺院の建設が請け負われている。重源以後、栄西《えいさい》・行勇《ぎょうゆう》と禅僧に継承されてきた東大寺大勧進職にも、忍性が任じられてから律僧がもっぱらあたるようになった。こうして忍性とそれ以後の律僧の活動により、諸国の交通路にそって、律宗寺院がつぎつぎと再興され、建立されていった。すでにみた博多《はかた》の大乗寺《だいじょうじ》、神崎《かんざき》荘の東妙寺《とうみょうじ》をはじめ、備後《びんご》尾道《おのみち》の浄土寺《じょうどじ》、摂津《せっつ》の多田《ただ》院《いん》、和泉《いずみ》の久米田寺《くめたでら》（大阪府岸和田市）など、その例は枚挙にいとまがないほどである。

日蓮の批判

北条時頼《ときより》によって整えられていった禅と律を中軸にすえる幕府の宗教体制に、まっこうから批判をあびせ鎌倉新仏教に光芒《こうぼう》を放ったのが日蓮《にちれん》である。

建長寺《けんちょうじ》住持の道隆《どうりゅう》にあてては、「念仏は無間地獄《むげんじごく》の業《ごう》、禅宗は天魔《てんま》の所為《しょい》、真言は亡国の悪法、律宗は国賊の妄説《もうせつ》」と非難する書状を送り、極楽寺長老の忍性《にんしょう》にあてては、「日蓮は日本第一の法華経《ほけきょう》の行者《ぎょうじゃ》、蒙古《もうこ》国退治の大将」と自称している。

その日蓮は承久四年（一二二二）に安房《あわ》国東条郷（千葉県鴨川市）の有力な漁民の子として生まれた。同国の清澄寺《せいちょうじ》にはいって天台宗を学んだのち、鎌倉に行き、つづいて京におもむいて延暦寺《えんりゃくじ》で修学し、そこで法華経にたいする独自の解釈をもつにいたった。

それは、法華経至上主義ともいえるもので、建長寺創建の建長五年（一二五三）に、布教活動を開始している。やがて頻発する飢饉《ききん》や疫病に、日蓮はその原因と対策を『立正安国論《りっしょうあんこくろん》』にあらわして時頼に送り、「法華経にもとづく政治を行なわなければ、外国の侵略をうけ、内乱がおこるであろう」と予言した。

日蓮の関心は、来世における個人の救いよりも、国家のあるべき姿はなにか、現世に生きる人びとの導きはいかにあるべきか、にあった。そのために、政治と宗教についての批判的な研究を行なった。歴史書をはじめとする数々の著作を読み調べ、旧仏教・新仏教の著作を検討して問題点を探っている。その蓄積のゆえにこそ、きびしい政治・宗教批判が可能だったのである。日蓮はまさに大学者であった。かつてこれほどまでに現実の政治を批判できた人物はいない。

だが日蓮はたんなる学者や思想家ではなかった。それは独創的な二つの布教の方法にうかがえる。唱題《しょうだい》と折伏《しゃくぶく》である。唱題とは、「南無妙法蓮華経」の題目《だいもく》を唱えるもので、それにより釈迦《しゃか》と『法華経』と衆生とが一つになり、衆生はそのまま成仏《じょうぶつ》できると説いた。浄土宗における念仏という易行《いぎょう》につうじるこの唱題は、庶民の心を深くとらえた。

もう一つの折伏は、対立する思想をくじき破り、人びとを教え導く方法で、政治の矛盾《むじゅん》や社会の不安に悩み苦しむ人びと、とくに武士の共感を得ることになった。

このようにして鎌倉仏教の祖師たちが、庶民に触れながら力づよく教えをひろめていったころ、日本をめぐる東アジアの世界には大きな変動がおきていた。

第十一章　蒙古襲来

1　大陸の大きな波

日本・高麗・南宋

日本に武家政権が生まれ、成長していった一二～一三世紀は、大陸でも大きな変動にみまわれていた。その第一の波は、中国東北部で狩猟や農耕に従事していた女真族《じょしん》がもたらした。はやく寛仁《かんにん》三年（一〇一九）に対馬《つしま》・壱岐《いき》・筑前《ちくぜん》の北九州沿岸を襲ったのがこの女真族の一つ「刀伊《とい》」である。一二世紀前半には首長阿骨打《アグダ》が金国《きん》を建設し、宋《そう》の都開封《かいふう》を落として、中国北半部を支配するにいたる。

金の圧迫にあった朝鮮半島では、高麗《こうらい》王朝下にしばしば民衆の反乱がおきた末、ついに文人政権が倒れ、その後約一〇〇年つづく武人政権が生まれた。一一七〇年のことである。そのころ、日本でも平清盛《きよもり》が保元《ほうげん》・平治《へいじ》の乱をへて全国におよぶ軍事的覇権を握り、武家政権を樹立しつつあった。

日本の武家政権も、女真族のもたらした第一の波に応じたものといえるかもしれない。日

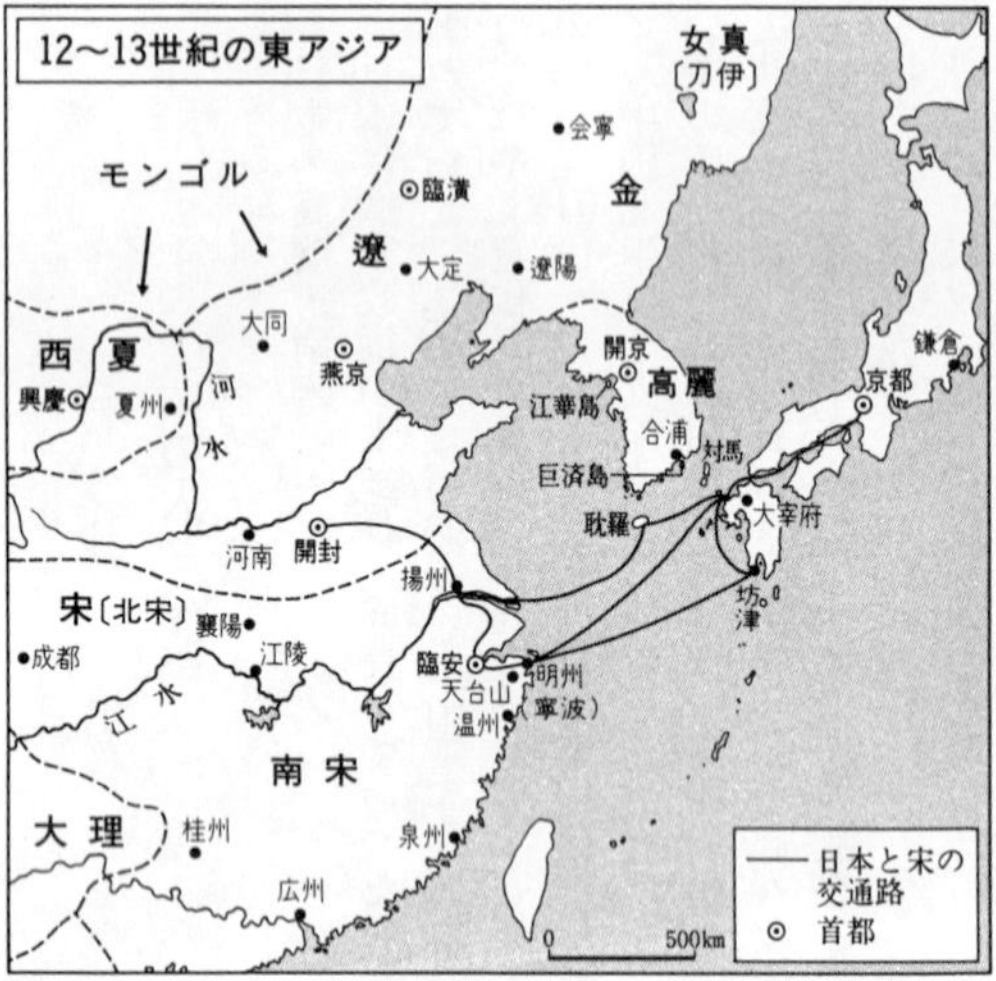

本をとりまく海の社会は意外な結びつきでつながっていたからである。寛平《かんぴょう》六年（八九四）の遣唐使の廃止以後、日本は大陸との国交を絶っていた。しかし文化や経済の面での交流はさかんで、高麗には日本の商人がしばしば渡って貿易を営んでいたし、中国に渡った僧が、大陸についての情報を伝えてきた。日本も大陸でおきた第一の波をうけ、知らず知らずのうちに巻きこまれていった。

そうした国際情勢のなかで、保元三年（一一五八）に大宰大弐《だざいのだいに》となった清盛は、積極的に貿易にのりだしていったが、その翌年、高麗が対馬の商人を捕らえる事件がおきた。原因は高麗の政情不安にはあったものの、危惧《きぐ》の念を抱いたのは太政大臣《だいじょうだいじん》藤原伊通《これみち》である。彼は二条天皇に進呈した意見書『大槐秘抄《だいかいひしょう》』のなかで、刀伊の来寇《らいこう》の例をひき、大弐に武勇の人が任ぜられると、こうしたことがかならずおきること、宋から渡ってくる商人とちがい、日本の商人はわずかな物資をもって高麗に渡るため、問題をおこしやすいこと、などを述べている。

これが当時の国際情勢にたいする有識者の認識であり、伊通は武勇を好む人の統治により鎮西《ちんぜい》が混乱することを心配していたのである。

しかしその心配をよそに清盛は貿易に関与する手を休めなかった。政情不安の高麗をきらい、宋との積極的な貿易をめざした。金によって中国南部に追われていた南宋も貿易を重視したので、両国の関係は急速に緊密なものとなって、嘉応《かおう》二年（一一七〇）、清盛は摂津福《せっつふく》原《はら》の別荘に後白河《ごしらかわ》法皇を招き、宋人との面会を実現させている。これを伝えきいた貴族からは「我が朝、延喜《えんぎ》以来未曾有《みぞう》の事なり、天魔《てんま》の所為《しょい》か」との非難をうけたが、そうした声にも清盛はひるまなかった。

翌年、宋朝からの牒状《ちょうじょう》が法皇と清盛への供物とともに送られてくると、すぐに進物の「美麗珍重」なる旨《むね》の返牒が作成され、翌々年三月には答物《とうもつ》として、法皇からは色革三枚の納められた蒔絵《まきえ》の厨子《ずし》に砂金《さきん》一〇〇両が、清盛からは剣一腰などが贈られ、正式に日宋貿易は開始されることとなった。

奥州の砂金

法皇の答物にみられるように、宋人たちは美麗な唐物《からもの》を運んだ代わりに、もとめてきたのは砂金である。保元の乱の直前に、「天下一の大学生《だいがくしよう》」といわれた藤原頼長《よりなが》が宋の商人劉《りゆう》文沖《ぶんちゆう》に書籍代として渡したのも砂金であった。

ほかに対馬産の銀、薩摩《さつま》産の硫黄《いおう》、伊勢《いせ》産の水銀、志摩《しま》産の真珠や京の工芸品なども、日本からの重要な輸出品であるが、なんといっても奥州産の砂金が最大の輸出品であった。

したがって日宋貿易を有利に運ぶためには、金を得なければならない。貿易の正式再開の直前に、法皇が藤原秀衡《ひでひら》を鎮守府将軍《ちんじゆふしようぐん》に任じたのも、じつは金の必要からであったし、頼長も父忠実《ただざね》から金を年貢とする奥州の高鞍《たかくら》荘・本吉《もとよし》荘などの荘園を譲られると、早速、年貢の金をふやすように秀衡の父基衡《もとひら》と交渉し、金二五両の年貢を五五両にふやすことに成功している。

この頼長と保元の乱で戦った、やはり大学生の藤原信西《しんぜい》も、金を必要とした一人である。乱後、信西は頼長の奥州の荘園を自分の管轄する後院《ごいん》領に編入している。

後院領とは、治天《ちてん》の君《きみ》の直轄領であり、当時の後院領には日宋貿易の基地ともいえる神崎《かんざき》荘があったから、信西は後院領を背景に日宋貿易を営んだにちがいない。そうであれば、信西のあとをうけて後院領を管轄した清盛は、信西の築いたあとをおそって日宋貿易にのりだしたとみるべきなのである。

後院といえば、保元の乱直後の京の祇園御霊会《ぎおんごりようえ》の経費を負担したのが、後院の「御厩舎人《みうまやのとねり》」であることも注目される。この厩舎人の光吉という人物は、その富裕の程度からみて商人であったろう。かつて頼長が奥州の年貢増徴のため派遣したのも厩舎人であれば、光吉は、京と奥州とを上下する金商人であったとみられる。

ここで思いだされるのは、『平治物語』や『源平盛衰記《げんぺいじょうすいき》』のなかで、源義経《よしつね》を奥州につれていったとされる金売り吉次《きちじ》である。金商人である点といい、京の商人である点といい、院の御厩舎人ときわめて似た性格をもっている。あるいは吉次もどこやらの権門の厩舎人だったのではあるまいか。

このようにその活躍の姿が文学作品にあらわされるほどに、当時の金商人の社会的活動にはめざましいものがあった。彼らによって金は奥州から京へと運ばれ、その富により奥州には清衡《きよひら》・基衡・秀衡の藤原氏三代による黄金文化が築かれ、京では庶民文化が花とひらいたのである。

しかも金ははるか宋にも運ばれ、その経済をうるおした。北宋時代に、二万〜三万両ほどあった産金額は、南宋に移ってからは数千両ほどに減ったというから、日本産の金はきわめて貴重であったことだろう。

『平家物語』には、平重盛《しげもり》が奥州本吉郡から産出した金三五〇〇両を博多の船頭妙典《みょうてん》に渡し、宋の育王山《いくおうざん》で後世をとむらうように依頼した話がみえる。金は宋の経済のみならず文化にも一役買っていたのである。

やがてこの日本の金の話は、中国にやってきたベネチア人のマルコ・ポーロの耳にするところとなった。「国内に産する黄金は限りなし」「島主は宏壮な宮殿を有し、その屋根はすべて麗《うるわ》しき黄金をもって葺《ふ》かれている」などと、その著『東方見聞録《とうほうけんぶんろく》』に書きとめている。

唐物の流入

日本が宋から輸入しようとした唐物《からもの》は、香料・唐織物・薬品・書籍・陶磁器・文房具・絵画など多種多様である。いずれも高度な宋の文化を代表するもので、南宋の貿易振興策にそって、また日本側の需要にそって取引がさかんになった。

そのなかでも、北宋時代にしかれた「禁書」の制がくずれたことにより、書籍がどっと日本に流入してきたことが大きい。平清盛が治承《じしょう》三年（一一七九）に『太平御覧《たいへいぎょらん》』一部一〇〇〇巻のうち三〇〇巻を購入して朝廷に納めて以後、鎌倉時代中期までに『太平御覧』だけでも数十部の輸入があったという。

そうした貿易の隆盛によって日本の商人も宋に直接渡るようになった。一二世紀後半から日本人の船が南宋の明州《めいしゅう》・温州《おんしゅう》などに漂着したという記事が、『宋史』の日本伝に頻出するようになる。一一六六年四月に、宋政府は、高麗や日本などの外国船が夏ごろ明州に到着するので検察を加え、金・真珠などは中央に輸送するため官吏を派遣する、と定めている。

ここに日本商人の渡宋の増加の事実がうかがえるが、一三世紀になると、「倭人は鯨波《げいは》の険《けん》を冒《おか》し、舳艫《じくろ》相銜《あいふく》み、其物（倭の産物）をもって来《きた》りうる」といわれるようにもなっている。

日宋間の貿易ルートをつうじて日本が輸入した物資・文化のなかで、もっとも影響の大きかったのは、なんといっても禅宗《ぜんしゅう》をはじめとする仏教文化であるが、それに加えて膨大な量の銅銭もあげられる。すでにみたように、仏教文化が鎌倉新仏教に大きな影響を与えるとともに、鎌倉幕府にうけとめられて、武家政権の宗教体制として結実していったのにたいし、銅銭は日本全国に流通して商業経済に多大の影響を与えたのである。

宋朝で銭が大量に流出して問題視されるようになった一二世紀後半、それと時期を一にして日本では「銭《ぜに》の病《やまい》」という奇病が流行した。銭の大量流入が当時の流行病と結びつけられ、こうよばれたものである。つづいてその流入が原因となって物価の騰貴のいちじるしくなった京都では、東西の市《いち》に検非違使《けびいし》が派遣され監視する体制がとられている。このような銭貨の流通による経済の混乱への対策として、朝廷では宋銭の流通を私鋳銭《しちゅうせん》として禁じ、また宋朝でも銭貨の流出を禁じた。

しかしその効果はあがらなかった。仁治《にんじ》三年（一二四二）、関東申次《かんとうもうしつぎ》の西園寺《さいおんじ》公経《きんつね》の貿易船は、宋の皇帝に檜材《ひのき》の三間四面の家を贈った礼として、一〇万貫の銭貨をうけとり日本にもどってきている。この事実は、もはや銭貨の流通をとどめるわけにはいかなかったことをよく物語っていよう。

ところで中世の遺跡の発掘を特徴づけるのは、大量の宋銭と中国陶磁器である。なかでも銭貨の発掘は日本の隅々《すみずみ》にまでおよんで、しかも大量に出土している。北海道の函館《はこだて》市の志《し》海苔《のり》遺跡からは三七万余の中国銭が出土しており、新潟の湯沢《ゆざわ》町石白《いしじろ》からも二七万余を数えている。最高は山口市大内の六一万余であるが、先進地域とみられるところよりも、かえって北日本・日本海側・四国などに多く発掘されているところが興味深い。

銭貨は海陸の交通路をへて、諸国の市・宿での売買に使われ、さらに田畠・家地などの不動産の売買から年貢の納入にまで、ひろく用いられるようになった。

こうした貨幣経済の浸透によって諸国の荘園・公領は大きく変化しはじめた。経営手腕のない御家人《ごけにん》は所領を売り払い、質入れして没落してゆくいっぽう、手腕のある武士や僧侶はいくつもの荘園の年貢を請け負って富める人（有徳人《うとくにん》）となっていった。

モンゴル帝国

かくして第一の波によって日宋間の結びつきが物心両面でつよまってゆくなかで、大陸では第二の波がおきていた。遊牧騎馬民族のモンゴル（蒙古）族が勃興したのである。一二〇六年に、テムジン（チンギス・ハン、太祖）によってモンゴル諸民族が統一されてモンゴル帝国が成立すると、西へ東へ南へと膨張を開始していった。

同年、西夏《せいか》に侵入し、ついで一二一一年に金《きん》に侵入した軽装騎兵のモンゴル軍は、一四年には首都燕京《えんけい》を落としている。この余波をうけた金朝支配下の契丹《きったん》人が、押しだされるように朝鮮半島に侵入すると、モンゴルはこれを追って一九年、高麗《こうらい》軍と連合して契丹人を滅ぼしている。以後、モンゴルの標的は高麗にむけられることとなる。

第二代オゴタイ・ハン（太宗）は、中国では一二三四年に宋と結び河南において金朝を滅ぼすかたわら、三一年にはじめて高麗に侵入し、三二年、三五〜三九年とあわせて三波におよぶ侵略を行なった。

この猛攻にこらえきれず、三二年、崔《さい》氏の武人政権は海の要塞江華島《こうかとう》に移ってしのいだが、第三代のグユク・ハン（定宗）、四代のムンケ・ハン（憲宗）の三波にわたる大侵攻によって、高麗はついにモンゴルに服属した。

その間、一二五四年の侵略によって、高麗で捕虜となった者は二〇万人におよび、死者は数えきれないほどであったという。結局、一二五八年におきたクーデターで崔氏の政権が滅んだことにより、高麗は太子倎《てん》をモンゴルに送って、開京《かいけい》遷都を約し降伏したのである。

一二六〇年、即位したフビライ（世祖《せいそ》）は、政策を一転して高麗には懐柔策でのぞみ、高麗に送り返された倎が即位して元宗《げんそう》と称する。フビライは高麗をだきこむことにより、武力征圧の対象を宋と日本とにむけたのである。六一年に南宋に宣戦を布告したフビライは、六八年から七三年にかけて襄陽《じょうよう》を攻撃したが、そのいっぽうで、六六年に日本に国書を送ってきた。

書を持して朕《ちん》が志を布告せしむ。ねがわくは今より以往《いおう》、問《とい》を通じ好《よしみ》を結び、以てともに親睦せん。（中略）ともに通好せざるは、あに一家の理《ことわり》ならんや。兵を用うるに至《いた》りては、それたれか好む所ならん。

この国交と従属とをもとめる国書を帯したフビライの使者は、高麗の巨済島《きょさいとう》にまでたどりついたが、そこから引き返してしまったため、日本には届かなかった。しかし六八年になってフビライの厳命をうけた高麗使潘阜《はんぷ》がついに大宰府にそれをもたらし、日本側の知るところとなった。日本もまた第二の波に直接さらされることとなったのである。

2　文永の役

得宗権力

蒙古の国書が日本に届く五年前の弘長《こうちょう》三年（一二六三）、強力な幕府体制を築いた北条時頼《ほうじょうときより》が亡くなった。七年前に執権を退いたのちも実権を保持してきた時頼の死が、政界に大きな動揺をもたらしたことはいうまでもない。しかもその翌年には、若年の家督時宗《ときむね》の代官として執権の地位にあった長時《ながとき》が亡くなった。これを機会にそれまで時頼におさえられていた勢力が動きをみせはじめ、また一方で時頼時代とはちがうあらたな政治もつよく待望された。

こうした状況下で誕生した幕府の新体制は、とりあえずは一門の長老政村《まさむら》が連署《れんしょ》（執権の補佐役）から執権に移り、一四歳の時宗が連署となる布陣がとられ、あらたに越訴奉行《おつそぶぎょう》が新設されて、一門の金沢実時《かねざわさねとき》と時宗の外戚安達泰盛《あだちやすもり》が任じられ、時宗を補佐することになった。あきらかに時宗周辺に権力を集中することで、動揺をのりきろうとしたものである。

越訴とは、原判決の誤りを救うための訴訟制度で、このときに奉行が新設されたことは、時頼時代にだされた判決に不満をもつ御家人の訴えを積極的に受理し、その信頼を得ることにねらいがあったといえよう。

貨幣経済の浸透、御家人所領の分割などにより、御家人をめぐる経済環境はいちじるしく悪化していた。越訴奉行の設置は、そうした御家人の窮状に対応するとともに、時宗の権力を確立する意図がこめられていたのである。

越訴奉行がおかれたのと同じ一〇月には、時宗の庶兄時輔《ときすけ》が六波羅探題に任ぜられ京へ派遣された。時輔は八年後に謀反を理由に殺害されていることから明らかなように、この処置は、時宗に対抗しうる北条氏一門を退け、遠ざける意図によったものであろう。だが翌文《ぶん》永《えい》二年（一二六五）、評定衆《ひょうじょうしゅう》・引付《ひきつけ》衆の人事異動によって、北条氏一門はそれぞれ倍増された。これをみても、時頼死後の脅威はほかならぬ北条氏一門にあったことがうかがい知られる。

時頼は兄経時《つねとき》から家督を一時的に譲られた中継ぎの家督であり、一門にたいする統制力は弱かった。早く隠退して時宗を後継者としたのは、その家督の統制力を補う意図がこめられていたのである。したがって、つぎの時宗も一門にたいする統制力はなんとしても高める必要があった。文永三年、引付が廃止され、執権・連署が「重事」を「聴断」する聴断制がとられたのも、一つにはそうした一門への対策の意図によるものである。

だがこの措置は、より重大な意味、すなわち合議制にもとづいていた執権政治の大きな変質を物語っている。もはや評定は、かつてのような執権を交えた合議機関ではなくなり、執権・連署を補佐する意見機関となってしまったからである。聴断制の真のねらいが若年の家督（得宗《とくそう》）時宗を保護しつつ、そこに権力を集中することにあったことを考えれば、ここに執権の権力とは異質な、北条氏の家督である得宗の権力が、幕府体制のなかに明確な姿をあらわしたものと評価できるにちがいない。

さらに同年七月には将軍宗尊《むねたか》親王が謀反の疑いで京に帰されたが、これに先立つ六月、得宗時宗邸に執権政村と越訴奉行の実時・泰盛が集まり、「深秘の御沙汰」（寄合《よりあい》）が行なわれている。追放の決定はここでなされたのであろう。時宗も実時も、また泰盛も、宗尊には親しく仕えていたという。それにもかかわらず、宗尊が追放されたのは、そうした人間的感情をこえて権力の論理が働いたからであった。得宗権力の成長が、将軍権力の領域を浸食していった結果、宗尊将軍の存在自体が邪魔になったのである。

御内と外様

宗尊にかえてその子惟康《これやす》王を将軍とした幕府は、翌文永《ぶんえい》四年（一二六七）四月に越訴奉行を廃した。時頼《ときより》時代の過誤の判決を救う越訴奉行の使命はもはや終わっており、これ以上存続すれば、その後も再審要求がつぎつぎとだされることになり、幕府の権威は逆に失墜することになる。だが御家人《ごけにん》の不満にはこたえてゆかねばならない。そこで越訴廃止にかわってだされた政策が、一二月の徳政令である。

この法令は、御家人が売却したり質入れしたりした所領を、本物《ほんもつ》（原価）でとりもどさせ、あわせて今後の御家人所領の移動を禁じたものである。将軍の交代や越訴奉行廃止で動揺している御家人の幕府への信頼を、彼らの経済の窮乏を救うことで回復しようというねらいがそこにあった。

なんといっても幕府の権力基盤は御家人におかれており、得宗《とくそう》権力も御家人の所領を確保することで安定することになる。当時、御家人所領の動揺がいかに大きな問題となっていたかがみてとれる。

蒙古の国書が日本に到来したのは、その徳政令のだされた一月《ひとつき》後の文永五年正月である。大宰府《だざいふ》守護の少弐資能《しょうにすけよし》（覚恵《かくえ》）から幕府に国書が送られてきたのはその翌月で、つづいてそれは幕府から朝廷に届けられている。幕府の明確な意思表示がないため、朝廷はどう答えるべきかに困惑し、評議で一同は「国家の珍事なり、大事なり」と嘆くばかりで、やっと決定したのは、返書を送らぬことと「異国降伏《ごうぶく》」の祈禱《きとう》、の二つだけであった。

幕府の対応はといえば、まず西国諸国の守護に命じ、御家人を率いて蒙古襲来に備え用心するように触れ、ついで執権政村《まさむら》を連署となして時宗《ときむね》を執権としている。これをみると、幕府はかつてない異常事態に断固たる決意をもってのぞんだかにみえるが、その後の対応はけっしてそうではなく、ほとんど無策に終始していたことがわかる。執権に時宗が就任したのは、どうも蒙古への対応というよりは、時宗を早く執権にすべしという御内人《みうちびと》の圧力によるとみたほうがよい。

得宗の家人《けにん》である御内人は、得宗権力の拡大とともに着実に力を伸ばしてきていた。しか

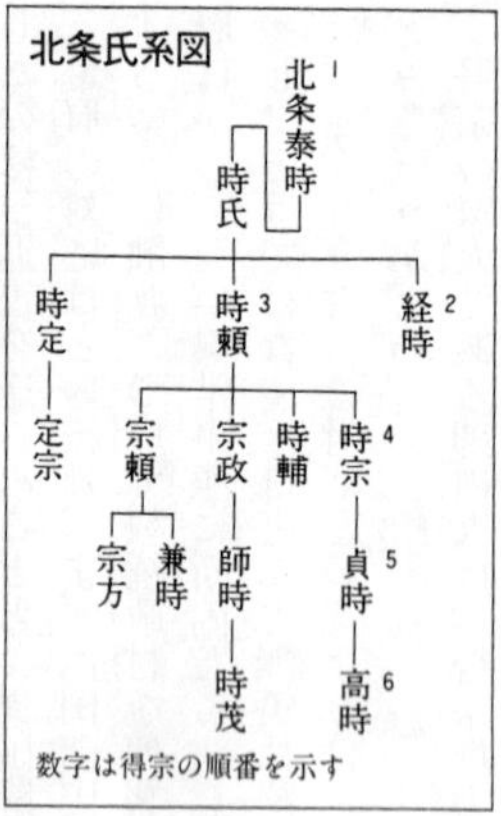

北条氏系図
数字は得宗の順番を示す

しそれはあくまでも得宗の陰の力としてであった。しかも時頼が執権を退いてからというもの、十数年にわたり得宗の執権就任がなく、そのぶん彼らの公の舞台への進出ははばまれていた。ここに御内人が時宗を執権につけることに執心した理由がある。

その御内人の中心人物が平頼綱《よりつな》である。蒙古の国書到来の報に、わが予言的中として日蓮《にちれん》が書状を幕府の重要人物に送ったうちで、御内人には、この頼綱と宿屋入道最信《やどやにゅうどうさいしん》がいた。最信は、かつて日蓮が『立正安国論《りっしょうあんこくろん》』を時頼に送ったさいの中次《もうしつぎ》であるからその関係でふたたび送られたのにたいし、頼綱は時宗の家令《かれい》であるゆえに送られたのであろう。頼綱は、侍所《さむらいどころ》の頭人《とうにん》ともなっており、のちに内管領《うちかんれい》（御内方の頭首）といわれる地位は、頼綱により築かれたのであった。

時宗の執権就任により御内人の進出は決定的となり、一般の御家人は御内にたいし外様《とざま》といわれるようになって、御内と外様との対立が激化してくる。一門の金沢顕時《かねざわあきとき》（実時の子）をして「文永六年より、何事と候はず、世上騒乱の間、人の上か、身の上か、安否さらにわきまへ難《がた》し」といわしめた政情は、こうしてはじまった。

文永六年（一二六九）四月の引付の復活、翌年五月の徳政令廃棄は、両者の対立と妥協の産物であろう。そして御内の平頼綱にたいし、外様の中心に位置するようになったのが、時宗の舅《しゅうと》安達泰盛《あだちやすもり》である。

襲来の前夜

幕府政治が御内《みうち》と外様《とざま》との対立で揺れ動くうちにも、蒙古・高麗の使者はつぎつぎに日本にやってきた。文永六年の使者にたいしては、朝廷では返牒を送ることに決定し、草案を作成したが、幕府は握りつぶしてしまった。これにより蒙古の日本遠征はいよいよ本格化しはじめた。そのとき、高麗でおきたのが三別抄《さんべつしょう》の反乱である。

三別抄は、首都開京《かいけい》を守る夜別抄《やべつしょう》に他の軍兵が加わって構成された常備軍で、高麗の兵船の基地耽羅《たんら》（済州島）を占領して反乱をおこし、日本にも来援の使者を派遣しつつ、三年間にわたって、蒙古に抵抗したのであった。

世祖《せいそ》（フビライ）は将軍忻都《きんと》・洪茶丘《こうさきゅう》らに三別抄討伐を命じ、日本には日本国信使趙良弼《ちょうりょうひつ》を派遣した。使者は文永八年の九月に大宰府に到着したが、その少し前に、幕府はやっと重い腰をあげていた。鎮西《ちんぜい》に所領を有する東国の御家人に西国移住を命じて蒙古襲来に備えさせたのである。同時に幕府政治に非をならす日蓮《にちれん》を佐渡《さど》に流罪としていて、幕府もにわかに緊張感がたかまった。

だが御家人の鎮西移住はなかなかすすまず、翌文永九年に筑前《ちくぜん》・肥前《ひぜん》の海岸線警備を、大友頼泰《よりやす》・武藤資能《むとうすけよし》の鎮西の両奉行に命じている。そうした幕府のいらだちを示すかのように、突如おきたのが二月騒動である。鎌倉で一門の名越時章《なごえときあき》と弟の教時《のりとき》が討たれ、京で六波羅探題の時輔《ときすけ》が討たれた。

ところが謀反をおこしたとされる時章には、じつは罪はなかったとされ、討手となった御内人五人が処刑されてしまうなど、事件の真相は今一つ定かでない。ただ御内と外様との対立がからんでいたことはたしかなようで、有力な一門がその犠牲となったのであろう。事件も終わってみれば外様の安達泰盛《あだちやすもり》による主導権が確立したのであった。

泰盛主導の幕府はその年の一〇月、大田文《おおたぶみ》の調進を諸国に命じた。軍役を賦課するために御家人所領を調査するのが目的であったが、この調査により御家人所領の大幅な移動の事実を知った幕府は、その年と翌年にふたたび徳政令をだしている。今度は質入れ地を無償でとりもどさせ、これまでに質流れ地として安堵《あんど》の下文《くだしぶみ》がだされていても、正嘉《しょうか》元年（一二五七）の時頼以後の下文であれば越訴《おっそ》を認めるというものである。

こうした措置は、経済の混乱と訴訟の増加を招くのが必定《ひつじょう》であったが、それを問題にしてはいられなかった。なんとしても対蒙古戦に備えて、御家人の信頼をかちえなければならなかったからである。この年には、二度にわたりやってきた趙良弼を追い返しており、蒙古襲来は必至の情勢となっていた。

文永の役　文永《ぶんえい》一一年（一二七四）一〇月三日、元将忻都《げんしょうきんと》・洪茶丘《こうさきゅう》と高麗の将金方慶《きんほうけい》率いる三万数千の大軍は朝鮮の合浦《がっぽ》を出港した。これ以前、国号を元と改めた世祖の日本征伐の計画では、もっと早くに予定されていたのだが、三別抄《さんべつしょう》の反乱に手間どり、出軍の直前に高麗国王元宗《げんそう》が死去したため遅れてしまった。

しかしその大軍は、対馬《つしま》・壱岐《いき》を怒濤《どとう》の勢いで押しつぶし、肥前の平戸《ひらど》・鷹島《たかしま》などを襲って、松浦党《まつらとう》などの武士団に多大の被害を与え、一〇月一九日には筑前の今津《いまづ》にせまった。

蒙古軍到来の報はすぐに鎮西奉行武藤資能《むとうすけよし》にもたらされ、一〇月一七日には早馬が六波羅に到着している。博多湾一帯は沿岸警備の態勢が固められ、資能の子息経資《つねすけ》・景資《かげすけ》が全軍の指揮をとり、一九日夜から二〇日にかけて、元・高麗軍の上陸作戦の開始とともに、はげしい戦闘がつづいた。

当日、博多の西、百道原《ももちばる》などの浜に上陸し赤坂まで進撃してきた蒙古軍を、数百騎の軍勢で挑《いど》み止めたのは、肥後《ひご》国の御家人菊池武房《きくちたけふさ》である。蒙古兵の首を太刀や長刀《なぎなた》に貫き、意気ようようと引き返してくるこの武房に途中であうと、奮《ふる》いたって五騎の従者で蒙古軍に果敢に挑んだのが、同国御家人の竹崎季長《たけざきすえなが》である。干潟《ひがた》に足をとられがちの季長をひきとめようとする従者にむかい、「弓箭《きゅうせん》の道、さきをもて賞とす。ただ駆《か》けよ」と命じて突進した。しかしどっと矢を射かけ、「てつはう」（鉄砲）を撃《う》つという反撃にあって危うく命を落としかけた。これを救ったのが、後陣からかけつけた肥前国御家人の白石通泰《しろいしみちやす》である。

以上は『蒙古襲来絵詞《もうこしゅうらいえことば》』に描かれた竹崎季長奮戦の場面である。だがこうした御家人の活躍にもかかわらず、日本軍の戦況は不利であった。太鼓《たいこ》や銅鑼《どら》をならし、ときの声をあげ、集団戦で挑む敵兵に、名のりをあげて一騎討ちを試みる日本兵はいささか勝手がちがった。短い毒矢や「てつはう」という兵器にも苦しめられた。

やがて敵の主力に筥崎《はこざき》・博多を攻められると、大将少弐景資以下の防戦もおよばず、筥崎宮は焼かれ、やむなく日本軍は水城《みずき》を防衛線として大宰府に逃げこんだ。戦況はあきらかに悪く、長期戦を覚悟した日本軍であったが、あくる日、博多湾にみたのは志賀島《しかのしま》にのこったわずか一艘《そう》の兵船にすぎなかった。敵軍は退却してしまったのである。

日本軍不利というのに、いったいどうして元・高麗軍は退いたのか。翌年の薩摩《さつま》国の天満宮・国分寺の奏状は「神風荒れ吹き、異賊命を失ふ」と、「神風」によって大きな打撃をうけた結果と記している。

しかし風雨のことを記していない史料が多く、とくに当時の戦況をくわしく伝える『八幡《はちまん》愚童訓《ぐどうくん》』が、のちの弘安《こうあん》の役《えき》とちがって文永の役では風雨についてなにも触れていないのは、八幡神の神威を強調している書物だけに注目される。

襲来の余波

では風雨がなかったとしたら、どうしてそういううわさが流されたのであろうか。おそらく日本側には元軍の撤退の理由がわからなかったのであろう。そこに突然めぐってきた僥倖《ぎょうこう》が神風のなせるわざと考えられたのではないか。

海をめぐる社会では、風は恐れられると同時に、福をもたらすものであった。たとえば保《ほう》元《げん》の乱の前、摂関家の藤原忠実《ただざね》が大宰府を知行していたとき、「南蛮人」が「悪風」によって渡来してきた事件があったが、これを大宰府の民は、忠実の「福」によってこの奇瑞《きずい》がおきたのだとうわさしたという。

このことから考えれば、元軍撤退という「福」が、神風によってもたらされたとみなされても不思議ではなかろう。

他方で元軍撤退の理由を、『元史』は「官軍整わず、又矢尽《やつ》」きたことによると記している。日本征討にむかうまでに多大の消耗があったこと、荒い波風を越えての長期遠征、元将と高麗将とのあいだの内部対立、意外なほどに手ごわい武士の抵抗、これらいくつかの条件が重なって「官軍整わず」の表現となったとみられる。

はじめての遠征であれば、再征を期せばよい、というのが撤退を決断した元将の考えであったろう。だが高麗の将金方慶《きんほうけい》の考えはちがっていた。再征によって高麗にかかる負担はさらに過重となる。来たからには、押している今の勢いで攻めるべきだと主張した。翌年、敗将の報告をきいてすぐに再征を決断した世祖にたいし、高麗は戦艦や兵糧の負担にはとても耐えられないと、金方慶は上奏している。

こうして文永の役は終わったが、幕府に与えた影響は大きかった。蒙古襲来の報に接するや、幕府は戦功をあげた九州の住人には、たとえ御家人でなくとも恩賞を与えると約束し、また「本所領家《ほんじょりょうけ》一円地の住人」（非御家人）の動員も命じたが、これらは、本所・領家には不介入という原則を破ったものである。以後、幕府は朝廷の固有の領域に、つぎつぎと好むと好まざるとにかかわりなく介入してゆかざるをえなくなった。しかし介入すれば、それにたいする責任が生まれることになり、またさまざまな方面から幕府への要求がよせられてくることになった。

その一つが、幕府に恩賞をもとめてきた神社・仏寺である。幕府・朝廷は蒙古襲来にたいし、ひろく「異国降伏《ごうぶく》」の祈禱を命じた。その祈禱のかいあって異国が撤退したと、神・仏への恩賞の要求が殺到してきたのである。幕府はこれに応じて伊勢神宮に伊勢国桑名《くわな》神戸《かんべ》の地頭職を寄進するなど、諸国のおもな神社・仏寺に所領を寄進している。

もちろん御家人への恩賞も手厚くせねばならない。ふたたび元が攻めてくるのは必至だったからである。なかには容易にすすまぬ恩賞審査に、はるばる肥後《ひご》国から鎌倉にのぼってきた竹崎季長《たけざきすえなが》のような例もある。季長は先駆の功を主張して、恩賞奉行安達泰盛《あだちやすもり》に談じこみ、泰盛をして「奇異の強者《こわもの》」といわしめたのであった。

その季長が首尾よく恩賞地として肥後国海東郷（熊本県下宇城《うき》市）を与えられたのは、建《けん》治《じ》元年（一二七五）一一月である。

皇統の対立

幕府は朝廷の支配領域に介入したことによって、朝廷の内部に生まれた対立にも関係せざるをえなくなった。

これより前、文永九年（一二七二）の二月騒動の最中に、二五年間の長きにわたってつづいた後嵯峨《ごさが》院政が院の死によって幕をとじていた。そのあとの治天の君をめぐり、後深草《ごふかくさ》と亀山《かめやま》の兄弟が争ったことが、朝廷の対立の発端である。後嵯峨がはっきりした遺詔《いしょう》をのこしてさえいれば問題はなかったが、それがなかったため、兄弟の生母大宮院《おおみやいん》の伝える遺志により、亀山が治天の君となった。

もともと後嵯峨の亀山にたいする寵愛は深く、文永五年には亀山の皇子世仁《よひと》を皇太子にたてていたので、このことについては後深草もある程度予想していたらしい。しかしそのつぎこそは我が皇子を皇位につけたいというつよい期待を抱いた。文永一一年の世仁の即位（後《ご》宇多《うだ》天皇）はその絶好の機会であった。

後深草は皇子熙仁《ひろひと》を皇太子にするために猛烈な運動を展開した。関東申次の西園寺実兼《さいおんじさねかね》（実氏の孫）をだきこんで幕府に働きかけ、翌建治元年（文永一二年＝一二七五）には、このままでは出家してこの世の望みを絶つ、という意思表示をもって幕府につよくせまった。

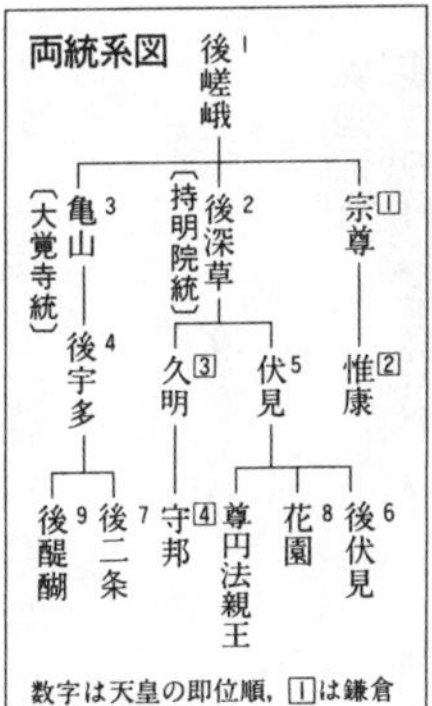

数字は天皇の即位順，①は鎌倉将軍の順番を示す

蒙古の再襲に備えて、朝廷の内部対立を好まない幕府は、やむなく後深草の要求をいれて、熙仁を亀山の猶子《ゆうし》となして後宇多の皇太子にたてるという調停案をだし、両方に認めさせた。しかしこれは対立の緩和どころか、亀山（大覚寺統《だいかくじとう》）と後深草（持明院統《じみょういんとう》）の皇統の対立のいっそうの激化を招くことになった。

やがて朝廷の内部対立は、幕府の内部対立ともつながって、朝幕関係は複雑な様相を示すにいたった。

3　弘安の役

異国征伐

蒙古《もうこ》の再来を必至とみた幕府は、九州北部と長門《ながと》沿岸の警備態勢を本格化した。すでに文《ぶん》永《えい》の役《えき》直前に筑前《ちくぜん》・肥前《ひぜん》両国沿岸の警固にはじまっていた異国警固番役《いこくけいごばんやく》は、さらに整備され、文永一二年（一二七五）には九州の御家人が三か月交替で博多湾一帯を警固することになり、長門沿岸にも周防《すおう》・安芸《あき》・備後《びんご》などの御家人が動員されることになった。翌年には博多湾一帯に石築地《いしついじ》が上陸をはばむ防塁として構築されはじめた。

今も石築地の遺構はところどころにあって往時の姿をしのぶことができる。東は香椎《かしい》から西は今津《いまづ》まで海岸線約二〇キロに築かれていたらしく、武士は所領田地一反《たん》につき石築地の長さ一寸《すん》という割合で造築分担させられた。

遺構がよくのこされている今津の場合では、砂丘上に東西約三キロにわたり、約二メートルの高さ、傾斜角八〇度内外、幅二〜三メートルで築かれている。途中で石材の種類や積みかたが変わっているが、これはそこで築造の分担者がかわっているためで、きちょうめんな仕事ぶりや荒っぽい仕事ぶりなど、担当する武士によるちがいがあっておもしろい。

さて元からは文永一二年二月に、日本宣撫使《せんぶし》杜世忠《とせいちゅう》・何文著《かぶんちょ》らが派遣されてきた。だが四月に長門の室津《むろのつ》に到着した一行は、幕府により鎌倉に護送されると、九月に竜口《たつのくち》において斬首されてしまった。「門を出《い》づるに妻子は寒衣を贈り、我れに問ふ、西行幾日にして帰るかと」というのが杜世忠の辞世《じせい》の句であったという。

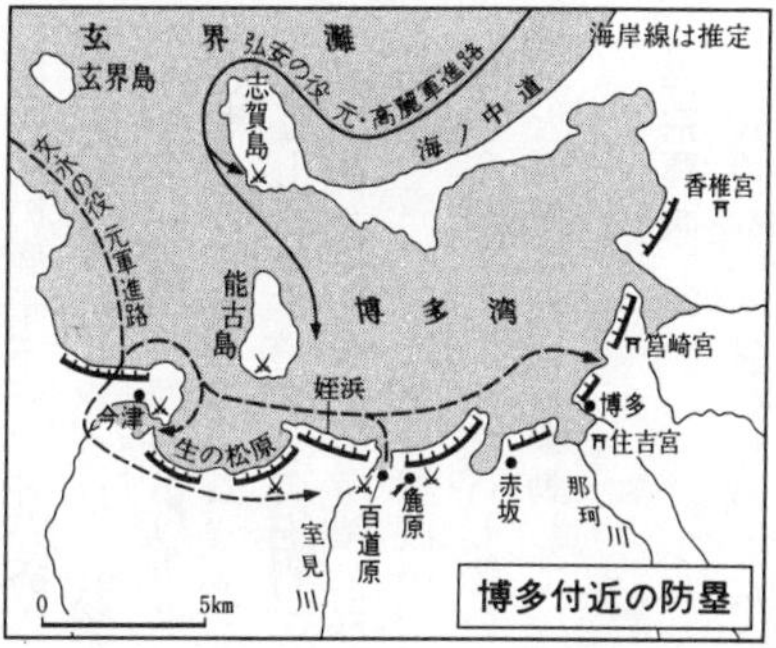

博多付近の防塁

戦意高揚をねらったこの処置で、幕府はいっそうのこと戦時体制を強化するようになった。六波羅探題《ろくはらたんだい》に御家人処罰の権限を与えるとともに、引付衆《ひきつけしゅう》三名を上洛させて六波羅の裁判制度の充実をはかっている。また山陰から九州にかけての大幅な守護の交替を実施して、「異国征伐」のために高麗《こうらい》へ遠征軍を派遣する計画さえたてたのである。

この計画は、討手の大将を少弐経資《しょうにつねすけ》として、建治《けんじ》二年（一二七六）三月を期して渡海するというもので、二月には九州をはじめ山陰・山陽・南海道諸国にまでひろく動員令がだされている。領内に船がある場合は、その数と水手《かこ》・梶取《かんどり》の名前とを記して提出し、博多に送ることを命じ、さらに征伐に派遣しうる人数とその名前や乗馬・兵具の数量などの提出を命じたのである。

肥後国の鹿子木《かのこぎ》荘の井芹秀重《いせりひでしげ》はこれにこたえて、自身は八五歳で歩行困難だが、嫡子永秀《ながひで》は六五歳、その子経秀《つねひで》は三八歳、親類の秀尚《ひでひさ》は一九歳、高秀は四〇歳であり、それぞれ弓矢・兵具・腹巻・所従《しょじゅう》・乗馬を帯して忠勤したいと述べている。異国征伐は、それなりに実現にむかって動いていた。

しかし各地からの報告を得てみると、とても計画の実行は無理であることがわかった。井芹報告をみても、その所領二六町六反余といわれるもののうち、五町四反が闕所《けっしょ》（没収地）となり、一町三反余は譲渡の変更で妹に譲られたのち、他人に押領《おうりょう》されているなど、不知行《ふちぎょう》の地が多くて、現在知行している分は半分以下の一一町三反余にすぎないというのである。御家人所領は大きく変動していたわけである。やがて異国征伐は中止された。

得宗専制

大規模な「軍旅の用意」にともなう軍事的な緊張は、いっぽうで幕府の内紛に火をつけた。建治元年（一二七五）五月に評定衆《ひょうじょうしゅう》で引付頭人《ひきつけとうにん》の金沢実時《かねざわさねとき》が六浦《むつら》荘金沢に籠居し、六月に同じ役職にあった北条時広《ときひろ》が亡くなったことで、幕政は不安定な状態となった。そこへの軍事的緊張である。おそらく戦時体制のありかたをめぐり、内紛がおきたのであろう。その犠牲者は、連署《れんしょ》の北条義政《よしまさ》と安達泰盛の弟時盛《ときもり》の二人である。

まず建治二年九月、時盛が突然出家して寿福寺《じゅふくじ》にはいるという事件がおきた。その所領は没収され、兄泰盛の義絶をうけて、時盛は高野山にむかった。また義政のほうは、姉妹を泰盛の妻としており、文永一〇年（一二七三）に亡くなった北条政村《まさむら》にかわって連署の地位についていたのであるが、時盛の事件のおきるすこし前ごろから、幕府の重要書類の御教書《みぎょうしょ》や下文《くだしぶみ》に署判《しょはん》を加えておらず、出仕していない。やがて翌建治三年四月に出家すると、鎌倉を脱けひそかに信濃《しなの》の善光寺《ぜんこうじ》に下ってしまった。義政もその所領を没収されている。

あきらかに御内人《みうちびと》の攻撃にさらされて泰盛派の人物が失脚したのである。義政にかわる連署を得られぬままに、八月になると、引付頭人の時村《ときむら》（政村の子）が六波羅探題に任じられて遠ざけられている。こうして評定衆から泰盛派はつぎつぎに抜けていった。それにひきかえ、御内人の勢力の進出にはいちじるしいものがあった。

そのことを象徴するのが、前年四月に一門でもないのに引付衆をへずして評定衆となった佐藤業連《なりつら》の存在である。彼は得宗領を管轄する得宗公文所《くもんじょ》の右筆《ゆうひつ》・御内人であり、得宗私邸での会合（寄合《よりあい》）のメンバーであった。

寄合はこの時期には定期的にひらかれ、評定にかわって幕府の重要事項を事実上決定する傾向にあった。当時の問注所執事《もんちゅうじょしつじ》で寄合のメンバー大田《おおた》康有《やすあり》の日記『建治三年記』にそのようすをみよう。

十月二十二日、深雨、御寄合、孔子《くじ》一二、相大守《そうたいしゅ》、康有、業連、頼綱、……。

二十五日、晴、御寄合山内殿、孔子一二、相大守、康有、業連、頼綱、……。

二回にわたる寄合の出席者は「相大守」（時宗《ときむね》）・康有・業連・内管領平頼綱の四人で、早くからの寄合のメンバーであった泰盛がここにはみえない。このあと一二月一九日には泰盛の名がみえることから、寄合では、御内人が勢力をつよめており、ときには泰盛を排除する傾向のあったことがわかる。

こうした御内人の進出によって、得宗の権力は専制化の道を歩むことになる。同じ日記をみると、連署義政の没落直後の六月一三日には、時宗は肥前・肥後両国にひろがる広大な安《やす》富《とみ》荘を得ており、その三日後には、御家人の官途の京都への推挙について、評定衆が審議するのをとりやめ、恩賞の沙《さ》汰《た》と同じように得宗が直接きいて「内々」に「御計《はから》」うことが定められている。

かつて将軍から評定会議に移されていった権限はつぎつぎと得宗のもとへと移っていった。得宗権力の専制化はそれだけいちじるしくなっていたのである。

これと時を同じくして、大《だ》宰《ざい》府《ふ》からの使いが、「宋朝滅亡」のしらせをもたらした。前年の正月、宋の都臨安《りんあん》が落ちて元軍に降伏したのである。宋が完全に滅ぶのは、それから三年後の一二七九年である。こうした元の動きに応じて、幕府はうちつづく内紛に一応の終止符をうって、国内にある不協和音をなくし、防衛に専念するにいたった。弘安《こうあん》元年（一二七八）には国内の悪党《あくとう》の追捕《ついぶ》に積極的になり、同三年には御家人の「不和」「不忠」をいましめる命令をだし、ちかづく蒙古襲来にそなえた。

弘安の役

不和をいましめたのは幕府だけではない。文永の役の失敗の原因を諸将の不和にみた元《げん》の世祖《せいそ》もそうである。高麗《こうらい》や旧南宋の将をかかえて日本遠征軍を再組織した世祖の唯一の心配は、諸将の不和であった。

一二七九年二月、日本遠征のため戦艦六〇〇艘《そう》の建造を江南四省に命じ、ついで高麗にも九〇〇艘の建艦を命じた世祖は、日本に周福《しゅうふく》らの使者を送った。やがて杜世忠《とせいちゅう》らの斬首の報が伝わり、周福らの帰還のないことを知るや、八〇年八月、征日本行省《せいにっぽんこうしょう》をおき、再征にとりかかった。計画は、范文虎《はんぶんこ》の率いる南宋人の江南軍と、忻都《きんと》・洪茶丘《こうさきゅう》の指揮する元・高麗人からなる東路軍とが壱岐《いき》で合体して日本を攻めるというものであった。

周福らを博多《はかた》で斬った幕府は、弘安四年（一二八一）の四月ごろの襲来を予想していた。これに少し遅れた五月三日、江南軍よりも一足早く高麗の合浦《がっぽ》を出発した東路軍四万人が、対馬《つしま》・壱岐を侵し、六月六日夜に博多湾の志《し》賀島《かのしま》に到着した。それをめがけて討ってでて先《さき》駆《がけ》の功をなしたのは、筑後国の御家人たちである。

先一番には草野次郎《くさのじろう》(経永《つねなが》)、二艘にて夜打《ようち》に寄《よせ》て、異賊船一艘に乗り移り、二十一人が首を取り、船に火をかけて引退《ひきしりぞ》く。

こうして合戦ははじまった。功にはやる日本兵はつぎつぎに小舟で押しよせたが、元軍も船を鎖《くさり》でつなぎ、石弓《いしゆみ》で応戦したため小舟はいとも簡単にうちやぶられた。たまりかねて夜討ちはせぬようにおさえられたが、はやる御家人の動きはそれでおさまるものではなかった。たとえば、

伊予《いよ》国住人河野《こうの》通有《みちあり》は、異賊警固のために本国を立ちし時、十年の内に蒙古寄せ来《きた》らずば、異国へ渡りて合戦すべしとて、起請文《きしょうもん》を十枚書きて、氏神の三島社《みしましゃ》に押し、灰《はい》に焼きて呑《の》み、此《この》八ケ年相待つ。（中略）勇みて兵船二艘を以て押し寄せたり。

といった河野通有のような武士もいた。石築地《いしついじ》での防御と御家人の奮戦により、一進一退の攻防が数日にわたってつづくなか、東路軍は上陸作戦に失敗して壱岐・肥前鷹島《たかしま》に退き、江南軍の到着を待つことになった。

予定より早く出発した東路軍とは対照的に、予定より遅く六月一八日に慶元《けいげん》（寧波《ニンポー》）を出発した江南軍一〇万は、肥前平戸島で東路軍と合体すると、七月二七日に鷹島に移った。つぎつぎと小船で襲う日本兵を蹴散らし、圧倒的な軍勢が一息に日本をのみこむかとみえた矢先の七月二九日の夜、暴風雨が襲い、翌閏《うるう》七月一日には元の遠征軍は壊滅した。それは「屍《しかばね》は潮汐《ちょうせき》にしたがって浦に入り、浦これがために塞《ふさ》がる」という光景であったという。

沈没をまぬがれて鷹島に生きのこった元軍をめがけて、日本軍のかさにかかった攻撃がつづく。周囲の海に勢力基盤をおく宇野御厨《うののみくりや》の御家人が襲い、知らせをうけた本隊も追い撃ち

をかけた。文永の役で活躍した竹崎季長《たけざきすえなが》も、遅れてはならじとかけつけた一人である。ところが乗るべき舟がいっこうにこない。季長はやむなく人の名を騙《かた》って舟に乗ったが、それが露見しておろされてしまい、ふたたびまた騙るなどして、やっとのことで戦場に到着したのである。「弓箭《きゅうせん》の道、進むをもって賞とす」と。翌日、軍功を軍奉行《いくさぶぎょう》の得宗御内人合《ごう》田五郎《だごろう》に報告すると、あきれて「大猛悪」のものとまでいわれ、賞賛されたという。

元寇ののち

生還者は三万数千人というさんざんな敗戦で、元の日本遠征は終わった。ここでも敗因は、足並みのそろわぬ遠征軍のありかたにもとめられよう。やっと一つになったとき、そこを台風が襲ったのである。

しかし世祖は日本遠征をあきらめたわけではなかった。一二八三年にふたたび征東行省《せいとうこうしょう》をおくなど、世祖の征服意欲はその死の九四年まで衰えることがなかった。ただ中国の江南やインドシナでの情勢が悪化したことや、また帝位の継承をめぐって内乱がおこるなどして、遠征にはいたらなかった。

日本の勝因は、石築地などを利用した初戦でのふんばりと、奇跡とも思える台風の到来であった。文永の役ではなかった風雨を「神風」とみたのであるから、この台風を神風とみる考えはここに定着することになり、後世に大きな影響を与えたのである。また幕府にもみつぶされた元への牒状の草案が、「天照皇大神《あまてらすおおみかみ》の大統《だいとう》を輝かせしより、日本は今皇帝の日嗣《ひつぎ》を受くるまで（中略）皇土《こうど》を以《もっ》て永く神国と号す」と記すような「神国」観念がつよまっていった。

幕府では弘安の役の翌年、ふたたび異国征伐の計画がもちあがったが、本格化することはなかった。とはいえこのときに大和《やまと》・山城《やましろ》両国の「悪徒」（悪党）をも徴発しようとした点は注目される。幕府は弘安の役とともに、六月二八日に諸国の国衙領《こくがりょう》や本所一円地の年貢を兵糧米とすること、富裕な人びとの貯蔵米を徴発すること、などを朝廷に申請しており、さらに閏《うるう》七月九日には、ひろく寺社や権門の所領、本所一円地の武士たちは武家の命で戦場に馳《は》せむかうべきことを宣旨《せんじ》で命じてほしいと申請し、認めさせていたからである。

文永の役にもまして、蒙古襲来を契機に、幕府は本所一円地にまで権限を伸ばしつつあったのである。またひろく異国降伏《ごうぶく》の祈禱をつうじて寺社に深くかかわったことにより、全国的に寺社の修造を担当するようにもなった。それまでは「関東御分」の諸国や荘園に限られていただけに、その影響は深く大きかった。

だがこれをもって幕府権力が強化されたと見誤ってはならない。権限をふるう領域を拡大したことは、必ずしもそのまま権力の強化を意味するものではない。さまざまな領域から幕府への要求がいちだんとふえてきており、その要求にいかにこたえてゆくのかが問題であった。これに失敗すれば、幕府の権力そのものが問われかねない。あらたな体制づくりにむけて、幕府の苦悩がはじまった。

弘安五年（一二八二）一二月、問注所執事大田《おおた》康有《やすあり》が寄合の座で中風でたおれると、翌年四月、北条業時《なりとき》が連署に任じられている。これをみればとりあえずは幕府は常態にもどり、安達泰盛《あだちやすもり》を中心に新体制が模索されたものとみうけられる。

日元交流

蒙古襲来後の海外交流はどうなったのであろうか。永仁《えいにん》六年（一二九八）四月、「藤太郎入道忍恵《にんえ》」なる人物の唐船が肥前の五島《ごとう》で難破し、周辺の百姓や海賊に物資が運びとられる事件がおきている。それらの物資は「葛西《かさい》殿」「右馬権頭《うまごんのかみ》殿」「大方《おおかた》殿」などの名からみて北条氏一門の「御物」であり、金四八〇両以上をはじめ、水銀・銀・剣などからなる。あきらかに日本から大陸にむけての輸出品であった。襲来後も貿易は活発だったのである。

もともと元は、日本に通交をもとめてきたのであり、貿易を禁ずる方針はなかった。弘安の役直前の一二七七年には泉州《せんしゅう》・寧波《ニンポー》などに市舶司《しはくし》（外国貿易の役所）がおかれ、七八年に日本船四隻の貿易が許可されている。そして翌年の南宋の滅亡により、なかば亡命の形で日本の商船にのり、北条時宗《ときむね》の招きで鎌倉にやってきたのが、禅僧無学祖元《むがくそげん》である。

東アジアの諸国のつながりは想像以上につよい。とはいえ世祖《せいそ》在世中の通交は、軍事的緊張のため、やはりおのずから限度があった。一二九二年には寧波入港の船中から武器が発見されると、日本の報復を恐れた元政府は、海防の強化を指令している。

世祖死後は、成宗《せいそう》が武力制圧をあきらめたこともあって、交流はしだいに活発化する。永仁六年に五島《ごとう》で難破した唐船もそうした情勢を伝えきいて出港したものであろう。正安《しょうあん》元年

（一二九九）には禅僧の一山一寧が成宗から国書を託され、来貢をもとめる使者として鎌倉にやってきている。彼は任務をはたせぬままに建長寺・南禅寺に住し、日本の禅文化に大きな影響を与えた。この後、清拙正澄・明極楚俊などの一流の禅僧があいついで日本にやってきたが、いっぽうで日本から渡った禅僧も多い。

一三〇七年、日本商人が元の役人との争いから、寧波の市街を焼き打ちする事件をおこし、諸寺に留学中の日本僧が捕らえられたとき、その数は天童山《てんどうさん》だけで数十人にたっしたという。総じて入元僧のなかには竜山徳見《りゅうざんとくけん》・雪村友梅《せっそんゆうばい》などの能力のある者もいたが、虎関師錬《こかんしれん》に「庸緇《ようし》」（凡庸な僧侶）と嘆かせたような者も多かったらしい。

昭和五一年（一九七六）、韓国の新安《しんあん》沖で発見された沈没船は、日元貿易の一断面をよく物語っている。全長約二八メートル、最大幅九・三メートルの、太い竜骨《りゅうこつ》をもつ木造船で、積荷は陶磁器一万八千余点、銅銭八〇〇万個、紫檀《したん》材一千余本という膨大なものであった。陶磁器には竜泉窯《りゅうせんよう》の青磁や景徳鎮《けいとくちん》窯の白磁なども含まれているが、その中に元代末期以後に生産されたものはないこと、銭は唐代の乾元通宝《けんげんつうほう》から元代の至大通宝《しだいつうほう》まで六二種類におよぶが、それ以後のものはないこと、「至治三年（一三二三）六月一日」と書かれた木簡《もっかん》があることなどから、一三二三年に元の港をでて日本にむかった唐船、ということがあきらかになった。

注目されるのは「東福寺《とうふくじ》」の文字のある木簡が一五点もあることで、積荷の紫檀などはその四年前に焼失した東福寺再建のために購入されたものと考えられている。それから二年後には鎌倉の建長寺と勝長寿院《しょうちょうじゅいん》の造営料を得るための貿易船が元に派遣されており（建長寺船）、寺院の再建に日元貿易はさまざまな形で関わっていたのである。

こうしてみると、蒙古襲来は海外交流を停滞させたのではなく、むしろ促進したというべきかもしれない。貿易の利にひかれ、中国の文物・文化に魅せられていた日本人はもはや、東アジアの世界から孤立することはできなかった。

唐《から》の物《もの》は、薬の外《ほか》は無くとも事欠くまじ。……唐土船《もろこしぶね》の、たやすからぬ道に、無用の物どものみ取り積みて、所狭《ところせ》く渡しもて来《きた》る、いと愚《おろ》かなり。

『徒然草《つれづれぐさ》』一二〇段で卜部《うらべ》兼好《かねよし》はこう記して、当時の社会の風潮を皮肉っている。大陸の第二の波にあらわれた日本は、こののち、いやおうなしに東アジアの動乱の世界にくみこまれていった。

第十二章　鎌倉末期の社会

1　得宗専制政治

新御式目

北条時宗《ほうじょうときむね》は、弘安《こうあん》五年（一二八二）一二月に相模《さがみ》国山内《やまのうち》荘に円覚寺《えんかくじ》を建立すると、建長寺《けんちょうじ》の住持無学祖元《むがくそげん》を招いて住持にあてた。無学の帰国をひきとめる意味もこめられていたが、本来の目的は、蒙古襲来によって戦没した死者の追善のためである。

同じ日、常陸《ひたち》の鹿島《かしま》神社に異国降伏祈禱《ごうぶくきとう》のため所領を寄進し、翌年には円覚寺に尾張《おわり》国富田《とみた》荘を寄進するなど、時宗の神仏への傾倒はこのころよりいちじるしくなってゆく。元《げん》が征東行省《せいとうこうしょう》をふたたびおいて日本遠征を本格化させているとの情報が伝わると、さらに諸国の寺社にいっせいに異国降伏の祈禱を命じた。弘安七年二月には豊後《ぶんご》の宇佐《うさ》八幡宮《はちまんぐう》（大分県宇佐市）、大隅《おおすみ》の正《しょう》八幡宮（鹿児島県霧島市）に所領を寄進し、ここに神仏を動員してまでの戦闘態勢が築かれた。

だが三月末、時宗は突然倒れ、わずか数日のうちに神仏の加護もむなしく世を去った。三四歳である。父時頼《ときより》よりも三歳若死にであり、ふたたび幕府に動揺がはしったことはいうまでもない。すぐに寄合《よりあい》がひらかれ、今後の対策が審議されたことであろう。

メンバーは、前後の情勢から判断して、時宗の子で一四歳の新得宗貞時《とくそうさだとき》、一門の執権駿河《するがの》守業時《かみなりとき》、得宗外戚《がいせき》の安達泰盛《あだちやすもり》、御内人《みうちびと》筆頭の平頼綱《よりつな》らと考えられる。ここでも泰盛・頼綱の主導権争いはあったろうが、泰盛がイニシアチブを握ったにちがいない。貞時にとってかわるような有力な一門はもはや存在せず、将軍の力も弱体化していたから、寄合の審議は、時宗死後の政治体制をいかに築くかにあてられたとみられる。そうであれば泰盛の政治的見識が寄合をリードしたことであろう。

弘安の役の恩賞の審査も遅々たるなかで、得宗の死によって訴訟が雲霞《うんか》のごとく押しよせてくることは必定《ひつじょう》である。いわばこの得宗の代替わりによせて要求されてくる「徳政」の声にどう対応してゆくのか、それが一番大きな課題であった。そしてまた、若き得宗がそうした体制をどうになっていくべきか、政治の指針を定めねばならない。寄合の課題はまことに大きかった。

そのさなかの五月二〇日、三八か条におよぶ「新御式目《しんおんしきもく》」が定められている。名称や条数からして、これが御成敗式目《ごせいばいしきもく》五一か条を意識したものであることは、あきらかであろう。しかし通常の法令とはちがい、「一、内談三箇条、聞食《きこしめ》さるべき事」(五条)とか、「一、越訴《おっそ》の事、奉行人を定めらるべき事」(二三条)などのように、各条項は事書《ことがき》のみが記されるにとどまり、くわしい内容を欠いている。また後半の二〇か条は「条々公方」として一括されている。

これらの点をふまえて、新御式目とは政治改革の綱領であり、それにそって将軍がつぎつぎに具体的な法令をだしてゆく性格のものである、という指摘がこれまでになされてきた。たしかにその指摘のように、改革の綱領とみられ、新御式目は、あらたな政治体制の形成をめざしたものといえよう。

しかし将軍がこれを実行する主体とみるのはどうであろうか。無力化した将軍がここにふたたび登場してくるとなれば、幕府の体制は大きな動揺がひきおこされることになろう。

得宗専制体制

将軍が綱領を実行するという見かたは、「公方《くぼう》」という語にひかれてのものであるが、はたしてこの語は将軍個人を意味したのであろうか。「公方」の語は、このころよりしきりに使われるようになっており、たとえば弘安六年（一二八三）一二月に異賊降伏祈禱《ごうぶくきとう》を得宗が守護となっている国々に命じた関東御教書《かんとうみぎょうしょ》を「公方御教書」とよんでいる。

概してみれば、「公方」は「得宗」にたいしてよばれることが多いので、その点から新御式目をながめると、後半二〇か条の公方条々にたいし、前半一八か条は得宗条々ともいうべき条項であると理解される。内容をみても、「御学問あるべき事」とか「武道廃《すた》れざるの様、御意を懸《か》けらるるべき事」など、若き得宗にもとめられたとみるべきような条項がならんでいるのである。

そうであれば、新御式目全体は得宗が実現すべきものとして定められた可能性が高い。おそらくこれは得宗主導下の寄合で定められたのであろう。法令の異例な形式もそのためによるものであり、前半の得宗にかかわる条項になんの注記もないのは、ほかならぬ寄合で定められたため、特別に記す必要がなかったからであろう。そして後半の条々の公方も、けっして将軍個人を意味するものではなく、今日の我々が幕府とよぶような権力体を意味しており、得宗がその公方においてなすべき条々がそこに列挙されているとみるべきである。

寄合で定められた条項がそのまま幕府法として機能し、しかも得宗の私的な条項が幕府法として定められる。これはまさに画期的なことといわねばならない。なによりも得宗の存在が幕府体制において、はっきりと制度的に位置づけられたことを示している。

すなわち得宗権力がしだいにつよまり、専制化の道をたどってきた段階をへて、ここに得宗権力がしっかりと幕府をとらえたのである。そのさい、幕府は公方とよばれる必要があったにちがいない。

得宗権力のアキレス腱《けん》は、みずからは将軍の従者・御家人であったところにある。そうした将軍―御家人の主従関係を廃棄できないのならば、もとめられるのはそのような関係を包みこんだ、より高次な政体をつくることである。それが公方であった。

これは、蒙古襲来を契機に、御家人のみならずひろく非御家人・凡下《ぼんげ》（庶民）・本所一円地住人に手を伸ばし、はては神仏にも関与した、いわばその到達点であり、得宗権力はこの公方を内から支えて、推進する存在として位置づけられることになったのである。

そうした幕府の体制をつくるにさいして中心的役割をはたしたのは、安達泰盛《あだちやすもり》であろう。泰盛は、こののち内管領《うちかんれい》（御内がたの頭首）の平頼綱《よりつな》に攻められ、多数の御家人とともに非業《ひごう》の最期をとげたことなどから、将軍権力の代弁者として御家人を保護したとか、あるいは得宗の専権をおさえて執権政治を推進したとみられることのほうが多かった。

しかし泰盛は得宗の外家《がいけ》（母の実家）であり、時宗《ときむね》の代からの一貫した寄合の最重要メンバーである。新御式目が評定《ひょうじょう》ではなく、寄合で定められていることからみても、けっして単純な御家人の保護者や将軍権力の代弁者ではない。

泰盛は得宗と公方との安定的体制を追求したのであり、時により御家人の保護者に映じたが、また得宗権力の強化にもはしった人物とみられる。そしてその追求した体制こそ、幕府体制のあらたな段階であり、それは以前の執権体制と区別して得宗（専制）体制とよぶことができよう。得宗を中心に外戚・御内で政治の中枢を固めた体制であり、そのもとではじめて政治改革もなされたのであった。

弘安の徳政

あらたな政治改革の中心にすえられたのは、訴訟制度の改革である。わきあがる徳政《とくせい》をもとめる声をすぐにもとりあげていく必要があった。越訴《おっそ》について奉行人《ぶぎょうにん》を定めるとしたのはまずその第一段で、つづいて評定《ひょうじょう》と引付《ひきつけ》の改革を断行している。これは評定・引付での審議の遅滞をいましめ、訴人《そにん》や権門の口入《くにゅう》（介入）にたいし、奉行人がかたよった態度をとることを禁じ、貧道《ひんどう》・無縁の者や遠国《おんごく》から出訴の人の訴訟をすみやかに処理するように命じている。

なかでも引付にたいし、判決原案は一種のみ作成するようにもとめたことは、引付が裁判の判決に完全に責任をもつにいたったことを意味しており、建長《けんちょう》年間（一二四九〜五六）に御家人の訴訟機関として成立した引付は、ここに制度としての完成をみた。

このほかに、一宮《いちのみや》・国分寺《こくぶんじ》の興行《こうぎょう》（振興）を命じ、鎌倉中と近国の諸社諸堂の修理・祈禱・訴訟などを引付に命じて行なわせ、関東御領《かんとうごりょう》の年貢の収納の日限を守らせ、御所での倹約を命ずるなど、幕府が「公方」として行なうべき「政道」をつぎつぎに示し実施していった。

さらに注目されるのは、あらたな改革を実行するために、西国の諸国に使者を派遣した点である。これを「四方発遣人《しほうはっけんにん》」というが、彼らは守護《しゅご》と協力して、夜討ち・強盗・山海賊・殺害人・悪党らの追捕《ついぶ》にあたり、犯人が御家人ならば六波羅《ろくはら》に身柄を引き渡し、非御家人や凡下《ぼんげ》については処断する権限を与えられた。また博奕《ばくえき》をした輩《ともがら》についてはひとしく所領没収の権限を与えられた。

鎮西《ちんぜい》に派遣された明石行宗《あかしゆきむね》・長田教経《おさだのりつね》・兵庫政行《ひょうごまさゆき》の三人の使者は、そのうえに神領《じんりょう》の興行と名主職安堵《みょうしゅしきあんど》という二つの政策の実行が課されていた。これはともに弘安の役の恩賞の意味をもつもので、売買、質入れされた鎮西の神領をすべて神社に無償で返させ、守護の交名《きょうみょう》注進で御家人となっていた人びとの名主職の地の安堵を認めている。三人の使者はそれぞれ大友頼泰《おおともよりやす》・安達盛宗《あだちもりむね》・小弐経資《しょうにつねすけ》と組んで、九州の地を三分して、政策を強力に実行し、「徳政」の御使といわれたのであった。

この鎮西特殊合議機関は翌年には活動を終えたが、これが前提となって、弘安九年（一二八六）七月には、鎮西御家人・神官・僧侶の訴訟を裁くために、少弐経資・宇都宮通房《うつのみやみちふさ》・大友頼泰・渋谷重郷《しぶやしげさと》の四人の奉行人からなる鎮西談議所《ちんぜいだんぎしょ》が設けられ、その後の鎮西探題の設置につながってゆく。

安達泰盛が主導した弘安の改革は、大胆でかつ強力であった。それだけに、朝廷にも大きな影響を与えたが、反面、幕府内に大きな反発をかい、いくつかの法令の修正にもせまられた。その反発は、得宗専制体制のもう一つの柱である御内人《みうちびと》のなかに、ことに渦巻いていたらしい。

「公方」を中心とする泰盛の改革は、どうしても御家人保護政策が中心とならざるをえない。その結果、北条氏の家人である御内人の活動は抑制されがちとなる。そしてまた強力な泰盛の政治運営により、泰盛派ともいえる守護や御家人を多数生みだしていた。

公方から得宗へ

これに不満をつのらせた平頼綱《よりつな》は、泰盛の行為を貞時《さだとき》に訴え、さらに自派をかかえて、両者の対立は抜きさしならぬところまでたっした。

ここに泰盛・頼綱仲悪《なかわるう》して互に失はんとす。共に種々の讒言《ざんげん》を成す程に、泰盛が嫡男秋田《あきた》城介宗景《じょうすけむねかげ》と申しけるが、憍《おごり》の極《きわみ》にや、曾祖《そうそ》父《ふ》景盛《かげもり》入道は右大将頼朝《よりとも》の子なりければとて、俄《にわか》に源氏になりけり。

こう述べた『保暦間記《ほうりやくかんき》』は、泰盛の子宗景が源姓に改めたのをみて、頼綱は宗景に将軍にならんとする野心ありと貞時に訴え、ついに泰盛一族を滅ぼした、と記す。弘安八年（一二八五）一一月のことである。これを霜月《しもつき》騒動という。

その余波はひろく全国におよび、泰盛の子で肥後《ひご》国守護代の盛宗《もりむね》は博多で殺され、泰盛派の少弐景資《しょうにかげすけ》は筑前《ちくぜん》の岩門《いわと》で兵をあげて討たれている（岩門合戦）。上野《こうずけ》・武蔵《むさし》では御家人五〇〇人が滅ぼされており、さらに騒動に連座して、泰盛の縁者の金沢顕時《かねざわあきとき》や長井《ながい》時秀《ときひで》などの評定衆五人、引付衆七人が除かれた。

はたして頼綱のいうように、宗景が将軍になろうとしたのかどうかは疑問であるが、泰盛のめざした「公方」による政道の強力な実行が、ついには源氏将軍の方向にゆきつく可能性がないわけではなかった。御内人とのはげしい対立が、あるいは泰盛をそちらに動かしたとみてもおかしくはない。

かくして平頼綱が権力を握り、御内人は大量に政界に進出した。「公方」から「得宗」（御内）へと揺り返しがはじまったのである。

城入道（泰盛）誅《ちゅう》せられての後、彼《か》の仁（頼綱）一向に執政す。諸人、恐懼《きょうく》の外、他事なく候《そうろう》。

と一貴族は記している。正応《しょうおう》四年（一二九一）、鎮西談議所の奉行人に偏頗《へんぱ》・私曲《しきょく》ありとの訴えにたいし、幕府が実情調査のため派遣したのは、尾藤・小野沢の両御内人である。また寺社や京からの訴訟の迅速をはかるために、飯沼助宗《いいぬますけむね》・大瀬惟忠《おおせこれただ》・長崎光綱《みつつな》・工藤杲禅《くどうこうぜん》・平宗綱《むねつな》などの有力御内人が奉行人や引付の監督を行なっている。御内人は幕府の表面に登場し、権勢を握ったのである。

だが弘安の役の恩賞配分にはじまった頼綱の政治自体は、泰盛によってしかれた弘安の体制をでるものではなかった。ただ、それが御内人主導により行なわれた点に特徴があったといえよう。

たまたまそのころ鎌倉に下ってきた後深草院の女房の尼二条《あまにじょう》は、将軍惟康《これやす》親王が追放される事件にでくわし、「いと目も当てられず」と『問はず語り』に記している。この事件も頼綱の専権によるものであった。さらに頼綱の次子飯沼助宗が新将軍久明《ひさあきら》親王を迎えに上洛するに、「流され人ののぼり給ひし跡《あと》をば通らじ」と道をかえたことについて、多くの人が「あまりなること」とうわさしていると記し、頼綱の嫡子宗綱についても、「関白などの御ふるまいと見えき、ゆゆしかりしことなり」と書きとめている。

こうした御内人の専権が過度にすすめば、得宗の権力自体が内からおびやかされることにもなる。ふたたび『保暦間記』をみよう。

平左衛門《へいざえもん》入道杲円《こうえん》（頼綱）、憍《おごり》の余りに子息（助宗）廷尉《ていい》になりたりしが、安房守《あわのかみ》になりて、飯沼殿とぞ申しける。今は更に貞時は代《よ》に無きが如《ごと》くになりて、杲円父子、天下の事は安房守を将軍にせんと議せり。

頼綱父子の行動も、得宗権力をのりこえる動きとみられたのであった。正応六年（一二九三）四月、大地震が襲って鎌倉に死者二万人の災禍のあった直後、頼綱・助宗父子らは貞時の討手に倒され、宗綱は佐渡《さど》に流された。平禅門《へいぜんもん》の乱である。

2　東と西の徳政

永仁の徳政令

一四歳で得宗《とくそう》となった貞時《さだとき》も、はや二三歳。得宗専制体制下で、安達泰盛《あだちやすもり》・平頼綱《よりつな》につづいてみずからが専制政治を行なう番がやってきた。すぐに霜月《しもつき》騒動で退けられた金沢顕時《かねざわあきとき》・宇都宮景綱《うつのみやかげつな》・長井宗秀《むねひで》らを復活させ、「公方《くぼう》」の改革にのりだしていった。それを伝える東寺領伊予《いよ》国弓削島《ゆげしま》荘の雑掌《ざつしょう》（代官）の報告をみよう。

日来《ひごろ》の奉行、平禅門《へいぜんもん》の事により改めらるる（中略）。惣じて御沙汰は徳政の儀とて三番に編《あ》まれ候て、急速の御沙汰たるべきの由《よし》、風聞《ふうぶん》候。

「徳政」を標榜《ひょうぼう》した貞時は、裁判の迅速化（「急速の御沙汰」）をはかり、引付《ひきつけ》を改革して六方あったのを三番（三方）に縮め、さらにいったん引付を全廃し、あらたに執奏《しっそう》をおき、貞時が執奏の報告にもとづいて直断《じきだん》する体制を整えた。ここに「訴人は雲霞《うんか》の如く候」といわれる事態が生まれたという。

しかし若い貞時の熱意はかえても、殺到する訴訟を裁きされるものではない。結局はすぐに引付を復活せざるをえなくなってしまった。しかも訴えの内容は、霜月騒動で滅ぼされた人びとが復権をもとめてくるわ、時宗《ときむね》の時代の判決の再審をもとめてくるわなど、さまざまであった。貞時個人の判断にすべてがかかっているだけに、幕府の方針もくるくると変わっていった。

永仁《えいにん》五年（一二九七）、貞時はひどく疲れていた。訴人の群れ、訴訟文書の山、一門・御《み》内《うち》・外様《とざま》の反目、すべてが貞時の指示を仰ぐべく待っている。わずかな救いといえば、鎮西《ちんぜい》からの訴訟がなくなっていた点ぐらいであった。前年に金沢実政《さねまさ》を鎮西探題に任じ、確定判決権を与えたからである。

平禅門の乱の前月に、北条兼時《かねとき》と時家《ときいえ》とが鎮西に派遣されて軍事指揮権と訴訟聴断権が与えられ、鎮西探題は一応の基礎がつくられていたが、これによって裁判機構の整備はすすみ、以後、鎮西の訴訟はここで裁かれることになった。

しかし鎌倉では相変わらずつづく訴人・訴訟が貞時の指示を待っていた。そんな折も折、二月一九日、彗星《すいせい》が出現し、「徳政」をもとめる声が巷《ちまた》に満ちてきた。決断の時である。かくして三月六日に貞時によってだされたのが「関東御徳政」三か条、これが有名な永仁の徳政令である。

法令はまたたくまに全国に伝わり、御家人が売買、質入れした所領は、第二条の規定により無償でとりもどされることになった。文永や弘安の徳政をさらに一歩ふみこんで、御家人所領を全面的に保護したものである。

しかしこの徳政は第二条に主眼があるのではない。第一条では判決の過誤にたいする救済の訴え、すなわち越訴《おっそ》を禁じている。第二条の御家人保護は、じつは第一条における御家人の越訴の停止の見返りの意味をもっていたことがわかる。第三条ではさらに「利銭出挙《すいこ》」についての金融業者の訴えを受理しないとしており、徳政令全体は訴訟をできるだけ減らそうという意図が含まれていたのである。

だが正面からそれをいえない幕府は、「諸人」「御家人」「窮困の族」のそれぞれの「侘傺《たてい》」（困窮）を救済すると称し、御家人保護とをだきあわせて、そのことを立法したのである。

もともとできるだけ多くの人びとの訴えをきき、これにこたえようというのが、弘安の徳政の精神であった。越訴についても奉行人を定めるべきことが規定されたのであるが、この永仁の徳政令は同じ徳政といっても、それとはまったく対極に位置する。

結局はそうした政策が失敗せざるをえないのも当然であろう。一年もたたぬうちに第一、第三条は撤廃され、わずかに二条の御家人所領の無償取戻令のみがのこされた。そのため か、このちに徳政令といえば、売買の契約無効、取戻しの法令のみを意味するところとなったのである。

貞時はその後も制度・法令をいじくりまわしたものの、すべてうまくゆかず、正安《しょうあん》三年(一三〇一)、ついに三一歳の若さで出家してしまう。もちろん実権はそのまま保持しての出家であった。

西の徳政

弘安以後の幕府の「徳政」政策と、得宗専制体制とは、朝廷の政治にも大きな影をおとした。まず泰盛の弘安の徳政に積極的に反応したのは、亀山《かめやま》上皇である。上皇は弘安八年(一二八五)一一月に二〇か条の新制を定めている。

これは新御式目の後半の公方《くぼう》条々の条数と同じである。内容も従来の朝廷の新制とは異なって、所領と訴訟の条項から成り、「根元を尋《たず》ね究《きわ》め、聖断有るべき事」や「越訴の事」が規定された点にも、新御式目の影響がうかがえる。

その翌年、上皇は制度改革を断行し、院評定を「徳政沙汰」と「雑訴沙汰」とに分けて、前者では大臣・大納言《だいなごん》が参仕して朝政の振興にあたり、後者には中納言以下が参仕して一般の訴訟を処理することとした。さらに訴訟に関与する評定衆・伝奏《でんそう》・奉行人らからは、私曲・賄賂《わいろ》にふけらぬこと、迅速な裁判事務をおこなうことなどを誓わせた起請文《きしようもん》をとりよせている。これは「近日徳政の興行、先規《せんき》無きか」「厳密の沙汰、衆庶《しゆうしよ》の大慶《たいけい》」とひろく賞賛されたのであった。

いっぽう、得宗専制政治の影響も、じわじわと朝廷の内部に浸透し、院・天皇・貴族はこぞって、得宗の意向と結びつくことに関心をはらった。それはことに皇統の分立と大きく関係していた。たとえば霜月騒動がおきて泰盛が滅亡すると、後深草《ごふかくさ》上皇は関東申次《かんとうもうしつぎ》の西園寺《さいおんじ》実兼《さねかね》を動かして、平頼綱《よりつな》との連絡をとりつけ、亀山上皇の子の後宇多《ごうだ》天皇の譲位を働きかけている。

その結果、ついに弘安一〇年、後深草の子伏見《ふしみ》天皇が幕府の申し入れで位についた。二年後には、伏見天皇の皇子胤仁《たねひと》親王が皇太子となり、さらに伏見の弟の久明《ひさあきら》親王が将軍となるにおよんで、皇統はまったく後深草の持明院統《じみよういんとう》に固定したかにみえた。

今生《こんじよう》の栄を思えば、いよいよ来世の果を恐る。

こう言いのこして後深草が出家したのは正応《しようおう》三年（一二九〇）のことである。その年三月、甲斐源氏の浅原為頼《あさはらためより》が宮中に乱入し、伏見天皇を殺害しようとした事件によって、皇統の固定化はいっそう拍車がかかるかとみられた。

政策の面でも、永仁《えいにん》元年（一二九三）に関東で貞時の「徳政」がはじまると、これに呼応して伏見天皇が訴訟制度の改革を行なっている。そのうちの雑訴沙汰については、議定衆を三番に編成し、これに記録所の弁官・寄人《よりゅうど》をそれぞれつけた。また他に記録所に庭中《ていちゅう》訴訟をおいている。これらは、

衆庶訴人、奉行の職事緩怠《かんたい》し、下情の上に通ぜざるの間、徒《いたず》らに訴訟に疲れる。

という実情にたいする改革で、貞時が庭中（直訴）に意をそそいだことと軌を一にしている。こうして持明院統の世は確立したかにみえたが、長期にわたってつづいてきた皇統の分裂がそう容易に解消するものではない。大覚寺統《だいかくじとう》の再興を期した亀山法皇は、平頼綱が滅亡して政治情勢が変わってきたことや、伏見天皇の信任厚い歌人の京極為兼《きょうごくためかね》と関東中次実兼とのあいだに対立が生じてきたことをチャンスに、幕府と実兼につよく働きかけた。そして永仁六年（一二九八）に伏見が譲位し、後伏見が天皇になった時期をとらえ、後宇多上皇の皇子で孫の邦治《くにはる》親王を皇太子につけることに成功した。

正安三年（一三〇一）、後二条《ごにじょう》天皇（邦治）が即位し、ふたたび大覚寺統の治世となった。その後二条天皇に蔵人《くろうど》として奉仕したのが、『徒然草《つれづれぐさ》』の著者卜部兼好《うらべかねよし》である。

『徒然草』と卜部兼好

つれづれなるままに、日ぐらし、硯《すずり》にむかひて、心にうつりゆくよしなし事を、そこはか

となく書きつくれば、あやしうこそものぐるほしけれ。

この人口に膾炙《かいしゃ》した序にはじまって、『徒然草《つれづれぐさ》』は二四三段、著者兼好が子供のころに父とかわした問答で終わる。

八《やつ》になりし年、父に問ひて言はく、「仏は如何《いか》なるものにか候《そうろ》ふらん」といふ。父が言はく、「仏には人の成りたるなり」と。

また問ふ、「人は何《なに》として仏には成り候ふやらん」と。父また、「人の教へによりて成るなり」と答ふ。また問ふ……。

幼い子の問いに答えてゆくうちに詰まって、ついに仏は「空より降《ふ》りけん、土よりや湧《わ》きけん」と笑って答えたと、父のことを述懐している。

序からこの段まで、達意の文章はみごとに兼好自身とその世界を描き、中世随筆文学の最高傑作と讃えられている。その人生観、ものの見かた、人間観察は、今日のわれわれが読んでも、なるほどと共感をおぼえさせられることが多く、ほほえましい話や風刺のきいた話も数多い。

『尊卑分脈《そんぴぶんみやく》』や『諸寺《しょじ》過《か》去帳《こちょう》』などの史料は、弘安年間（一二七八〜八八）に卜部兼顕《うらべかねあき》の子として生まれ、蔵人《くろうど》の兵衛尉《ひょうえのじょう》として朝廷に仕え、やがて遁世し、南北朝時代の観応《かんのう》年間

（一三五〇～五二）ごろに七〇歳ほどの生涯をとじた、と兼好の一生を伝えている。この伝にはいくつかの疑問点もあるが、生涯の概略としては、ほぼこの程度のことと考えて誤りないだろう。

『徒然草』を読めば、その官途や生涯にみあう話を多くのせている。内裏《だいり》の話、儀式の話、殿上《てんじょう》でのできごとなど、さまざまにある。そうした話や、兼好の歌集『兼好法師家集《けんこうほうしいえのしゅう》』からみて、兼好は後二条天皇の内裏に蔵人として出仕していたことがわかる。

兼好というと、無常感を背景とした隠遁者《いんとんしゃ》であることが強調される。第七段の「世は定めなきこそ、いみじけれ」などはそのさいによくひかれる話であるが、けっして、「ひたぶるの世捨人《よすてびと》」ではなかった。『徒然草』全体も兼好の多彩な関心にそって探られた話が多く含まれており、そこからは鎌倉末期の社会の断面が、冴《さ》えた筆致により生き生きと伝わってくる。

大覚寺統の人びと

後二条《ごにじょう》天皇の時代は、その祖父亀山《かめやま》法皇や父後宇多《ごうだ》上皇が治天《ちてん》の君《きみ》として政治をとっていた時期で、蔵人兼好は法皇や上皇にも仕えた。

土御門雅房《つちみかどまさふさ》が院近習《いんのきんじゅう》の訴えで右大将への昇進を逸した話（一二八段）、院の随身秦重躬《ずいじんはたのしげみ》が「北面《ほくめん》の下野《しもつけ》入道信願《しんがん》」に落馬の相があると指摘したところそれがズバリ的中したという話（一四五段）など、院とその周辺にかんする話がいくつかみえる。

したがって兼好は大覚寺《だいかくじ》統《とう》に仕えていたことになる。「大覚寺殿（後宇多上皇の御所）にて、近習の人ども、なぞなぞを作りて解かれける」（一〇三段）や、「当代《とうだい》（後醍醐《ごだいご》天皇）、いまだ坊（東宮坊）におはしましし比《ころ》、万里小路《までのこうじ》殿《どの》御所《ごしょ》なりしに」（二三八段）など、後宇多やその子後醍醐の御所での話が多くみえる。『徒然草』に登場する人びとも大覚寺統にちかい人びとが多い。その最たる人物が、関東申次《かんとうもうしつぎ》の西園寺《さいおんじ》実兼《さねかね》である。

実兼は、はじめ持明院統《じみょういんとう》にちかかったが、京極為兼《きょうごくためかね》が伏見《ふしみ》天皇の厚い信任を得て羽振りをきかすと、大覚寺統にちかづき、亀山法皇に娘（昭訓門院《しょうくんもんいん》）を入れ、文保《ぶんぽう》二年（一三一八）の後醍醐の即位に尽力して中宮に娘（禧子《きし》）を入れた。

一一八段にみえる中宮の御湯殿《おゆどの》の黒み棚の雁《かり》の話は、実兼と後醍醐中宮の逸話であり、二三一段は、鯉《こい》の料理をするにさいして、もったいをつけた園《その》の別当入道（基氏）のことをきいた実兼が、「うるさく覚ゆるなり。切りぬべき人なくば、給《た》べ、切らんと言ひたらんは、なほよかりなん」と言い放った話である。

かつては持明院統の花園《はなぞの》天皇に仕えていた日野《ひの》資朝《すけとも》も後醍醐天皇に登用されており、その話は一五二～一五四の三段にまとまってみえ、他にも後宇多・後醍醐の廷臣としては、洞院《とういん》実泰《さねやす》（八三段）、四条隆資《しじょうたかすけ》（二一九段）、侍読《じどく》の菅原在兼《すがわらありかね》と能書《のうしょ》の勘解由小路行房《かげゆこうじゆきふさ》（二三八段）、歌人で兼好の和歌の師でもある二条為世《にじょうためよ》（二三〇段）などが登場する。

大覚寺統にくらべると、持明院統に関係する人物の話は少なく、あっても評価は低い。

西大寺静然上人《さいだいじのじょうねんしょうにん》腰かがまり、眉《まゆ》白く、まことに徳たけたる有様にて、内裏へ参られたりけるを、西園寺内大臣殿《さいおんじのないだいじんどの》、「あな尊《とうと》の気色《けしき》や」とて、信仰の気色《けしき》ありければ、資朝卿《すけとものきょう》これを見て、「年の寄りたるに候ふ」と申されけり。

後日《ごじつ》に、むく犬のあさましく老いさらぼひて、毛はげたるを引かせて、「この気色尊く見えて候ふ」とて、内府《だいふ》へ参らせられたりけるとぞ。（一五二段）

日野資朝のしんらつな批判精神のよくあらわれている説話である。ここで資朝の鉾先《ほこさき》がむけられた西大寺の静然上人と西園寺実衡《さねひら》は、ともに花園天皇に仕えており、なかでも実衡は祖父実兼とは異なって、父公衡《きみひら》と同じく持明院統系の関東申次であった。

このように『徒然草』は時代の政治や社会の断面をよく伝えている。そこでつぎに『徒然草』から兼好の動きを探りながら、この時代の社会の姿をながめてみよう。

3 『徒然草』とその時代

鎌倉の海にて

六位の蔵人は数年にして五位に叙《じょ》されて殿上《てんじょう》を去る。兼好も蔵人大夫《くろうどのたいふ》となり、後二条天皇の宮仕えから離れて、自由な時間をもつとともに、身をもてあますこととなった。兼好の「つれづれなる」生活のはじまりである。

とはいえ諸大夫の例にならい、有力貴族の堀川家に仕えた。歌集には「堀川のおほいまうち君（大臣）を岩倉の山荘にをさめ奉りし」という詞書《ことばがき》がみえ、正和《しょうわ》五年（一三一六）に死去した堀川具守《ともり》の葬儀に関与している。一〇七段はその具守が「堀川内大臣《ほりかわのないだいじん》」として登場する話で、二一八段に「狐《きつね》は人に食ひつくものなり。堀川殿にて、舎人《とねり》が寝たる足を狐に食はる」とみえる堀川殿が、その邸宅であろう。

具守の弟基俊《もととし》が検非違使庁《けびいしのちょう》の別当《べっとう》だったときの話も二話（九九段・一六二段）みえるが、基俊は正応《しょうおう》二年（一二八九）に将軍久明《ひさあきら》親王について関東に下り、長期にわたって住みついていた。それかあらぬか、兼好も二度ほど東国に下っている。「むさしの国かねさはといふ所に、昔すみし家のいたう荒れたる」（歌集）、「武蔵国金沢といふ浦にありし」（三四段）とみえる。

兼好の住んだ金沢は、北条氏一門金沢氏の所領六浦《むつら》荘金沢であった。時の当主は顕時《あきとき》の子貞顕《さだあき》で、正安四年（一三〇二）から六波羅探題《ろくはらたんだい》として京にあったので、兼好はそのころに知遇を得て鎌倉に下ったのであろう。西行《さいぎょう》や長明《ちょうめい》など、東国に下った多くの歌人・文人のこともきっと頭をかすめたにちがいない。

貞顕は東国きっての文人で、菩提寺の金沢称名寺《しょうみょうじ》境内には、古今東西に収集した書籍・唐物《からもの》を保管していた。今に金沢文庫がこれを伝えているが、そのなかには兼好の書状もみえる。貞顕と兼好との結びつきのつよさが知られよう。そのことから、金沢氏の執事としてみえる倉栖《くらす》兼雄《かねお》は兼好の兄民部大輔《みんぶのたいふ》兼雄《かねお》と同一人物ではないかという説がだされている。しかしながら両人は官途が掃部助《かもんのすけ》と民部大輔とちがい、姓も倉栖兼雄はその息女が「平氏女《たいらのうじのによ》」と記して平姓であるから、同名異人であろう。

だが貞顕と兼好との関係にはもっと注目してよい。兼好は二度も金沢に行っており、当時の貴族は、幕府とさまざまなコンタクトをもって、その意向によって政治的主張を展開しているからである。

そこで『徒然草』をみると、東国にまつわる話は、「城《じょうの》陸奥守泰盛《むつのかみやすもり》は、双《そう》なき馬乗りなりけり」とはじまる安達泰盛についての一八五段、北条時頼《ときより》にかんする二一五段・二一六段、その母松下禅尼《まつしたのぜんに》についての一八四段、いずれをみても兼好下向時の話ではない。親しいはずの金沢氏についても一話もみえないのは不思議な点で、鎌倉の政治世界については意識的に口をつぐんでいたとみるべきであろう。

つぎに今度は貞顕と京との関係を探るとしよう。

関東事書《かんとうのことがき》。室町院御遺領の内、建長元年、式乾門院《しきけんもんいん》の宗尊《むねたか》親王に進《まいら》せらる所々、別儀を以て折中し分つべしと云々。（中略）此の事、一向に貞顕張行《ちょうぎょう》す。

と記しているのは、花園《はなぞの》上皇の日記である。上皇の所領室町院領の半分が、関東の事書《ことがき》（指示書）により永嘉門院《えいかもんいん》に譲渡させられることになったことを述べ、それが貞顕の「張行」によると断じている。永嘉門院とは宗尊親王の娘で後宇多上皇の妃であって、貞顕は彼女の保護者となっていた。それは祖父実時《さねとき》・父顕時《あきとき》が親王に仕えていたとき以来のものであったという。

後宇多に仕えた兼好は、あるいは永嘉門院と貞顕との伝達役をかっていたのかもしれない。宗尊親王については、兼好は一七七段に「鎌倉中書王《かまくらのちゅうしょおう》にて御鞠《おんまり》ありけるに」とはじまる話をのせている。推理作家の手にかかれば、兼好はスパイとして活躍したというふうに描かれることであろうか。

それはともかく、兼好は貞顕を介しながら鎌倉の政治世界を知ったが、その世界にあまり好感を抱かなかったとみられる。一一九段では「鎌倉の海に、鰹《かつお》と言ふ魚《うお》は、かの境《さかい》には双なきものにて、この比《ごろ》もてなすものなり」と鰹にあたっている。

仁和寺の家

兼好の過去帳が記されているという法金剛院《ほうこんごういん》は、御室仁和寺《おむろにんなじ》にある待賢門院《たいけんもんいん》御願になる院《いん》家《げ》であり、兼好は歌集の詞書に仁和寺の双ケ丘《ならびがおか》に無常所（墓所）をもうけていたことを記している。だが兼好と仁和寺との関係はそれだけではなかった。

仁和寺にある法師、年寄るまで石清水《いわしみず》を拝まざりければ、心うく覚《おぼ》えて（五二段）

これも仁和寺の法師、童《わらわ》の法師にならんとする名残《なごり》とて、おのおの遊ぶ事あり（五三段）

御室《おむろ》にいみじき児《ちご》のありけるを、いかで誘《さそ》ひ出《いだ》して遊ばんとたくらむ法師どもあり（五

四段）

仁和寺をめぐる話は、これら三段にまとまってあるばかりか、六〇段にみえる芋頭《いもがしら》（里芋の親芋）好きの盛親僧都《じょうしんそうず》のいる真乗院《しんじょういん》も仁和寺の院家で、金沢貞顕の子顕助《けんじょ》がこの院主となっている。

これらの話にみえる仁和寺の僧は、いずれも尋常さを欠き、おかしな行動がめだつ。しかし兼好の筆致は、それらを冷たくつき放してはおらず、むしろ親しみをこめたものとなっている。さらに仁和寺華厳院《けごんいん》の弘舜《こうしゅん》僧正《そうじょう》（二〇八段）やその弟子弘融僧都《こうゆうそうず》（八二段・八四段）の場合には、尊敬の念がこめられている。

いずれも仁和寺の僧につよい親近感をおぼえていたことが察せられ、彼らと日常的な接触があったとみてよかろう。

二一八段の狐《きつね》が人に食いつく話は、すでに兼好の主人堀川殿での事件としてみたが、その後段には、仁和寺で下法師《しもぼうし》に狐が飛びかかった話をのせている。主人の家に対比された仁和寺には、兼好の家があったといえるのではないか。

仁和寺のなかに家をもつことは、院政期からひろく行なわれていた。たとえば筑後前司《ちくごのぜんじ》藤原仲能《なかよし》という受領《ずりょう》は、寺中に七宇の蔵をたて、五宇に衣食や家具を納め、二宇には珍宝を蓄えていた。それは火事の災難を避けるためだったという。

『古今著聞集《ここんちょもんじゅう》』の作者の 橘 成季《たちばなのなりすえ》は、藤原孝道《たかみち》やその子孝時《たかとき》から琵琶《びわ》・管弦《かんげん》を習い、そこから多くの説話を収集したが、孝道の家も仁和寺内にあった。そのため『著聞集』には仁和寺にまつわる話が多くのっている。仁和寺は説話収集の場としてもふさわしいものであったことがわかる。

四五段に怒りっぽい良覚《りょうかく》僧正の話がみえるが、話の内容は、じつは仁和寺で「堀池《ほりけ》僧正」と称された信証僧正の伝説そっくりそのもので、兼好はこの伝説を知って使い、良覚の怒りっぽさを強調したのであろう。

こうしたことから考えて、兼好の家は仁和寺にあったとみてまずまちがいないと思われる。兼好の家というと、正和二年（一三一三）に六条三位藤原頼成《よりなり》から買いとり、元亨《げんこう》二年（一三二二）に大徳寺柳殿塔頭《やないどのたっちゅう》に売った山科《やましな》小野荘の田地一町の存在から、そのちかくに考えられてきた。しかし小野荘は所領であるから、家の存在とはすぐには結びつかないであろう。

説話の吟味

兼好の探った説話は、「友」から得たものが多い。それは「同じ心ならん人としめやかに物語して」（一二段）得た話ばかりでなく、「ひとり、燈《ともしび》のもとに文《ふみ》をひろげて、見ぬ世の人を友とする」（一三段）ことにより得た話も含まれる。

そうした「友」から得た話をくりひろげるいっぽうで、七三段は「世に語り伝ふる事、まことはあいなきにや、多くは皆虚言《そらごと》なり」と述べる。したがって説話をのせる場合、「虚言」かどうかの吟味も心がけている。時にあまりに細かなことに言及しているかに思える章段が多いのも、その吟味に関係する。

だが、すでにみた四五段の良覚僧正の話が、信証僧正の伝記を利用してつくられたような作為も、ままみうけられる。四八段に「光親卿《みつちかのきよう》、院の最勝講奉行《さいしょうこうぶぎょう》して」とみえる、後鳥羽《ごとば》院《いん》の近臣であった藤原光親にかんする話も、そのじつは同じ院近臣で「海住山民部卿入道《かいじゅうさんみんぶきょうにゅうどう》」藤原長房《ながふさ》の話を改作したことが、官長者《かんのちょうじゃ》小槻《おづき》氏に伝わる記録から知られる。

二〇六段にみる徳大寺公孝《とくだいじきんたか》の父実基《さねもと》の逸話も、その小槻氏の記録にみえるが、登場してくる検非違使《けびいし》の官人中原章兼《のりかね》は章国《のりくに》の誤りであり、その牛が別当の座の上で「にれうちかみて臥《ふ》したりけり」とあるのは、「糞《くそ》をしたりけるほどに」の改作であったことがわかる。

これらが兼好のまったくの作為によるのか、あるいは誤って伝えられたのかは容易に判断がつかない。ただ鎌倉中期ごろの話にはとくにこうしたことがめだつ。その意味からすると、かの二二六段にみえる『平家物語』にかんする話も疑ってかかる必要があるが、右にあげた改作の三例とて、もともとはいずれもしっかりした根拠が存在してのもので、説話の骨格そのものはまず動かないところであろう。

東国の話の場合には、注意深く、説話の入手経路を示しているものが多い。二一五段、最《さい》明寺《みょうじ》入道時頼《ときより》が夜の来訪者をもてなすため、台所から味噌《みそ》を少々探してきて酒の肴《さかな》としたという話は、「平宣時朝臣《たいらののぶときあそん》、老《おい》の後《のち》、昔語り」によるものであり、二一六段の時頼が足利義《よし》氏《うじ》にもてなされた話は、「その時見たる人の、近くまで侍りしが、語り侍りし」ものという。

京都でも「建治《けんじ》・弘安《こうあん》の比《ころ》」ではじまる二二一段については、「老いたる道志《どうし》（律令《りつりよう》につうじた明法道《みようぼうどう》の検非違使）どもの、今日も語り侍るなり」と、その説話の出所をあきらかにしている。

一一五段の「宿河原《しゆくがわら》といふ所にて、ぼろぼろ多く集まりて、九品《くほん》の念仏を申しけるに」とはじまる話は、ぼろぼろの仇討ちを扱った迫力のある説話であるが、これも「人の語りしままに書きつけ侍るなり」と記している。

兼好はまことに用意周到である。そのうえ話をもたらしてくれる友についての吟味も怠らない。

友とするに悪《わろ》き者、七つあり。一つには、高くやんごとなき人。二つには、若き人。三つには、病なく身強き人。四つには、酒を好む人。五つには、猛《たけ》く勇める兵《つわもの》。六つには、虚言《そらごと》する人。七つには、欲深き人。

そして「よき友」として三つあげ、「物くるる友」「医師」「智恵ある友」と記す（一一七段）。皮肉がきいているというか、実利的というか、やや鼻につくうがった見かたでもあるが、兼好が知恵ある友をもとめ、虚言を排していたことがよくわかる。

しかしこの段でもっとも興味深いのは、友とするに悪きものの第一に、身分の高い人をあげた点である。兼好自身が身分低く、彼らに容易にちかづけなかったからそう表現したのかというと、そうではなく、兼好の視野がもっと身分の低い人びとにおよんでいたことによるのである。

道々のものの上手

一〇九段の「高名《こうみょう》の木登りといひし男《おのこ》」は、高い木で作業しておりてきた弟子に、地面へおりる寸前になって、やおら「あやまちすな。心しておりよ」と言葉をかけた植木職人。その理由を問われて「あやまちは、やすき所になりて、必ず仕《つかまつ》る事に候」と述べたという。感心した兼好は、「あやしき下﨟《げろう》なれども、聖人《せいじん》の戒《いまし》めにかなへり」と評している。『徒然草』はこのように身分は低いが、その道の達人の話を多くのせている。

五一段にみえる、亀山殿の池に水をいれるための水車をこしらえた「宇治の里人《さとびと》」については、「よろづにその道を知れる者は、やんごとなきものなり」とさえ述べている。

一一〇段では、「双六《すぐろく》の上手といひし人」の語った「勝たんと打つべからず、負けじと打つべきなり」などの言を引いて、「道を知れる教《おしえ》、身を治め、国を保たん道も、またしかなり」とも記す。ここでは国を治めるのも双六《すごろく》をするのも、同じ道としてとらえられており、道ということでは、貴賤上下の別はないのである。

そうした人びとの話をもう少しみると、「よき細工は、少し鈍《にぶ》き刀を使ふといふ。妙観《みようかん》が刀はいたく立たず」（二二九段）の細工、「商人《あきびと》の、一銭を惜しむ心、切なり」（一〇八段）の商人、「人は、万《よろず》をさしおきて、ひたぶるに徳をつくべきなり」（二一七段）と言った大福

『東北院職人歌合』の「職人」　上段は左につがえられた職人。（右から）医師・鍛冶・刀磨・海人。下段は右につがえられた（右から）番匠・鋳物師・博打・商人

長者、「盲法師の琵琶《びわ》、その沙汰《さた》にも及ばぬことなり」（二三二段）の琵琶法師、「連《れん》歌《が》の賭物《かけもの》取りて、扇・小箱など懐《ふところ》に持ちたりける」（八九段）連歌師など、きわめて多種多彩である。

彼らはこのころからみられる『職人尽《づくし》絵《え》』や『職人歌合《うたあわせ》』に登場する「職人」であった。『東北院職人歌合』を例にとってみると、経師《きょうじ》が判者となって、左に医師・鍛冶《かじ》・刀磨《かたなみがき》・巫《みこ》・海人《あま》、右に陰陽師《おんみょうじ》・番《ばん》匠《じょう》・鋳物師《いもじ》・博打《ばくうち》・商人が、それぞれつがえられている。ただ職人の語は現在ではかなり限定されて使われており、兼好の生きていた時代には、道々の者というのがふさわしいようで、『東北院職人歌合』ものちにつけられた題である。

その絵巻の最初は「建保第二の秋のころ、東北院の念仏に、九重の人々、男女た

かきもいやしきもこぞり侍りしに、みちみちのものども、人なみなみにまいりて聴聞し侍ける」とはじまる。

兼好の参詣した千本釈迦堂《せんぼんしやかどう》(二二八段)は二月の念仏会《ねんぶつえ》、この東北院の場合は九月の念仏会である。兼好も、絵巻の作者も、そうした念仏会に集まるさまざまな道々の者を、素材としたのであろう。

彼らはかつて『梁塵秘抄《りようじんひしよう》』の今様にうたわれ、『年中行事絵巻』にも描かれてはいたが、そこでの彼らの存在はまだ脇役にすぎず、足どりも定かではなかった。しかしここでは主役として登場し、その携わる道について堂々と一家言をもっている。まさに自立した存在となっているのである。

保元の乱とともに歴史の舞台に登場した庶民は、ここに確固とした足場を築いたわけである。祇園御霊会《ぎおんごりようえ》を自分たちの負担ですすめることになったあの都市民は、この時期には「鉾衆《ほこしゆう》」を組織し、今日の山鉾《やまぼこ》につながるだしものを用意するようになっていた。

源平の武者の活躍をみて目をみはった京童《きようわらべ》が、批判精神旺盛《おうせい》に世相を皮肉る「二条河原落書」をつくるようになる日も、もう目前であった。こうした庶民層にくらべて、武士や貴族・僧はどうであったか。

人ごとに、我が身にうとき事をのみぞ好める。法師は兵《つわもの》の道を立て、夷《えびす》は弓ひく術《すべ》知らず、仏法知りたる気色《きそく》し、連歌し、管弦をたしなみあへり。されど、おろかなるおのれが道よりは、なほ、人に思ひ侮《あなど》られぬべし。法師のみにもあらず、上達部《かんだちめ》・殿上人《てんじょうびと》、上《かみ》ざままでおしなべて、武を好む人多かり。

おのれの道に暗い人に限って、他の道に手をだす。法師や公卿・殿上人らの貴族が武を好んで兵の道にいそしみ、夷（武士）は弓矢さえ上手に扱えないのに、それ仏法だと、それ連歌や管弦《かんげん》だと、たしなもうとする、と批判している。この八〇段は、当時の世相をまことによくついている。

法師・貴族をはじめとする武を好む風潮は京都を中心とした西国の社会に、武士による仏法・連歌・管弦を好む風潮は鎌倉を中心とした東国社会に、蔓延《まんえん》していたのである。時代はあきらかに転換期の様相を示していた。

第十三章　幕府の滅亡

1　幕府権力の失墜

諸国の横行・悪党

『徒然草《つれづれぐさ》』一一五段に登場する「いろをし」と「しら梵字《ぼんじ》」という二人の「ぼろぼろ」の決闘は、摂津《せっつ》国の宿河原《しゅくがわら》で行なわれた。東国の宿河原を想定する見解もあるが、たんに「宿河原」と記されているので、京に近い摂津の宿河原と考えるのが妥当であろう。九品《くほん》の念仏道場が汚れるのを避けた二人は、「河原へ出《い》であひて、心行くばかりに貫《つらぬ》きあひて、共に死にけり」と終わる。

この決闘は、しら梵字が東国で殺された師の仇《あだ》をもとめて諸国を歩き、ついに探しあてて行なわれた。ぼろぼろは昔はいなかったが、「近き世に、ぼろんじ・梵字・漢字など云《い》ひける者」があらわれるようになった、と兼好は記している。嘉元《かげん》元年（一三〇三）に幕府が発した禁制にいう「諸国横行人」の一つが、このぼろぼろであろう。兼好はその行動を記したあとに、「世を捨てたるに似て我執《がしゅう》深く、仏道を願ふに似て、闘諍《とうじょう》を事とす」と述べ、さらに「死を軽《かろ》くして、少しもなづまざる」その「いさぎよさ」に感じいったとも記している。

諸国横行人とともに幕府のきびしい禁圧の対象となったのが、諸国悪党である。播磨《はりま》国では、正安《しようあん》・乾元《けんげん》（一二九九〜一三〇三）のころから悪党の活動がめだちはじめた。「異類異《い》形《ぎよう》なる有様、人倫に異なり、柿帷《かきかたびら》に六方笠《ろつぽうがさ》を着」るという姿であったのが、やがて「吉《よ》き馬に乗り列《つらな》れり、五十騎・百騎打ちつづき、引馬《ひきうま》・唐櫃《からびつ》・弓箭《きゆうせん》・兵具の類《たぐ》ひ、金銀を散りばめ」と立派で堂々たる姿にかわっていったという。

彼らは周辺の但馬《たじま》・丹波《たんば》・因幡《いなば》・伯耆《ほうき》から山をこえてやってきて、各地の荘園を荒らし押《おう》領《りよう》し、果ては国じゅうの過半を味方につけてしまった、と『峰相記《みねあいき》』は記している。

さらに西国に目をやると、瀬戸内海から熊野浦にかけてつぎつぎと海賊が蜂起《ほうき》した。徳治《とくじ》三年（一三〇八）、幕府は海賊討伐にむけて軍勢をさしむけたが、容易に追捕《ついぶ》できなかった。鎮西でも相変わらず「異賊警固」で緊張の日々がつづいており、悪党の蜂起もいちじるしかった。

では、東国のみが静かであったかというと、けっしてそうではない。すでに時頼《ときより》の時代に陸奥《むつ》・出羽《でわ》両国で夜討ち・強盗の蜂起があって所々の地頭《じとう》に警固が命じられていたが、文永《ぶんえい》年間（一二六四〜七五）には蝦夷《えぞ》の蜂起があった。日蓮《にちれん》は、「去《さんぬる》文永五年之比《ころ》、東に俘囚《ふしゆう》おこり、西には蒙古《もうこ》よりせめつかひつきぬ」と、蒙古襲来と対比してこのことを記している。その後も蝦夷の蜂起は絶えることがなかった。

『諏訪大明神絵詞《すわだいみようじんえことば》』は、当時の蝦夷が日《ひ》の本《もと》・唐子《からこ》・渡《わたり》の三つの大きな党（集団）からなっていたことを述べている。津軽《つがる》の十三湊《とさみなと》などを本拠にしていた蝦夷代官の安藤氏は、この蝦夷との交易により多大の利益を得ていたが、その一族の争いがこうじて、蝦夷蜂起へと発展していったのである。

こうして一三世紀末から一四世紀初頭にかけて、社会の動揺はさまざまな領域におよんでいた。幕府の基盤であった御家人をみても、惣領《そうりよう》と庶子《しよし》を中心とした秩序が大きく変動しつつあった。

まず分割相続により地頭職《しき》が分割され、所領は細分化されて、一分《いちぶ》地頭のごとき、その所領のみでは自立した経営を行なえない地頭が多数生まれていた。またそうした所領の細分化を防ぐため、一期《いちご》(一生)のあいだの所領の知行《ちぎよう》は認めるが、死後は惣領に返すようにという条件つきの譲与(一期分)が行なわれるようになった。

これに貨幣経済の浸透と、過重な軍役とが追いうちをかけたため、あるいは所領を売買、質入れし、あるいは押領されて、ついに無足《むそく》の御家人《ごけにん》に転落する武士が大量に出現していたのである。

守護と得宗領

幕府は御家人の救済をはかり、悪党や海賊の蜂起をしずめることに力をそそいだが、そこで重要な位置を占めてきたのが、幕府の地方組織である諸国の守護である。

貞永式目《じようえいしきもく》は、守護の権限として大番催促《おおばんさいそく》と謀反《むほん》・殺害の取り締まりのいわゆる大犯《だいぼん》三か条

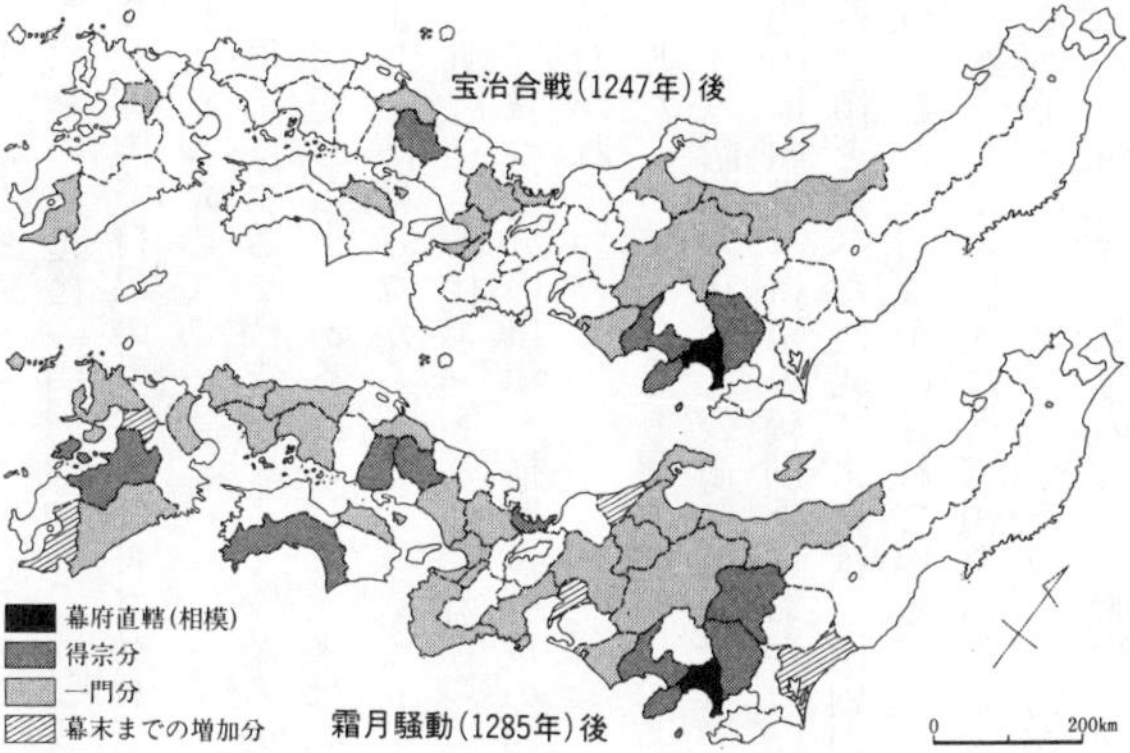

北条氏の守護国の変遷

を規定し、それ以外の領域への守護の介入をきびしく制限していた。しかし幕府が朝廷のさまざまな領域に介入してゆくなかで守護に悪党追伐を強力に行なわせるためには、その行動に制限を加えるよりも、むしろ強力な権限を与える必要があった。使節遵行《じゅんぎょう》という、幕府の命令を現地で実行する権限がそれである。

しかし守護の権限の強化は、守護独自の権力形成を助長することになる。そうでなくとも国《こく》衙領《がりょう》を握り、国内の交通路を掌握し、御家人を指揮していた守護の存在は、幕府にとっては脅威となりうるものであった。そのため権限強化のいっぽうで諸国の守護は北条氏一門で占められるようになった。弘安《こうあん》八年（一二八五）の霜《しも》月《つき》騒動以後、一門の守護は全国の過半におよび、その後もふえつづけていった。

ではこの一門の守護への配置により、幕府の威令は諸国に浸透し、権力が強化されたかというと、かならずしもそうではない。まず守護職を改替《かいたい》された諸国の有力御家人の反発があった。そのうえに一門の守護とはいっても、北条氏の家督である得宗《とくそう》によって統制されており、国内で自己の勢力を伸長させれば、得宗に行動を疑われることとなるから、身動きがとれなかったのである。

得宗による一門支配をよく物語るのは、北条貞時《さだとき》が一門の宗方《むねかた》を「内の執権」や侍所の頭《とう》人《にん》に任じた点である。これは元来は御内人《みうちびと》の内管領《うちかんれい》が任じられるものであったから、これにより一門はさながら得宗の家人《けにん》と化したわけである。また得宗分の守護職が弘安二年（一二七九）に八か国あったのが、延慶《えんきよう》三年（一三一〇）には五か国に減っているのも注目される。減った分の摂津《せっつ》・播磨《はりま》・肥後《ひご》の諸国には一門が配置され、いずれも得宗のつよい統制下におかれていた。

したがって、ひとり得宗の権力のみ強化されたことになる。しかも幕府のあいつぐ政争により、諸国の荘園・公領の地頭職はつぎつぎに得宗領に編入されていった。それればかりか一門の地頭職も得宗の統制下におかれ、得宗領は拡大の一途をたどった。いくつかの国々での得宗領を調べた研究によれば、国内の総面積の三〇〜六〇パーセントにおよぶ高率を示していることが明らかにされている。

かくてこの広大な得宗領を活動の場とし、それを知行した御内人が幕府権力の実質的なにない手となっていった。その代表的存在といえるのが、安東蓮聖《あんどうれんしよう》である。かつて時頼の使者として西大寺《さいだいじ》の叡尊《えいそん》のもとに贈物を届けるなどで、活動がみえた蓮聖は、京の五条に邸宅を構え、摂津の守護代となって、忍性《にんしょう》が別当《べっとう》の摂津国多田院《ただいん》の造営にあたり、また和泉《いずみ》国久米田寺を律宗《りつしゅう》寺院として復興した。

ところがいっぽうでは、仁和寺《にんなじ》菩提院の行遍《ぎょうへん》に一五〇貫文という多額の金を貸すなど借上《かしあげ》をも営んでおり、その行遍が借金を返済せずに没すると、所領の越中《えっちゅう》国石黒《いしぐろ》荘山田郷の年貢《ねんぐ》米《まい》を近江堅田《おうみかただ》で差し押さえている。蓮聖の知行《ちぎょう》する所領は、但馬《たじま》国二方《ふたかた》荘、豊後《ぶんご》の佐賀関《さがのせき》など交通の要衝にあり、さらに播磨国では福泊《ふくのとまり》を築造したのであった。

その活動の場といい、行動のひろさといい、また高利貸の経営といい、富裕のほどといい、これらはまったく悪党や海賊に共通するものであった。御内人も一皮むけば、悪党や海賊になんら異なるところはなく、むしろ裏ではつながっていたのである。これでは悪党の追捕などがうまくゆくはずもない。守護や御家人の追捕の手も得宗領によりさえぎられてしまうことさえあった。結局、得宗権力のみが肥大化するいっぽうで、幕府権力総体は足腰を弱めていった。

権力の空洞化

その得宗の動向であるが、正安《しょうあん》三年（一三〇一）に出家して執権を退いたのちも、北条貞《さだ》時《とき》は評定《ひょうじょう》を主導しつづけていた。嘉元《かげん》元年（一三〇三）に嫡子（高時《たかとき》）が生まれるとさらに強権を発揮し、同年、諸国横行人の禁令を発して殺害人・夜討人の刑罰をきびしくし、翌々年には「内の執権」となっていた北条宗方《むねかた》を討っている。

この事件は、宗方が連署《れんしょ》の時村《ときむら》を討ったのを誤りと称して誅《ちゅう》したのであるが、これにより時村・宗方という一門のなかで勢力のあった人物を退けたのである。やがてその三年後、将軍久明《ひさあきら》親王を京に追放し、守邦《もりくに》王を将軍にすえている。こうした事件は、ただ得宗の権力を内外に示すためだけに行なわれたものであったから、しだいに幕政の退廃の度はいちじるしくなり、幕府全体に無気力感が漂っていった。

このことを憂慮した奉行人《ぶぎょうにん》の平政連《まさつら》は、「政道」の興行を訴えたが(『政連諫草《まさつらいさめぐさ》』)、事態はいっこうに改善されなかった。しかも応長《おうちょう》元年(一三一一)に貞時が亡くなり、そのあとを九歳の高時がつぐと、状況はいっそうの悪化をみた。

高時は、「頗《すこぶ》る亡気《ぼうき》の体にて、将軍家の執権も叶《かな》いがたかりけり」と称された人物であり、五年後の正和《しょうわ》五年(一三一六)に執権となってからは、いよいよ「正体無し」といった状態になったという。それにもかかわらず幕政が運営されつづけたことについて、『保暦間記《ほうりゃくかんき》』はつぎの二点を指摘している。

一つは、泰時《やすとき》の代以来の「政道正直」の遺産があった点である。泰時の執権政治によってつくりあげられた幕府の骨格がしっかりしており、その遺産によって幕府が保たれたとしている。

もう一つは、貞時が内管領《うちかんれい》の長崎入道円喜《えんき》と高時の舅《しゅうと》の安達時顕《あだちときあき》を後見に指名しており、両人の補佐があった点をあげている。円喜は平頼綱《よりつな》の甥《おい》にあたり、時顕は安達泰盛《やすもり》の弟時盛の孫である。これはかつての貞時(得宗)・頼綱(御内)・泰盛(外戚《がいせき》)の三極構造の再現にほかならない。まさに得宗専制体制であった。たしかにこの二点をもって幕府はなんとか維持されていたといえよう。

　しかしこの体制は、ひたすら得宗周辺に権力を集中させるものであったから、得宗個人に統治の能力が欠けると、御内・外戚による無責任な権力行使がなされることになる。その典型といえるのが、蝦夷《えぞ》代官安藤氏の内紛にたいする扱いであった。円喜の子高資《たかすけ》は、父に代わって安藤季長《すえなが》とその兄弟宗季《むねすえ》両人の相論《そうろん》を裁くにあたり、双方から賄賂《わいろ》をとって、双方に都合のいい下知《げち》を与えたため、両人は蝦夷を自派に引きいれて合戦におよび、ついに収拾がつかなくなったという。

　そうした段階でおきたのが、元亨《げんこう》四年（一三二四）の「天皇御謀反」、すなわち後醍醐《ごだいご》天皇による倒幕の陰謀である。計画が発覚すると、京から天皇の弁明書を携えて万里小路宣房《までのこうじのぶふさ》が鎌倉に下ってきた。宣房は円喜と時顕とに容赦なく問いつめられて、「臆病《おくびょう》の気」により板敷を下りてしまったと伝えられる。しかし幕府はこの事件に果断な処置をとれず、日野資《ひのすけ》朝《とも》を首謀者として佐渡《さど》流罪《るざい》に処しただけで、幕をひいてしまった。もはや幕府はみずからのすすむべき方向をも見失いつつあった。

　事件が終わったその翌年の正中三年（一三二六）、高時が出家して執権を退くと、円喜は高時の弟泰家《やすいえ》の望みを退け、金沢貞顕《かねざわさだあき》を執権にすえた。これに怒った泰家が出家したため、その怒りを恐れた貞顕も一、二度評定《ひょうじょう》に出席したのち、出家してしまう。

　ここに「関東の侍、老いたるは申すに及ばず、十六七の若者どもまで皆出家入道す」といわれる現象がおきたのである。幕府権力は完全に空洞化しつつあった。

2　炎上する鎌倉

後醍醐の登場

幕府がこうして得宗に権力を集中しながら、その内実が空洞化しつつあった時期、朝廷は大覚寺《だいかくじ》統《とう》と持明院《じみよういん》統《とう》の対立により揺れていた。文永《ぶんえい》年間（一二六四〜七五）にはじまり、長期にわたってつづいた皇統の分裂は、大覚寺統が七条院領・八条院領、持明院統が長講堂《ちょうこうどう》領を伝領して、それぞれ自統の貴族・女房・官人・僧侶に所領を給与し、奉公を誓わせていたから、しだいに対立は深刻なものとなっていった。

正安《しょうあん》二年（一三〇〇）に後堀河《ごほりかわ》天皇の皇女室町院《むろまちいん》が亡くなったときは、両統がこぞってその遺領を掌中に収めようとして争い、やっと幕府の調停で折半とされて落着している。嘉元《かげん》二年（一三〇四）に後深草《ごふかくさ》法皇、同三年に亀山《かめやま》法皇があいついで亡くなると、持明院統は伏見《ふしみ》上皇、大覚寺統は後宇多《ごうだ》上皇が中心になって争いをつづけた。徳治《とくじ》三年（一三〇八）に兼好《けんこう》の仕えていた後二条《ごにじょう》天皇が急死して、伏見の子（花園《はなぞの》天皇）が即位すると、後二条即位のさいに幕府が行なった提案（両統迭立《てつりつ》の原則）により、後宇多の皇子尊治《たかはる》親王が皇太子となった。のちの後醍醐《ごだいご》天皇である。

これを契機に、大覚寺統は尊治の即位実現をめざして幕府につよい働きかけを行ない、争いは激化した。さらに関東申次の西園寺実兼《さねかね》と伏見法皇の側近京極為兼《きょうごくためかね》との対立から、為兼が土佐に流される事件がおきて、幕府は両統に「和談」を申し入れた。文保《ぶんぽう》元年（一三一七）のことである。

この和談の条項に、尊治即位ののちの皇太子には後二条の皇子邦良《くによし》がなるとの一か条があって、持明院統から、それでは両統迭立の原則とはちがうと不満が示されたため、幕府の調停は不調に終わった（文保の和談）。だが同年、伏見法皇が亡くなったことにより、劣勢の持明院統は翌年、花園の譲位をのみ、ここに尊治（後醍醐天皇）が即位して、後宇多法皇による院政がはじまった。

後宇多は有能な廷臣を集め、政道の興行に力をそそいだ。得宗専制で一つになろうとする幕府とは逆に、分裂のいちじるしい朝廷のほうで、政道の振興がなされたのである。

元亨《げんこう》元年（一三二一）に後宇多院政をひきついで親政をしいた後醍醐天皇は、後宇多の近臣吉田定房《よしださだふさ》・万里小路宣房《までのこうじのぶふさ》を重用するいっぽうで、さらに北畠親房《きたばたけちかふさ》や日野資朝《すけとも》・俊基《としもと》らの教養のある貴族を登用した。ことに資朝は文章博士《もんじょうはかせ》、俊基は大内記《だいないき》と家格は低く、ともに持明院統に仕えていたのを抜擢《ばってき》したのである。

「朕《ちん》が新儀は後代の儀範」という天皇の意気ごみはさまざまな面にあらわれた。その一つが記録所による訴訟裁判の振興であり、天皇みずからが裁決にあたった。さらに諸国の新関《せき》を停止し、親房を検非違使庁《けびいしのちょう》の別当として京都を中心とした流通改革をも実施した。本所や寺社の支配下にある神人《じにん》を天皇に奉仕する供御人《くごにん》とし、二条町に公設の市《いち》をたて定価販売を強制している。「近日政道淳素《じゅんそ》に帰す、君已《すで》に聖王たり、臣また人多きか」とまで、花園上皇にいわしめた政道の興行がなされた。

倒幕の計画

そうした後醍醐天皇に倒幕を決意させたのはなんであろうか。倒幕の謀略が露見して宣房が勅使として関東に下ったときの弁明書には、

関東は戎夷《じゅうい》なり、天下の管領然《かんれいしか》るべからず、率土《そつど》の民は皆皇恩を荷《にな》う、聖主の謀反と称すべからず。

と記されていたという。天皇中心主義にもとづいて、幕府は戎夷であるから天下の管領をしてはならないと述べている。このことを驚きながら記した花園上皇は、さらに「多くの本文が引かれ、その文体は宋朝《そうちょう》の文章のごとし」と述べている。すなわち宋学によって天皇絶対の考えが主張されていたのであり、それにそって倒幕にむかったといえよう。

しかしその理念だけで倒幕の実行にいたることはない。後醍醐には倒幕せねばならぬ現実的な理由があった。それは後醍醐が中継ぎの天皇であったことにある。やがては位を後二条の子邦良《くによし》に譲らねばならず、さらにその後の皇位は持明院統に移ってしまうのである。この

ままでは直系の継承者でない後醍醐の皇統は、皇位継承からまったくはずれてしまうことになる。中継ぎの地位を脱するためには、幕府を倒して実力で皇位を確保する以外にとるべき手段はなかったのである。

とはいえ承久の乱によりその武力を解体させられていた朝廷に頼むべき手兵はなく、倒幕の武力としてたよりにしたのは、得宗専制体制下で不遇をかこつ諸国の御家人であり、悪党らであった。

日野資朝・俊基の二人が諸国をめぐって倒幕をよびかけたところ、諸国の源氏を中心にこれに応じる者は多かったという。ところが元亨四年（一三二四）に倒幕の計画は洩《も》れ、土岐《とき》頼兼《よりかね》らの美濃源氏は討ちとられ、資朝らの首謀者は六波羅《ろくはら》に連行されてしまった（正中の変）。資朝らは「無礼講」と称して、ほとんど裸形で飲茶の会を催し謀議をこらしていたと伝えられる。

このときには、幕府の追及をその不決断により危うくかわした後醍醐は、ふたたび倒幕計画を練った。それというのも正中三年（一三二六）の邦良の死により、持明院統の量仁《かずひと》親王が皇太子となり、そのつぎは後醍醐の皇子ではなく、邦良の子康仁《やすひと》王へと皇位継承の道が定まりつつあったからである。

さらに幕府との交渉などで、幕府の体質が弱体化し、空洞化していることを知ったのも大きな理由であろう。嘉暦《かりやく》四年（一三二九）、金沢貞顕《かねざわさだあき》は息子の六波羅探題の貞将《さだまさ》あての書状に「田楽《でんがく》の外《ほか》、他事なく候」と、田楽に熱をあげる幕府の風潮を自嘲気味に記しているほどである。なお貞将は、正中の変後に後醍醐の監視のため五千余騎をもって上洛していた。兼好もまた「夷《えびす》は……連歌《れんが》し、管弦をたしなみあへり……なお人に思ひ侮《あなど》られぬべし」と記している。元徳《げんとく》二年（一三三〇）、得宗の高時は、命に従わぬとして長崎円喜の子高資《たかすけ》を討とうとしたが失敗し、討手《うって》の長崎高頼《たかより》が奥州に流されるという事件さえおきていた。幕政は得宗専制どころか御内《みうち》専制と化しつつあった。

元弘の乱

元徳《げんとく》元年（一三二九）から後醍醐《ごだいご》は中宮御産の祈禱《きとう》と称して、関東調伏《ちょうぶく》の祈禱をはじめていた。天皇の周囲には、醍醐寺の文観《もんかん》、法勝寺《ほっしょうじ》の恵鎮《えちん》、延暦寺《えんりやくじ》の慈応《じおう》らの近習《きんじゅう》の僧が伺候しており、仏法の力によって倒幕を意図したのである。

翌年になると、南都に赴き、春日社・興福寺・東大寺をめぐり、つづいて日吉社《ひえしゃ》・延暦寺に行幸して、南都北嶺の寺社勢力を味方にひきいれるべく動いていた。ところが元徳三年四月、またしても倒幕計画が洩《も》れた。天皇の近臣吉田《よしだ》定房《さだふさ》が六波羅に密告したのである。

定房は、今は国家草創のときではないとして、再三にわたり天皇の行動を諫止《かんし》したが、きいれられず、やむなく傷を最小限にとどめようとして計画の張本人を日野俊基として密告したという。だが二度にわたる倒幕計画である。俊基の断罪だけで事がすむはずもなかった。その身が危ないという皇子の護良《もりよし》親王からの急報で、宮中を脱出した後醍醐は大和の笠《かさ》置山《ぎやま》にのがれ、そこで諸国に兵をつのった。これに応じて畿内近国の武士はつぎつぎに挙兵した。

挙兵の報に接した幕府は、九月二日、承久の例にならって大軍をのぼせた。大仏貞直《おさらぎさだなお》・金《かね》沢貞冬《ざわさだふゆ》の一門と、執権赤橋守時《あかはしもりとき》の義弟足利高氏《あしかがたかうじ》を大将とする大軍はぞくぞくと入京した。この結果、量仁《かずひと》親王が践祚《せんそ》して光厳《こうごん》天皇となり、後伏見院政が開始されるとともに、笠置の後醍醐は大軍に囲まれてとらえられ、尊良《たかよし》親王も河内赤坂城で挙兵した楠木正成《くすのきまさしげ》をたよってゆく途中でとらえられた。ついで正成の赤坂城も奮戦むなしく落とされて、正成は火を放ってのがれた。

こうして後醍醐の計画はふたたび失敗した。後醍醐は隠岐《おき》に、尊良は土佐《とさ》に、尊澄《そんちょう》法親王は讃岐《さぬき》に流された。資朝・俊基らは死刑に処され、多くの人びとが流された。そしてこれですべて一件落着と、持明院統の人びとは思ったし、幕府の首脳部もそう思った。

しかしじつはそれは動乱のはじまりだったのである。諸国に流された後醍醐とその皇子たち、あるいは追手の追及からのがれた護良親王の倒幕の檄文《げきぶん》は、ひそかに諸国の御家人や悪党のもとに届いていた。

正慶《しょうきょう》元＝元弘二年（一三三二）の年末に楠木正成が紀伊《きい》・河内《かわち》に兵を挙げたのを皮切りに、護良が吉野で、翌年二月には播磨で赤松円心《あかまつえんしん》が、伊予《いよ》では河野の一族がいっせいに蜂起した。幕府は当初これをあまくみていたふしがある。一門・御内《みうち》を派遣して、六波羅の軍勢によってかんたんに平定できると思っていたのである。だが正成の赤坂城・千早城《ちはやじょう》を拠点とするゲリラ戦に、六波羅の大軍は悩まされつづけた。

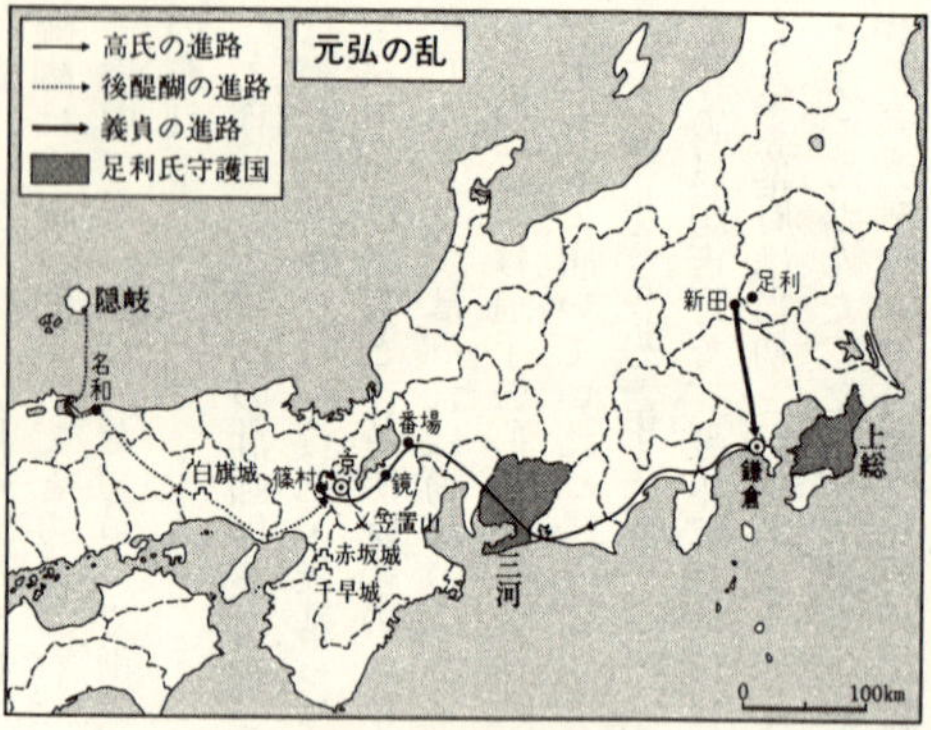

そのうちに、後醍醐が隠岐を脱出して、伯耆《ほうき》の名和湊《なわみなと》の名和《なわ》長年《ながとし》にむかえられると、形勢は逆転した。

幕府軍から御家人の脱落がつづくなか、六波羅さえも危なくなり、やむなく名越高家《なごえたかいえ》と足利高氏を大将に派遣した。その高氏が伯耆の後醍醐を攻める途中、幕府に反旗を翻《ひるがえ》したのが、その後の勝敗を決定づけた。高氏は諸国の御家人に来援をよびかけ六波羅を攻めたので、六波羅は総崩れとなり、その指揮下の在京人の多くは高氏に従った。探題の北条仲時《なかとき》一行は京を脱出して、東国に下る途中、近江番場《ばんば》（滋賀県米原市）で野伏《のぶし》の夜襲にあい、壊滅した。

足利氏の祖義兼《よしかね》は、頼朝《よりとも》の挙兵のときにすぐに頼朝に味方して、源氏一門のなかではすこぶる厚遇された。頼朝のはからいで北条時政《ときまさ》の娘を妻とし、上総介《かずさのすけ》という受領《ずりょう》にも任じられ、その娘は実朝《さねとも》との結婚相手とも考えられたほどである。

幕府の倒壊

実朝の死後、源氏一門が没落してゆくなかでも、北条氏との縁戚により、御家人《ごけにん》として高い地位を保持していた。

だが宝治《ほうじ》合戦によって三浦氏が滅ぼされると、北条氏の鉾先《ほこさき》がむけられ、建長《けんちょう》三年（一二五一）には泰氏《やすうじ》が勝手に出家したとして、所領を没収されている。ここに足利氏の不遇の時代がはじまった。

泰氏の父義氏《よしうじ》が時頼《ときより》を饗応《きょうおう》した話が『徒然草《つれづれぐさ》』二一六段にのっているが、これは足利氏のおかれた当時の雰囲気《ふんいき》をよく物語っている。その義氏が建長六年になくなった後、しばらくのあいだ、足利氏の幕政上での活躍はみられなくなる。

しかし、三河《みかわ》・上総の両国の守護職を保持しつつ、陸奥《むつ》と三河両国内に所領を有し、さらに分割相続によってそれらの所領を根拠地に、一族の勢力が地方に根づき、ひろがっていった。また京から下ってきた上杉氏とは縁戚をもち、執事《しつじ》の高氏《こうし》によって所領管理や家人《けにん》統制がなされて、あらたな時代への模索が行なわれていた。

こうして得宗《とくそう》が貞時の時代になると、足利氏の当主はその一字を得て貞氏《さだうじ》と名のるようになり、さらに高氏《たかうじ》は高時から一字を得たばかりでなく、上杉氏にかえて北条氏の一門と婚姻関係をもつにいたり、おしもおされもせぬ勢力を築いていたのである。

その高氏が幕府にそむいたのはなぜか。『梅松論《ばいしょうろん》』は、足利氏が代々北条氏を滅ぼして将軍となることを心底にさしはさんでいたと述べ、さらに一門の細川和氏《かずうじ》と上杉重能《しげよし》の二人が倒幕の綸旨《りんじ》を得て、西上の途中の近江《おうみ》国鏡《かがみ》宿で旗揚げをつよくすすめた結果、丹波《たんば》国篠村八《しのむらはち》幡宮《まんぐう》で決起したと記している。

足利高氏の旗揚げで流れは完全に変わった。潮がひくように、幕府から離れた武士らは、後醍醐《ごだいご》・高氏側についた。ひとたび守勢にまわった幕府軍の崩壊は早かった。関東で上野国《こうずけ》の新田義貞《にったよしさだ》が兵を挙げると、またたく間に大軍に膨《ふく》れあがり、鎌倉にむかった。

頼朝以来、一度として外から攻められたことのない鎌倉の諸口が北条勢で固められ、大軍をもってしても容易に落とされなかった。だがそれも義貞が稲村ケ崎《いなむらがさき》の干潟《ひがた》を突破したことにより、大勢は決した。得宗高時は、長崎円喜・安達時顕らに囲まれながら、東勝寺《とうしょうじ》で最期をむかえた。三一歳。時に正慶二＝元弘三年（一三三三）五月二二日。紅蓮《ぐれん》の炎はつぎつぎと自害する諸将を焼きつくしていった。死者の数六〇〇人、みな切腹して果てたという。その三日後、鎮西《ちんぜい》探題も滅びた。

鎌倉幕府は滅亡した。しかしそれにより幕府体制そのものが滅びたわけではない。得宗専制体制が崩壊したのであり、北条氏と御内人《みうちびと》とが滅び去ったのである。こうして、蒙古襲来にはじまり東アジア世界にひろがった新しい時代の波に対応できなかった人びとにかわって、時代は新しい主役をむかえ、つぎの動乱の世紀へとはいっていく。

おわりに

死者の声をきく

やっと書き終えてみてあらためて思ったのは、歴史を書く、叙述するとはどういうことか、という問題である。いろいろな史料を読み、論文を探り、構想をねって、書きはじめる。そうした一連の作業をこれまでの歴史家はくりかえしやってきた。

わたくしもそのひそみにならったのだが、調べれば調べるほどにわからないことが多くなり、このような中途半端なままに書きすすめてよいのだろうかと、つねに悩んできた。全体をコンパクトに書くべしという要請と、より深く掘りさげる必要性、つまり全体と部分の調和のむずかしさに悩まされつづけてきたのである。結果はともかく、とにもかくにも書き終えたことでよしとしたい。だが、書き洩《も》らした多くの重要な事実が気になってしかたがない。

歴史家の使命、というと大げさになるが、少なくともその一つに、事実の発掘によってそこに生きた人びとの叫び・嘆き・喜びなどを聞きとることがある。そうした人びとの叫び声の多くを見捨てたような気がしてならないのである。

考えてみれば、中世の歴史書や歴史物語は死者への鎮魂《ちんこん》を意図していた。『平家物語』については本文中で述べたとおりであるが、鎌倉後期の幕府政治史を考えるうえで重要な史書である『保暦間記《ほうりゃくかんき》』はつぎのように記している。

願はくは是《これ》を見る人、先づこの記の内の七霊ならびに法界衆生《ほっかいしゅじょう》のために、光明真言《こうみょうしんごん》・阿弥《あみ》陀《だ》の名号《みょうごう》を唱《とな》へて廻《え》向《こう》せしめ給ふべし。

盲目の御前《ごぜ》（瞽女）が語る『曾我物語《そがものがたり》』も、「かやうの物語を見きかん人々」は「まことの道におもむき、菩提《ぼだい》をもとむるたよりとすべし」と最後に語っている。これは、歴史を記し、語る人びとに共通した、死者の声をきく行為から生まれた表現といえるであろう。

時に現代人はあまりにこの点に鈍感であるとはいえまいか。六浦《むつら》の上行寺東《じょうぎょうじひがし》遺跡のように、死者の声を十分きくことなく破壊してしまうのはどうしてであろうか。あるいは静岡県・磐田《いわた》の一《いち》の谷《たに》遺跡も同様であるという。観光資源になるならば文化財としてのこすが、そうでないと破壊するという考えがつよすぎるようである。今が大事であるともよく聞く。古くさい歴史のことなど関係ないとでもみているのであろう。だがもっと過去の人びとからの信号をうけとめる必要がある。

史料との対話

たしかに歴史は過去を探る。しかし現在や未来とそれが無関係であるわけではない。歴史は、むしろ過去と未来とを結んでいるといえよう。

たとえば、過去の呪縛《じゅばく》からのがれるためにも過去はよく知らねばならない。知らず知らずのうちに、過去と未来とをつないでいる道を歩んでいるのが、われわれの姿である。その道のなんたるかを探り、他の可能性の選択を考えることの必要性を痛感する。

だんだん抽象的な話となってきたが、もう一つ強調したい点は、歴史を探る史料の取扱いについてである。歴史の史料は当然のことながらごく限られている。したがってその有限の史料からどれだけの情報を探り出すのかが、豊かな歴史像を描くことができるかどうかのポイントになろう。もちろんできるだけ多くの情報量を得られればそれがよいにきまっているが、現代社会でもよく経験するように、情報が多いことは必ずしも事実を探ることに結びつかない。さまざまな情報に混乱してしまうことがしばしばある。

そこで必要となるのは、よい史料を選択することであり、そのためには史料の性格をきっちりととらえることである。よい素材をその素材としての性格をみきわめて利用すること、これは、どんな分野でもきわめてあたりまえの作業であろう。

だがこれが容易にはできない。うまい史料がみつかればよいが、なかなかそうはいかない。通常の歴史の論文では、記録や文書《もんじょ》を読むなかで、ひょいと浮かんできたことを手がかりに探ってゆけばなんとかなる。ところが本書のような通史ではそういう小手先はきかない。いくつかの論文の断片をつないでも貧困なままである。

『吾妻鏡』とともに

悩むなかで本書を書いて、今にして思いあたるのは、じつはわたくしは、武家政権ということから、平氏政権については『平家物語』を、鎌倉政権については『吾妻鏡《あずまかがみ》』を中心にすえて、その史料としての性格を探り、素材を生かそうと試みてきたということである。書きすすめるなかで自分がなにをしていたのかを自覚していなかったとは、まったく不明を恥じねばならない。

ただそのうち『平家物語』については一章をさいているので、まだしもそうした方向を試みていたことはまちがいない。だが『吾妻鏡』についてはほとんど無自覚なままに終始したように思える。もう少し早く気がついていたならば、『吾妻鏡』をめぐる一章を設けて、徹底的に探っていたであろう。

なにしろこの書は、戦国時代の武将や徳川家康《とくがわいえやす》に重視された歴史書であり、それに登場する頼朝《よりとも》以下の人物は、日本の政治家の諸類型をすべて満たしているといってもよい。またそこで描かれた幕府という権力は、東国の武士のもとに生まれ成長していった独自性のゆえに、日本の政治や社会の特質を理解するカギともなるように思われる。それだけにまことに残念であった。

この点を読者にお詫《わ》びするとともに、今後のわたくしの課題としたい。

小学館ライブラリー版刊行にあたって

その後、筆者は本書と直接に関係するものとして『吾妻鏡』を素材とした『吾妻鏡の方法』(吉川弘文館)、藤原定家を中心として鎌倉初期の時代像を考えた『藤原定家の時代』(岩波書店)、絵巻物から鎌倉時代末期の社会を考えた『中世のことばと絵』(中央公論社)を著しているので、参照されたい。

なお、本書では誤字・脱字などの若干の訂正を行なっているが、そのさい、高橋慎一朗・田中克行両氏にはたいへんお世話になったことを記して感謝したい。

一九九二年七月六日

講談社学術文庫再録に寄せて

本書のもとになった小学館版が出版されたのは、もう二十五年前のことであるから、再録には不安を覚えたのであるが、今回、読み返してみて、ほとんど訂正を要するようなことがなく安心するとともに、これを書いた頃の思い出が蘇り、ワープロ導入前でまだ手書きの原稿を妻に清書してもらったことなど、懐かしさがこみあげてきた。

それとともに今にして思えば、これを出発点にして私の関心が大きく広がってきたことを思った。その関心は、①政治社会史、②文化芸術史、③人物時代史、④地域文化史、⑤史料学、⑥中世史論などに及んだ。

それらに関する著作を記せば、①では、『吾妻鏡の方法』（吉川弘文館）、『武士と文士の中世史』（東京大学出版会）、『平清盛』（吉川弘文館）、『中世社会史料論』（校倉書房）などが、②では、『中世のことばと絵』（中央公論社）、『絵巻で読む中世』（筑摩書房）、『「徒然草」の歴史学』（朝日新聞社）、『「春日験記絵」と中世』（淡交社）、『梁塵秘抄のうたと絵』（文藝春秋）、『中世の身体』（角川学芸出版）などが、③では、『藤原定家の時代』（岩波書店）、『大仏再建』（講談社）、『「徒然草」の歴史学』（前掲）、『平清盛』（前掲）、『源義経』（岩波書店）、『後白河院　王の歌』（山川出版社）、『西行と清盛』（新潮社）、『後鳥羽上皇』

（角川学芸出版）、『鴨長明伝』（山川出版社）などがある。

④では、『都市の中世』（吉川弘文館）、『物語の舞台を歩く　義経記』（山川出版社）、『王の記憶』（新人物往来社）、『日本の中世を歩く』（岩波書店）などが、⑤では、『吾妻鏡の方法』（前掲）、『明月記の史料学』（青史出版）、『書物の中世史』（みすず書房）、『中世社会史料論』（前掲）などが、⑥では、『武士の時代』（岩波書店）、『京・鎌倉の王権』（吉川弘文館）、『中世社会と現代』（山川出版社）、『躍動する中世』（小学館）、『日本史の新たな見方、捉え方』（敬文舎）などがある。

まさに以後の私の研究の出発点に位置していたことを改めて知ったのである。さらに本書出版を機会に今後も以上の研究をさらに深めるとともに、新たな研究を目指してゆきたいと思う。

二〇一三年一一月二二日

基本史料一覧

中世史研究の上で基本的な史料を掲げ、簡単な解説を施した。それぞれの末尾には、書名、発行所をしめした。

■歴史書

①吾妻鏡
治承四年の源頼朝の挙兵から宗尊将軍まで、鎌倉幕府の成長の歴史を描く。作者は不明であるが、幕府の吏僚の日記をもとに構成されている。索引も幾種類かある。

〔国史大系『吾妻鏡』 吉川弘文館／五味文彦・本郷和人・西田友宏編『現代語釈吾妻鏡』 吉川弘文館〕

②平家物語
平家の興亡を描く史書でかつ軍記物語。藤原行長の著とみられ、多くの異本がつくられた。文学的修飾もたくさんみられるが、歴史の流れを追うのに貴重。

〔日本古典文学全集『平家物語』 小学館／新日本古典文学大系『平家物語』 岩波書店／『延慶本平家物語』 勉誠社〕

③保暦間記
保元の乱から南北朝時代の暦応年間にかけての公武の盛衰を描く。比較的史料の少ない鎌倉後期の幕府の歴史について重要な記事が多い。

〔群書類従『保暦間記』 続群書類従完成会〕

④愚管抄
神代から承久の乱直前までの歴史を、道理の視点から述べた天台座主慈円の書。慈円が生まれ育った同時代の歴史を、多くの聞き書きにより叙述している。

〔日本古典文学大系『愚管抄』 岩波書店〕

⑤今鏡・増鏡・百錬抄
平安末期から鎌倉時代にかけての主として公家側に関する歴史書。説話・伝承や貴族の日記が主要な材料。

〔国史大系『今鏡』『増鏡』『百錬抄』 吉川弘文館〕

■史料集

①大日本史料
東京大学史料編纂所が編む編年順の史料集。全十二編。各種の史料を網羅的に収録する。

〔東京大学史料編纂所編『大日本史料』 東京大学出版会〕

②大日本古文書

武士や寺社の古文書を家わけで刊行する。『熊谷家文書』『相良家文書』『東大寺文書』『高野山文書』『東寺文書』『石清水文書』など。古文書の伝存のありかたを知るのに便利。

〔東京大学史料編纂所編『大日本古文書』 東京大学出版会〕

③平安遺文・鎌倉遺文

平安時代・鎌倉時代の残存する古文書を竹内理三氏が網羅的に集め、編年順に収録した大史料集。『平安遺文』は完結し、金石文や書物の奥書なども含む。『鎌倉遺文』も完結。索引もある。

〔竹内理三編『平安遺文』『鎌倉遺文』 東京堂出版〕

④中世法制史料集

鎌倉幕府の法を貞永式目と追加法、参考資料の順で収める。厳格な校正による中世法の基本史料集。

〔牧健二監修『中世法制史料集』第一巻 岩波書店〕

⑤日本思想大系

日本の思想史上重要な著作を校訂し、注釈・解説を加える。鎌倉仏教に関係する『法然・一遍』『親鸞』『道元』『日蓮』『鎌倉旧仏教』があり、『中世政治社会思想』は、武家・公家・庶民思想に関係する法令や文書を収録。『寺社縁起』『古代中世芸術論』も本書に関係ある。

〔『日本思想大系』 岩波書店〕

⑥花押かがみ

東京大学史料編纂所で刊行中の花押集。人物ごとの花押の形状・変遷が示されている。

〔東京大学史料編纂所編『花押かがみ』 吉川弘文館〕

⑦荘園史料叢書

各地の荘園別に関係史料を調査・収録する。

〔竹内理三編『伊賀国黒田荘史料』、瀬野精一郎編『備後国大田荘史料』『肥前国神崎荘史料』、仲村研編『紀伊国阿氏河荘史料』など 吉川弘文館〕

⑧史料大成・続史料大成

日記・記録を収録する。平信範『兵範記』、中山忠親『山槐記』、吉田経房『吉記』、平経高『平戸記』、

勘解由小路兼仲『勘仲記』、花園天皇『花園天皇宸記』をふくみ、続編には鎌倉幕府に関係する『武家年代記』や三善康有の『建治三年記』がある。

〔増補史料大成刊行会編『増補史料大成』竹内理三編『増補続史料大成』臨川書店〕

⑨史料纂集

未刊の記録・文書をひろく調査して刊行する。葉室定嗣『葉黄記』、西園寺公衡『公衡公記』、文書では『青方文書』など。

〔続群書類従完成会編『史料纂集』同完成会〕

⑩大日本古記録

未刊の記録を厳密な校訂で刊行する。近衛家実の『猪隈関白記』、藤原経光の『民経記』など。

〔東京大学史料編纂所編『大日本古記録』岩波書店〕

⑪日本絵巻物全集・日本絵巻物大成・日本の絵巻

各種の絵巻物をカラー版でのせ、解説を付す。『平治物語絵巻』『伴大納言絵詞』『年中行事絵巻』『一遍聖絵』『法然上人絵伝』『男衾三郎絵詞』『蒙古襲来絵詞』など、多数の絵巻物が収録されている。

〔『新修日本絵巻物全集』角川書店／『日本絵巻大成』『日本の絵巻』中央公論社〕

⑫群書類従・続群書類従

塙保己一編の叢書で、神祇以下二五部に重要書籍を分類し編纂刊行したもの。

〔続群書類従完成会編『群書類従』『続群書類従』同完成会〕

■単行史料

①玉葉

摂関家の九条兼実の日記。源平争乱期の朝廷の動きを詳細に知ることができる。多賀宗隼氏の『玉葉索引』（吉川弘文館）がある。

〔刊行会双書編『玉葉』全三巻　名著刊行会／『玉葉』明治書院〕

②明月記

歌人藤原定家の日記。歌人の見た宮廷や政治・文化の動きが詳しく記されている。

〔冷泉家時雨亭叢書『明月記』朝日新聞社／『明月記』全三巻　国書刊行会〕

③保元物語・平治物語・承久記

鎌倉時代に成立した軍記物語。『平家物語』とならんで重要であるが、文学的な質はやや劣る。

〔日本古典文学大系『保元物語・平治物語』　岩波書店／古典文庫『承久記』　現代思潮社〕

④宇治拾遺物語・古事談・古今著聞集
鎌倉時代成立の説話集。このうち『古事談』『古今著聞集』は出典をそのまま文飾せずにのせたものが多く、歴史史料としても重要。

〔日本古典文学全集『宇治拾遺物語』　小学館／日本古典文学大系『宇治拾遺物語』『古今著聞集』　岩波書店／古典文庫『古事談』　現代思潮社〕

⑤方丈記・徒然草
鴨長明、卜部兼好の随筆集。社会や人間の動きを活写している。

〔日本古典文学全集『方丈記・徒然草』　小学館〕

⑥とはずがたり
後深草院に仕える二条の日記。朝廷の上皇をめぐる人間関係、鎌倉に下ったときの記事など興味深い。

〔完訳日本の古典『とはずがたり』　一・二　小学館〕

⑦沙石集
僧無住作の仏教説話集。東国の民間の説話が収められていて貴重。

〔日本古典文学大系『沙石集』　岩波書店〕

参考文献

本書に関する参考文献・引用文献のうち主要なものを選んで年代順に並べた。末尾の数字は刊行年(西暦)。

■通史と講座

『日本の歴史(6) 武士の登場』竹内理三　中央公論社(65)

『日本の歴史(7) 鎌倉幕府』石井進　中央公論社(65)

『日本の歴史(8) 蒙古襲来』黒田俊雄　中央公論社(65)

のちの通史的概説書の型をつくった。

『日本の歴史(7) 院政と平氏』安田元久　小学館(74)

『日本の歴史(9) 鎌倉幕府』大山喬平　小学館(74)

『日本の歴史(10) 蒙古襲来』網野善彦　小学館(74)

『日本の歴史(12) 中世武士団』石井進　小学館(74)

(7)・(9)・(10)の通史のほか、12巻は社会集団の巻として有益。

『岩波講座・日本歴史』　岩波書店(75～77)

中世1～4、別巻2・3が本書に関係ある論考と研究史をのせる。

『講座　日本歴史』　東京大学出版会(84～85)

歴史学研究会・日本史研究会の共同編集。3・4巻が本書と関係が深い。

『日本歴史大系　Ⅱ中世』　山川出版社(85)

現在の研究状況がうかがえる新しい概説書。各ページの下欄に研究文献が記されていて便利。

『歴史の曙から伝統社会の成熟へ』義江彰夫　山川出版社(86)

『日本の社会史』　岩波書店(86～88)

日本史を新たな角度からとらえ直そうと試みた、テーマ別の社会史。示唆に富む多くの論考がふくまれている。

『週刊朝日百科　日本の歴史』　朝日新聞社(86～88)

オールカラーのビジュアルな形で日本の歴史像を提供した意欲的なシリーズ。1～11の中世Ⅰが本書と関係が深く、65は筆者の編になる「院政時代」である。

■本書の構想にかかわる文献

『日本中世国家史の研究』石井進　岩波書店(70)

鎌倉幕府の政治を諸国支配の視点から明らかにした画期的な著作。
『日本の歴史⑽　蒙古襲来』網野善彦（再出）　小学館(74)
概説書であるが、鎌倉末期の社会をみずみずしい感性と精力的な実証で明らかにした。
『日本の中世国家』佐藤進一　岩波書店(83)
日本中世政治史を常に豊かな構想と論証で明らかにしてきた佐藤氏の中世国家史の著作。
『院政期社会の研究』五味文彦　山川出版社(84)
本書の扱う時代の歴史的前提となる院政期社会に関する筆者の論文集。保元の乱の歴史的位置、勧進聖人、花押などの把握は本書に基礎がある。
『平家物語　史と説話』五味文彦　平凡社(87)
本書執筆のため構想を練るうちに生まれた平家物語にかかわる論文のいくつかをまとめ発展させたもの。
「平氏軍制の諸段階」(『史学雑誌』八八―八号) 五味文彦　山川出版社(79)

■本書の執筆のさいに参照した文献

『元寇の新研究』池内宏　東洋文庫(31)
『鎌倉幕府訴訟制度の研究』佐藤進一　畝傍書房(43)
『古代末期政治史序説』石母田正　未来社(56)
『中世的世界の形成』石母田正　東京大学出版会(57)
『鎌倉時代』龍粛　春秋社(57)
『平家物語』石母田正　岩波新書(57)
『蒙古襲来の研究』相田二郎　吉川弘文館(58)
『中世の法と国家』石母田正・佐藤進一編　東京大学出版会(60)
『地頭及び地頭領主制の研究』安田元久　山川出版社(61)
『日本封建制成立過程の研究』永原慶二　岩波書店(61)
『日本領主制成立史の研究』戸田芳実　岩波書店(67)
『日本の中世社会』永原慶二　岩波書店(68)
『日本中世政治史研究』上横手雅敬　塙書房(70)
『増訂鎌倉幕府守護制度の研究』佐藤進一　東京大学出版会(71)
『軍記物語と語り物文芸』山下宏明　塙書房(72)
『大化改新と鎌倉幕府の成立』石井良助　創文社(72)

『新古今歌人の研究』久保田淳　東京大学出版会(73)
『後鳥羽院』丸谷才一　筑摩書房(73)
『鎮西御家人の研究』瀬野精一郎　吉川弘文館(75)
『新訂日宋貿易の研究』森克己　国書刊行会(75)
『日本中世の国家と宗教』黒田俊雄　岩波書店(75)
『平安貴族社会の研究』橋本義彦　吉川弘文館(76)
『論集　中世の窓』『中世の窓』同人編　吉川弘文館(77)
『日本中世農村史の研究』大山喬平　岩波書店(78)
『西行の思想史的研究』目崎徳衛　吉川弘文館(78)
『鎌倉幕府地頭職成立史の研究』義江彰夫　東京大学出版会(78)
『中世東寺と東寺領荘園』網野善彦　東京大学出版会(78)
『日本中世法史論』笠松宏至　東京大学出版会(79)
『寺社勢力』黒田俊雄　岩波新書(80)
『慈円の研究』多賀宗隼　吉川弘文館(80)
『御家人制の研究』御家人制研究会編　吉川弘文館(81)
『東と西の語る日本の歴史』網野善彦　そしえて(82)
『一揆』勝俣鎮夫　岩波新書(82)
『日本女性史』女性史総合研究会編　東京大学出版会(82)
『徳政令』笠松宏至　岩波新書(83)
『中世鎌倉の発掘』大三輪龍彦編　有隣堂(83)
『中世の罪と罰』網野善彦・石井進・笠松宏至・勝俣鎮夫　東京大学出版会(83)
『中世成立期の法と国家』棚橋光男　塙書房(83)
『王法と仏法』黒田俊雄　法蔵館(83)
『日本名僧論集』吉川弘文館(82〜83)
『清盛以前』高橋昌明　平凡社(84)
『法と言葉の中世史』笠松宏至　平凡社(84)
『日本民俗文化大系(6)　漂泊と定着』網野善彦編　小学館(84)
『日本中世の非農業民と天皇』網野善彦　岩波書店(84)
『新版　絵巻物による日本常民生活絵引』渋沢敬三・神奈川大学日本常民文化研究所編　平凡社(84)
『日本中世開発史の研究』黒田日出男　校倉書房(84)
『南北朝期公武関係史の研究』森茂暁　文献出版(84)
『日本民俗文化大系(11)　都市と田舎』網野善彦編　小学館(85)

『講座　日本技術の社会史』永原慶二・山口啓二編　日本評論社(83～85)
『中世寺院組織の研究』黒田俊雄代表・文部省科学研究費補助金研究成果報告書　大阪大学文学部(85)
『愚管抄を読む』大隅和雄　平凡社(86)
『姿としぐさの中世史』黒田日出男　平凡社(86)
『中世の愛と従属』保立道久　平凡社(86)
『異形の王権』網野善彦　平凡社(86)
『百姓申状と起請文の世界』入間田宣夫　東京大学出版会(86)
『後白河上皇』安田元久　吉川弘文館(86)
『日本中世の領主制と村落』島田次郎　吉川弘文館(85～86)
『日本古文書学論集』日本古文書学会編　吉川弘文館(86～88)
『検非違使』丹生谷哲一　平凡社(86)
『平安貴族』橋本義彦　平凡社(86)
『鎌倉武士の実像』石井進　平凡社(87)
『増補　無縁・公界・楽』網野善彦　平凡社(87)
『絵図にみる荘園の世界』小山靖憲・佐藤和彦編　東京大学出版会(87)
『中世村落と荘園絵図』小山靖憲　東京大学出版会(87)
『境界の中世　象徴の中世』黒田日出男　東京大学出版会(86)
『日本中世の女性』田端泰子　吉川弘文館(87)

年表

○印は、「この年」という意味をあらわす。

西暦	和暦	天皇	院政	摂関	将軍	おもなできごと
一一三二	長承元	崇徳	鳥羽	忠通		3 備前守平忠盛、内の昇殿を許される。
一一三三	二					8 宋船、肥前神崎荘に来着。平忠盛、交易を行なう。
一一三四	三					○洪水・飢饉・疫病が流行(長承の飢饉)。
一一四〇	保延六					10 佐藤義清、出家(西行)。
一一四五	久安元	近衛				3 相模大庭御厨における源義朝らの非法を禁止。
一一四七	三					4 延暦寺大衆、越前白山社の延暦寺末寺化を訴え、ついで平忠盛・清盛の流罪を求め、強訴。
一一五〇	六					9 藤原忠実、忠通を義絶し、頼長を氏長者とする。
一一五四	久寿元					11 源為義、子為朝の鎮西での乱行により解官。
一一五五	二	後白河				8 源義平、武蔵大蔵の源義賢を滅ぼす。久寿の飢饉。
一一五六	保元元					7 保元の乱。閏9 新制七か条を下し、荘園を整理(保元の新制)。10 記録所をおく。11 京中の兵杖禁止。
一一五七	二					3 頼長らの所領を没収、後院領とする。10 大内裏造営。新制三五か条を下す。
一一五八	三	二条	後白河	基実		8 平清盛、大宰大弐となる。
一一五九	平治元					12 平治の乱。
一一六〇	永暦元					2 上皇、清盛に命じ、藤原経宗・惟方を追捕。3 頼朝、伊豆に配流。
一一六一	応保元					9 平教盛・時忠ら、陰謀により解官される。

一一六四	長寛二					9 平家納経。12 清盛、蓮華王院を造進。
一一六五	永万元	六条				8 興福寺・延暦寺、額打ちの席次を争う。
一一六七	仁安二			基房		2 清盛、太政大臣となる。5 平重盛、西国・東国の海賊・山賊の追捕使となる。
一一六八	三	高倉				9 栄西・重源、宋より帰国。
一一七〇	嘉応二					5 奥州の藤原秀衡、鎮守府将軍となる。7 摂政藤原基房、平資盛の無礼を怒り、車を壊す。平氏これに報復。
一一七一	承安元					10 法皇、清盛の摂津福原の別荘に赴く。
一一七四	四					3 法皇・建春門院、厳島に参詣。
一一七六	安元二					7 建春門院没。10 伊豆の河津祐泰、工藤祐経に殺される。
一一七七	治承元					4 延暦寺衆徒の強訴により、加賀守藤原師高を配流。天台座主明雲配流。京都大火。6 鹿ケ谷の陰謀。
一一七九	三			基通		7 平重盛没。11 清盛、武力により関白をかえ、院近臣三九人を解官、院政を停止。○『梁塵秘抄口伝集』成る。
一一八〇	四	安徳	高倉			5 以仁王の乱。6 福原遷都(一一月還都)。8~9 源頼朝・義仲、挙兵。10 頼朝、鎌倉入り、富士川で平氏を破る。12 平重衡、南都を攻め、東大寺・興福寺を焼く。
一一八一	養和元		後白河			1 平宗盛、畿内近国九か国の惣官となる。閏2 平清盛没。3 源行家、尾張墨俣で平氏に大敗。8 重源、東大寺再建の大勧進職となる。○養和の大飢饉。

西暦	和暦	天皇	院政	摂関	将軍	おもなできごと
一一八三	寿永二	後鳥羽	後白河	基通 師家		4 平維盛、義仲追討のため北陸道にむかう。5〜6 義仲、越中・加賀で平氏を破る。7 平氏、天皇・神器を奉じ西海にむかい、義仲・行家入京。10 頼朝に十月宣旨を下す。11 義仲、法皇の御所法住寺殿を襲う。
一一八四	元暦元			基通	義仲	1 義仲、征夷大将軍となる。範頼・義経、義仲を破り入京。義仲敗死。2 範頼・義経、一ノ谷に平氏を破る。3 頼朝、平家没官領を得る。8 義経、検非違使となる。10 頼朝、公文所を修理し、問注所を設ける。
一一八五	文治元					2〜3 義経、屋島・壇の浦で平氏を破る。平氏一門滅亡。8 東大寺大仏開眼供養。10 行家・義経に頼朝追討の宣旨を下す。11 行家・義経、西国にむかうが、大物浦で難船。行家・義経追討の宣旨を下す。頼朝の奏請により、諸国に地頭・惣追捕使をおく。12 頼朝の奏請で九条兼実内覧となり、議奏公卿がおかれる。
一一八六	二			兼実		6 頼朝の奏請で、西国の武士の乱暴を院宣で停止。10 諸国の謀反人の跡地以外への地頭の介入を停止。
一一八七	三					9 藤原俊成、『千載和歌集』を撰進。
一一八九	五					閏4 藤原泰衡、義経を襲い殺す。7 頼朝、泰衡追討。
一一九〇	建久元					11 頼朝、入京し右近衛大将となりついで辞退。
一一九一	二					1 頼朝、前右大将家政所を開設。3 建久の新制。
一一九二	三				源頼朝	3 後白河法皇没。8 頼朝、将軍家政所を開設。
一一九三	四					5 曾我兄弟、富士野の巻狩で父の仇工藤祐経を討つ。

西暦	年号	天皇	院	摂関	将軍	事項
一一九四	五					7 栄西らの禅の布教を禁止。10 頼朝、将軍を辞退。
一一九五	六					3 頼朝上洛し、東大寺再建供養会に臨む。
一一九六	七			基通		11 九条兼実、関白・氏長者を罷免される。
一一九七	八					4 幕府、九州諸国に大田文の作成を命ずる(建久の大田文)。
一一九八	九	土御門	後鳥羽			1 源通親、後鳥羽院別当となり、朝廷での実権を握る。3 法然の『選択本願念仏集』成る。
一一九九	正治元					1 頼朝没。子頼家が跡を嗣ぐ。4 頼家の親裁を制限し、北条時政以下一三人の御家人の合議制を定める。8 東大寺南大門再建。12 梶原景時、没落する。
一二〇二	建仁二			良経	頼家	7 頼家、将軍となる。10 源通親没。
一二〇三	三				実朝	9 北条時政・政子、比企能員を討つ(比企の乱)。実朝、将軍となり、頼家は伊豆に幽閉される。10 運慶・快慶ら、東大寺南大門金剛力士像を完成。
一二〇四	元久元					7 頼家没。10 実朝と坊門信清息女との婚姻整う。
一二〇五	二					3 藤原定家ら、『新古今和歌集』を撰進。6 時政、畠山重忠を討つ。閏7 時政、平賀朝雅の将軍擁立に失敗。
一二〇七	承元元			家実		2 法然・親鸞配流(承元の法難)。4 九条兼実没。
一二〇九	三					11 幕府、鎌倉近国の守護職補任の由来を調査。
一二一二	建暦二	順徳				1 法然没。3 一二か条の新制を制定(建暦の新制)。
一二一三	建保元					5 和田合戦。北条義時、侍所別当を兼任。
一二一五	三					1 北条時政没。7 栄西没。
一二一八	六					12 実朝、右大臣となる。

西暦	和暦	天皇	院政	摂関	将軍	おもなできごと
一二一九	承久元	順徳	後鳥羽	家実	(政子)	1 実朝、公暁に殺される。6 九条道家の子頼経、鎌倉に下る。 7 上皇、大内守護源頼茂を討つ。
一二二〇	二					○慈円『愚管抄』成る。

西暦	和暦	天皇	院政	将軍	執権	おもなできごと
一二二一	承久三	仲恭 後堀河	後高倉	(政子)	(義時)	5~6 承久の乱。北条泰時・時房、六波羅探題となる。 7 後高倉院政がはじまり、後鳥羽上皇ら配流。
一二二二	貞応元					4 幕府、承久の乱後の守護・新地頭の所務を定める。
一二二三	二					6 宣旨により新補地頭の得分率法(新補率法)定まる。
一二二四	元仁元				(泰時)	6 北条義時没。泰時・時房、武家後見となる。閏7 政子、鎌倉の騒動をしずめ、伊賀光宗の所領を没収。
一二二五	嘉禄元				泰時	6 大江広元没。7 政子没。10 幕府御所を若宮大路へ移転。12 幕府、評定衆をおく。
一二二六	二			頼経		1 頼経、将軍となる。
一二三一	寛喜三					11 寛喜の新制。 ○諸国大飢饉(寛喜の飢饉)。
一二三二	貞永元	四条	後堀河			7 幕府評定衆一一人、連署起請文を提出。鎌倉和賀江島に築港。 8 関東御成敗式目を制定(貞永式目)。
一二三八	暦仁元					2 将軍頼経上洛し、検非違使別当となる。3 鎌倉に大仏を建立。 6 幕府、篝屋をおき、洛中の警固を命ず。
一二四〇	仁治元					2 鎌倉中の禁制を制定。11 鎌倉警固の篝屋をおく。

一二四一	二					8 藤原定家没。
一二四二	三	後嵯峨			経時	6 北条泰時没。
一二四四	寛元二			頼嗣		7 道元、永平寺を開く。
一二四六	四	後深草	後嵯峨		時頼	5 名越光時ら、執権時頼を除こうと謀り、鎌倉騒動。 7 幕府、頼経を京都に送り返す。 8 幕府、九条道家の関東申次の更迭を通告。 11 院評定制の開始。
一二四七	宝治元					6 時頼、三浦泰村・光村を滅ぼす(宝治合戦)。
一二四九	建長元					12 幕府、引付衆をおく。
一二五二	四			宗尊親王		4 幕府、将軍宗尊親王を鎌倉に迎える。
一二五三	五					11 北条時頼、建長寺を開く。
一二五六	康元元				長時	11 時頼、執権を長時に譲り、出家。
一二五九	正元元	亀山				○諸国に飢饉・疫病つづく(正嘉の飢饉)。
一二六〇	文応元					7 日蓮『立正安国論』を著し、時頼に献上。
一二六一	弘長元					2 幕府、六一か条の関東新制を制定。
一二六二	二					11 親鸞没。
一二六三	三					11 北条時頼没。
一二六四	文永元				政村	10 幕府、越訴奉行をおく。
一二六六	三			惟康王		3 幕府、引付廃止。 7 将軍宗尊親王をめぐり騒動。
一二六七	四					4 幕府、越訴奉行を廃止。
一二六八	五				時宗	1 高麗の使潘阜、フビライの書をもって大宰府に到着。 3 朝廷、諸寺諸社に異国降伏の祈禱を命ずる。
一二七一	八					9 幕府、日蓮を佐渡に流す。

西暦	和暦	天皇	院政	将軍	執権	おもなできごと
一二七二	文永九	亀山	後嵯峨	惟康王	時宗	2 鎌倉で名越時章殺害され、六波羅南方北条時輔、滅ぼされる。10 幕府、諸国に大田文の提出を命ずる。
一二七四	一一	後宇多	亀山			10 文永の役。
一二七五	建治元					1 異国警固番役の開始。9 幕府、元使を鎌倉竜口に斬る。10 幕府奏請により後深草上皇の皇子が東宮に決定(両統迭立の端緒)。12 幕府、異国討伐を企てる。
一二七六	二					3 幕府、鎮西武士に防塁を築かせる。
一二七九	弘安二					7 幕府、元使を博多で斬る。
一二八一	四					5～閏7 弘安の役。
一二八二	五					10 日蓮没。12 北条時宗、円覚寺建立。
一二八四	七				貞時	4 北条時宗没。5 幕府、新御式目三八か条を制定。8 幕府、引付制を改革。
一二八五	八					11 朝廷、二〇か条の新制を制定。安達泰盛一族、平頼綱に滅ぼされ、金沢顕時、上総に流される(霜月騒動)。
一二八六	九	伏見	後深草			7 幕府、鎮西に合議機関を設け、裁かせる(鎮西談議所)。12 亀山上皇、院評定制を改革。
一二八九	正応二			久明親王		8 一遍(智真)没。
一二九〇	三					3 甲斐源氏浅原為頼、禁中に乱入し自殺。8 叡尊没。
一二九一	四					○亀山法皇、南禅寺を創建し離宮とする。
一二九三	永仁元					2 『蒙古襲来絵詞』成る。3 鎮西探題をおき、北条兼時・時家を任ずる。4 貞時、平頼綱を滅ぼし、子宗綱を流す。6 朝廷、記録所

						庭中・雑訴沙汰の制を設ける。
一二九六	四					4 鎮西探題金沢実政に、訴訟の確定判決権を与える。
一二九七	五					3 永仁の徳政令。
一二九八	六	後伏見	伏見			1 京極為兼、流される。2 幕府、越訴を復活。
一二九九	正安元					8『一遍聖絵』完成。10 一山一寧、国書を呈す。
一三〇三	嘉元元	後二条	後宇多		師時	7 忍性没。9 幕府、一向宗の横行を禁ずる。
一三〇五	三					4 北条宗方、連署時村を暗殺。5 宗方討たれる。
一三〇九	延慶二	花園	伏見	守邦王		○幕府、一五か国の兵を発し熊野の悪党を討つ。
一三一一	応長元				宗宣	10 北条貞時没。
一三一三	正和二		後伏見		熙時	10 伏見上皇、京極為兼出家。
					基時	
一三一六	五				高時	7 北条高時、執権となる。
一三一七	文保元					4 文保の和談。
一三一八	二	後醍醐	後宇多			12 幕府、悪党鎮圧のため、山陽・南海道に使節派遣。
一三二〇	元応二					○『法然上人絵伝』成る。
一三二一	元亨元					12 朝廷、記録所を再興し、諸所の新関を廃止。
一三二二	二					○長崎高資、津軽安藤氏の一族相論にさいし、双方より賄賂をとる。8 虎関師錬、『元亨釈書』を撰進。
一三二四	正中元					9 正中の変。11 金沢貞将、六波羅南方となり入京。
一三二六	嘉暦元				守時	3 北条高時・弟泰家出家、諸将これにならう。○造勝長寿院・建長寺船、帰国。
一三二七	二					6 幕府、蝦夷征討使を奥州へ派遣。

西暦	和暦	天皇	院政	将軍	執権	おもなできごと
一三三〇	元徳二	後醍醐		守邦王	守時	6 洛中の酒価を定め、二条町に公設の市を立てる。
一三三一	元徳三（元弘元）	光厳	後伏見			5 吉田定房の密告により、幕府、日野俊基・文観・円観を捕らえる。8 後醍醐、神器をもって笠置山に入る。9 楠木正成、河内赤坂に挙兵（元弘の乱）。
一三三二	正慶元					3 幕府、後醍醐を隠岐に流す。
一三三三	正慶二（元弘三）	後醍醐				1 正成、六波羅の兵と戦い、赤松円心、播磨に挙兵。閏2 後醍醐、隠岐を脱出。4 足利高氏、後醍醐方に転じ諸国の武士に檄を送る。5 六波羅が落ち、探題仲時ら近江番場で自害。鎌倉落ち、北条高時ら、東勝寺で自害（幕府滅亡）。鎮西探題滅ぶ。

KODANSHA

本書の原本は、一九八八年五月、小学館より「大系日本の歴史」第五巻として刊行されました。本講談社学術文庫は、一九九二年十二月に同社より刊行された、小学館ライブラリー版を底本としています。

五味文彦（ごみ　ふみひこ）

1946年生まれ。東京大学文学部卒業，東京大学大学院人文科学研究科博士課程中退。放送大学名誉教授，東京大学名誉教授。専門は日本中世史。著書に『院政期社会の研究』『吾妻鏡の方法』『中世のことばと絵』『日本中世史』『絵巻で読む中世』『平清盛』『武士の時代』『書物の中世史』『日本の中世を歩く』『後鳥羽上皇』ほか多数。

講談社学術文庫

定価はカバーに表示してあります。

鎌倉《かまくら》と京《きょう》
武家政権《ぶけせいけん》と庶民世界《しょみんせかい》
五味《ごみ》文彦《ふみひこ》

2014年１月10日　第１刷発行
2021年11月22日　第３刷発行

発行者　鈴木章一
発行所　株式会社講談社
東京都文京区音羽 2-12-21 〒112-8001
電話　編集（03）5395-3512
販売（03）5395-4415
業務（03）5395-3615
装　幀　蟹江征治
印　刷　豊国印刷株式会社
製　本　株式会社国宝社
本文データ制作　講談社デジタル製作

ISBN978-4-06-292214-2

「講談社学術文庫」の刊行に当たって

これは、学術をポケットに入れることをモットーとして生まれた文庫である。学術は少年の心を養い、成年の心を満たす。その学術がポケットにはいる形で、万人のものになることは、生涯教育をうたう現代の理想である。

こうした考え方は、学術を巨大な城のように見る世間の常識に反するかもしれない。また、一部の人たちからは、学術の権威をおとすものと非難されるかもしれない。しかし、それはいずれも学術の新しい在り方を解しないものといわざるをえない。

学術は、まず魔術への挑戦から始まった。やがて、いわゆる常識をつぎつぎに改めていった。学術の権威は、幾百年、幾千年にわたる、苦しい戦いの成果である。こうしてきずきあげられた城が、一見して近づきがたいものにうつるのは、そのためである。しかし、学術の権威を、その形の上だけで判断してはならない。その生成のあとをかえりみれば、その根は常に人々の生活の中にあった。学術が大きな力たりうるのはそのためであって、生活をはなれた学術は、どこにもない。

開かれた社会といわれる現代にとって、これはまったく自明である。生活と学術との間に、もし距離があるとすれば、何をおいてもこれを埋めねばならない。もしこの距離が形の上の迷信からきているとすれば、その迷信をうち破らねばならぬ。

学術文庫は、内外の迷信を打破し、学術のために新しい天地をひらく意図をもって生まれた。文庫という小さい形と、学術という壮大な城とが、完全に両立するためには、なおいくらかの時を必要とするであろう。しかし、学術をポケットにした社会が、人間の生活にとってより豊かな社会であることは、たしかである。そうした社会の実現のために、文庫の世界に新しいジャンルを加えることができれば幸いである。

一九七六年六月　　　　野間省一

海舟語録

勝　海舟著／江藤　淳・松浦　玲編

晩年の海舟が奔放自在に語った歴史的証言集。官を辞してなお、陰に陽に政治に関わった勝海舟。ざっくばらんな口調で語った政局評、人物評は、冷徹で手厳しい。海舟の慧眼と人柄を偲ばせる魅力溢れる談話集。

1677

大久保利通

佐々木　克《すぐる》監修

明治維新の立て役者、大久保の実像を語る証言集。明治四十三年十月から新聞に九十六回掲載、好評を博す。強い責任感、冷静沈着で果断な態度、巧みな交渉術など多様で豊かな人間像がゆかりの人々の肉声から蘇る。

1683

中世の非人と遊女

網野善彦著（解説・山本幸司）

専門の技能や芸能で天皇や寺社に奉仕した中世の職人の多様な姿と生命力をえがく。非人も清目を芸能とする職能民と指摘し、遊女、白拍手など遍歴し活躍した女性像を描いた網野史学の名著。

1694

日米戦争と戦後日本

五百旗頭《いおきべ》　真《まこと》著

日本の方向性はいかにして決定づけられたか。現代日本の原型は「戦後」にあるが、その大要は終戦前すでに定められていた。新生日本の針路を規定した米国の占領政策を軸に、開戦前夜から日本の自立までを追う。

1707

英国人写真家の見た明治日本　この世の楽園・日本

H・G・ポンティング著／長岡祥三訳

明治を愛した写真家の見聞録。写真百枚掲載。日本の美しい風景、精巧な工芸品、優雅な女性への愛情こもる叙述。浅間山噴火や富士登山の迫力満点の描写。スコット南極探検隊の様子を撮影した写真家の日本賛歌。

1710

関東軍　在満陸軍の独走

島田俊彦著（解説・戸部良一）

対中国政策の尖兵となった軍隊の実像に迫る。日露戦争直後から太平洋戦争終結までの四十年間、満州に駐屯した関東軍。時代を転換させた事件と多彩な人間群像を通して実証的に描き出す、その歴史と性格、実態。

1714

日本の歴史・地理

物部氏の伝承
畑井　弘著
大和朝廷で軍事的な職掌を担っていたとされる物部氏。既存の古代史観に疑問をもつ著者が、記紀の伝承や物部氏の系譜を丹念にたどり、朝鮮語を手がかりに一族の謎に包まれた実像の解読を試みた独自の論考。
1865

ペリリュー・沖縄戦記
E・B・スレッジ著／伊藤　真・曽田和子訳（解説・保阪正康）
「最も困難を極めた上陸作戦」と言われたペリリュー戦。泥と炎にまみれた沖縄戦。二つの最激戦地で米海兵隊の一歩兵が体験した戦争の現実とは。夥しい生命を奪い、人間性を破壊する戦争の悲惨を克明に綴る。
1885

病が語る日本史
酒井シヅ著
古来、日本人はいかに病気と闘ってきたか。糖尿病に苦しんだ道長、ガンと闘った信玄や家康。漱石や古文書は何を語るのか。病という視点を軸に、歴史上の人物の逸話を交えて日本を通覧する、病気の文化史。
1886

日本の歴史00　「日本」とは何か
網野善彦著（解説・大津　透）
柔軟な発想と深い学識に支えられた網野史学の集大成。列島社会の成り立ちに関する常識や通説を覆し、日本のカタチを新たに描き切って反響を呼び起こした力作。本格的通史の劈頭、マニフェストたる一冊。
1900

日本の歴史01　縄文の生活誌
岡村道雄著
旧石器時代人の遊動生活から縄文人の定住生活へ。日本文化の基層を成した、自然の恵みとともにあった豊かな生活、そして生と死の実態を最新の発掘や研究の成果から活写。従来の古代観を一変させる考古の探究。
1901

日本の歴史02　王権誕生
寺沢　薫著
巨大墳丘墓、銅鐸のマツリ、その役割と意味とは？稲作伝来、そしてムラからクニ・国へと変貌していく弥生・古墳時代の実態と、王権誕生・確立へのダイナミックな歴史のうねり、列島最大のドラマを描く。
1902

《講談社学術文庫 既刊より》

日本の歴史・再建

1914
日本中心の道へ歩む帝国
著者/原暉之/平川弘

1913
大国への一歩を踏み出す
著者13 日本近代史

1912
帝国の人々
著者12 日本の歴史

1911
大日本帝国
著者11 田中一郎

1910
帝国主義と米騒動・大戦
著者10 戦争と平和

1909
日本帝国の膨張
著者09 日本近代史

日本の歴史・地理

武士の誕生
関 幸彦著

古代の蝦夷との戦争が坂東の地に蒔いた「武の遺伝子」は、平将門、源義家、頼朝らによって育まれ、開花した。地方の「在地領主」か、都の「軍事貴族」か。「武士」とはそもそも何か。起源と成長をめぐる新視点。

2150

幕末の天皇
藤田 覚著

天皇の権威の強化を図った光格天皇、その志を継ぎカリスマにまで昇りつめた孝明天皇。幕末政治の表舞台に躍り出た両天皇の八十年間にわたる〝闘い〟に「江戸時代の天皇の枠組み」と近代天皇制の本質を追う。

2157

カレーライスの誕生
小菅桂子著

日本の「国民食」はどのようにして生まれたのか。近代黎明期、西洋料理としてわが国に紹介されたカレーの受容と、独自の発展を遂げる過程に秘められた人々の知恵と苦闘のドラマを活写する、異色の食文化史。

2159

江戸と江戸城
内藤 昌著

徳川家三代が急ピッチで作り上げた世界最大の都市・江戸は、「渦巻き構造」をもった稀有な都市である。古代〜江戸への地理的・歴史的な成立過程を詳述し、その実態を物的証拠により解明した江戸論の基本図書。

2160

中世のなかに生まれた近世
山室恭子著

判物（サイン）から印判状（はんこ）へ。人格的支配から官僚制的支配へ。武田氏、今川氏、上杉氏、毛利氏など、戦国大名の発給した文書を解析し、東国と西国の違いを明らかにし、天下統一の内実に迫った力作。

2170

名将言行録 現代語訳
岡谷繁実著／北小路 健・中澤惠子訳

幕末の館林藩士・岡谷繁実によって編まれた、武将たちの逸話集。千二百をこえる膨大な諸書を渉猟して編纂された大著から戦国期の名将二十二人を抜粋、戦乱の世の雄たちの姿を、平易な現代語で読み解いてゆく。

2177